中华人民共和国史研究文库

新中国文化建设论略

欧阳雪梅 著

当代中国出版社
Contemporary China Publishing House

2020年·北京

图书在版编目(CIP)数据

新中国文化建设论略 / 欧阳雪梅著 . -- 北京 : 当代中国出版社 , 2020.8
　　ISBN 978-7-5154-1039-5

　　Ⅰ . ①新… Ⅱ . ①欧… Ⅲ . ①社会主义—文化事业—建设—中国—文集 Ⅳ . ① G12-53

中国版本图书馆 CIP 数据核字(2020)第 132190 号

出 版 人	曹宏举
责任编辑	姜楷杰　葛灿红
责任校对	康　莹
印刷监制	刘艳平
封面设计	胡椒书衣
出版发行	当代中国出版社
地　　址	北京市地安门西大街旌勇里 8 号
网　　址	http://www.ddzg.net　邮箱 : ddzgcbs@sina.com
邮政编码	100009
编 辑 部	(010)66572264　66572154　66572132　66572180
市 场 部	(010)66572281　66572161　66572157　83221785
印　　刷	北京润田金辉印刷有限公司
开　　本	720 毫米 ×1020 毫米　1/16
印　　张	21.5 印张　2 插页　319 千字
版　　次	2020 年 8 月第 1 版
印　　次	2020 年 8 月第 1 次印刷
定　　价	65.00 元

版权所有,翻版必究;如有印装质量问题,请拨打(010)66572159 转出版部。

《中华人民共和国史研究文库》编辑委员会

编 委 会

主　任：姜　辉

副主任：武　力　　李正华　　管明军　　曹宏举

编　委：张星星　　张金才　　郑有贵　　钟　瑛　　欧阳雪梅　　刘　仓
　　　　　李　文　　姚　力　　吴　超　　王巧荣　　宋月红　　　王爱云
　　　　　刘志男　　于俊霄　　杨文利　　徐国林

办 公 室

办公室主任：于俊霄

成　　员：狄　飞　　王　宇　　王　敏

《中华人民共和国史研究文库》
总　序

　　历史研究是一切社会科学的基础，重视历史、研究历史、借鉴历史是中华民族5000多年文明史的优秀文化传统。中国共产党继承了这一优秀文化传统，积极倡导学习历史、研究历史，尤其是学习中共党史、中华人民共和国史（或简称"新中国史"）、改革开放史和社会主义发展史。习近平总书记指出："重视历史、研究历史、借鉴历史，可以给人类带来很多了解昨天、把握今天、开创明天的智慧。"

　　党的历史、新中国的历史，是中国共产党为中国人民谋幸福、为中华民族谋复兴的奋斗史，是我们党、国家和民族的宝贵精神财富。中华人民共和国的成立，开启了中华民族发展进步的历史新纪元。从那时起，即有学者开始对中华人民共和国史进行研究。1956年6月，黄炎培在一届全国人大三次会议上提出，应"及时收集和保存建国史料"，并"加以整理"。

　　党的十一届三中全会后，伴随党的思想路线的重新确立和对中华人民共和国正反两方面历史经验的深刻总结，新中国史研究逐渐引起党和国家以及学术界的高度关注。经过多年的艰辛探索与开拓创新，新中国史研究取得了众多学术成果，成为中国历史研究中一个最年轻的学科。

党的十八大以来，以习近平同志为核心的党中央高度重视历史，特别是党史和新中国史。习近平总书记强调："历史是最好的教科书。""学习党史、国史，是坚持和发展中国特色社会主义、把党和国家各项事业继续推向前进的必修课。这门功课不仅必修，而且必须修好。"在开展"不忘初心、牢记使命"的主题教育中，党中央专门印发通知，要求各地区各部门各单位把学习党史、新中国史作为主题教育重要内容，不断增强守初心、担使命的思想自觉和行动自觉。

当代中国研究所于1990年6月28日经中共中央批准成立，研究和编纂中华人民共和国史、收集和编辑国史资料、出版国史研究著作，是当代所的主要职责，也是当代所人的崇高使命。当代中国研究所成立30年来，撰写并经中央审定出版了《中华人民共和国史稿》序卷和一至四卷，目前正在撰写五至七卷；编纂出版了每卷100万字的《中华人民共和国史编年》，该书为集资料性、研究性和学术性为一体的大型编年史书。在此期间，当代中国研究所和其主管的当代中国出版社，还参与组织编辑出版了152卷、210册、总计1亿字的大型史料性丛书——《当代中国》丛书；与中国大百科全书出版社合作编写了《中华人民共和国国史百科全书》。为迎接新中国成立70周年，受中央委托，当代中国研究所组织编写出版了《新中国70年》《中华人民共和国简史（1949—2019）》《新中国社会主义发展道路70年》等新中国史基本著作和六卷本《中华人民共和国史研究丛书》。此外，为了普及国史知识和消除历史虚无主义的影响，还编写出版了大众读物《中华人民共和国史小丛书》，并计划到 2022 年出版 80 种，向党的二十大献礼。上述图书均在国内外产生了重要影响，树立了新中国史研究的学术标杆，成为全国干部群众学习新中国史的基础性教材。

今天，我们已经进入中国特色社会主义新时代，正在向着社会主义现代化强国迈进，并日益走近世界舞台的中心，为整个人类社会做出越来越大的贡献。新中国的发展不是一帆风顺的，在探索建设社会主义的过程中，中国共产党遇到许多困难，也遭遇不少挫折。一些别有用心的人抓住新中国史上的曲折失误不放并夸大渲染，使一些领域成为历史虚无主义的重灾区。当代中国正经历着我国历史上最为广泛、深刻而急剧的社会变革，也正进行着人类历史上最为宏大而独特的实践创新。习近平总书记指出："当代中国是历史中国的延续和发展。新时代坚持和发展中国特色社会主义，更加需要系统研究中国历史和文化，更加需要深刻把握人类发展历史规律，在对历史的深入思考中汲取智慧、走向未来。"

历经 30 年不懈努力，当代中国研究所已经成为以马克思主义为指导、具有一流学术水平、汇聚一流科研人才的国史研究基地。30 年来，当代所人始终以为国家写史、为人民立传为己任，牢记党和人民重托，真实记录中国共产党带领全国人民进行社会主义革命、建设和改革的光辉历程，全面反映中华民族从站起来、富起来到强起来的历史性进步，科学总结新中国每个历史阶段各方面建设的经验教训。

今年是当代中国研究所的"而立之年"，为进一步落实中央赋予当代中国研究所"存史、资政、育人、护国"的神圣职责，当代中国研究所决定设立《中华人民共和国史研究文库》(以下简称《文库》)，为当代中国研究所以及国内外从事新中国史研究的专家学者提供一个发表学术成果的平台。入选本《文库》的标准为：以毛泽东思想、邓小平理论、"三个代表"重要思想、科学发展观和习近平新时代中国特色社会主义思想为指导，坚持辩证唯物主义和历史唯物主义的立场、观点、方法，坚持实事求是、论从史出的原则，书写和记录中国共产党领导中国人民进行社会主义和新中国建设与发展的理论创新和伟大实践，总结历史经验。《文库》的目标是打造一个能够充分展示中华人民共和国史研究成果，发挥经世致用、资政育人功能的高端权威学术平台。

"装点此关山，今朝更好看。"伴随着新中国前进的步伐，中华人民共和国史研究空间广阔，任重道远。我们希望中华人民共和国史研究工作者继承优良传统，以高度的历史自觉和历史意识、宽广的历史视野和唯物史观、强烈的文化自信和历史担当，总结历史经验，揭示历史规律，把握历史趋势，服务当代，垂鉴后世，承先启后，继往开来。当代中国研究所作为党中央赋予职能、中国社会科学院直接领导的专门研究中华人民共和国史的科研机构，有责任努力构建中华人民共和国史的学科体系、学术体系、话语体系，打造史学研究的中国学派。这一目标的实现，不仅有赖于所内全体人员的不懈奋斗，也需要所外各个方面的支持和参与。本《文库》就是这样一个服务于上述目标的开放的、持久的学术成果前沿阵地，我们期待所内外的学者写出无愧于时代和人民的历史著作并列入本《文库》，在存史、资政、育人、护国工作中做出更大贡献。

姜　辉
2020 年 5 月 22 日

目 录

前 言 ……………………………………………………………（1）

第一篇

新中国社会主义文化建设的演进及基本经验 ……………………（3）
"人民至上"：新中国文化建设的价值追求 ………………………（24）
毛泽东与新中国社会主义文化建设 ………………………………（38）
毛泽东与马克思主义在我国思想文化领域指导地位的确立 ……（49）
毛泽东"文艺为人民大众"思想的提出、演变及发展 ……………（69）
论毛泽东批判《武训传》的缘由及意义 ……………………………（80）
毛泽东与中国传统文化 ……………………………………………（95）
团结一切可能团结的力量 …………………………………………（113）

第二篇

改革开放40年中国文化建设的成就 ………………………………（121）
邓小平与中国特色社会主义文化 …………………………………（130）
论陈云的精神文明建设思想及时代价值 …………………………（143）
胡乔木在改革开放初期对巩固党的文化领导权的贡献 …………（158）

第三篇

十八大以来社会主义文化强国建设的理论与实践……………（175）
新时代中国特色社会主义文化建设的理论与实践创新…………（190）
弘扬中国精神传播中国价值凝聚中国力量…………………（205）
"红船精神"的传承与弘扬 …………………………………（212）
激发中华优秀传统文化时代活力……………………………（217）
文艺发展开启新纪元…………………………………………（221）
努力走出一条符合国情的文物保护利用之路………………（227）
振兴乡村文化面临的挑战及实践路径………………………（241）
西藏自治区公共文化服务体系建设的状况及对策研究……（254）
中华文化国际影响力的现状及制约因素……………………（272）

第四篇

刘少奇与中国人民大学的创建………………………………（287）
改革开放以来我国少数民族地区教育发展述略……………（300）
中国共产党第一代中央领导集体的科技战略思想与
新中国的科技进步……………………………………………（312）
深化改革开放史研究要坚持正确思维………………………（325）
推进国史话语体系建设和创新………………………………（328）

前　言

本书汇聚的是本人自 2011 年以来发表在报刊上的关于新中国社会主义文化建设理论与实践方面的部分研究成果，内容既有关于新中国的文化发展战略、文化建设的方针政策、文化领域的重大决策、重大事件和重要专题的研究，也包括党和国家领导人关于文化建设的思想及实践的研究；既有对文化领域重大历史问题的梳理剖析，也有对现实问题的调查研究，以及关于新中国史研究的方法论的探讨。这些成果能够在当代中国研究所成立 30 周年之际结集出版，我感到非常荣幸。

今年也恰好是我从事当代中国文化史研究的第十个年头。2011 年初，我接受当代中国研究所党组的安排，由科研办调入文化史研究室。这个专门史研究于我而言是一个全新的领域，因而诚惶诚恐，只能以之前对近现代史研究、党史人物研究的基础做铺垫，写作了一篇文章《刘少奇与中国人民大学的创建》，即是我切入当代中国文化史研究的尝试。该文在《当代中国史研究》2011 年第 3 期上发表，并有幸被人民日报社主管主办的《文史参考》2011 年第 17 期做观点摘要；另一篇《文化体制改革背景下的农村基层文化建设》是在一篇调研报告基础上写就的，在《武陵学刊》2011年第1期上发表，并被2011年第10期的《新华文摘》篇目辑览收录，这些算是对我学科入门的鼓励。

特别感谢当代中国研究所党组对研究人员进行的扎实的科研基本功的训练：所里安排研究室人员读原著，学习马克思、恩格斯的《德意志意识形态》等；在我担任《中华人民共和国史编年（1961年卷）》执行主编时，所领导亲自指导，全程参加审读修改。2012年3月，我在中央党校参加中央六部委联合组织的哲学社会科学科研骨干研修班学习；同年全面启动创新项目《中华人民共和国文化史》的论证工作；并先后承担了田居俭老师及所领导主持的国家社科基金重大、重点课题、马工程重大项目，以及院课题中关于文化建设史专题的研究工作。这种以项目任务带研究的模式，尽管业务繁重，但加快了我进入文化史研究领域的步伐，使我在寻找史料、整理史料，对新中国文化建设与发展历史脉络的梳理与书写中逐步专业起来。对于一个史学工作者来说，这是幸运的。这些成果是所领导、老学者和同事们敦促、提携的结果。

关于新中国文化建设史研究，因为其本身意识形态性强，往往比较复杂且涉及敏感问题，改革开放前又一定程度存在"文化政治化"现象，受后现代主义影响，研究碎片化；学界有"文化热"，但文化建设史研究偏冷，多有以反思名义来否定新中国前17年文化建设成就的。面对这种背景，如何以新中国文化发展道路为主线，从史料出发，对新中国70多年的文化理论、文化思想、重大文化事件、文化制度进行研究，描述新中国文化建设历史演进过程中的主流与枝干，并结合时代语境予以审视，特别是辨析清楚它们的时代背景、理论基础、意识形态特征及其现实指向，以小见大、由点到面，力图客观全面地反映新中国文化建设的基本面貌、风貌，是我进行文化史研究的主旨。

根据中国社会科学院学科建设的要求，我参与了一些国情调研项目，《西藏自治区公共文化服务体系建设的状况及对策研究》一文即是中共西藏自治区党委与中国社会科学院合作项目"西藏重大现实问题研究"子课题"推动西藏文化大发展大繁荣战略研究"的阶段性研究成果；《振兴乡村文化面临的挑战及实践路径》是在我长期关注并赴多地调查研究基础上写就的，发表后被2018年第19期《新华文摘》转载。

社会主义文化建设是社会主义事业的重要组成部分，中共十八大以来，以习近平同志为核心的党中央坚持走中国特色社会主义文化发展之路，这就需要正确地认识过去、展望未来。现在，学界对新中国文化建设史的研究越来越重视，这是一个可喜的现象，是一件振奋人心的事。在新时代，中国特色社会主义文化的发展、文化自信的坚定，不能缺少合理的、逻辑自治的长时段国家文化发展的历史叙事，不能不去揭示中国当代文化的基本特征，总结中国当代文化建设历史实践的得与失，本书是我在新中国文化史方面的思考，以抛砖引玉。

由于我的理论水平和占有材料有限，不足之处，敬请读者指正。

欧阳雪梅

2020年2月18日

第一篇

新中国社会主义文化建设的演进及基本经验

新中国成立70年来，中国共产党立足实际，领导人民不断回答时代和实践提出的问题，推动社会主义文化建设不断发展，重点围绕构筑中国精神、中国价值、中国力量，在丰富广大人民的精神文化生活、促进人的全面发展等方面着力，为新中国实现从站起来、富起来到强起来的伟大飞跃提供了重要支撑。

一、奠定社会主义文化基础，文化普及于人民大众

早在1940年1月，毛泽东在《新民主主义论》中就勾画了新中国文化发展的蓝图："我们不但要把一个政治上受压迫、经济上受剥削的中国，变为一个政治上自由和经济上繁荣的中国，而且要把一个被旧文化统治因而愚昧落后的中国，变为一个被新文化统治因而文明先进的中国。……建立中华民族的新文化，这就是我们在文化领域中的目的。"[①]1949年9月，中国人民政治协商会议第一次全体会议通过的《中国人民政治协商会议共同纲领》（以下简称《共同纲领》）规定："中华人民共和国的文化教育为新民主主义的，即民族的、科学的、大众的文化教育。人民政府的文化教育工作，应以提高人民文化水平、培养国家建设人才、肃清封建的、买办的、法西斯主义的思想、发展为人民服务的

[①] 《毛泽东选集》第2卷，人民出版社1991年版，第663页。

思想为主要任务。"①1956年11月,毛泽东提出了建设"现代化的文化和科学"②的发展目标。

(一)改变文化落后面貌,提高广大人民群众的文化水平

近代以来,中国国弱民穷、教育落后、公共文化设施极其短缺。1949年,全国各级各类学校在校学生总数为2554.7万人,仅占全国人口总数54167万人的4.7%;全国只有55个公共图书馆、896个文化馆(站)、21个博物馆。③

新中国成立后,人民在政治上翻了身,如何让占全国人口90%以上的工农大众在文化上翻身、提高广大人民群众的文化水平摆在新生的人民政权面前。为此,党和政府确定了"教育必须为生产建设服务,为工农服务,学校向工农开门"的方针,④各地大力发展工农教育,开展了识字扫盲运动和业余教育;建设公共图书馆、群众艺术馆、文化馆(站)、剧场以及广播、电影设施,活跃基层群众文化,到1966年,农村基本普及了广播网,全国有公共图书馆523个、文化馆(站)4846个、博物馆193个⑤;实行戏曲改革,改戏、改人、改制,剔除旧戏中的各种毒素,改革旧戏班社中的旧徒弟制、养女制等不合理制度,提高艺人的政治、文化及业务水平;⑥实行文字改革,简化汉字,制订和推行《汉语拼音方案》,推广普通话;等等。此外,党和政府还在少数民族地区建立现代教育体系,大力培养少数民族人才。在民主改革中,西藏建立起"第一所民办小学、第一所夜校、第一个识字班、第一个电影放映队、第一个医疗卫生机构"⑦。在地广人稀的内蒙古牧区,出现了"把天空当成明亮的灯

---

① 《建国以来重要文献选编》第1册,中央文献出版社2011年版,第9页。
② 《毛泽东年谱(1949—1976)》第3卷,中央文献出版社2013年版,第24页。
③ 《新中国六十年统计资料汇编》,中国统计出版社2010年版,第72、6、78页。
④ 中共中央党史研究室:《中国共产党的九十年·社会主义革命和建设时期》,中共党史出版社、党建读物出版社2016年版,第404页。
⑤ 《新中国六十年统计资料汇编》,中国统计出版社2010年版,第72、6、78页。
⑥ 欧阳雪梅主编:《中华人民共和国文化史(1949—2012)》,当代中国出版社2016年版,第21—22页。
⑦ 《西藏民主改革50年社会生产力实现三次历史跨越》,中国政府网,2009年3月19日。

光,把草原当成移动的舞台"的红色文化工作队——"乌兰牧骑",给牧民们送去了欢乐。①

新中国的文化以"为工农兵服务、为人民大众服务"②为宗旨,有计划、有步骤地发展人民文化、人民文艺、人民教育:在最基层的城市街区和农村建立或改善了文化设施,发展新的文学、戏曲、电影、音乐、舞蹈、戏剧、美术等社会文化事业;文艺工作者满腔热情地深入生活,创作了一大批表现人民群众改天换地创举的雅俗共赏的艺术精品,新中国涌现了一批优秀的文艺工作者;国家在建立各级各类学校相衔接的国民教育体系基础上,还实行全日制和半工半读两种教育制度③,既保障了广大劳动人民受教育的权利,也加强了对干部与专业人才的培养,满足了社会主义建设的需要。1964年,农村青壮年中的文盲、半文盲降至48.4%。④1965年,学龄儿童入学率达到84.6%,⑤从1949年到1965年,小学在校生从2439万人发展到1.16亿人;中学在校生从103.9万人发展到933.8万人,另有职业中学学生443.3万人;高等学校在校生由11.7万人发展到67.4万人。⑥全国自然科学技术人员已达245.8万人。⑦

(二)确立马克思主义在意识形态中的主导地位

毛泽东指出:"一切奴化的、封建主义的和法西斯主义的文化和教育,应当采取适当的坚决的步骤,加以扫除。"⑧新中国成立初期,党和政府积极组织翻译和出版了一大批马克思主义经典著作,"用马列主义的思想原则在全国范围内和全体规模上教育人民"⑨。在抗美援朝运动中,对于接

---

① 高平、安胜蓝:《红色基因代代相传》,《光明日报》2017年11月23日。
② 《周恩来文化文选》,中央文献出版社1998年版,第221页。
③ 《刘少奇选集》下卷,人民出版社1985年版,第324页。
④ 方晓东、李玉非等:《中华人民共和国教育史纲》,海南出版社2002年版,第190页。
⑤ 《新中国六十年统计资料汇编》,中国统计出版社2010年版,第76页。
⑥ 同上书,第72页。
⑦ 武衡、杨浚主编:《当代中国的科学技术事业》,当代中国出版社、香港祖国出版社2009年版,第31页。
⑧ 《毛泽东文艺论集》,中央文献出版社2002年版,第117页。
⑨ 《刘少奇选集》下卷,人民出版社1985年版,第82页。

受美国津贴的文化教育机关，分别由政府接办或"委托中国私人团体自办"①，肃清了帝国主义在华文化的影响，开展广泛的宣传教育活动，消除了部分群众存在的"亲美、崇美、恐美"思想，增强了民族自信心。通过企业内部的民主改革和农业、手工业、资本主义工商业三大社会主义改造，劳动光荣、剥削可耻以及社会主义是实现国家富强、人民富裕的光明大道等观念深入人心。20世纪50年代，中共中央号召知识分子学习社会发展史、历史唯物论，同工农群众结合，为国家建设服务，树立为人民服务的观点；成立了中国科学院哲学社会科学部，以马克思主义为指导的哲学社会科学得到发展；等等。马克思主义、毛泽东思想开始向全社会普及，极大地改变了人们的精神面貌。

（三）提出"双百"方针，繁荣发展社会主义文化

1956年4月5日，中共中央政治局扩大会议指出，宣传工作要"用马克思列宁主义的分析方法，用人民的语言，很有说服力地去说明马克思列宁主义的普遍真理和中国具体情况的统一"。②当然，"我们信奉马克思主义是正确的思想方法，这并不意味着我们忽视中国文化遗产"③。4月28日，毛泽东提出："艺术问题上的百花齐放，学术问题上的百家争鸣，我看这个应该成为我们的方针"，④他多次申明"双百"方针是一个基本的、长期的方针，并强调"双百"方针是与坚持马克思主义的指导地位相统一的。"双百"方针提出后，关于文艺批评和文艺理论的探讨逐渐活跃，文艺创作开始呈现出百花齐放的趋势。社会主义文化建设需要解决如何对待中国传统文化和外国文化的问题，对此，毛泽东提出：我们不仅"对中国的文化遗产，应当充分地利用，批判地利用"⑤，而且"一切民族、一切国家的长处都要学，政治、经济、科学、技术、文学、艺术的一切真正好的东西都要学"⑥。"古

---

① 中共中央宣传部办公厅、中央档案馆编研部：《中国共产党宣传工作文献选编（1949—1956）》，学习出版社1996年版，第160页。
② 《建国以来重要文献选编》第8册，中央文献出版社2011年版，第199页。
③ 《毛泽东文集》第3卷，人民出版社1996年版，第191页。
④ 《毛泽东年谱（1949—1976）》第2卷，中央文献出版社2013年版，第570—571页。
⑤ 《毛泽东文集》第8卷，人民出版社1999年版，第225页。
⑥ 《毛泽东文集》第7卷，人民出版社1999年版，第41页。

为今用、洋为中用"解决了社会主义文化发展中的文化资源问题，表明了党如何处理"古今中外"文化资源的科学态度。①

（四）确立社会主义的价值追求

中国共产党以为人民服务为宗旨，崇尚"不是做官，是做事"②，提倡"爱祖国、爱人民、爱劳动、爱科学、爱护公共财物"为全体国民的公德③，表彰劳动模范，讴歌艰苦奋斗、无私奉献的集体主义和革命英雄主义精神；在教育方针上，培养学生德、智、体全面发展④，"成为有社会主义觉悟的有文化的劳动者"⑤。全国人民在党和政府的领导下，建设社会主义的热情高涨，涌现出一批如焦裕禄、王进喜、雷锋式的鞠躬尽瘁、死而后已的先进模范人物，形成了大寨精神、大庆精神、"两弹一星"精神、红旗渠精神等。艰苦创业、奋发图强成为时代的最强音，中华民族的精神面貌和社会风尚焕然一新。

以毛泽东同志为主要代表的中国共产党人回答了社会主义文化的指导思想、宗旨与发展方向等根本性问题，奠定了新中国社会主义文化发展的基石，也创造了中国历史上从未有过的崭新的人民的文化。但是，由于认知的局限及当时东西方两大阵营意识形态的尖锐对立，存在着将文化问题政治化、文化等同于意识形态的现象，尤其是20世纪60年代初"以阶级斗争为纲"成为党的指导思想，对文化领域的判断出现了严重失误，"文化大革命"开始后的社会主义文化建设探索更是遭遇了严重挫折。

二、探索中国特色社会主义文化

"文化大革命"结束后，中国共产党总结和反思新中国成立后正反两

---

① 欧阳雪梅主编：《中华人民共和国文化史（1949—2012）》，当代中国出版社2016年版，第80页。
② 金冲及主编：《周恩来传》第3册，中央文献出版社2011年版，第869页。
③ 《建国以来重要文献选编》第1册，中央文献出版社2011年版，第9页。
④ 《三中全会以来重要文献选编》（下），人民出版社1982年版，第1141页。
⑤ 《邓小平文选》第2卷，人民出版社1994年版，第103页。

方面的经验，坚持真理、修正错误，批评"两个凡是"的错误方针，开展真理标准问题讨论，打破思想禁锢；中共十一届三中全会重新确立了解放思想、实事求是的思想路线，强调必须完整、准确地掌握毛泽东思想的科学体系，中国进入改革开放和社会主义现代化建设新时期。党和政府调整文化政策，探寻具有中国特色的社会主义文化发展与繁荣之路，借鉴国外文化发展的经验，改革文化体制，发展文化市场与文化产业，丰富文化的多样性，既满足人民群众日益增长的精神文化需求，又坚持社会主义先进文化的方向。

（一）拨乱反正，调整文化政策

1977年5月，邓小平提出要"尊重知识、尊重人才"[①]，1978年3月，他在全国科学大会上重申知识分子是工人阶级的一部分[②]。1979年10月，邓小平在中国文学艺术工作者第四次代表大会上阐述了文艺与政治、文艺与生活等方面的关系："要继续坚持毛泽东同志提出的文艺为最广大的人民群众、首先为工农兵服务的方向，坚持百花齐放、推陈出新、洋为中用、古为今用的方针"，文艺要"满足人民精神生活多方面的需要"。[③]1980年1月，邓小平强调："不继续提文艺从属于政治这样的口号"，但"文艺是不可能脱离政治的。任何进步的、革命的文艺工作者都不能不考虑作品的社会影响，不能不考虑人民的利益、国家的利益、党的利益"。[④]7月26日，《人民日报》发表了社论《文艺为人民服务、为社会主义服务》，指出"二为"方向"为我国社会主义新时期的文艺工作指出了正确的方向"，成为改革开放新时期国家文化方针政策的重要组成部分。1981年6月，中共十一届六中全会通过了《关于建国以来党的若干历史问题的决议》[⑤]，科学评价了毛泽东的历史地位，概括了毛泽东思想的科学内涵，充分肯定了毛泽东思想的指导地位，统一了全党全国人民的

[①]《邓小平文选》第2卷，人民出版社1994年版，第41页。
[②] 同上书，第89页。
[③] 同上书，第209—210页。
[④] 同上书，第255—256页。
[⑤]《关于建国以来党的若干历史问题的决议》，《人民日报》1981年7月1日。

思想，为维护全党的团结和全国人民的团结、促进中国特色社会主义事业的健康发展提供了根本保证。

（二）吸收和借鉴人类文明的优秀成果

随着改革开放的逐步展开、对外交往的迅速增加和文化视野的骤然拓宽，中国文化建设面临着前所未有的发展机遇。邓小平指出："要以世界先进的科学技术成果作为我们发展的起点"，[①]要着重介绍西方正直进步的学者、作家、艺术家有价值的著作和创作。[②]20世纪80年代，我国出现了译介出版外国著作的热潮，影响较为广泛的主要有"文化：中国与世界丛书""面向世界丛书""走向未来丛书""二十世纪西方哲学译丛""西方哲学流派丛书""世界文化丛书"等，囊括了西方思想文化的经典名著，体现了中国对待人类思想文化遗产的态度。如我国从1981年开始出版的"汉译世界学术名著丛书"迄今已译介出版了700余种，"为中国打开了一扇关闭许久的、向世界开放的窗口"。[③]

（三）建设社会主义精神文明

1979年，中共中央提出"要在建设高度物质文明的同时，提高全民族的教育科学文化水平和健康水平，树立崇高的革命理想和革命道德风尚，发展高尚的丰富多彩的文化生活，建设高度的社会主义精神文明"。[④]1982年，中共十二大把努力建设高度的社会主义精神文明确定为我国社会主义现代化建设的一个战略方针。[⑤]社会主义精神文明建设的根本任务是培养"有理想、有道德、有文化、有纪律"的社会主义公民，"用共同理想动员和团结全国各族人民"，提高整个中华民族的思想道德素质和科学文化素质。[⑥]1986年的中共十二届六中全会、1996年的中共十四届

[①]《邓小平文选》第2卷，人民出版社1994年版，第129页。
[②]《邓小平文选》第3卷，人民出版社1993年版，第44页。
[③] 于殿利：《"汉译名著"：新时代，新使命》，《人民日报》2019年5月14日。
[④]《三中全会以来重要文献选编》（上），中央文献出版社2011年版，第204页。
[⑤]《十二大以来重要文献选编》（上），中央文献出版社2011年版，第21页。
[⑥]《十二大以来重要文献选编》（下），中央文献出版社2011年版，第125页。

六中全会先后作出了《关于社会主义精神文明建设指导方针的决议》①《关于加强社会主义精神文明建设若干重要问题的决议》②，以推动社会主义精神文明建设。

中共十四大确立了邓小平建设有中国特色社会主义理论的指导地位，强调"物质文明和精神文明都搞好，才是有中国特色的社会主义"，"精神文明重在建设"。③1991年，江泽民提出要建设"有中国特色社会主义的文化"④。从1992年开始，中共中央宣传部设立了精神文明建设"五个一工程"奖，评选出的优秀作品思想性和艺术性相统一，发挥了积极的引导和示范作用。1994年1月，江泽民在全国宣传思想工作会议上提出并全面阐释了"弘扬主旋律，提倡多样化"的方针，⑤这是巩固社会主义文化在思想文化领域主导权的国家战略，是坚持"二为"方向和"双百"方针的具体体现。1997年，中共十五大把建设有中国特色的社会主义文化作为党在社会主义初级阶段基本纲领的重要组成部分，强调以马克思主义为指导，"在全社会形成共同理想和精神支柱，是有中国特色社会主义文化建设的根本"，要弘扬民族优秀文化。⑥2000年，江泽民提出了"三个代表"重要思想，把"始终代表中国先进文化的前进方向"⑦作为党的先进性要求之一。

（四）发展文化产业

改革开放后拓展了文化的经济属性。1978年底，财政部批准《人民日报》等八家报纸因财政补贴不足而提出"事业单位，企业化管理"的要求。⑧1979年1月28日，上海电视台播出了中国电视的第一条商业广

---

① 《十二大以来重要文献选编》（下），中央文献出版社2011年版，第121页。
② 《十四大以来重要文献选编》（下），中央文献出版社2011年版，第132页。
③ 《十四大以来重要文献选编》（上），中央文献出版社2011年版，第26—27页。
④ 江泽民：《在庆祝中国共产党成立七十周年大会上的讲话》，《人民日报》1991年7月2日。
⑤ 《十四大以来重要文献选编》（上），中央文献出版社2011年版，第572页。
⑥ 《十五大以来重要文献选编》（上），中央文献出版社2011年版，第30—31页。
⑦ 《十五大以来重要文献选编》（下），中央文献出版社2011年版，第154页。
⑧ 李景源、陈威主编：《中国公共文化服务发展报告（2007）》，社会科学文献出版社2007年版，第34页。

告；同年，广州东方宾馆开设了首家营业性音乐茶座，文化产业的雏形开始萌芽。1985年4月，国务院办公厅转发《国家统计局关于建立第三产业统计的报告》①，文化、广播电视事业和科学研究事业等纳入第三产业。1989年，国务院批准文化部设立文化市场管理司。②1992年，《中共中央国务院关于加快发展第三产业的决定》颁布③，国务院办公厅将"文化产业"概念单列，指出文化产业包括文化娱乐业、文化服务业和文化艺术商品经营业等④。

随着经济全球化和高新技术的迅速发展，文化与经济、科技日益交融，文化在综合国力竞争中的地位日益凸显。1998年，文化部增设文化产业司，标志着我国文化产业已经"由市场和民间自发发展进入政府自觉推动的新阶段"⑤。2000年，《中共中央关于制定国民经济和社会发展第十个五年计划的建议》首次将文化产业列入国家发展战略。⑥2002年，中共十六大指出："文化产业是市场经济条件下繁荣社会主义文化、满足人民群众精神文化需求的重要途径"⑦，并将文化分为公益性文化事业和经营性文化产业两部分，这是我党文化建设理论的一个重大突破⑧。政府重点支持和保障建设覆盖城乡的公共文化服务体系，推动文化资源共建共享，改善文化民生；国有经营性文化单位转企改制为文化市场主体，国务院推进政府职能转变，实行管办分离、政企分开、政事分开，改变政府的统包统揽。多主体参与文化建设，极大地解放了文化生产力，文化产业

---

① 国务院办公厅法制局：《中华人民共和国法规汇编（1985年1月—12月）》，法律出版社1986年版，第615页。

② 苏尚尧：《中华人民共和国中央政府机构（1949—1990）》，经济科学出版社1993年版，第517页。

③ 《中共中央国务院关于加快发展第三产业的决定》，《人民日报》1992年6月30日。

④ 罗干：《重大战略决策——加快发展第三产业》上卷，中国政法大学出版社1992年版，第360—365页。

⑤ 欧阳雪梅主编：《中华人民共和国文化史（1949—2012）》，当代中国出版社2016年版，第269页。

⑥ 《十五大以来重要文献选编》（中），中央文献出版社2011年版，第509页。

⑦ 《十六大以来重要文献选编》（上），中央文献出版社2005年版，第31页。

⑧ 蔡武：《改革发展繁荣——改革开放30年中国文化发展报告》，文化艺术出版社2008年版，第90页。

成为国民经济新的增长点,文化产品的供给能力显著提升,图书品种、总量稳居世界第一位。2010年,中国成为世界第一大电视剧生产国、第三大电影生产国。① 中共十七届六中全会通过的《关于深化文化体制改革推动社会主义文化大发展大繁荣若干重大问题的决定》,提出了建设社会主义文化强国的目标。②

(五)建设社会主义核心价值体系

在加强公民基本道德规范的基础上,2004年9月,中共十六届四中全会通过了《中共中央关于加强党的执政能力建设的决定》,首次明确提出要"弘扬以爱国主义为核心的民族精神和以改革创新为核心的时代精神"。③ 2006年,中共十六届六中全会提出了建设社会主义核心价值体系的战略任务,明确指出:"马克思主义指导思想,中国特色社会主义共同理想,以爱国主义为核心的民族精神和以改革创新为核心的时代精神,社会主义荣辱观,构成社会主义核心价值体系的基本内容。"④

由于中国搞清楚了什么是社会主义和怎样建设社会主义这个问题,凝聚了改革发展的共识,促进了马克思主义指导思想下的文化多样化发展,文化领域呈现出前所未有的繁荣局面,不仅为坚持与发展中国特色社会主义提供了强大精神力量,而且个性化、形态多样的文化产品为亿万人民提供了丰富多彩的精神食粮。

三、新时代坚持和发展中国特色社会主义文化

经过长期努力,中华民族前所未有地走近世界舞台中央,前所未有地接近实现中华民族伟大复兴的目标,中国特色社会主义进入了新时代。一方面,因为中国用几十年时间走完了发达国家几百年走过的工业化历程,相应地也将长时段的各种矛盾压缩在短时间里集中显现;我国全面

---

① 张玉玲:《我国文化体制改革取得重大进展》,《光明日报》2011年3月1日。
② 《十七大以来重要文献选编》(下),中央文献出版社2013年版,第562页。
③ 《十六大以来重要文献选编》(中),中央文献出版社2011年版,第285页。
④ 《十六大以来重要文献选编》(下),中央文献出版社2011年版,第661页。

深化改革进入深水区，为继续打好改革攻坚战，需要增进改革发展的社会共识，营造良好氛围，汇聚全民族的智慧和力量，保证"两个一百年"奋斗目标的如期实现。另一方面，由于"当今世界正面临百年未有之大变局"①，中国进入与世界强国同场角力的新时代，需要洞察时代风云，把握时代脉搏，为应对全球共同挑战、共同问题提出中国智慧、中国方案。中共十八大以来，以习近平同志为核心的党中央坚持中国特色社会主义文化发展道路，坚定文化自信，以高度的文化自觉与文化担当，坚守中华文化立场，铸造中国精神，促进文明互鉴，增强文化软实力，提高中国在国际上的话语权，丰富和发展了中国特色社会主义文化。

（一）坚定文化自信

习近平在 2014 年 10 月 15 日召开的文艺工作座谈会上指出："增强文化自觉和文化自信，是坚定道路自信、理论自信、制度自信的题中应有之义。"② 在"四个自信"中，文化自信"是更基础、更广泛、更深厚的自信，是更基本、更深沉、更持久的力量"，"坚定文化自信，是事关国运兴衰、事关文化安全、事关民族精神独立性的大问题"。③ 在中国特色社会主义新时代，我们要从世界文明发展、5000 多年未中断的中华文明、中国特色社会主义所创造的奇迹来认识和把握中华文化，激发人民群众的文化自豪感。

中国的文化自信，是对包括中华优秀传统文化、革命文化、社会主义先进文化在内的中国特色社会主义文化这一有机整体的自信。在人类文明历史长河中，中国人民创造了源远流长、博大精深的优秀传统文化，为中华民族生生不息、发展壮大提供了强大的精神支撑。"中国优秀传统文化的丰富哲学思想、人文精神、教化思想、道德理念等，可以为人们认识和改造世界提供有益启迪，可以为治国理政提供有益启示，也可以

---

① 习近平：《顺应时代潮流实现共同发展——在金砖国家工商论坛上的讲话》，《人民日报》2018 年 7 月 26 日。
② 习近平：《在文艺工作座谈会上的讲话》，人民出版社 2015 年版，第 25 页。
③ 《十八大以来重要文献选编》（下），中央文献出版社 2018 年版，第 474 页。

为道德建设提供有益启发"。①从中国共产党成立之日起，我们党就是中华优秀传统文化的传承者弘扬者，在革命战争年代创造的以"红船精神"、井冈山精神、长征精神、延安精神、西柏坡精神等为主要内容的革命文化是中华优秀传统文化的凝聚和升华，是中国人民伟大民族精神的薪火相传。以社会主义核心价值观、民族精神和时代精神等为主要内容的社会主义先进文化，代表着时代前进的方向，是当代中国人鲜明的精神标识，体现着中国特色社会主义的独特优势。中华优秀传统文化、革命文化、社会主义先进文化一脉相承、生生不息，贯通中华民族的过去、当下与未来，共同铸就了中国人民精神上的万里长城，支撑起中国文化自信的雄伟大厦。

文化自信的实质是对中国特色社会主义的自信。"当今世界，要说哪个政党、哪个国家、哪个民族能够自信的话，那中国共产党、中华人民共和国、中华民族是最有理由自信的"。②伟大的人民、伟大的民族、伟大的民族精神是我们坚定文化自信、进而坚定"四个自信"最大的底气，"没有高度的文化自信，没有文化的繁荣兴盛，就没有中华民族伟大复兴"。③"加强文化领域制度建设，举旗帜、聚民心、育新人、兴文化、展形象，积极培育和践行社会主义核心价值观，推动中华优秀传统文化创造性转化、创新性发展，传承革命文化、发展先进文化，努力创造光耀时代、光耀世界的中华文化"④是新时代中国特色社会主义文化建设的使命。

（二）建设具有强大凝聚力和引领力的社会主义意识形态

意识形态决定文化前进方向和发展道路。"面对社会思想观念和价值取向日趋活跃、主流和非主流同时并存、社会思潮纷纭激荡的新形势"，

---

① 习近平：《在纪念孔子诞辰2565周年国际学术研讨会暨国际儒学联合会第五届会员大会开幕会上的讲话》（2014年9月24日），《人民日报》2014年9月25日。
② 《十八大以来重要文献选编》（下），中央文献出版社2018年版，第348页。
③ 习近平：《决胜全面建成小康社会 夺取新时代中国特色社会主义伟大胜利——在中国共产党第十九次全国代表大会上的报告》（2017年10月18日），《人民日报》2017年10月28日。
④ 习近平：《在庆祝改革开放40周年大会上的讲话》（2018年12月18日），《人民日报》2018年12月19日。

"在对待坚持以马克思主义为指导问题上，绝大部分同志认识是清醒的、态度是坚定的。同时，也有一些同志对马克思主义理解不深、理解不透，在运用马克思主义立场、观点、方法上功力不足、高水平成果不多，在建设以马克思主义为指导的学科体系、学术体系、话语体系上功力不足、高水平成果不多。社会上也存在一些模糊甚至错误的认识，……在有的领域中马克思主义被边缘化、空泛化、标签化"[①]，针对这些问题，中央提出要坚持和加强党对意识形态工作的全面领导，牢牢掌握意识形态领域的主动权和领导权。学界以马克思诞辰200周年和《共产党宣言》发表170周年为契机，重新思考马克思主义对于当代中国和世界的意义。

"人心是最大的政治，共识是奋进的动力。"[②]中国共产党把凝聚民心作为意识形态工作的出发点和落脚点，既解决实际问题又解决思想问题；坚持用新时代中国特色社会主义思想武装全党、教育人民，巩固全党全国各族人民团结奋斗的共同思想基础，并要求哲学社会科学工作者按照立足中国、借鉴国外，挖掘历史、把握当代，关怀人类、面向未来的思路，着力构建中国特色哲学社会科学，"对国外的理论、概念、话语、方法，要有分析、有鉴别，适用的就拿来用，不适用的就不要生搬硬套"[③]。我们要坚持党性与人民性相统一的原则，提高新闻舆论的传播力、引导力、影响力、公信力；在思想政治教育中实现政治话语与学术话语的有机结合，"坚持政治性和学理性相统一""坚持价值性和知识性相统一"[④]；坚持以立为本、立破并举，敢于亮剑，批判各种错误思潮；完善意识形态工作责任制，加快文化领域立法，完善文化管理体制，营造风清气正的网络空间，并推动传统媒体与新兴媒体融合发展，建设一批有影响力、竞争力的新型主流媒体，唱响网上主旋律，切实维护国家文化安全和意识形态安全。

---

① 习近平：《在哲学社会科学工作座谈会上的讲话》（2016年5月17日），《人民日报》2016年5月19日。

② 习近平：《在全国政协新年茶话会上的讲话》（2018年12月29日），《人民日报》2018年12月30日。

③ 《习近平谈治国理政》第2卷，外文出版社2017年版，第341页。

④ 《用新时代中国特色社会主义思想铸魂育人 贯彻党的教育方针落实立德树人根本任务》，《人民日报》2019年3月19日。

(三)用社会主义核心价值观凝心聚力

人民有信仰,国家有力量,民族有希望。中共十八大提出的"倡导富强、民主、文明、和谐,倡导自由、平等、公正、法治,倡导爱国、敬业、诚信、友善"的社会主义核心价值观,①体现了社会主义的本质要求,要以培养担当民族复兴大任的时代新人为着眼点,强化教育引导、实践养成、制度保障,把社会主义核心价值观转化为人们的情感认同和行为习惯,夯实中国特色社会主义的思想道德基础。习近平强调:"革命理想高于天。"②中国共产党人要做共产主义远大理想和中国特色社会主义共同理想的坚定信仰者和忠实践行者,牢记"为中国人民谋幸福,为中华民族谋复兴"的初心和使命③;在人民群众中要"厚植爱国主义情怀,把爱国情、强国志、报国行自觉融入坚持和发展中国特色社会主义事业、建设社会主义现代化强国、实现中华民族伟大复兴的奋斗之中";④弘扬以爱国主义为核心的民族精神、以改革创新为核心的时代精神和改革开放铸就的伟大改革开放精神,不断凝聚全国各族人民的精神力量。

(四)坚持以人民为中心

中国共产党始终坚持以人民为中心,把满足人民精神文化需求作为出发点和落脚点,让文化发展成果惠及全体人民,满足人民群众过上美好生活的新期待。一方面,党和政府着力解决文化发展不平衡不充分的问题,加快文化领域供给侧结构性改革,建设覆盖城乡、便捷高效、保基本、促公平的现代公共文化服务体系,重点加强对农村尤其是对革命老区、少数民族地区、边疆地区、贫困地区的扶助,提高基本公共文化服务标准化、均等化水平,促进城乡、区域均衡发展,以乡村文化振兴、

---

① 《用新时代中国特色社会主义思想铸魂育人 贯彻党的教育方针落实立德树人根本任务》,《人民日报》2019年3月19日。
② 《十八大以来重要文献选编》(下),中央文献出版社2018年版,第347页。
③ 习近平:《决胜全面建成小康社会 夺取新时代中国特色社会主义伟大胜利——在中国共产党第十九次全国代表大会上的报告》(2017年10月18日),《人民日报》2017年10月28日。
④ 《十八大以来重要文献选编》(上),中央文献出版社2014年版,第25页。

促进乡村特色文化产业发展为抓手，重塑现代乡村发展的内生动力。截至 2018 年底，西藏自治区"广播、电视人口综合覆盖率分别达到 97.1% 和 98.2%。基本实现市（地）有图书馆、县有综合文化活动中心、乡有文化服务中心，每个行政村有文化室、农家书屋、电影放映室"。①新时代，党和政府促进文化与旅游、科技、金融、制造、建筑、农业、健康等相关产业的融合发展，优化结构、提质增效，为推动经济高质量发展注入文化的动力和活力。另一方面，党和政府着力解决文化产业化、市场化发展中的价值导向问题。文化产业不仅担负着文化创新的重任，而且还是传播主流价值观的渠道，把思想精深、艺术精湛、制作精良的文化精品奉献给人民。习近平强调："文艺不能当市场的奴隶，不要沾满了铜臭气"②，我们要"把握好意识形态属性和产业属性、社会效益和经济效益的关系，始终坚持社会主义先进文化前进方向，始终把社会效益放在首位"③，提倡文化文艺工作者走进实践深处，观照人民生活，表达人民心声，用心用情用功抒写人民、描绘人民、歌唱人民；提倡哲学社会科学工作者把学问写进群众心坎里，把当代中国发展进步和当代中国人精彩生活表现好展示好，把中国精神、中国价值、中国力量阐释好，④满足广大人民群众多样化、多层次、多方面的精神文化需求，促进文化消费增长。

（五）讲好中国故事、传播好中国声音

改革开放以来，我国综合国力和国际地位不断提升，国际社会对我国的关注前所未有，但"我们在国际上有时还处于有理说不出、说了传不开的境地，存在着信息流进流出的'逆差'、中国真实形象和西方主观印象的'反差'"⑤。针对西方文化霸权主义和"文明冲突论"，中国共产

---

① 国务院新闻办公室：《伟大的跨越：西藏民主改革 60 年》白皮书，《光明日报》2019 年 3 月 28 日。
② 《十八大以来重要文献选编》（中），中央文献出版社 2016 年版，第 132 页。
③ 《习近平关于全面深化改革论述摘编》，中央文献出版社 2014 年版，第 85 页。
④ 《坚定文化自信把握时代脉搏聆听时代声音 坚持以精品奉献人民用明德引领风尚》，《人民日报》2019 年 3 月 5 日。
⑤ 《习近平关于社会主义文化建设论述摘编》，中央文献出版社 2017 年版，第 212 页。

党提出坚持不同文化和文明间平等、互鉴、对话、包容的文明观。习近平强调,人类文明多样性是世界的基本特征,也是人类进步的源泉,"以文明交流超越文明隔阂、文明互鉴超越文明冲突、文明共存超越文明优越"①。面对西方国家渲染"中国威胁论"等论调,党和政府加强传播能力建设,一方面,借助中华传统文化资源和文明古国的优势,梳理中国与其他国家间文明交流互鉴的故事,建构"文化中国"的国家形象;另一方面,提高文化开放水平,广泛开展文化交流,参与世界文明对话,让世界更好地了解中国,同时加强话语体系建设,立足中国实际,"提炼标识性概念,打造易于为国际社会所理解和接受的新概念、新范畴、新表述"②。习近平提出的"一带一路"倡议和构建人类命运共同体的中国方案,正是基于各种文明和谐、共存、包容、互鉴的理念,既反映了求和平、谋发展的时代潮流,又贯彻了中国"和而不同"、互利共赢的思想,体现了"大道之行也,天下为公"的胸怀,也向不同文化背景、发展水平的国家阐述了中国发展道路的选择、中国梦与世界梦之间的内在联系、人类多样性文明共存的现实可能性,反映了中国的义利观以及所秉持的"共商共建共享的全球治理观"③。这些表明中国的文化自觉,既有世界视野,又扎根本土经验,对百年来的西方话语体系和知识体系进行重新审视,重新发现中国,反映出"中国人民不仅将为人类贡献新的发展模式、发展道路,而且将把自己在文化创新创造中取得的成果奉献给世界"④的努力,表现了"中国共产党人为世界谋大同的责任"意识⑤。这就把党对社会主义文化发展规律的认识推进到新境界。

新时代文化领域发生的广泛而深刻的变化,表现在建设社会主义文化强国的理念、胸襟和气魄上,文化自信得到彰显,理论创新全面推进,

---

① 《十八大以来重要文献选编》(下),中央文献出版社2018年版,第735页。
② 《习近平谈治国理政》第2卷,外文出版社2017年版,第346页。
③ 习近平:《决胜全面建成小康社会 夺取新时代中国特色社会主义伟大胜利——在中国共产党第十九次全国代表大会上的报告》(2017年10月18日),《人民日报》2017年10月28日。
④ 习近平:《在中国文联十大、中国作协九大开幕式上的讲话》,《人民日报》2016年12月1日。
⑤ 《习近平新时代中国特色社会主义思想学习纲要》,学习出版社、人民出版社2019年版,第11页。

主旋律更加响亮,正能量更加强劲,文化艺术日益繁荣,网信事业快速发展,文化事业和文化产业蓬勃发展,人民的文化获得感、幸福感增强,人民的文化素质不断提高。国家文化软实力和中华文化影响力大幅度提升,中国为世界和平与发展问题贡献的智慧与方案正赢得国际社会越来越多的理解、尊重和认同。如《习近平谈治国理政》一书被看作帮助外界理解中国发展理念和发展道路的一把"钥匙",受到各国读者的欢迎,截至2018年11月,《习近平谈治国理政》第一卷全球发行量超过600万册,第二卷超过1300万册。①2017年3月,联合国安理会一致通过第2344号决议,首次载入"构建人类命运共同体"重要理念,反映了国际社会的共识。②此后,这一倡议多次写入联合国文件,并从理念转化为行动,产生了日益广泛而深远的国际影响。

(六)国家的开放和崛起助推中国文化走向世界

2017年,中国文化产品和服务进出口总额1265.1亿美元③,成为文化产品最大出口国。继屠呦呦获得诺贝尔生理学或医学奖,刘慈欣的《三体》、郝景芳的《折叠北京》,先后获得科幻界的"雨果奖",儿童文学作家曹文轩获得国际安徒生奖。④"《三体》在美国销量现在已经向百万大关冲刺,在英国有40万至50万的销量"。⑤贾平凹的作品、麦家的谍战小说在海外持续热销。电视剧《媳妇的美好时代》在非洲引发共鸣,纪录片《舌尖上的中国》征服了大批海外"粉丝"。至2018年12月,"中国与157个国家签署文化合作协定,设立36个海外中国文化中心;约70个国家和地区将汉语教学纳入国民教育体系,海外汉语学习者超过1.2亿

---

① 吴娜:《以书为媒阅读中国——第23届阿尔及尔国际书展中国主宾国活动综述》,《光明日报》2018年11月27日。
② 《联合国安理会决议首次载入"构建人类命运共同体"重要理念反映国际社会共识》,《人民日报》2017年3月21日。
③ 鲁元珍:《我国文化产品出口快速增长》,《光明日报》2018年2月12日。
④ 郭爽:《中国作家郝景芳凭科幻小说〈北京折叠〉获雨果奖》,新华网,2019年5月30日。
⑤ 麦家:《开放的中国让作家走向世界》,《光明日报》2019年3月29日。

人"。① 中华文化被世界上越来越多的人所了解、认识，中国文化软实力和国际竞争力得到显著提升。

四、新中国社会主义文化建设的基本经验

新中国成立 70 年来，中国共产党领导全国人民致力于推动社会主义文化的繁荣发展，不断创新文化建设理论，丰富文化建设实践，探索文化发展规律，走出了一条中国特色社会主义文化发展道路，我们可以总结出以下五个方面的经验。

（一）党对文化工作的领导是关键

党始终把文化改革发展摆在全局工作的重要位置，结合时代要求、围绕党的中心任务提出文化纲领、发展目标及文化政策，把握文化发展的正确方向，对出现的不足及时校准偏差，建立健全领导体制和工作机制，加强文化治理，党发挥了政治领导、思想引领、制度安排、社会动员、道德示范等重要作用，这是新中国社会主义文化不断开拓创新的根本保障。

（二）坚持以马克思主义为指导是保持社会主义文化先进性的根本保证

马克思主义基本原理、马克思主义中国化形成的成果及其文化形态是中国特色哲学社会科学的主体内容和最大增量，② 也是中国特色社会主义文化的主体内容和最大增量。党和政府始终注意聆听时代的声音，回应时代的呼唤，及时总结党和人民在实践创造中的新经验、新认识，不断推进马克思主义理论创新，毛泽东思想、邓小平理论、"三个代表"重要思想、科学发展观和习近平新时代中国特色社会主义思想有力地回答

---

① 邹伟、周玮、白瀛：《崭新的气象——改革开放 40 年变迁系列述评文化篇》，新华网，2019 年 5 月 31 日。

② 习近平：《在哲学社会科学工作座谈会上的讲话》（2016 年 5 月 17 日），《人民日报》2016 年 5 月 19 日。

了现实生活提出的、干部群众关心的重大思想理论问题。中国共产党善于运用马克思主义观点同各种错误观点进行斗争，同时"注意区分政治原则问题、思想认识问题、学术观点问题"，"推进马克思主义中国化时代化大众化，建设具有强大凝聚力和引领力的社会主义意识形态，使全体人民在理想信念、价值理念、道德观念上紧紧团结在一起"。①

（三）坚持以人民为中心是社会主义文化的价值追求

"为了谁、依靠谁"是社会主义文化改革发展的根本问题。新中国成立以来，党和政府始终坚持文化发展为了人民，文化发展成果由人民共享。人民的需要是文化存在的根本价值所在，坚持面向基层、面向群众，鼓励创作生产受群众欢迎的文化产品，才能使文化发展成果惠及全体人民，不断满足人民多层次、多样化、多方面的精神文化需求。文化发展依靠人民，充分尊重人民的首创精神，充分发挥人民的主体作用，才能使全社会的文化创造活力竞相迸发。在文化建设中要坚持把服务群众同教育引导群众结合起来，把满足需求同提高素养结合起来，以促进人的全面发展为根本目的。社会主义文化以立德树人为根本，中共十九大报告明确提出："要提高人民思想觉悟、道德水准、文明素养"，"深入实施公民道德建设工程，推进社会公德、职业道德、家庭美德、个人品德建设，激励人们向上向善、孝老爱亲，忠于祖国、忠于人民"。② 社会主义文化以人民为中心，就是丰富人民的精神世界，增强人民的精神力量，满足人民群众过上美好生活的新期待，培养担当民族复兴大任的时代新人。

（四）重视社会主义核心价值体系建设，发挥文化引领风尚、教育人民、服务社会、推动发展的作用

构建符合时代要求的共同理想、价值观念和道德规范始终是新中国文化建设的核心。新中国成立初期高扬革命理想主义；在社会主义精神

---

① 习近平：《决胜全面建成小康社会 夺取新时代中国特色社会主义伟大胜利——在中国共产党第十九次全国代表大会上的报告》（2017年10月18日），《人民日报》2017年10月28日。

② 同上。

文明建设中，思想道德建设是重中之重；在社会主义市场经济条件下，建立与之相适应、与社会主义法律规范相协调、与中华民族传统美德相承接的社会主义思想道德体系是重要任务；世纪之交确立了依法治国与以德治国相结合的方略。新中国成立以来，爱国主义、集体主义、社会主义等精神广为弘扬，特别是中共十八大以来，社会主义核心价值观的培育和践行成为凝魂聚气、强基固本的基础工程，使我们始终保持着为"国家富强、民族振兴、人民幸福"而团结奋斗、改革创新的文化主旋律，时代楷模、英雄模范不断涌现。

（五）正确处理古今中外文化关系，推动中华文化守正创新

文化繁荣发展需要丰富的思想资源。以马克思主义为指导，坚持"不忘本来、吸收外来、面向未来"①，在继承中转化、在借鉴中超越是中国特色社会主义文化发展的路径。"不忘本来"即坚守中华文化立场，"中国共产党从成立之日起，既是中国先进文化的积极引领者和践行者，又是中华优秀传统文化的忠实传承者和弘扬者"。②从新中国成立初期坚持推陈出新、"古为今用、洋为中用"，到21世纪初"全面认识祖国传统文化，取其精华，去其糟粕，使之与当代社会相适应、与现代文明相协调，保持民族性，体现时代性"③，再到新时代强调深入挖掘中华优秀传统文化蕴含的核心思想理念、传统美德、人文精神，推动中华优秀传统文化实现创造性转化与创新性发展，中国优秀传统文化为中国特色社会主义文化提供了丰厚滋养的沃土。"吸收外来"即放眼世界，吸收借鉴国外优秀文明成果。毛泽东强调："世界上所有国家的有益的东西，我们都要学"，"但要有选择地学，学先进的东西，不是学落后的东西"。④邓小平认为："社会主义要赢得与资本主义相比较的优势，就必须大胆吸收和借鉴人类社

---

① 《十七大以来重要文献选编》（下），中央文献出版社2013年版，第558页。
② 习近平：《决胜全面建成小康社会 夺取新时代中国特色社会主义伟大胜利——在中国共产党第十九次全国代表大会上的报告》（2017年10月18日），《人民日报》2017年10月28日。
③ 《十七大以来重要文献选编》（上），中央文献出版社2013年版，第27页。
④ 《毛泽东文集》第7卷，人民出版社1999年版，第192页。

会创造的一切文明成果",① 同时强调:"属于文化领域的东西,一定要用马克思主义对它们的思想内容和表现方法进行分析、鉴别和批判",② 以此丰富和发展本民族文化。"面向未来"即我们要传承中华文化独一无二的理念、智慧、气度和神韵,同时准确判断世界文明发展趋势,善于融通古今中外各种资源,推进中华文化不断守正创新。

综上所述,新中国成立70年来,在社会主义革命、建设、改革的实践创造中进行了文化创造,在历史进步中实现了文化进步,③ 体现了文化自立、文化自觉和文化自信。"文化是一个国家、一个民族的灵魂。文化兴国运兴,文化强民族强"。④ 在实现中华民族伟大复兴的进程中,我们要在吸取既往经验的基础上坚持不懈地推进社会主义文化强国建设,不断铸就中华文化的新辉煌。

[原载《当代中国史研究》2019年第5期]

---

① 《邓小平文选》第3卷,人民出版社1993年版,第373页。
② 同上书,第44页。
③ 邹伟、周玮、白瀛:《崭新的气象——改革开放40年变迁系列述评文化篇》,新华网,2019年5月31日。
④ 习近平:《决胜全面建成小康社会 夺取新时代中国特色社会主义伟大胜利——在中国共产党第十九次全国代表大会上的报告》(2017年10月18日),《人民日报》2017年10月28日。

"人民至上"：新中国文化建设的价值追求

　　人民性是马克思主义最鲜明的品格。人民利益高于一切，全心全意为人民服务，是马克思主义政党的立党宗旨。中国共产党以马克思主义为指导，新中国成立后，领导社会主义文化建设时，以人民至上为价值宗旨，确立和坚持文化发展为了人民，文化发展依靠人民，文化发展成果由人民共享，文化建设要全面提高人的素质，解决了文化发展的根本问题，坚持和发展了马克思主义文化发展理念。新中国成立70年来，文化建设为了人民，在工农大众中普及文化，鼓励创作生产面向基层、面向群众、受群众欢迎的文化产品，让文化发展成果惠及全体人民，实现了文化产品从短缺到丰富、从数量到质量的提升，不断满足人民多层次、多样化、多方面的精神文化需求。文化发展依靠人民，充分尊重人民的首创精神，充分发挥人民的主体作用，使全社会的文化创造活力竞相迸发。文化建设中以立德树人为根本，坚持把服务群众同教育引导群众结合起来，把满足需求同提高素养结合起来，不断提高人民的思想道德文明素养，促进人的全面发展。

一、文化建设为了人民

　　早在革命战争年代，毛泽东就明确提出了文化"为什么人"的问题是一个根本的问题、原则的问题，强调我们要建设的文化是民族的、科学的、大众的文化，文艺要与群众相结合、为最广大的人民大众服务，宣传教育工作就是要让群众知道自己的利益、自己的任务。新中国成立为落实这一文化理念奠定了基础。具有临时宪法性质的《中国人民政治协商会议共同纲领》规定:"中华人民共和国的文化教育为新民主主义的,即民族的、科学的、大众的文化教育。人民政府的文化教育工作,应以提高人民文化水平、培养国家建设人才、肃清封建的、买办的、法西斯主义的思想、发展为人民服务的思想为主要任务。"[1] 新中国的文化为工农兵服务、为人民大众服务[2],有计划、有步骤地向工农大众普及文化,培养"富有创造力和全面发展的新社会的建设者"[3],彻底打破了少数统治者和知识精英垄断文化的格局。党和政府实行"学校向工农开门",大力发展现代国民教育体系和其他文化教育机关,各地开展了识字扫盲运动和业余教育;广泛建设公共图书馆、群众艺术馆、文化馆(站)、剧场以及广播、电影设施,活跃基层群众文化生活;发展新的文学、戏曲、电影、音乐、舞蹈、戏剧、美术、广播、报纸、杂志等社会文化事业;实行文字改革,简化汉字,制订和推行《汉语拼音方案》,推广普通话,等等,实现了文化群众化、通俗化。1956年召开的中共八大进一步明确提出,"国内主要矛盾已经是人民对经济文化迅速发展的需要同当前经济文化不能满足这种需要的状况之间的矛盾"[4],繁荣发展社会主义文化是党和国家的主要任务,并确立了"在艺术方面的百花齐放的方针,学术方面的百家争鸣的方针"[5],以及"推陈出新""古为今用、洋为中用"的文化建设基本路径。在国家财力物力十分短缺的情况下,基层文化设施广泛建立,人民群众的文化普及工作卓有成效。但随着党的指导思想的"左"倾,对文化领域的判断出现了严重失误,"文化大革命"中文化发展遭遇了严重挫折。

"文化大革命"结束后,中国共产党总结和反思新中国成立后文化建设正反两方面的经验,坚持真理、修正错误,调整文化政策,提出了

---

[1] 《建国以来重要文献选编》第1册,中央文献出版社2011年版,第9页。
[2] 《周恩来文化文选》,中央文献出版社1998年版,第221页。
[3] 钱俊瑞:《当前教育建设的方针》,《人民教育》创刊号1950年5月。
[4] 《建国以来重要文献选编》第9册,中央文献出版社2011年,第293页。
[5] 《毛泽东年谱(1949—1976)》第2卷,中央文献出版社2013年版,第574页。

"文艺为人民服务、为社会主义服务"的"二为"方向，重申中共八大关于"主要矛盾"观点，着重解决文化产品短缺问题，在经济体制改革大潮中逐步学会用经济杠杆，推动文化产品生产。借鉴国外文化发展的经验，引进介绍西方进步的学者、作家、艺术家有价值的著作；改革文化体制，调动了文化工作者的积极性、主动性、创造性，促成改革开放初期的文化繁荣。发展文化市场与文化产业，丰富文化的多样性，满足人民群众日益增长的精神文化需求，文化建设进入新时期。随着中国加入世贸工作的推动，文化产业进入"从自发到自觉"阶段。2000年，《中共中央关于制定国民经济和社会发展第十个五年计划的建议》提出将文化产业列入国家发展战略[1]，区分公益性文化事业与经营性文化产业，政府重点支持和保障建设覆盖城乡的公共文化服务体系，推动文化资源共建共享，改善文化民生；国有经营性文化单位转企改制为文化市场主体，转变政府职能，实行管办分离、政企分开、政事分开，改变政府的统包统揽。改革开放以来我国形成了马克思主义指导思想下的文化多样化发展，文化领域呈现出前所未有的繁荣局面，不仅为坚持与发展中国特色社会主义提供了强大精神力量，而且个性化、形态多样的文化产品为亿万人民提供了丰富多彩的精神食粮。

新时代，中共中央强调坚持以人民为中心的创作导向。2014年10月，在文艺工作座谈会上，习近平总书记指出："社会主义文艺，从本质上讲，就是人民的文艺。"深刻阐述了文艺与人民的关系，重申文艺创作的人民取向，定位文艺发展的人民坐标，强调人民的需要是文艺存在的根本价值所在，"只有牢固树立马克思主义文艺观，真正做到了以人民为中心，文艺才能发挥最大正能量。以人民为中心，就是要把满足人民精神文化需求作为文艺和文艺工作的出发点和落脚点，把人民作为文艺表现的主体，把人民作为文艺审美的鉴赏家和评判者，把为人民服务作为文艺工作者的天职。"[2] 社会主义文艺，来源于人民、植根于人民，也必须服务于人民。文艺要反映好人民心声，就要坚持为人民服务、为社会主

---

[1] 《十五大以来重要文献选编》（中），中央文献出版社2011年版，第509页。
[2] 习近平：《在文艺工作座谈会上的讲话》，《人民日报》2015年10月15日。

义服务的根本方向。强调了文艺以人民为中心的思想,提出"走入生活、贴近人民,是艺术创作的基本态度;以高于生活的标准来提炼生活,是艺术创作的基本能力。"①中共十九大明确,社会主义文化以人民为中心,就是丰富人民精神世界,增强人民精神力量,满足人民群众过上美好生活的新期待,培养担当民族复兴大任的时代新人。加快文化立法,颁布公共文化服务保障法、公共图书馆法、博物馆条例,为解决文化民生提供了强有力的法治保障。人民群众对文化的需求已经从"有没有,缺不缺"到了"好不好,精不精"的发展阶段,为适应这种供给的变化,文化发展也从数量追求,转到质量和品质的提升。

二、文化建设发挥人民主体作用

马克思主义认为,人民是推动历史发展的决定力量,人民群众是社会物质财富的创造者,同时也是社会精神财富的创造者。新中国成立后,文化发展依靠人民,充分尊重人民的首创精神,充分发挥人民的主体作用,使全社会的文化创造活力竞相迸发。新中国诞生前夕,中华全国文学艺术工作者代表大会(简称为"第一次文代会")召开,大会实现了解放区和国统区文艺工作者的大会师、大团结,全中国一切爱国的文艺工作者团结起来,"进一步联系人民群众,广泛地发展为人民服务的文艺工作,使人民的文艺运动大大发展起来"②是大会的目的。新中国在中央及各级政府成立了文化机构,政务院设文化教育委员会,下辖文化部、新闻出版总署、广电总局等文化主管部门,各级政府设立相应的文化事业单位;建立文联、作协及美术、音乐、戏剧、电影、舞蹈等协会,工会、共青团、妇联等社会团体,也组织开展群众性文化活动,发展高等艺术院校、中等艺术学校,培养艺术人才,迅速建立起新中国文化建设队伍。文艺工作者满腔热情地深入工农兵、了解工农兵、表现工农兵,文艺创作掀起"写人民、为人民、服务于人民"的热潮;在扫盲等文化普及活

---

① 习近平:《在中国文联十大、中国作协九大开幕式上的讲话》(2016年11月30日),人民出版社2016年版,第12页。

② 《毛泽东年谱(1893—1949)》下卷,人民出版社、中央文献出版社1993年版,第525页。

动中，人民群众互教互帮，在文化建设中的主体地位凸显。

改革开放后，鼓励和引导个体经济、民营经济进入图书发行出版领域，民营书业成为我国出版业发展的重要力量。1996年，事业单位全面改革开始，中共中央办公厅、国务院办公厅发布《中央机构编制委员会关于事业单位改革若干问题的意见》，将"政事分开"放到首位，推动各类事业单位在市场经济体制下逐步转变为独立法人参与市场运行。20世纪90年代中期以来，私人投资开办的非营利的文化机构参与文化建设，截至2004年底，全国在民政部门登记的民办非企业单位中有3139个属于文化类的（数据来自民政部网站）。文化领域逐步形成了公有制为主体，多种所有制共同发展的文化产业格局。2000年10月，中共十五届五中全会通过的《中共中央关于"十五"规划的建议》，提出"推动文化产业发展"。2001年8月，新闻出版广播影视业提出建立以资产为纽带，业务为主线创建新型的、跨行业的、跨地区的传媒和出版集团的改革意见。2003年6月，文化事业与产业"分类改革"的思路成型，"政企分离""政事分离"，政府不再直接生产和提供文化产品，原来单一的文化事业单位被分为公益性文化事业单位、实行事业体制企业化运行单位和企业单位三种类型，经营性文化单位转企改制，重塑为文化市场主体；开放社会力量参加或自主兴办公益性文化事业，形成国家、社会、文化机构之间的多种合作形式，不断创新公共文化产品的提供方式。多主体参与文化建设，极大地解放了文化生产力，文化产品的供给能力显著提升，图书品种、总量稳居世界第一位，2010年中国成为世界第一大电视剧生产国、第三大电影生产国。[①]

中共十八大以来，以政府主导、社会参与、共建共享的方式推动覆盖城乡、便捷高效、保基本、促公平的现代公共文化服务体系建设。公共文化设施社会化运营已经开始试点。比如，上海已在全市建成运行的216家标准化社区文化活动中心，超过90%委托企业、社会组织、群众文艺团队等参与运行。广泛开展文化志愿服务，全国已成立各类文化志

---

① 张玉玲：《我国文化体制改革取得重大进展》，《光明日报》2011年3月1日第1版。

愿服务团队6700多支，文化志愿者人数突破百万。① 公共文化服务正朝着服务主体多元、服务方式多样的方向前进。伴随互联网数字技术发展，文化创作的方式创新，技术进步推动媒介更迭，数字文化产业兴起，文化创作的主体不断扩大。截至2018年12月，我国网络文学用户规模达到4.32亿，占网民总数的52.1%。网络文学作品总量超过2400万部，其中签约作品近130万部，2018年新增签约作品24万部。国内重点网络文学网站签约作者达61万，并有上千万作者参与创作。② 中国特色的网络文学与好莱坞大片、日本动漫、韩国偶像剧被并称为"世界四大文化奇观"。据海外数据机构Statista的统计，2018年中国已经位列全球互联网文化娱乐第二大市场，仅次于美国。从游戏领域来看，民营中小微文化企业及个体创作者作用明显，推出了大批具有全球竞争力的游戏作品。

三、以文化人，立德树人

"没有先进文化的积极引领，没有人民精神世界的极大丰富，没有民族精神力量的不断增强，一个国家、一个民族不可能屹立于世界民族之林。"③ "自从中国人学会了马克思列宁主义以后，中国人在精神上就由被动转入主动。从这时起，近代世界历史上那种看不起中国人，看不起中国文化的时代应当完结了。"④ 新中国成立后，中共中央组织编译出版马克思、恩格斯、列宁、斯大林的经典著作和马克思主义中国化的理论成果，并进行研究阐释宣传。1950年5月成立《毛泽东选集》出版委员会，毛泽东亲自审定收录的文章，并为某些文章写了题解和注释。为配合马克思主义理论的学习、宣传和普及，在《人民日报》和《学习》《新建设》杂志组织刊登大量的理论普及文章，解读马克思主义基本概念和基本观点。1951年初，《人民日报》重新发表毛泽东的《矛盾论》《实践论》，马

---

① 文化和旅游部公共服务司：《公共文化服务：为人民美好生活赋能》，《光明日报》2019年9月9日第6版。
② 《2018—2019中国数字出版产业年度报告发布》，搜狐网，2019年8月22日。
③ 习近平：《在文艺工作座谈会上的讲话》，《人民日报》2015年10月15日。
④ 《毛泽东选集》第4卷，人民出版社1991年版，第1505页。

克思主义理论家李达为"两论"编写深入浅出的解说。新文化建设一开始进行思想改造，就是用新思想把头脑里的旧思想"挤掉"。思想改造的途径和方法就是读书学习，批评和自我批评。人人都是自我改造的主体，领导干部首先要过"思想关"，即树立辩证唯物主义和历史唯物主义的世界观和人生观。"活到老，学到老，改造到老"，是中国共产党领导人的座右铭。因为"事物的发展是没有止境的""时代是不断前进的，思想改造就是要求我们的思想不落伍，跟得上时代，时时前进"。①其次是"担负起教育别人的角色"②的文化创造和传播主体的知识分子先受教育，进行价值观、世界观的更新和改造，进行一场意识形态革命。③思想改造运动从教育界开始，随后推进到文艺界、学术界和整个知识界。青年学生学习的内容主要包括马克思主义哲学、政治经济学、中国革命史、新民主主义论等。马克思主义作为一种世界观，作为分析社会的方法论，在文化领域得到迅速普及，马克思主义的思想与理念，得到知识分子普遍的认同。冯友兰说："在我们社会里，我们底道德标准'全心全意为人民服务'，仅仅在三年之内，已成为普通人的实践的目标。"④

随着社会主义建设的全面开展，马克思主义的研究宣传教育更加系统化科学化，如宣传工作要"用马克思列宁主义的分析方法，用人民的语言，很有说服力地去说明马克思列宁主义的普遍真理和中国具体情况的统一"。⑤迄今，马列主义、毛泽东思想著作出版成果丰硕。《马克思恩格斯全集》（中文第一版、第二版）出齐，《列宁全集》（中文第二版）出齐，毛泽东、邓小平、江泽民、胡锦涛文集或选集及时大量出版，特别是中共十八大以来，《习近平谈治国理政》《习近平总书记系列重要讲话读本》等著作大量出版，推动马克思主义中国化时代化大众化，极大地丰富和发展了中国特色社会主义理论宝库，为巩固马克思主义在我国意识形态领域的指导地位作出了积极贡献，凝聚了人民团结奋斗的思想共识。

---

① 《周恩来选集》（下），人民出版社1984年版，第423页。
② 《毛泽东选集》第5卷，人民出版社1977年版，第405页。
③ 同上书，第406—407页。
④ 冯友兰：《对于三年来新社会的几点认识》，《人民日报》1952年10月8日。
⑤ 《建国以来重要文献选编》第8册，中央文献出版社2011年版，第199页。

中国历来重视以德润心，新中国发扬了这一传统。新中国一成立，提倡"爱祖国、爱人民、爱劳动、爱科学、爱护公共财物"为全体国民的公德[①]，表彰劳动模范，讴歌集体主义和革命英雄主义精神；在教育方针上，1957年毛泽东提出，培养德、智、体全面发展，"有社会主义觉悟的有文化的劳动者"[②]。王进喜、雷锋、焦裕禄等英模的事迹广为传颂，艰苦创业、奋发图强、无私奉献的精神成为时代的最强音，中华民族的精神面貌和社会风尚焕然一新。改革开放以来，中共中央提出"要在建设高度物质文明的同时，提高全民族的教育科学文化水平和健康水平，树立崇高的革命理想和革命道德风尚，发展高尚的丰富多彩的文化生活，建设高度的社会主义精神文明"。[③]1982年，中共十二大把努力建设高度的社会主义精神文明确定为我国社会主义现代化建设的一个战略方针[④]。社会主义精神文明建设的根本任务是培养"有理想、有道德、有文化、有纪律"的社会主义公民，"用共同理想动员和团结全国各族人民"，提高整个中华民族的思想道德素质和科学文化素质。[⑤]在社会主义市场经济条件下，建立与之相适应、与社会主义法律规范相协调、与中华民族传统美德相承接的社会主义思想道德体系是重要任务，建设文明城市、文明村镇、文明单位。世纪之交，中共中央确立了依法治国与以德治国相结合的方略。社会主义核心价值体系是社会主义先进文化的精髓。2007年开始，由中共中央宣传部、中央文明办、解放军总政治部、全国总工会、共青团中央、全国妇联共同主办，由普通百姓通过投票的形式选出全国道德模范，平均每两年评选一次，分为"助人为乐""见义勇为""诚实守信""敬业奉献""孝老爱亲"五个类型，实现"人民选人民"。迄今，已评选了七届全国道德模范。第七届有张富清等58人被授予全国道德模范荣誉称号，张佳鑫等257人被授予全国道德模范提名奖。中共十八大以来，以习近平同志为核心的党中央倡导培育和践行社会主

---

① 《建国以来重要文献选编》第1册，中央文献出版社2011年版，第9页。
② 《毛泽东文集》第7卷，人民出版社1999年版，第226页。
③ 《三中全会以来重要文献选编》（上），中央文献出版社2011年版，第204页。
④ 《十二大以来重要文献选编》（上），中央文献出版社2011年版，第21页。
⑤ 《十二大以来重要文献选编》（下），中央文献出版社2011年版，第125页。

义核心价值观，凝魂聚气、强基固本的基础工程；将精神文明建设放在统筹推进"五位一体"总体布局和协调推进"四个全面"战略布局的重要位置谋划部署，更加注重以高尚的精神教育人、以优秀的文化鼓舞人、以丰润的道德滋养人，培养担当民族复兴大任的时代新人，推动社会主义思想道德建设在新时代展现新气象、取得新成就，中华大地涌现出一大批道德模范、最美人物，为社会源源不断地注入正能量。新中国成立以来，在国庆等重大庆典活动中都组织邀请各界先进模范人物代表参加观礼。在中华人民共和国即将迎来成立70周年之际，首次开展国家勋章和国家荣誉称号集中评选。尊崇模范、学习模范，不仅形成一种鲜明的价值取向，更成为一项持续的自觉行动，激发亿万中华儿女崇德向善、见贤思齐，为构筑中国精神、中国价值、中国力量，为实现中华民族伟大复兴的中国梦凝聚起强大的精神力量和有力的道德支撑。

重视发挥文化引领风尚、教育人民、服务社会、推动发展的作用。新中国初期，提倡"革命的现实主义与革命的浪漫主义相结合"的创作方法等，表现"新的人物，新的世界"，讴歌革命和建设事业中的英雄模范和歌颂新社会大公无私的道德风尚，开启了新中国人民文艺的主潮，鼓舞了人民建设社会主义的热情。邓小平强调"不继续提文艺从属于政治这样的口号"，但"文艺是不可能脱离政治的。任何进步的、革命的文艺工作者都不能不考虑作品的社会影响，不能不考虑人民的利益、国家的利益、党的利益"。[①] 习近平强调："文艺不能当市场的奴隶，不要沾满了铜臭气"[②]，文化产品要"把握好意识形态属性和产业属性、社会效益和经济效益的关系，始终坚持社会主义先进文化前进方向，始终把社会效益放在首位"[③]，要坚持党性与人民性相统一的原则，提高新闻舆论的传播力、引导力、影响力、公信力；提倡文化文艺工作者走进实践深处，观照人民生活，表达人民心声，用心用情用功抒写人民、描绘人民、歌唱人民，传递向上向善的价值观，哲学社会科学工作者要把学问写进群众心坎里，在人民群众中"厚植爱国主义情怀，把爱国情、强国志、报国

---

① 《邓小平文选》第2卷，人民出版社1994年版，第255—256页。
② 《十八大以来重要文献选编》(中)，中央文献出版社2016年版，第132页。
③ 《习近平关于全面深化改革论述摘编》，中央文献出版社2014年版，第85页。

行自觉融入坚持和发展中国特色社会主义事业、建设社会主义现代化强国、实现中华民族伟大复兴的奋斗之中"[1];弘扬以爱国主义为核心的民族精神、以改革创新为核心的时代精神和改革开放铸就的伟大改革开放精神,不断增强全国各族人民的精神力量。从 1992 年开始,中共中央宣传部设立了精神文明建设"五个一工程"[2]奖,评选出思想性和艺术性统一的优秀作品,发挥了引导和示范作用。"弘扬主旋律,提倡多样化"[3]成为文化发展的方针,哲学社会科学、文化教育、文学艺术有大批精品问世,主题出版、精品创作为读者提供了优质的精神食粮,传承了优秀传统文化、红色文化,发展了社会主义先进文化,培根铸魂。如长篇小说《红岩》《红旗谱》《创业史》《暴风骤雨》《青春之歌》《林海雪原》等,电影《红色娘子军》、话剧《茶馆》、京剧《穆桂英挂帅》、豫剧《朝阳沟》以及油画《开国大典》、小提琴协奏曲《梁祝》等一批佳作成为经典流传;路遥写作的反映普通人奋斗史的现实主义文学作品《平凡的世界》,首版于 1986 年,今天依然高居畅销书榜首,并被列入高中生必读书目,在各大高校图书馆的借阅记录中名列前五。新中国爱国主义、集体主义、社会主义精神广为弘扬,始终保持了为"国家富强、民族振兴、人民幸福"而团结奋斗、改革创新的文化主旋律,是中华民族实现从站起来、富起来到强起来的伟大飞跃的重要支撑。

四、文化发展成果惠及全体人民

新中国把满足人民精神文化需求作为出发点和落脚点,从文化普及于人民大众,到改革文化体制丰富文化供给,满足人民日益增长的文化生活需要,再到加快供给侧结构性改革,着力解决文化发展不平衡不充

---

① 吴晶、胡浩:《用新时代中国特色社会主义思想铸魂育人 贯彻党的教育方针落实立德树人根本任务》,《光明日报》2019 年 3 月 19 日第 1 版。

② "五个一"是指五个方面的精品佳作,即一本好书、一台好戏、一部优秀影片、一部优秀电视剧(片)、一篇或一部有创见有说服力的理论文章。从 1995 年起,一首好歌和一部好的广播剧也被列入评选范围。

③ 《十四大以来重要文献选编》(上),中央文献出版社 2011 年版,第 572 页。

分的问题,提高文化发展质量,文化发展成果惠及全体人民。

一是不断增加文化事业经费,文化服务体系从无到有、服务内容由少变多,不断丰富群众文化生活。1953—1957年五年文化事业费总投入为4.97亿元,1978年当年增加到4.44亿元,到2018年达928.33亿元。1979—2018年,文化事业费年均增长14.3%。1949年,全国公共图书馆仅有55个,文化馆站896个,博物馆21个。2018年底,全国共有公共图书馆3176个,为1949年的57.7倍,为1978年的2.6倍;文化馆站44464个,为1949年的49.6倍,为1978年的9.7倍;博物馆4918个,为1949年的234.2倍,为1978年的14.1倍。① 新中国公共文化服务在"一穷二白"的基础上起步,如今已基本建成覆盖省、市、县、乡、村的五级公共文化服务基础设施网络。全国各级各类国有博物馆、纪念馆、美术馆、有条件的爱国主义教育基地等从2004年起逐步实行优惠或者免费开放;从2008年起,全国文化、文物系统博物馆、纪念馆开始向社会免费开放,为丰富群众文化活动提供了有力支撑。(见表1)

表1 新中国成立以来全国主要文化发展指标情况

年度	全国文化事业费(亿元)	全国人均文化事业费(元)	公共图书馆机构数(个)	公共图书馆流通总人次(万人/次)	文化馆(站)和群众艺术(个)	艺术表演团体(个)	艺术表演团体国内演出观众人次(万人/次)	博物馆(个)	博物馆参观总人数人次(万人/次)
1949			55		896	1000		21	
1956			375		2584	2720		67	
1978	4.44	0.46	1218	7787	4569	3150	79395	349	
1990	15.19	1.33	2527	12435	55756	2805	51012	1013	
2002	83.66	6.51	2697	18854	42516	2587	46168	1511	11991
2012	480.10	35.86	3076	43437	40575	7321	82805	3069	67059
2018	928.33	66.53	3176	82032	44464	17123	124900	4918	112600

注:2007年以前艺术表演团体为文化部门系统内部数据,之后含非文化部门单位。1978年、1990年文化站数据未包含其他部门所属乡镇综合文化站。

数据来源:国家统计局、文化和旅游部。

---

① 《文化事业繁荣兴盛 文化产业快速发展——新中国成立70周年经济社会发展成就系列报告之八》,中国政府网,2019年7月25日。

二是文化供给极大丰富。2018年，全国有580余家出版社，年出版图书约50万种、总印数100亿册，分别是1950年的42.7倍和37.1倍；出版期刊10139种、总印数22.9亿册，分别是1950年的34.4倍和57.3倍。①报纸品种1871种、总印数337.3亿份，分别为1978年的10.1倍和2.6倍，为1950年的4.9倍和42.2倍。电子出版业起步于1993年，到2018年全国电子出版物8403种，发行量2.6亿张。2018年底，全国共有各类艺术表演团体17123个，为1978年的5.4倍，为1949年的17.1倍；艺术表演场馆1236个，为1978年的1.1倍，为1949年的1.4倍。2018年全国艺术表演团体从业人员41.6万人、演出312万场次、全年演出收入152.3亿元，分别比2012年增长72.0%、131.5%和137.4%，演艺市场规模呈现井喷式增长。2018年全国电影票房收入609.8亿元，比2012年增长1.9倍，2013—2018年年均增长19.6%；电影院线拥有银幕60079块，比2012年增长3.6倍，2013—2018年年均增长28.9%，银幕总数跃居世界第一。从以前的传统媒体发展到今天具有电台、电视台、报刊、网络广播电视和移动多媒体广播电视等多种媒体构成的传播新格局。2018年底，全国广播、电视节目综合人口覆盖率达到98.94%和99.25%满足了受众对节目形态多样化的需求。②（见表2）

表2 新中国成立以来中国传媒产品发展情况

项　目	1950年	1956年	1978年	1990年	2002年	2012年	2017年	2018年
报纸种类（种）	382	347	186	1444	2137	1918	1884	1871
报纸出版印数（亿份）	0.8	26.1	127.8	211.3	367.8	4823	362.5	337.3
期刊种类（种）	295	484	930	5751	9029	9867	9002	10139
期刊总印数（亿册）	0.4	3.5	7.6	17.9	29.5	33.48	29.6	22.9
图书种类（种）	12153	28773	14987	80224	170962	40多万	178880	50万
图书总印数（亿册）	2.7	17.8	37.7	56.4	68.7	79.25	67.5	100

---

① 启雯、刘颖：《触摸国民70年阅读轨迹》，《人民日报》（海外版）2019年9月7日。
② 《文化事业繁荣兴盛 文化产业快速发展——新中国成立70周年经济社会发展成就系列报告之八》，中国政府网，2019年7月25日。

续表

项　目	1950年	1956年	1978年	1990年	2002年	2012年	2017年	2018年
生产电影（部）			67（1979年）	>100	169	893	970	902

数据来源：国家统计局、文化和旅游部。

改革开放以来，文化的发展过多依靠地方财政与资源，导致文化发展在地区和城乡间严重不平衡。中共十八大以来，国家重点加强农村尤其是对革命老区、少数民族地区、边疆地区、贫困地区的扶助，促进城乡、区域均衡发展，尝试以乡村文化振兴、促进乡村特色文化产业发展为抓手，重塑现代乡村发展的内生动力。截至2018年底，高寒的西藏自治区"广播、电视人口综合覆盖率分别达到97.1%和98.2%。基本实现市（地）有图书馆、县有综合文化活动中心、乡有文化服务中心，每个行政村有文化室、农家书屋、电影放映室"。①2018年，各类文艺院团赴农村演出178.82万场，农村观众达7.79亿人次；政府采购公益演出达16.1万场，观众1.3亿人次。②在"互联网+"时代，党和政府着力解决文化领域在内容、技术、业态等方面自主创新能力不足的问题，促进文化与旅游、科技、金融、制造、建筑、农业、健康等相关产业的融合发展，为文化高质量发展注入动力和活力。另一方面，着力解决文化产业化、市场化发展中的泛娱乐化问题，强化文化产业不仅担负着文化创新的重任，而且还应成为传播主流价值观的渠道，把思想精深、艺术精湛、制作精良的文化精品奉献给人民。

三是文化消费稳步提高。随着我国经济持续快速发展，城乡居民的文化消费需求数量不断增加，文化生活成为满足人们美好生活向往的重要支撑。2018年，文盲率下降到4.08%，高等教育在学毛入学率达48.1%，接近普及。文化水平提升促进文化消费增长。全国居民用于文化娱乐的人均消费支出为827元，比2013年增长43.4%，2014—2018年年

---

① 国务院新闻办公室：《伟大的跨越：西藏民主改革60年》白皮书，《光明日报》2019年3月28日第9版。

② 文化和旅游部公共服务司：《公共文化服务：为人民美好生活赋能》，《光明日报》2019年9月9日。

均增长7.5%，文化娱乐支出占全部消费支出的比重为4.2%。分城乡看，2018年城镇居民人均文化娱乐消费支出1271元，比2013年增长34.3%，年均增长6.1%；农村居民人均文化娱乐消费支出280元，比2013年增长60.0%，年均增长9.9%。城乡居民人均文化娱乐消费支出之比由2013年的5.4∶1，降低到2018年的4.5∶1。①随着居民生活水平的提高，大众旅游的快速发展，2018年，中国国内旅游人数55.39亿人次，比上年同期增长10.8%；中国公民出境旅游人数14972万人次，比上年同期增长14.7%。②2019年8月12日，国务院办公厅发布《中共中央国务院关于完善促进消费体制机制进一步激发居民消费潜力的若干意见》，深化文化和旅游领域供给侧结构性改革，从供需两端发力，不断激发文化和旅游消费潜力。

70年来，中国共产党深刻把握文化发展规律，坚持人民至上的价值追求，不断从理论和实践回应和满足了人民对精神文化的需求，新时代随着社会主义文化强国的推进，弘扬中华优秀传统文化，传承革命文化，建设社会主义先进文化，增强文化创新能力，文化产业高质量的发展，现代文化产业体系和市场体系的健全，各类文化市场主体发展壮大，新型文化业态和文化消费模式的培育，必将以高质量文化和旅游供给增强人民群众的获得感、幸福感。

［原载《井冈山干部学院学报》2019年第6期］

---

① 《文化事业繁荣兴盛 文化产业快速发展——新中国成立70周年经济社会发展成就系列报告之八》，中国政府网，2019年7月25日。

② 王莹：《2018年全国实现旅游总收入5.97万亿元 同比增长10.5%》，新华网，2019年2月13日。

毛泽东与新中国社会主义文化建设

文化是一个民族的血脉，是人民的精神家园，是推动国家发展和民族振兴的强大力量。作为新中国的主要缔造者和领导人，毛泽东非常重视新中国的文化建设，以马克思主义立场、观点深刻阐述了新中国文化建设的重要地位与作用；领导确立了马克思主义在思想文化领域的指导地位，奠定了党在文化领域的领导权；明确了文化为人民大众服务的发展方向，把"人民"二字写在了社会主义文化的旗帜上；提出了"古为今用"和"洋为中用"的基本原则，开拓了民族文化前进的道路；制定了"百花齐放、百家争鸣"的文化发展方针，繁荣文化艺术，发展科学技术，开辟了新中国文化事业蓬勃发展的局面，开创了中华文化发展前所未有的崭新时代，奠定了新中国社会主义文化的基础，为当代中国的发展进步提供了强有力的支撑。

一、明确文化建设在社会主义建设总体布局中的战略地位

文化是政治、经济的反映，文化建设同政治建设、经济建设等一样，都是社会主义建设的重要组成部分。毛泽东非常重视文化建设，早在1940年1月全面勾画新中国的蓝图时，他就指出："我们不但要把一个政治上受压迫、经济上受剥削的中国，变为一个政治上自由和经济上繁荣的中国，而且要把一个被旧文化统治因而愚昧落后的中国，变为一个

被新文化统治因而文明先进的中国。""建立中华民族的新文化,这就是我们在文化领域中的目的。"①毛泽东将"新文化"与新政治、新经济并列,把文化建设作为"新社会、新国家"建设的重要内容,强调了文化的重要地位。

1949年新中国成立前夕,毛泽东充满激情地预言:"随着经济建设的高潮的到来,不可避免地将要出现一个文化建设的高潮。中国人被人认为不文明的时代已经过去了,我们将以一个具有高度文化的民族出现于世界。"②人民革命的胜利和人民政权的建立,给人民的文化教育和人民的文学艺术开辟了发展道路。新中国政府的责任,是"领导全国人民克服一切困难,进行大规模的经济建设和文化建设,扫除旧中国所留下来的贫困和愚昧,逐步地改善人民的物质生活和提高人民的文化生活。"③这就明确了新中国成立后发展生产和发展文化教育两大历史任务。社会主义建设时期确立"四个现代化"的战略目标时,毛泽东主张其中有一个"科学文化现代化"④。这就明确了文化建设在社会主义建设总体布局中的战略地位。

二、确立了马克思主义在文化建设领域的指导地位

马克思主义在思想文化领域中指导地位的确立,是无产阶级领导权在思想文化领域的反映或必然延伸。马克思主义指导地位的确立是社会主义文化的核心。马克思主义认为,"统治阶级的思想在每一个时代都是占统治地位的思想。这就是说,一个阶级是社会上占统治地位的物质力量,同时也是社会上占统治地位的精神力量。"⑤毛泽东旗帜鲜明地提出:"在我们无产阶级专政的国家里,无论在党内还是在思想界、文艺界,主

---

① 《毛泽东选集》第2卷,人民出版社1991年版,第663页。
② 《毛泽东文集》第5卷,人民出版社1996年版,第345页。
③ 同上书,第348页。
④ 《毛泽东文集》第8卷,人民出版社1999年版,第116页。
⑤ 《马克思恩格斯选集》第1卷,人民出版社1995年版,第98页。

要的和占统治地位的必须力争是香花,是马克思主义"。①新中国成立初期,毛泽东采取了三方面的措施在文化领域确立马克思主义的指导地位。

首先,组织开展马克思主义理论的学习。在青年学生和知识分子中提倡和鼓励学习马列主义,学习的内容主要包括马克思主义哲学、政治经济学、中国革命史、新民主主义论。为配合马克思主义理论的学习、宣传和普及,除了组织编译出版马克思、恩格斯、列宁、斯大林的著作的同时,还考虑到毛泽东思想是中国化的马克思主义,决定出版《毛泽东选集》,于1950年5月成立《毛泽东选集》出版委员会。毛泽东亲自审定收录的文章,并为某些文章写了题解和注释。他特别注意马克思主义基本理论的大众化宣传,在《人民日报》和《学习》《新建设》等杂志组织刊登大量的理论普及文章,解读马克思主义基本概念和基本观点。《人民日报》重新发表毛泽东的《实践论》《矛盾论》时,马克思主义理论家李达编写了解说词,毛泽东对李达深入浅出的解说非常赞赏,于1951年3月27日写信赞扬:"这个《解说》极好,对于用通俗的言语宣传唯物论有很大的作用。"信中还指出:"关于辩证唯物论的通俗宣传,过去做得太少,而这是广大工作干部和青年学生的迫切需要。"②毛泽东以中国人熟悉的知识和人民的新实践阐释并发展了马克思主义理论,所以,许多人都是通过读毛泽东著作开始了解和接受马克思主义的。

其次,指导知识分子的思想改造。当时,旧知识分子中的绝大多数,"不是受着封建思想的束缚,就是受着帝国主义奴化思想的侵蚀"③。一方面,中国有着两千年的封建社会历史,封建思想根深蒂固;另一方面,近代以来,在"西学东渐"的大背景下,特别是英、美等资本主义国家对中国"孜孜不倦"的文化渗透下,许多知识分子深受个人主义、自由主义思想的影响。因此,新中国成立初期,意识形态领域呈现思想多元化,价值观念混乱。在这种形势下,引导和教育这些知识分子克服非无产阶级思想就显得十分必要。只有对"担负起教育别人的角色"的文化创造和传播主体的知识分子进行价值观、世界观的更新和改造,进行一

---

① 《毛泽东文集》第3卷,人民出版社1996年版,第331—332页。
② 《毛泽东书信选集》,中央文献出版社2003年版,第375页。
③ 《周恩来年谱(1949—1976)》(上),中央文献出版社1997年版,第175页。

场意识形态革命,才能确立马列主义、毛泽东思想在意识形态领域的指导地位,构建无产阶级的话语权。1951年10月,毛泽东在政协一届三次全会上指出,知识分子的思想改造,"是我国在各方面彻底实现民主改革和逐步实行工业化的重要条件之一"。[①] 知识分子"是教育者,是当先生的,他们就有一个先受教育的任务"[②]。思想改造运动从教育界开始,随后推进到文艺界、学术界和整个知识界。毛泽东还专门为文艺界的改造作出批示,要求各级从事文学艺术工作的负责同志高度重视,通过整顿使文化工作向着健康的方向发展。

再次,领导对错误的文化思想的批判。新中国成立后,文化发展的最迫切任务,是确立马克思主义在文化领域的指导地位,确立新的文化评价标准,以树立马克思主义社会发展观、历史观、哲学观和文化观,这普遍涉及知识分子的世界观和阶级立场,极大地影响了哲学、历史、文艺、教育等知识界、文化界的各个领域。这是社会主义文化建设的必经阶段。所谓"不破不立,不塞不流,不止不行",面对当时社会思想领域的混乱状况,毛泽东领导开展了一系列针对非马克思主义思想文化倾向的批判。正是在毛泽东等一批马克思主义理论家的努力下,马克思主义作为一种世界观,作为分析社会的方法论,在思想文化领域得到迅速普及,马克思主义的思想与理念,得到知识分子比较普遍的认同。马克思主义作为文化领域的唯一指导思想地位开始确立,新的文化范式初步奠定。

三、指明了文化为人民大众服务的发展方向

文化建设的出发点和落脚点是人。文化为人民大众,文化服务于人民是毛泽东制定文化战略、领导文化发展的核心理念,他把"人民"二字写在了社会主义文化的旗帜上,并贯彻于文化建设的实践。中国是文明古国,但是在旧中国,很大程度上说文化只是少数士大夫之间的唱和

[①] 《毛泽东文集》第6卷,人民出版社1999年版,第184页。
[②] 《毛泽东文集》第7卷,人民出版社1999年版,第271页。

文化，几千年来文化跟普通民众少有互动，全社会识字的人极少，文盲率极高。毛泽东认为中国共产党领导下的文化应该"为一般平民所共有"，决不应该是"少数人所得而私"的文化①，"应为全民族中百分之九十以上的工农劳苦民众服务，并逐渐成为他们的文化。"②毛泽东《在延安文艺座谈会上的讲话》中，开宗明义地指出，"为什么人的问题，是一个根本的问题，原则的问题。"③他从文艺与生活、文艺与人民的关系，系统地阐述了人民生活是一切文学艺术的取之不尽、用之不竭的唯一的源泉。革命文艺要表现"新的人物，新的世界"，强调人民群众在文化中的主体地位，提出要正确文化普及与提高的关系，把在大众中普及文化放在重要地位。为此，毛泽东不仅要求一切革命的文学家艺术家"联系群众，表现群众，把自己当作群众的忠实的代言人"④，而且期待从人民大众中造就大批知识分子、文化人，"将来大批的作家将从工人农民中产生。"⑤为了方便工农劳苦民众掌握文化，推动我们的事业更快地前进，"文字必须在一定条件下加以改革，言语必须接近民众"⑥。在毛泽东的指导下，催生了一大批导向正确、艺术水平高、雅俗共赏、特别为群众喜闻乐见的艺术精品，为新中国哺育了一批文艺工作者和文艺大家。

新中国成立前后，毛泽东关于人民群众在文化建设中的主体作用，即人民群众是文化的主体，也是文化服务的对象这一理念得以继承并发扬光大。1949年7月，全国文学艺术工作者第一次代表大会召开，毛泽东要求全中国一切爱国的文艺工作者团结起来，"进一步联系人民群众，广泛地发展为人民服务的文艺工作，使人民的文艺运动大大发展起来"⑦。从而明确了新中国文艺为人民服务首先为工农兵服务的方向。1949年9月，作为临时宪法性质的《中国人民政治协商会议共同纲领》明确规定：中华人民共和国的文化教育为民族的、科学的、大众的文化教育，应以

---

① 参见《毛泽东选集》第3卷，人民出版社1991年版，第1058页。
② 《毛泽东选集》第2卷，人民出版社1991年版，第708页。
③ 《毛泽东选集》第3卷，人民出版社1991年版，第857页。
④ 同上书，第864页。
⑤ 《毛泽东文集》第2卷，人民出版社1993年版，第430页。
⑥ 同上书，第708页。
⑦ 《毛泽东年谱（1893—1949）》下卷，人民出版社、中央文献出版社1993年版，第525页。

提高人民文化水平，培养国家建设人才，发展为人民服务的思想为主要任务，正式确立"文化为人民服务"的指导方针。从此，人民群众文化事业蓬勃开展，进行适合群众需要的新文学艺术和电影的创作，改进表演艺术，开办各类学校，开展扫除文盲运动等，文化向人民大众敞开大门，彻底打破了知识精英垄断文化的格局。文艺工作者满腔热情地深入工农兵、了解工农兵、表现工农兵，使文艺创作在主题、题材、人物、风格等方面都呈现出新面貌，反映社会主义建设的成就、宣传革命和建设事业中的英雄模范和歌颂新社会大公无私的道德风尚的大批优秀的文艺作品涌现，深受人民群众的喜爱。为人民大众的文化导向带来了中国社会精神面貌的极大变化。1952年，冯友兰评价当时社会精神面貌的巨大变化说："在我们社会里，我们底道德标准'全心全意为人民服务'，仅仅在三年之内，已成为普通人的实践的目标。在朝鲜的中国人民志愿军，每一个人都在不避一切的危险，自觉地为人民服务；在生产各部门的劳动模范，每一个人都在克服一切的困难，自觉地为人民服务。在三年之中，使社会上每一个人都在道德方面提高了，实现了中国以前书本中所常说到而永未实现过的'移风易俗'的盛事。"①

四、提出了"古为今用"和"洋为中用"的文化建设基本原则

如何处理正在建设的社会主义文化与既有文化即传统文化和西方文化的关系，是新中国文化建设亟待解决的重要问题。为此，毛泽东提出了"古为今用、洋为中用""推陈出新"原则，终结了长期以来"本位文化"论与"全盘西化"论在这个问题上的争论。

对于中国传统文化，毛泽东主张"古为今用"。一方面，他从历史唯物主义的观点出发，坚持文化发展的继承性，充分肯定中华民族在长期的封建社会中创造的优秀历史文化遗产的历史地位和价值，主张"给历

---

① 冯友兰：《对于三年来新社会的几点认识》，《人民日报》1952年10月8日。

史以一定的科学的地位"①，强调"我们是马克思主义的历史主义者，我们不应当割断历史。从孔夫子到孙中山，我们应当给以总结，承继这一份珍贵的遗产"②。另一方面，毛泽东绝不是无批判地兼收并蓄。传统文化的整个体系是封建性质的，传统文化从来都是旧制度的维护者，不可能成为变更旧制度、旧秩序的救世良方。"我们应当善于进行分析，应当批判地利用封建主义的文化，而不能不批判地利用。"③对传统文化中精华与糟粕杂糅、民主性与封建性并存的状况，毛泽东做了大量的选择、分析、批判、改造工作，彻底摒弃那些反映封建宗法制度的旧意识、剥削阶级旧观念，而对于具体的历史文化遗产，则主张批判地继承，充分吸收丰富的传统文化资源，作为新文化建设的养料。正是从"古为今用"的意义上，他提出："中国古典著作多得很，现在是分门别类地在整理，用现代科学观点逐步整理出来，重新出版。"④

对于西方文化，毛泽东主张"洋为中用"。他指出："对于外国文化，排外主义的方针是错误的，应当尽量吸收进步的外国文化，以为发展中国新文化的借镜；盲目搬用的方针也是错误的，应当以中国人民的实际需要为基础，批判地吸收外国文化。"⑤毛泽东大力提倡吸收外国对我们有用的东西。20世纪50年代前期，受限于当时的国际大环境，毛泽东心目中"吸收外国文化成果"的对象，很大程度上是指苏联等社会主义国家。他列举了中国唐代和近代两次向外国学习先进经验和先进文化的高潮，说明向外国学习是有利于中国社会进步的。"一切我们用得着的，统统应该虚心地学习。对于那些在这个问题上因不了解而产生抵触情绪的人，应该说服他们。就是说，应该在全国掀起一个学习苏联的高潮，来建设我们的国家。"⑥在1956年开始探索适合中国情况的社会主义发展道路后，毛泽东进一步扩大了学习范围。他在《论十大关系》中指出："我

---

① 《毛泽东选集》第2卷，人民出版社1991年版，第708页。
② 同上书，第534页。
③ 《毛泽东文集》第8卷，人民出版社1999年版，第225页。
④ 同上书，第225页。
⑤ 《毛泽东选集》第3卷，人民出版社1991年版，第1083页。
⑥ 《毛泽东文集》第6卷，人民出版社1999年版，第264页。

们的方针是，一切民族、一切国家的长处都要学，政治、经济、科学、技术、文学、艺术的一切真正好的东西都要学。但是，必须有分析有批判地学，不能盲目地学，不能一切照抄，机械搬用。"①这也是对中国在向苏联学习的热潮中"人家的短处也去学"的反思。"资产阶级在近代文化、近代技术这些方面，比其他阶级要高"。②中国要在尽可能短的时间里改变落后面貌，不大胆地拿来是不行的，这就是"洋为中用"。

继承、借鉴是为了创新。毛泽东坚持"古为今用、洋为中用"的"用"不是简单照搬，不能替代自己的创造。对于中国优秀的传统文化必须"推陈出新"，即继承传统文化中优秀的东西，用马克思主义的观点予以改造并用新的实践经验重新诠释，或注入马克思主义的灵魂，实现文化创新；对于外国文化，不仅要把外国的好东西都学到，而且"中国的和外国的要有机地结合，而不是套用外国的东西。学外国织帽子的方法，要织中国的帽子"③。"我们中国人必须用我们自己的头脑进行思考，并决定什么东西能在我们自己的土壤里生长起来"④，创造出中国自己的、有独特的民族风格的东西。这就是在对比和交流中扬长避短、吸收其长处，从而完善自身，以实现民族文化的现代化与科学化。这就解决了社会主义文化发展的养料问题，打破了近代以来中国文化发展的僵局，开拓了民族文化前进的道路。

五、制定了指导文化建设的"百花齐放、百家争鸣"方针

社会主义制度确立以后，毛泽东针对思想文化领域中出现的片面化、绝对化倾向，在学术、文化和艺术问题上乱贴政治标签，动辄打棍子、扣帽子等粗暴现象，以及学习苏联过程中出现的教条主义倾向，提出了"百花齐放、百家争鸣"方针，在坚持马克思主义指导地位的同时，允许

---

① 《毛泽东文集》第 7 卷，人民出版社 1999 年版，第 41 页。
② 同上书，第 79—80 页。
③ 《毛泽东选集》第 2 卷，人民出版社 1991 年版，第 82、83 页。
④ 《毛泽东选集》第 3 卷，人民出版社 1991 年版，第 192 页。

不同意见、学派、流派、风格的文化存在。

"双百"方针的形成有一个发展过程。1951年4月3日，以著名京剧表演艺术家梅兰芳任院长的中国戏曲研究院在北京成立，毛泽东亲笔题词："百花齐放，推陈出新"，鼓励各种戏曲形式同时并存和发展，这成为"双百"方针的雏形。1952年至1955年间，他针对史学问题研究中的分歧，多次指示要实行"百家争鸣"。1956年4月28日，毛泽东在中央政治局扩大会议上提出，艺术问题上的百花齐放，学术问题上的百家争鸣，我看应该成为我们的方针。①第一次把"百花齐放"和"百家争鸣"放在一起作为科学文化发展的指导方针。5月2日，毛泽东在最高国务会议上正式宣布将"百花齐放、百家争鸣"作为党发展科学、繁荣文学艺术的指导方针。1957年2月，毛泽东在《关于正确处理人民内部矛盾的问题》的讲话和3月12日《在中国共产党全国宣传工作会议上的讲话》中，进一步完善了"双百"方针。他指出："百花齐放、百家争鸣的方针，是促进艺术发展和科学进步的方针，是促进我国的社会主义文化繁荣的方针。艺术上不同的形式和风格可以自由发展，科学上不同的学派可以自由争论。利用行政力量，强制推行一种风格，一种学派，禁止另一种风格，另一种学派，我们认为会有害于艺术和科学的发展。艺术和科学中的是非，应当通过艺术界科学界的自由讨论，通过艺术和科学的实践去解决，而不应当采取简单的方法去解决。"②他多次申明，这是一个基本的、长期的方针，不是一个暂时性的方针。毛泽东还明确了"双百"方针适用的六条标准，其中最重要的是要坚持社会主义道路和党的领导这两条。

在《关于正确处理人民内部矛盾的问题》的讲话中，毛泽东阐明了"双百"方针与马克思主义指导地位的关系。他说："实行百花齐放、百家争鸣的方针，并不会削弱马克思主义在思想界的领导地位，相反地正是会加强它的这种地位。"因为"正确的东西总是在同错误的东西作斗争的过程中发展起来的。真的、善的、美的东西总是在同假的、恶的、丑

---

① 《毛泽东文集》第7卷，人民出版社1999年版，第54页。
② 同上书，第229页。

的东西相比较而存在，相斗争而发展的。"① 马克思主义指导的先进文化，总是在同各种文化的比较、竞赛和争鸣中发展起来的，总是通过不断的文化实践来证明、丰富和完善的。"解决思想问题，不能用专制、武断、压制的办法"。② 至此，中国共产党找到了一条自己的发展社会主义科学文化事业的道路。

为推行和贯彻"双百"方针，毛泽东有针对性地做了大量工作。当时，苏联和东欧一些国家对"双百"方针持不同意见；党内一些干部也不甚理解，对实施中出现的新情况忧虑重重，甚至提出了一些尖锐意见。对此，毛泽东指出："采取现在的方针，文学艺术、科学技术会繁荣发达，党会经常保持活力，人民事业会欣欣向荣，中国会变成一个大强国而又使人可亲。"③ 当时有苏联学者谈到不同意毛泽东在《新民主主义论》中关于孙中山世界观的论点，有人提议把这一事件通报给苏联驻华大使尤金。毛泽东坚决不同意这样做，并就此事给有关中央领导写信："我认为这种自由谈论，不应当去禁止。这是对学术思想的不同意见，什么人都可以谈论，无所谓损害威信。""如果国内对此类学术问题和任何领导人有不同意见，也不应加以禁止。如果企图禁止，那是完全错误的。"④ 这充分表明了毛泽东对学术界百家争鸣的态度。"双百"方针的提出，顺应了繁荣文化艺术、发展科学技术的时代要求，一经提出，立即在知识界引起强烈反响，文化事业出现了生气勃勃的发展景象："大大促进了文学、艺术、哲学、社会科学、自然科学、技术科学的发展和繁荣，半个世纪以来在这些文化领域所取得的成就是巨大的，无论数量或质量都是前人所不可企及的，有些已达到或接近世界先进水平。"⑤ 令人瞩目的成就的取得，证明了"双百"方针是一个符合社会主义科学文化发展客观规律的方针。

综上所述，毛泽东在新中国文化建设中以高度的文化自觉和文化自信，积极探索社会主义文化建设的新路，确立了马克思主义的指导地位，

---

① 《毛泽东文集》第7卷，人民出版社1999年版，第232、230页。
② 同上书，第252页。
③ 同上书，第291页。
④ 《毛泽东书信选集》，人民出版社2003年版，第471页。
⑤ 张岱年、方克立主编：《中国文化概论》，北京师范大学出版社2004年版，第348页。

把荡涤落后文化、建设民族的科学的大众的新文化作为文化纲领，强调和发挥人民群众在文化建设中的主体作用，提出了"古为今用、洋为中用"的文化建设的基本原则和繁荣发展社会主义文化的"双百"方针，确定了文化发展的正确方向，解决了新中国文化建设中带有方向性、根本性、战略性的重大问题，奠定了社会主义文化发展的基石，创造了中国历史上从未有过的崭新的人民文化。毋庸讳言，由于历史时代的局限与当时严峻国际形势的影响，毛泽东有时候过分强调了文化的政治功能，忽视文化和意识形态的相对独立性，特别是后来对文化领域的判断出现严重失误，造成了"文化大革命"那样的全局性错误。这个深刻教训应该牢记。但即使如此，毛泽东在领导新中国社会主义文化建设过程中所作的艰辛探索，取得的巨大成就，积累的宝贵经验，都是不能抹杀的。

[原载《党的文献》2013年增刊]

毛泽东与马克思主义在我国思想文化领域指导地位的确立

马克思主义认为："一个阶级是社会上占统治地位的物质力量，同时也是社会上占统治地位的精神力量。"[①] 确立马克思主义在思想文化领域的指导地位，是无产阶级领导权在思想文化领域的反映。新中国成立后，毛泽东旗帜鲜明地提出："在我们无产阶级专政的国家里，无论在党内还是在思想界、文艺界主要的和占统治地位的必须力争是香花，是马克思主义。"[②] 新中国这个崭新的社会制度是从旧制度的基地上建立起来，"反映旧制度的旧思想的残余，总是长期地留在人们的头脑里，不愿意轻易地退走的"[③]。因此，为与新的经济基础和上层建筑相适应，使马克思主义在中国意识形态领域成为"占统治地位的思想"，毛泽东作出了极大的努力，发挥了关键作用。

一、开展广泛的马克思主义理论学习

新中国成立伊始，普及马克思主义的基本知识，进行正确的世界观和人生观教育，增强人民群众当家作主的主人翁意识，是当务之急。1949年，毛泽东亲自推荐了《社会发展史》《政治经济学》《共产党宣

[①] 《马克思恩格斯选集》第1卷，人民出版社1995年版，第98页。
[②] 《毛泽东文集》第7卷，人民出版社1999年版，第197页。
[③] 《毛泽东文集》第6卷，人民出版社1999年版，第450页。

言》《社会主义从空想到科学的发展》《帝国主义论》《国家与革命》《左派幼稚病》《列宁主义基础》《苏联共产党历史简要读本》《列宁斯大林论社会主义建设》《列宁斯大林论中国》《思想方法论》等12种图书,作为广大干部和知识分子学习唯物史观的必读书目,期待"有三千人读通这十二本书,那就很好"①。针对当时人民群众的思想实际和文化水平,他主张唯物史观教育主要采取学习社会发展史的方法,通过了解马克思主义关于社会发展的基本理论,借以掌握唯物主义基本观点。1950年6月,毛泽东在七届三中全会讲话中建议,为团结爱国知识分子,"要办各种训练班,办军政大学、革命大学,要使用他们,同时对他们进行教育和改造。要让他们学社会发展史、历史唯物论等几门课程"②。

在党中央和毛泽东的号召下,从中央到地方,从机关到厂矿、企业、学校、部队,全国各部门各行业都掀起学习马克思主义的热潮。1949年创办的《学习》杂志创刊号发表了艾思奇《从头学起——学习马克思主义的初步方法》一文,阐述了学习马克思主义理论的必要性和主要任务、方法。当时的学习教材主要有《从猿到人》《历史唯物论——社会发展史》《政治经济学》等。这场全国性的学习运动不是从抽象的定义和概念出发,而是结合具体而又生动的浅显的事例,学习理论,讨论时事,逐渐将学习引向深入,使人们受到马克思主义启蒙教育,劳动创造人类世界观点、阶级和阶级分析观点、人民群众创造历史观点以及马克思主义的国家观点等深入人心,并逐步树立革命的人生观和唯物主义世界观。对史学界来说,普及唯物史观旨在使史学研究者通过学习历史唯物主义尤其是社会发展史,树立正确的历史观,以马克思主义的立场、观点和方法从事史学研究,马克思主义唯物史观成为中国史学的指导思想,引导着中国史学的走向,近代史学也因此完成了向马克思主义史学的转变。文艺界主要宣传马克思主义文艺理论,推进社会主义现实主义创作。各级各类学校则进行程度不同的马克思主义教育。在中小学开设政治常识课程,在高等院校开设《新民主主义论》《社会发展史》《辨证唯物论与

---

① 陈晋:《毛泽东阅读史略(六)》,《中共党史研究》2013年第11期。
② 《建国以来毛泽东文稿》第1册,中央文献出版社1987年版,第398—399页。

历史唯物论》等课程。

为配合马克思主义理论的学习、宣传和普及，1950年12月，成立人民出版社。1953年1月，在1949年建立的俄文翻译局的基础上成立中共中央编译局，中共中央要求在保证译文质量的前提下，加快翻译出版《马克思恩格斯全集》《列宁全集》和《斯大林全集》。人民出版社和其他出版单位1949年至1956年重印或新出版了大量的马列主义著作。《人民日报》《新建设》《学习》《新华月报》《中国青年》《史学译丛》等报刊刊登了大量的理论普及文章，解读马克思主义基本概念和基本观点。1950年12月29日、1952年4月1日，《人民日报》重新发表毛泽东在1937年写的《实践论》和《矛盾论》。1951年初，《人民日报》连续发表学习《实践论》的社论。2月1日，马克思主义理论家李达编写了解说。毛泽东对李达深入浅出的解说非常赞赏，于3月27日写信赞扬"这个《解说》极好，对于用通俗的言语宣传唯物论有很大的作用"。并指出："关于辩证唯物论的通俗宣传，过去做得太少，而这是广大工作干部和青年学生的迫切需要。"① 学习"两论"是全国普及马克思主义认识论的开端，主要是提高人们应用唯物辩证法来提出问题、分析问题和解决问题的能力。

1950年5月，中共中央成立"毛泽东选集出版委员会"，于1951年10月、1952年4月和1953年4月相继出版了《毛泽东选集》的第一、二、三卷。毛泽东主持编辑工作，亲自选稿、确定篇目，整理文字，加写和修改题解与注释。《毛泽东选集》的出版是新中国成立后全国政治生活中的一件大事，广大干部群众自觉地掀起学习毛泽东著作的热潮，毛泽东思想得到广泛传播。毛泽东以中国人熟悉的民族文化形式和人民的新实践阐释并发展了马克思主义理论，为人民群众喜闻乐见，许多人是通过读毛泽东著作开始理解和接受马克思主义的。毛泽东的文章"典雅与通俗共存、朴实与浪漫互见，时常既有乡间农民的口语，又能见到唐诗、宋词里的句子；忽如老者炕头说古、娓娓道来，又如诗人江边行吟、

---

① 《毛泽东书信选集》，中央文献出版社2003年版，第375页。

感天动地"①。这种生动活泼新鲜有力的马克思主义文风对许多人产生了影响。

1956年初,中共中央提出"向科学进军",后来国际上出现了匈牙利事件,知识分子和青年学生中间思想政治工作减弱,出现了一些只愿意钻研业务工作的偏向。针对这一现象,毛泽东指出:"不论是知识分子,还是青年学生,都应该努力学习。除了学习专业之外,在思想上要有所进步,政治上也要有所进步,这就需要学习马克思主义,学习时事政治。没有正确的政治观点,就等于没有灵魂。"②1957年3月7日晚,毛泽东在颐年堂召集各省教育厅负责人参加的普通教育工作座谈会,强调学校要大力进行思想教育,进行遵守纪律、艰苦创业的教育③。针对当时"许多理论课程教员,埋头准备讲稿,照念讲稿,不关心国内外大事,不学习党的重要文献,不研究现状"的状况,他批注"应当改变"④。他强调政治课要联系实际,生动有趣,不要教条式的,要使中学生知道一些为人处世的道理。⑤课本要两三年修改一次,使之不脱离实际。报纸要搞得活泼,文章写得通俗、亲切,由小讲到大,由近讲到远,引人入胜,不要板起面孔办报。他特别重视联系中国的历史和现实来学习马克思主义,并说学好马列主义不容易,联系实际用好马列主义更困难。

二、指导知识分子思想改造

毛泽东非常重视知识分子在革命和建设中的重要作用。1933年10月,毛泽东主持制订的《关于土地斗争中一些问题的决定》时,提出从事非剥削人工作的知识分子,"是一种使用脑力的劳动者"⑥。1939年底,他为中共中央起草了《大量吸收知识分子》的决定,明确地提出在建立

---

① 梁衡:《文章大家毛泽东》,《人民日报》2013年2月28日。
② 《毛泽东文集》第7卷,人民出版社1999年版,第226页。
③ 同上书,第245—248页。
④ 《毛泽东年谱(1949—1976)》第3卷,人民出版社1999年版,第98页。
⑤ 《毛泽东文集》第7卷,人民出版社1999年版,第245—248页。
⑥ 《毛泽东年谱(1893—1949)》(上),中央文献出版社2013年版,第412页。

新中国的伟大斗争中,"共产党必须善于吸收知识分子","没有知识分子的参加,革命的胜利是不可能的"。①1948年,毛泽东郑重向全党提出,"对于学生、教员、教授、科学工作者、艺术工作者和一般知识分子,必须避免采取任何冒险政策","必须采取慎重态度"。②在延安,为帮助作家靠近无产阶级,把原有的小资产阶级、资产阶级的个人立场,自觉地彻底地转变过来,进行整风学习,召开文艺座谈会。毛泽东1942年在关于《整顿党的作风》的报告中强调:只有具备理论与实际相结合的知识、能将书本知识运用于实际解决实际问题的人,才能称得上是比较完全的、名副其实的知识分子③。这反映毛泽东的知识分子观。因此,"要为新中国服务,为人民服务,思想改造是不可避免的"④。实行"团结、教育、改造"的方针,"培养出大批的坚决为社会主义奋斗的红色专家"⑤,是党的共识、也是既定方针。而马克思列宁主义的学习,对于确立知识分子的革命的人生观和科学的世界观,具有决定性的意义。

新中国建设事业"需要人'急',需要才专"⑥。1950年8月政务院在《关于划分阶级成分的决定》及其《补充规定》中,坚持了毛泽东1933年关于知识分子"是一种使用脑力的劳动者"的判断,党和政府对旧时代过来的200多万知识分子采取全部"包下来"的政策,在生活上为他们排忧解难,给绝大多数人安排合适的工作,帮助失业者就业,并欢迎在海外工作或留学的知识分子回国投身建设事业,在政治上给知识分子的一些代表人物应有的社会地位。知识分子的基本队伍是爱国进步、具有建设新国家的愿望的,但是,无论是受党领导的活跃于原国统区的革命文化工作者,还是大批小资产阶级知识分子,以及原国统区留下来的曾经既反对国民党的专制,又不同意中共的革命主张,希望走一条不同于国民党又不同于共产党道路的"第三条道路"的"中间派,或右派"

---

① 《毛泽东选集》第2卷,人民出版社1991年版,第618页。
② 《毛泽东选集》第4卷,人民出版社1991年版,第1269、1270页。
③ 《毛泽东选集》第3卷,人民出版社1991年版,第815—818页。
④ 同上书,第993页。
⑤ 《周恩来选集》(下),人民出版社1984年版,第176页。
⑥ 《中国共产党宣传工作文献选编(1949—1956)》,学习出版社1996年版,第83页。

知识分子①，都需要适应新事物、新社会、新政权。即便是来自老解放区的文化工作者，由于新中国的建设面临的是与之前完全不同的任务，"要使自己的思想适应新的情况，就得学习。即使是对于马克思主义已经了解得比较多的人，无产阶级立场比较坚定的人，也还是要再学习，要接受新事物，研究新问题"②，存在一个继续学习、提高的问题。

1950年6月，毛泽东在七届三中全会上指出，必须"有步骤地谨慎地进行旧有学校教育事业和旧有社会文化事业的改革工作，争取一切爱国的知识分子为人民服务"，"在这个问题上，拖延时间不愿改革的思想是不对的，过于性急、企图用粗暴方法进行改革的思想也是不对的"。③在稍后的全国政协一届二次会议上，他指出，批评和自我批评，"这是一个很好的方法，是推动大家坚持真理、修正错误的很好的方法，是人民国家内全体革命人民进行自我教育和自我改造的唯一正确的方法"。④教育部1950年10月发出通知，对高校进行思想政治工作作出三项规定：不采取思想总结、思想检查、整风、坦白反省、斗争大会的方式；欢迎教师职工自愿参加，不要规定或勉强；在教会学校不要刺激人们的宗教感情。在新区，"均应本着争取、团结、改造的政策，通过说服教育的方式，积极鼓励其前进"⑤。党和政府既组织知识分子学习马克思主义基础知识和中国共产党的方针政策，还组织参加土地改革、抗美援朝和镇压反革命运动，让他们在实践中接受教育。这对知识分子的思想转变产生了重要作用。北师大校长陈垣参加了西南土地改革运动后，所见所闻改变了他原有的一些学术思路，对以往"闭门治学"所依据的考证材料产生了怀疑，对几十年来考据研究中缺乏阶级观点进行了初步的自我批判。著名文学家萧乾的《在土地改革中学习》，美学家朱光潜的《从参观西北土地改革认识新中国的伟大》，社会学家吴景超的《参加土地改革工作的心得》等

---

① 《毛泽东选集》第4卷，人民出版社1991年版，第1485页。
② 《毛泽东文集》第7卷，人民出版社1999年版，第271页。
③ 《毛泽东文集》第6卷，人民出版社1999年版，第71页。
④ 《建国以来毛泽东文稿》第1册，中央文献出版社1987年版，第417页。
⑤ 中央教育科学研究所编：《中华人民共和国教育大事记（1949—1982）》，教育科学出版社1984年版，第23页。

文章，都介绍了自己在参观、学习中的收获，真挚感人。

1951年9月7日，北京大学校长马寅初等12位著名教授，发起北大教员政治学习运动。他写信给周恩来，提出邀请毛泽东、刘少奇、周恩来、彭真等中央领导同志为教师。9月11日，毛泽东在信上批示："这种学习很好，可请几个同志去讲演。"①中共中央十分赞赏和支持这种主动学习的行动，决定推广到京津所有高等院校，取得经验后推向全国。9月24日，周恩来主持研究了学习的内容和目的。29日，在京津两地高校教师学习报告会上作了《关于知识分子的改造问题》的报告。思想改造运动首先在京津两地高校拉开帷幕。

10月，毛泽东在政协一届三次全会上强调："各种知识分子的思想改造，是我国在各方面彻底实现民主改革和逐步实行工业化的重要条件之一。"②思想改造运动从教育界推进到文艺界扩展到整个知识界，形成一个全国范围的知识分子思想改造运动。毛泽东还专门为文艺界的改造作出批示，要求各级从事文学艺术工作的负责同志高度重视，使文化工作向着健康的方向发展。

知识分子思想改造运动历时两年，至1952年秋基本结束。思想改造运动的主流是积极的、健康的。1956年1月，周恩来在召开的知识分子问题会议上指出："解放以来，党所领导的思想改造运动和对于唯心主义思想的批判，对于知识分子的进步产生了很大的效果。""他们中间的绝大部分已经成为国家工作人员，已经为社会主义服务，已经是工人阶级的一部分。"但在后期进行组织清理时开展的忠诚老实运动，由于没有很好地掌握思想改造和组织清理的界限，致使许多地方不同程度地发生了混淆思想与政治、斗争方法简单粗暴的偏差。这是值得吸取的教训。担任过北京农业大学党委书记的施平回忆说："我到校时，在全国高等学校中进行的思想改造运动已经结束，运动中教师受到了马克思列宁主义理论、唯物辩证法和爱国主义的教育，成绩很大。但做法有些粗暴，不利于党群之间的团结，在党群之间造成隔阂。"③

---

① 《建国以来毛泽东文稿》第2册，中央文献出版社1988年版，第448页。
② 《毛泽东文集》第6卷，人民出版社1999年版，第184页。
③ 施平：《六十春秋风和雨》，上海人民出版社1991年版，第187页。

三、领导对唯心主义思想的批判

作为伟大的马克思主义者,毛泽东在回答"中国向何处去"这个时代大问题时,研究中国实际,密切关注中国社会思潮动态。1939年2月22日,毛泽东就陈伯达写的《孔子的哲学思想》的有关问题致书张闻天:"伯达此文及老墨哲学诸文引了章(炳麟)、梁(启超)、胡(适)、冯(友兰)诸人许多话,我不反对引他们的话,但应在适当的地方有一批判的申明,说明他们在中国学术上有其功绩,但他们的思想和我们是有基本上区别的,梁基本上是观念论与形而上学,胡是庸俗唯物论与相对主义也是形而上学。"① 1950年8月29日,毛泽东读悉湖南淑浦人陈寄生写的关于少数民族历史的研究书籍后,强调指出:"惟觉中国的历史学,若不用马克思主义的方法去研究,势将徒费精力,不能有良好结果,此点尚祈注意及之。"② 新中国初期,思想文化多元,帝国主义、封建主义、资产阶级的思想影响还在,如果不对错误思想进行批判,就不能确立马克思主义在整个思想文化领域的指导地位。

(一)1951年,围绕对电影《武训传》及对电影的评论,批判其错误的历史观

1950年底,以清末山东人武训"行乞兴学"为主题的电影《武训传》公映。电影歌颂武训为了乞讨办学的费用,当众自污,甚至给地主豪绅磕头作揖、长跪不起的苦操奇行,把武训办学与农民革命斗争相提并论,甚至以农民斗争的失败来反衬武训的成功。电影放映后"好评如潮,口碑载道",4个月里,仅上海、北京、天津三地发表肯定武训和《武训传》的文章40余篇,全国各地有百余篇。人们把武训誉为劳动人民"文化翻身的一面旗帜"③,纷纷表示要"学习武训无条件为人民服务的精神"④,"武

---

① 《毛泽东书信选集》,中央文献出版社2003年版,第135页。
② 同上书,第357页。
③ 董渭川:《由教育观点评〈武训传〉》,《光明日报》1951年2月28日。
④ 果鸿远:《学习武训无条件为人民服务的精神》,《进步日报》1951年3月23日。

训兴学之革命的意义,是和太平军那样的革命的意义,有某种相同处"①,是富有教育意义的好电影,等等。从1951年4月开始,报刊上也出现了批评《武训传》是有严重错误的电影的文章。

报刊上关于《武训传》的讨论,引起了中共中央和毛泽东的注意。毛泽东修改胡乔木起草的《为什么重视〈武训传〉的讨论》一文,将标题改为《应当重视电影〈武训传〉的讨论》,批示以《人民日报》社论发表,加强导向作用。毛泽东认为这个电影提出的问题带有根本性,严厉地批评《武训传》和对《武训传》的赞扬。他指出:武训"处在清朝末年中国人民反对外国侵略者和反对国内的反动封建统治者的伟大斗争的时代,根本不去触动封建经济基础及其上层建筑的一根毫毛,反而狂热地宣传封建文化","难道是我们所应当歌颂的吗?""对于武训和电影《武训传》的歌颂竟至如此之多,说明了我国文化界的思想混乱达到了何等的程度!""特别值得注意的,是一些号称学得了马克思主义的共产党员。他们学得了社会发展史——历史唯物论,但是一遇到具体的历史事件,具体的历史人物(如像武训),具体的反历史的思想(如像电影《武训传》及其他关于武训的著作),就丧失了批判的能力,有些人则竟至向这种反动思想投降"。

对电影《武训传》的讨论与批评,不仅仅是如何评价历史人物武训的问题,而是应当"研究自从一八四〇年鸦片战争以来的一百多年中,中国发生了一些什么向着旧的社会经济形态及其上层建筑(政治、文化等)作斗争的新的社会经济形态,新的阶级力量,新的人物和新的思想,而去决定什么东西是应当称赞或歌颂的,什么东西是不应当称赞或歌颂的,什么东西是应当反对的"②根本性问题。诸如造成劳动人民贫穷落后的根本原因,是由于受压迫受剥削的阶级地位,还是由于没文化?劳动人民怎样才能获得翻身解放,是搞改良主义还是进行阶级斗争和人民革命?对这些有关中国近代历史和中国出路的根本问题,进行了一一澄清,帮助人们如何用科学的态度和方法认识历史及历史人物,这是对历史唯

---

① 赵桓:《由武训和周大这两个人物谈起》,《天津日报》1951年3月19日。
② 《毛泽东文集》第6卷,人民出版社1999年版,第167页。

物主义的一次重要的宣传。1956年,毛泽东在修改中共八大政治报告初稿时进一步阐释了他的思想:"当劳动人民大多数是文盲,文化水平很低的时候,只要劳动人民的阶级觉悟逐步提高,并且有了马克思列宁主义思想的指导,就能够打倒帝国主义和封建主义的统治,并且能够实现社会主义的改造。如果在那个时候,认为必须首先提高人民的文化水平,然后进行这些斗争,那是荒谬的。但是在已经完成了这些斗争以后,摆在我们面前的任务就是建设社会主义;而要进行建设,就要有文化。"① 毛泽东把思想认识问题提到向"反动思想投降"的政治高度。

(二)1953年批判梁漱溟的思想

梁漱溟是一个"中国文化至上论"者,研究和弘扬中国传统文化、倡导儒学复兴。他怀有浓郁的中国文化情结,关注中国社会,关注农村,探索救国救民之道,与毛泽东是相似的,但两人的文化观有根本区别。梁漱溟认为,"政治的根本在文化",所有的政治问题都是由文化失调这一根本问题而引发的,因而,中国问题的解决首先应从文化上入手,改造儒学,"重建"和"复兴"儒学,以陆王心学来化解危机。而解决文化失调又必须从乡村开始,走乡村建设的改良道路,才能达到建设新中国的目的。他不赞成中国共产党用阶级斗争的办法改造中国,认为不符合中国社会文化传统这个国情。毛泽东认为儒家思想仅仅是一种可以批判继承、使用的传统思想资源,他的态度是古为今用。1938年1月,梁漱溟到访延安,毛泽东同他长谈并有争论。从毛泽东读《乡村建设理论》写的批语看,分歧主要在三个方面:一是形成中西方社会文化差异的根本基础,是生活方式还是经济关系?二是怎样认识"老中国"的"伦理关系",中国传统社会中有没有"阶级关系"?三是怎样看待近代以来中西方社会文化的冲突,中国社会摆脱危机的途径是什么?毛泽东认为梁漱溟书中的缺憾在于不懂历史唯物主义。临别时,他专门叮嘱:"恩格斯写了一本书,叫《反杜林论》。你要读读《反杜林论》。"②

---

① 《建国以来毛泽东文稿》第6册,中央文献出版社1992年版,第159页。
② 转引自陈晋:《毛泽东阅读史略(五)》,《中共党史研究》2013年第10期。

新中国成立后，梁漱溟担任全国政协常委。1953年9月，全国政协讨论过渡时期总路线时，梁漱溟在发言中提出如今城市工人的生活在九天提高得很快，而乡村农民的生活却很苦，并提到有人说是"九天九地"的差别，这话值得引起注意。毛泽东知道后在会上回应说，照顾农民是小仁政，发展重工业，打美帝是大仁政。施小仁政而不施大仁政，便是帮助了美国人。实际不点名地批评了这一观点。梁漱溟认为毛泽东误解了他。9月18日，梁漱溟在大会上与毛泽东正面冲突，要毛泽东承认误会了他。会后，有关梁的问题归入思想范围，对他的文化观、乡村建设理论和哲学观予以批判。梁漱溟也检讨、反省了他与毛泽东顶撞的思想根源，认真学习了马列主义和毛泽东著作。

（三）1954年对俞平伯《红楼梦》研究观点的批判引申出对胡适资产阶级唯心主义思想的批判

胡适是实用主义哲学家杜威的学生，1917年回国后，积极介绍和传播实用主义思想。1921年，他用实用主义观点和方法研究《红楼梦》的成果《红楼梦考证》发表。在胡适影响下，俞平伯1923年出版了《红楼梦辩》等。以胡适为代表的"新红学派"在《红楼梦》作者和版本的考证方面有建树，但陷入了烦琐考证中，而对其思想性重视不够。1952年9月，俞平伯将《红楼梦辩》修改后以《红楼梦研究》出版，并在刊物上发表《红楼梦简论》和一系列随笔、考证等文章，发挥了"新红学派"的"自传说"。1952年11月，有人向《文艺报》投稿对《红楼梦研究》观点提出批评，没有回音。1954年"五四"前夕，青年学者李希凡和蓝翎合写了《关于〈红楼梦简论〉及其他》一文，用历史唯物主义观点分析《红楼梦》，批评俞平伯的"红学"观点。作者致信询问《文艺报》编辑部，编辑部也未予理睬。文章在山东大学学报《文史哲》1954年9月号上发表。10月10日，他们又在《光明日报》"文学遗产"栏发表《评〈红楼梦研究〉》。

毛泽东对《文艺报》编辑部压制批评的做法不满。10月16日，他写了著名的《关于〈红楼梦〉研究问题的信》，指出："《武训传》虽然批判了，却至今没有引出教训，又出现了容忍俞平伯唯心论和阻拦'小人物'的很有生气的批判文章的奇怪事情,这是值得我们注意的。"并说:"看样子,这个反对在古典文学领域毒害青年三十余年的胡适派资产阶级唯心论的斗争,也许可以开展起来了。""俞平伯这一类资产阶级知识分子,当然是应当对他们采取团结态度的,但应当批判他们的毒害青年的错误思想,不应当对他们投降。"①毛泽东的信传达后,文艺界批评俞平伯的"红学"观点,报刊展开讨论。

由于俞平伯的"红学"观点反映的是"胡适派唯心论思想",胡适被认为"是中国资产阶级思想的最主要的、集中的代表者,他涉猎的方面包括文学、哲学、历史、语言各个方面。而他从美国资产阶级贩卖来的唯心论实用主义哲学则是他的思想的根本",唯心论"它在人民和知识分子的头脑中还占有很大的地盘"②。因此,两个月后即扩展为主要是批判"胡适派唯心论思想"。实用主义是自五四以来在中国影响很大的思潮,在中国学术界根深蒂固,因此,对胡适思想的批判,在文学、哲学、政治思想、史学、教育学领域全面展开,批判他的唯心论、庸俗进化论、改良主义、奴化思想等。对考据学在历史学和古典文学研究中的地位作用,《红楼梦》的人民性和艺术成就及其产生背景,展开了讨论。"这是通过对我国知识分子所熟悉的资产阶级唯心主义思想的批判来具体地宣传马克思主义唯物主义思想。"③

考虑到广大干部和知识分子中的许多人不清楚唯物主义和唯心主义的区别,1954年12月,毛泽东收到李达写的《胡适的政治思想批判》和《胡适思想批判》两篇文章,读后"觉得很好","建议对一些哲学的基本概念,利用适当的场合,加以说明,使一般干部都能够看懂。要利用这个机会,使成百万的不懂哲学的党内外干部懂得一点马克思主义的哲学"④。1955年1月26日,中共中央下发了《关于在干部和知识分子中

---

① 《毛泽东文集》第6卷,人民出版社1999年版,第353、352页。
② 周扬:《我们必须战斗——一九五四年十二月八日在中国文学艺术界联合会主席团、中国作家协会主席团扩大联席会议上的发言》,《人民日报》1954年12月10日。
③ 《中国共产党宣传工作文献选编(1949—1956)》第3卷,学习出版社1996年版,第901页。
④ 《毛泽东书信选集》,中央文献出版社2003年版,第449页。

组织宣传唯物主义思想批判资产阶级唯心主义思想的演讲工作的通知》，要求采取演讲的方式，利用业余时间，向党内党外五百万知识分子讲解，并在演讲中适当地结合当地干部和知识分子中的思想状况通俗地说明马克思主义唯物论的基本观点。3月1日，中共中央发出《关于宣传唯物主义思想批判资产阶级唯心主义思想的指示》，强调思想斗争的必要性，指出："这种批判，是在学术界中、在党内外知识分子中宣传唯物主义的有效方法，是推动科学和文化进步的有效方法，是促进各个学术领域中马克思主义新生力量的成长的有效方法，是培养和组织理论工作的队伍的有效方法。"[①]并要求在开展学术批评和讨论的过程中应注意八个问题，内容主要是指出学术批评应是说理的、实事求是的，提倡建立在科学基础上的学术论争，反对采取简单、粗暴的态度，采取自由讨论的方法，反对采取行政命令；应当容许被批评者进行反批评，容许持有不同意见的少数人保留自己的意见，对于在学术问题上犯了错误的人，经过批评和讨论后，如果不愿意发表文章检讨自己的错误，不一定要他写检讨的文章；已经做了结论之后，如果又发生了不同意见，仍然容许争论，等等。这些政策性的规定是作为对胡适派思想批判运动以及随即展开的对胡风文艺思想批评运动的指导方针。全国各地有组织有计划地开展了对胡适思想的批判，全国省、市级以上的报纸和学术刊物发表了几百篇批判文章。这次批判广泛涉及文化学术界最深层次的世界观和方法论的问题，也是对资产阶级唯心论和五四以来欧美派自由主义文化思潮的批判。

（四）1955年对胡风文艺思想的批判

胡风是一个很有个性的进步的文艺理论家，同其他作家存在分歧，并因为在文艺观上过于强调"主观战斗精神"，多次被批评。从1949年第一届文代会总结国统区的革命文艺运动时开始，胡风及其七月派作家的文艺思想、文艺理论和创作实践被全面地批评。1952年，曾经发表《论主观》、与胡风持相同观点的舒芜，先后在《长江日报》《文艺报》发表文章，对自己过去的思想作自我批评，检讨了他们文艺思想上的共同

[①]《建国以来重要文献选编》第6册，中央文献出版社2011年版，第55页。

错误。1954年7月，胡风向党中央提交了30万字的《关于几年来的文艺情况的报告》，反驳对他的批评。在10月到12月初批判《红楼梦》研究的会议上，胡风两次发言。他带有牢骚的发言，引起与会者的不满，遭到批评。12月8日，周扬在中国文学艺术界联合会主席团、中国作家协会主席团扩大联席会议上作了《我们必须战斗》的发言，对批《武训传》以来的思想斗争情况进行了总结，第三部分是"胡风先生的观点和我们的观点的分歧"，一一指出分歧所在。

毛泽东1953年3月在阅一封署名"一个普通文艺工作者"写的不同意批评胡风文艺思想的来信，开始关注胡风，他就此批示中宣部副秘书长熊复："此事请你调查一下，以其情形告我。"[①]4月8日，熊复报告了批评胡风及胡风态度的情况。周扬在批判《红楼梦》研究会议期间，向毛泽东汇报了会议情况，他的总结发言稿送给毛泽东审阅。毛泽东写了"你的讲稿是好的，在几处作了一点修改，请加斟酌"的批语[②]，表态支持报告关于胡风的意见。1955年1月26日，中共中央根据中宣部20日《关于开展批判胡风思想的报告》，作出了"胡风的文艺思想，是资产阶级唯心论的错误思想，他披着'马克思主义'的外衣，在长时期内进行着反党反人民的斗争，对一部分作家和读者发生欺骗作用"[③]的判断，提出必须加以彻底批判。虽然冠以"以胡风为首的一个文艺小集团"，但总体上批判还是局限于文艺思想理论范围，肯定他站在进步方面，对国民党反动派的法西斯文化作斗争。5月，由于发现了胡风等人通信中的一些言论，事情开始发生质的变化，在没有做深入调查的情况下就作出判断。毛泽东在审阅胡风的检讨和舒芜的《关于胡风反党集团的一些材料》及周扬的编者按时，批示说："从舒芜文章所揭露的材料，读者可以看出，胡风和他所领导的反共反人民的文艺集团是怎样老早就敌对、仇视和痛恨中国共产党和非党的进步作家。"[④]要"剥去假面，揭露真相"。这就把人民内部矛盾变成了敌我矛盾，混淆了两类不同性质的矛盾，所谓"胡风

---

① 《毛泽东年谱（1949—1976）》第2卷，中央文献出版社2013年版，第46页。
② 《毛泽东年谱（1949—1976）》第3卷，中央文献出版社2013年版，第320页。
③ 《建国以来重要文献选编》第6册，中央文献出版社2011年版，第23页。
④ 《毛泽东年谱（1949—1976）》第2卷，中央文献出版社2013年版，第372页。

反革命集团"案已偏离了文艺思想批判的含义。

相继开展的四次思想批判都是由具体事件引发产生的，目的就是抓住典型事件，以触动与解决思想文化界存在的问题。因为"进行唯物主义世界观的教育，只靠在经常的干部学习中学习理论是不够的，还必须使他们从当前具体的思想斗争中得到学习，使他们通过这种生动具体的思想斗争来认识唯心主义思想的反动性，学会鉴别唯心主义思想，从而较深切地认识唯物主义思想的正确性"①，即在"破"中"立"。

上述被批判的思想基本上囊括了五四以来所有的非马克思主义思想，即文化上的保守主义（电影《武训传》和梁漱溟思想）、欧美派的自由主义（胡适派）、激进的小资产阶级（胡风）文化思潮，在历史上它们虽然曾程度不同地属于进步文化阵营②，但在进入社会主义的时候，文化观必须适应社会形态的变化，与社会主义的经济基础以及政治制度相适应，反映社会主义的本质特征和核心利益，必须对旧的文化观进行清算与改造。1957年，毛泽东有一个关于"共同语言"的表述。他说："如果我们的知识分子读了一些马克思主义的书，又在同工农群众的接近中，在自己的工作实践有所了解，那末，我们大家就有了共同的语言，不仅有爱国主义方面的共同语言、社会主义制度方面的共同语言，而且还可以有共产主义世界观方面的共同语言。如果这样，大家的工作就一定会做得好得多。"③培养"共同语言"是毛泽东强调学习马克思主义、思想改造、批判错误思想的初衷，他希望中国共产党和知识分子可以有"爱国主义方面的共同语言""社会主义制度方面的共同语言"，还有"共产主义世界观方面的共同语言"。这三个层面是呈梯次延伸的。

四、思想改造和思想批判的影响

中国人民政治协商会议第一届全体会议通过的《共同纲领》明确规

---

① 《中国共产党宣传工作文献选编（1949—1956）》第3卷，学习出版社1996年版，第902页。
② 陈晋：《毛泽东的文化创新之路》，《中国人民大学学报》2003年第6期。
③ 《毛泽东文集》第7卷，人民出版社1999年版，第273页。

定:"人民政府的文化教育工作,应以提高人民文化水平,培养国家建设人才、肃清封建的、买办的、法西斯主义的思想、发展为人民服务的思想为主要任务。"①在新中国初期,毛泽东在领导社会主义革命和建设进程中不断推进马克思主义中国化,不仅领导中国人民彻底改变自己命运和国家面貌,而且,在领导中国人民改造客观世界的同时,改造主观世界,在思想文化领域通过开展普遍的马克思主义理论学习、推动知识分子的思想改造和批判错误思想等途径,确立马克思主义立场、观点和方法,建构马克思主义意识形态话语权。正是在毛泽东等一批马克思主义理论家的努力下,马克思主义作为一种世界观,作为分析社会的方法论,在文化领域得到迅速普及,马克思主义的思想与理念,得到知识分子普遍的认同。马克思主义作为文化领域的唯一指导思想地位开始确立,新的文化范式初步奠定。②哲学家冯友兰在《中国哲学史新编》序言中说:"诗经上有句诗说,'周虽旧邦,其命维新'。旧邦新命,是现代中国的特点。我要把这个特点发扬起来。我所希望的,就是用马克思主义的立场、观点和方法重写一部中国哲学史。"③美学领域的"唯心典型"朱光潜也很有代表性。新中国成立后,他对自己以前的唯心主义美学思想的自我批判,决心"努力学习,努力纠正我的毛病,努力赶上时代与群众,使我在新社会中不至成为一个完全无用的人"④。从1952年开始,朱光潜开始学习马克思主义。1956年在批判胡适唯心主义运动的思潮中,作为美学领域内的"胡适派",他写了《我的文艺思想的反动性》一文,对自己学术研究前期的唯心主义作了检讨。他这样做肯定有外部的压力,同时也是出于他真诚地认识到自己学术思想的缺陷,认识到"在唯心阵营里调和折衷的,'补苴罅漏'的,所以思想系统驳杂,往往自相矛盾的"⑤,即出于反思自己学术思想的需要。后来他在《自传》中说,1956年开展的美学

---

① 《建国以来重要文献选编》第1册,中央文献出版社2011年版,第9页。
② 欧阳雪梅:《论毛泽东批判〈武训传〉的缘由及意义》,《毛泽东研究》2014年第2期。
③ 冯友兰:《中国哲学史新编》,人民出版社1982年版,自序第1页。
④ 朱光潜:《自我检讨》,《人民日报》1949年11月27日。
⑤ 朱光潜:《我的文艺思想的反动性》,《美学批判论文集》,作家出版社1958年版,第11—12页。

大讨论,"我开始认真钻研辩证唯物主义和历史唯物主义。为此,我在年近60时,还抽暇把俄文学习到能勉强阅读和翻译的程度。我曾精选几本马克思经典著作来摸索,译文看不懂的就对照四种文字的版本去琢磨原文的准确的含义,对中译文的错误或欠妥处作了笔记"。[1] 正是在美学问题大讨论中,"他清理了自己前期学术研究中的唯心主义思想,努力学习马克思主义,提出了'美是主客观的辩证统一'的观点,并以马克思主义的'美学的实践观点'不断丰富和发展自己的美学思想和文艺思想,他运用他的'美学的实践的'观点来解释文艺问题,对于中国当代的马克思主义的文学理论作出了重大的贡献"[2]。在新时期,他的中心工作还是继续学习研究马克思主义经典著作。他"重新试译了《费尔巴哈论纲》和《1844年经济学哲学手稿》中一些关键性的章节,并作了注释和评介,想借此澄清一下'异化'、实践观点、人性论和人道主义、美和美感、唯心和唯物的分别和关系等这些全世界学术界都在关心和热烈争论的问题"[3]。正因为他取得了马克思主义的真经,因此对美学和文艺学问题作出了新的阐释,才有在文艺理论上的重要贡献。这是我国知识界的面貌发生根本性变化的写照。毛泽东指出:"我国知识分子的大多数,在过去七年中已经有了显著的进步。他们表示赞成社会主义制度。他们中间有许多人正在用功学习马克思主义,有一部分人已经成为共产主义者。这部分人目前虽然还是少数,但是正在逐渐增多。"[4] 不仅如此,在马克思主义的指导下,中国人民树立正确的世界观和人生观,全社会一扫旧中国的颓唐之气,形成了意气风发、团结奋斗的精神风貌。塞内加尔前总统桑戈尔曾说:"毛泽东最大的成就就是他在国内所进行的对人的改造。创造一种新人,这种人把理论与实践、理想与行动、优美与力量结合起来;他的动机不再是自私自利,而是对集体的热爱。"[5]

但毋庸讳言,思想批判出现了从学术讨论、思想争鸣到政治批判的

---

[1] 《朱光潜全集》第1卷,安徽教育出版社1987年版,第7页。
[2] 童庆炳:《朱光潜的"美学实践论"文艺思想》,《文艺争鸣》2007年第5期。
[3] 《朱光潜全集》第1卷,安徽教育出版社1987年版,第8页。
[4] 《毛泽东文集》第7卷,人民出版社1999年版,第225页。
[5] 许全兴:《国外毛泽东思想研究文选》,中共中央党校出版社1987年版,第115页。

发展过程,程度不同地混淆了文化、思想问题与政治问题的界限,而且毛泽东作为政治领袖,以政治批判方式来推进文化改造,因他的威望容易带来一边倒的批判,不利于思想讨论的深入,造成简单化的现象,对被一些批判对象的思想、学术观点和研究方法也不够实事求是;"文化改造上过于追求一个'纯'字,导致丢失了许多必要的文化资源,所引出的教训也是深刻的"①,没有处理好指导思想的一元性与文化的多样性关系问题。

对于思想改造和思想批判中出现的偏差,毛泽东是有所察觉的。有一篇批判胡适政治思想的文章,把改良与革命完全对立起来,对改良采取全盘否定的态度。毛泽东说,作者太年轻,完全否定改良,在政治上是幼稚的。随着社会主义建设道路探索的开始,1956年,毛泽东提出"百花齐放,百家争鸣"的文化方针。1957年,他在《关于正确处理人民内部矛盾的问题》中指出:"过去的思想改造是必要的,收到了积极的效果。但是在做法上有些粗糙,伤了一些人,这是不好的。这个缺点,今后必须避免。"②他重提知识分子"是脑力劳动的工人,是用脑子的工人"③,继续肯定马克思主义的灵魂作用和知识分子思想政治进步的重要性,认为"在知识分子当中提倡学习马克思主义是很有必要的,要提倡大家学他十年八年,马克思主义学得多了,就会把旧思想推了出去"④。因此,"希望我国的知识分子继续前进,在自己的工作和学习的过程中,逐步地树立共产主义的世界观,逐步地学好马克思列宁主义,逐步地同工人农民打成一片"⑤。同时,他承认"世界观的彻底改变需要一个很长的时间,我们应当耐心地做工作,不能急躁。事实上必定会有一些人在思想上始终不愿意接受马克思列宁主义,不愿意接受共产主义,对于这一部分人不要苛求;只要他们服从国家的要求,从事正常的劳动,我们就应

---

① 陈晋:《毛泽东的文化创新之路》,《中国人民大学学报》2003年第6期。
② 《毛泽东文集》第7卷,人民出版社1999年版,第226页。
③ 《毛泽东年谱(1949—1976)》第3卷,中央文献出版社2013年版,第122—123页。
④ 同上书,第104页。
⑤ 《毛泽东文集》第7卷,人民出版社1999年版,第225页。

当给他们以适当工作的机会"①。这反映他认识的清醒和对思想文化多样性的包容。他还表示将来要替胡适恢复名誉②。1964年8月，毛泽东与哲学工作者的谈话中提到《红楼梦》研究问题，他认为，"蔡元培对《红楼梦》的观点是不对的，胡适的看法比较对一点"③。他同意胡适考证《红楼梦》中提出的《红楼梦》是作者曹雪芹写与自己的家族有关的事情。

对这种矫枉过正，九三学社中央委员李毅在开门整风运动的前夕写了一篇题为《从"放"想起》的文章表示了他的态度。文中写道："当然，几年来在几次狂风暴雨的社会改革运动中，的确也使不少知识分子头昏眼花、气衰力弱，感到北风可畏、寒气逼人。但是对于大多数知识分子来说，这几次运动与其比作凛冽的严冬，不如说初春里几阵风雪。北风虽劲，但究竟已是初春天气，非但不应阻杀生机，而且反有很大的消毒杀毒的作用，为迎接即将到来的春暖花开时节，提供了有利条件。所以，在讨论中好几位教授说：'今后和风细雨的思想改造，很好，但是过去的几个大运动震动一下也是必要的。没有过去的震动，也很难有今天的和风细雨和百家争鸣。'作为一个中年以上的知识分子，仔细想想，我欢迎和煦的南风，也感激过去的几阵北风。"④知识分子群体中，特别是在高级知识分子中，这种认识很有代表性。

在当代中国，坚持社会主义先进文化前进方向，发展有中国特色的社会主义文化，加强社会主义精神文明建设，必须以马克思主义为指导，使马克思主义意识形态以文化形态、思想理论等形式在人民群众中获得广泛的文化共识与价值认同，仍然是我们的使命与职责。毛泽东在确立马克思主义主导地位过程中的经验教训，为我们提供了指导和借鉴。在今天的中国，由于经济成分的多样化和利益多元化而必然产生思想的多样化、多种利益诉求甚至不同的政治诉求。尤其是拜金主义和极端利己主义思潮，极其便利西方自由主义思潮的传播和渗透。对此，我们应该坚守马克思主义灵魂，进一步推动马克思主义的中国化、时代化和大众

---

① 《毛泽东文集》第7卷，人民出版社1999年版，第225—226页。
② 《毛泽东年谱（1949—1976）》第3卷，中央文献出版社2013年版，第92页。
③ 《毛泽东的读书生活》，生活·读书·新知三联书店1986年版，第220—221页。
④ 李毅：《从"放"想起》，《人民日报》1957年4月24日。

化，结合当前的时代语境，结合"中国道路"与"中国故事"来阐释马克思主义理论的思想内涵与时代意义。马克思主义理论学者要能够主导不同文化价值观念之间的对话，还要能够主导不同社会阶层之间的对话，同时整合马克思主义意识形态传播平台，建构有效的话语传播方式与传播体系，使之能够深入人心。对重大的错误思想和思潮不能漠然置之，而必须像毛泽东那样"对于一些有害的言论，要及时给予有力的反驳"[①]，发挥马克思主义的革命的批判功能，不能放弃理论的批判。当然这种批判必须是说理的，有说服力的。真理的力量在于真理自身。我们只有坚持马克思主义在思想文化建设中的指导地位，才能真正以科学态度继承中国文化的优秀传统和吸收外国文化的积极成果，才能引领国内多样的文化思潮，使其有利于社会主义主流文化的发展，并逐步实现人的全面发展和人类解放的伟大社会理想。

[原载《毛泽东研究》2016 年第 3 期]

---

① 《毛泽东文集》第 7 卷，人民出版社 1999 年版，第 196 页。

毛泽东"文艺为人民大众"思想的提出、演变及发展

"文艺为人民大众"是71年前毛泽东在《在延安文艺座谈会上的讲话》(以下简称《讲话》)中提出的重要命题。这一思想是马克思主义的文艺要"为千千万万劳动人民服务"[①],"艺术是属于人民"[②]的群众观的体现,它确立了人民本位的文艺观,为延安乃至中国的文艺事业和文化发展指明方向,开创了人民文艺的新天地,对文艺发展特别是当代社会主义文艺产生了深远的影响。但是,它也曾被片面理解、误读甚至歪曲。新时期以来,偏误被纠正。从邓小平提出的文艺为人民服务、为社会主义现代化服务的"二为"方向,到十七届六中全会宣示文化"以人民为中心"和习近平在近期召开的全国宣传思想工作会议上强调"要树立以人民为中心的工作导向"[③],标志毛泽东的"文艺为人民大众"思想在新的历史阶段的继承与发展,体现了党新的文化自觉。

---

① 《列宁选集》第1卷,人民出版社1995年版,第650页。
② 蔡特金:《回忆列宁》,转引自《列宁论文学与艺术》第2卷,人民文学出版社1960年版,第912页。
③ 《胸怀大局把握大势着眼大事 努力把宣传思想工作做得更好》,《人民日报》2013年8月21日。

一、"文艺为人民大众"思想产生的背景

"文艺为人民大众"是对五四新文化运动以来革命文艺发展经验的系统总结。在中国文化发展中，文化人有过"为天地立心，为生民立命"的抱负，但人民始终没有成为文化舞台的主角与主体。在五四新文化运动中，以陈独秀的《文学革命论》、胡适的《文学改良刍议》为标志，知识分子发起了以"现代白话"为基础的文学革命，提倡"平民文学""民众文学"。随着马克思主义传入中国，早期共产党人开始接触到并试图解决文艺与群众相结合的问题。郭沫若提出了革命的文学家"到兵间去，民间去，工厂间去，革命的漩涡中去"[①]的口号，试图让文艺工作者走出象牙之塔，觉悟到艺术的伟大使命。1930年代，重返文艺战线的瞿秋白大力推动文艺大众化，他发表一系列文章，如在《普罗大众文艺的现实问题》一文中，围绕大众化文艺在实践过程中所面临的问题，全面、系统地阐述了大众文艺的语言、体裁、题材内容、创作方法以及当时的具体任务，坚持和深化了早期共产党人关于革命文学的主张，推动了马克思主义文艺思想与中国实际的结合，为毛泽东"文艺为人民大众"思想的提出，提供了有益的思想材料。

延安文艺大众化的探索及凸显的问题为这一思想的提出提供了历史机遇。抗日战争爆发后，上海等大城市失守，许多文艺界人士受陕甘宁边区民主气氛的吸引纷纷来到延安。毛泽东高度重视这支力量，非常关注其探索实践。1936年11月，丁玲发起成立中国文艺协会，毛泽东为其定名，在讲话中提出把"发扬苏维埃的工农大众文艺，发扬民族革命战争的抗日文艺"[②]，作为当时中国文艺协会的任务。1938年4月28日，他在鲁迅艺术学院明确指出："艺术作品要有内容，要适合时代的要求，大众的要求。"在党的关怀与大力支持下，到1940年1月边区文协举行第一次代表大会时，文化团体已达到107个。毛泽东在会上作《新民主

---

① 郭沫若：《革命与文学》，《创造月刊》第1卷第3期，1926年5月16日。
② 《毛泽东文艺论集》，中央文献出版社2002年版，第4页。

主义的政治与新民主主义的文化》讲话，第一次阐明了新民主主义革命的文化建设纲领。他强调，文化"应为全民族中百分之九十以上的工农劳苦民众服务"。"为达到此目的，文字必须在一定条件下加以改革，言语必须接近民众，须知民众就是革命文化的无限丰富的源泉。"[1] 这指明了中国革命文化的发展方向。

党对知识分子的礼遇和毛泽东的鼓励支持，延安艺术创作活跃。中华全国文艺界抗敌协会提出"文章下乡""文章入伍"口号，提倡文艺大众化，号召写通俗文艺。民众剧团的宗旨是采取旧形式新内容之手法，改进各项民众艺术，以发扬抗战力量，提倡正常娱乐；挂的对联为"中国气派，民族形式；工农大众，喜闻乐见"。一批现代戏应运而生，中国戏曲现代戏从延安出发。[2] 但是，一些知识分子存在的精英意识和脱离实际、脱离群众的趋向并没有因为进入根据地而消除。如1938年1月战歌社试办第一次的新诗朗诵会，观众"中途退者半"。原因是新诗"自弄风姿，非但一般大众听来莫名其妙，就是稍具文学根底者也是不知所云"。[3] 2月，边区文协讨论剧本《血祭上海》，剧本"主题正确"，风格上有严重的"学生腔"。鲁艺"关门提高"的倾向发展起来：大戏、洋戏充满了舞台，并影响到延安的整个演出界。一些作家在创作中表现着浓烈的个人主义的色彩。还有一些人主张艺术脱离政治，艺术高于政治，作家可以不要马列主义的立场观点，认为这些会妨碍创作。这些问题反映了文艺工作者对同工农兵结合的思想准备不足，对群众缺乏了解，缺乏深厚的感情，在文艺为人民大众服务的方向问题上，还需要有一个从口头承认到彻底解决、从"化大众"到"大众化"的发展过程。

二、《讲话》第一次提出"文艺为人民大众"的命题

1942年5月，毛泽东在对延安革命文艺队伍的思想作风现状进行深入调查研究的基础上，召开文艺座谈会。参加会议的文艺工作者连同中

---

[1] 《毛泽东选集》第2卷，人民出版社1991年版，第708页。
[2] 陈彦：《中国戏曲现代戏从延安出发》，《光明日报》2012年5月21日。
[3] 《茅盾全集》第22卷，人民文学出版社1993年版，第390页。

央和一些部门负责人共100余人,三次全体会议有几十位党内外作家发言。毛泽东在5月2日的第一次会议上首先作"引言",5月23日召开的第三次会议作"结论"。讲话中,他明确提出了"文艺为人民大众"的观点,并作了系统阐述。他开宗明义:"为什么人的问题,是一个根本的问题、原则的问题。"① 他指出:"我们的文艺,第一是为工人的,这是领导革命的阶级。第二是为农民的,他们是革命中最广大最坚决的同盟军。第三是为武装起来了的工人农民即八路军、新四军和其他人民武装队伍的,这是革命战争的主力。第四是为城市小资产阶级劳动群众和知识分子的,他们也是革命的同盟者,他们是能够长期地和我们合作的。"这四种人是占全人口90%以上的人民,是中华民族的最大部分,就是最广大的人民大众。"我们的文学艺术都是为人民大众的,首先是为工农兵的,为工农兵而创作,为工农兵所利用的。"② 文艺"为什么人"的问题主导着文艺的价值取向。毛泽东提出人民大众是文艺的主体,坚持了马克思主义文艺属于人民,文艺必须根植于广大劳动群众之中的唯物主义观点。

　　如何实现文艺为人民大众?毛泽东结合当时实际作了全面的阐述。首先,广大文艺工作者要有为人民大众的立场、态度和工作方式。文艺工作者要"站在无产阶级的和人民大众的立场","思想感情和工农兵大众的思想感情打成一片"。即是说,从改变世界观方法论入手,在情感体验和审美经验上真正回归大众,才能创作出真正属于人民的文艺。如果"把自己的作品当作小资产阶级的自我表现来创作","是不可能真正地为革命的工农兵群众服务的"。③ 毛泽东强调,"我们应该尊重专门家,专门家对于我们的事业是很可宝贵的"。但是,"一切革命的文学家艺术家只有联系群众,表现群众,把自己当作群众的忠实的代言人,他们的工作才有意义"。④

　　其次,人民的社会生活实践是文艺创作的源泉。毛泽东从唯物史观出发,指出"作为观念形态的文艺作品,都是一定的社会生活在人类头

---

① 《毛泽东选集》第3卷,人民出版社1991年版,第957页。
② 同上书,第855、863页。
③ 同上书,第848、851、856页。
④ 同上书,第864页。

脑中的反映的产物。革命的文艺，则是人民生活在革命作家头脑中的反映的产物"。他批评了那些空头文学家和空头艺术家，"人民生活中本来就存在着文学艺术原料的矿藏，这是自然形态的东西，是粗糙的东西，但也是最生动、最丰富、最基本的东西；在这点上说，它们使一切文学艺术相形见绌，它们是一切文学艺术的取之不尽、用之不竭的唯一的源泉"。他号召文学艺术家必须深入群众中去，"观察、体验、研究、分析一切人，一切阶级，一切群众，一切生动的生活形式和斗争形式，一切文学和艺术的原始材料"，然后才有可能进入创作过程，把人民生活中的文学艺术的原料经过自己的创造性的劳动，使之成为"观念形态上的为人民大众的文学艺术"。① 我们必须继承一切优秀的文学艺术遗产，批判地吸收其中一切有益的东西，但是对文学创作而言，这是流不是源。

　　再次，由人民群众做文艺作品的评判者。马克思曾说过："人民历来就是作家'够资格'和'不够资格'的唯一评判者。"② 毛泽东发展了这一思想。他认为，文艺作品要为群众所赏识，不能靠说大道理，首先应当认真学习人民群众的丰富的生动的语言，语言无味，群众不买你的账。在文艺形式方面，他主张文学专门家应该注意群众的墙报、军队和农村中的通讯文学，戏剧专门家注意军队和农村中的小剧团，音乐专门家注意群众的唱歌，美术专门家注意群众的美术，去挖掘和改造民间的群众喜闻乐见的文艺形式，推陈出新，实现"革命的政治内容和尽可能完美的艺术形式的统一"。③ 他相信，与群众结合，为群众服务，服从于群众需要，清除了小资产阶级个人主义的文艺家，"一定能创造出许多为人民大众所热烈欢迎的优秀的作品"。④

　　最后，文艺要起到提高人民大众、凝聚奋斗力量的作用。毛泽东认为，文学艺术应该以占全人口90%以上的最广大群众的目前和将来利益的统一为出发点的。在当时拯救民族危亡的历史关头，革命文艺有协助"打倒我们的民族敌人，完成民族解放的任务"，因此，"作品不能只为少

---

① 《毛泽东选集》第3卷，人民出版社1991年版，第860、861、863页。
② 《马克思恩格斯全集》第1卷，人民出版社1974年版，第70页。
③ 《毛泽东选集》第3卷，人民出版社1991年版，第869—870页。
④ 同上书，第877页。

数人所偏爱，要为大多数人，必须能使人民群众得到真实的利益"。① "我们所写的东西，应该是使他们团结，使他们进步，使同心同德，向前奋斗，去掉落后的东西，发扬革命的东西，而不是相反。"②

毛泽东"文艺为人民大众"的思想，要求文艺家从立足到视野，从起步到落脚，都置身于人民中间，脚踏于生活的大地；使文艺创作从创作追求到创作成果，从作品的内容到形式，既有人民性的属性与大众化的依托，也有了艺术上的尺度与美学上的标准，这是对马克思主义文艺理论的运用与发展，是马克思主义中国化的文艺理论创造的贡献。毛泽东主张站在人民利益的立场，以人民大众为创作主体，内容表现群众的生活和斗争，形式为群众所熟悉所欢迎，张扬的大众喜欢的审美风格，改造民族民间艺术形态，以适合工农兵群众审美趣味，要求在"用工农兵自己所需要，所便于接受的东西"普及的基础上进行提高，以提升人民群众文化素质和精神境界，适应和满足人民群众的文化需求。这颠覆了中国几千年来精英文化与大众文化高度隔离，并始终以前者为主流的文化传统，真正树立了人民本位的文艺观，极大地拓宽了中国文艺创作与欣赏的视野。毛泽东所表达的是在追求改天换地、谋求无产阶级和劳动群众在政治、经济上翻身解放的同时，获得精神、文化上的翻身解放。因为作为革命主导力量的工人农民，他们成为时代的主人、社会的主体，也应该成为文艺的主人，人民不再是简单的被启蒙、被同情的对象。这既顺应了五四以来文化重心下移、促进文化民主的大势，又克服了以往的不足，为中国文艺创建了新观念，确立了新格局，在客观上推动了文艺启蒙作用的实现，真正实现了中国现代文艺的转型，推动了中国文艺走向大众。

三、《讲话》开创了中国文艺大众化的新天地

毛泽东的《讲话》为延安乃至未来中国的文艺事业和文化发展指明

---

① 《毛泽东选集》第3卷，人民出版社1991年版，第864页。
② 同上书，第849页。

方向，受到延安和各个抗日根据地革命文艺工作者的拥护，他们纷纷把眼光投向广大的工农兵的基层生活。党则"小心好好引导小资产阶级出身的艺术家，自觉的不是勉强的、慢慢的和工农打成一片"。①"大家都照着《讲话》的方向、道路和目标去做，果然收到了很好的效果，取得了很大的成就。"②在"为工农兵"的创作潮流下，文艺家满腔热情地描写农民，反映了中国农村的觉醒和变化以及中国农民的解放、憧憬和欢乐，歌颂在民族解放战争中成长的平民英雄为国家、为民族利益勇于牺牲的大无畏英雄主义精神，曾经黯沉寂寞的浅吟低唱，让位于激昂奋进的雄浑乐章，唤起了一个民族团结进取、抗击敌寇的革命激情。自1919年五四新文化运动之后发展起来的新文艺，在延安实现了历史性飞跃，产生了一大批雅俗共赏、特别为群众喜闻乐见的艺术精品。在新中国成立前夕编辑的一套解放区的《人民文艺丛书》，有包括小说《小二黑结婚》《李有才板话》，秧歌剧《兄妹开荒》《夫妻识字》，评剧《逼上梁山》和《三打祝家庄》，大型新歌剧《白毛女》，以及话剧、报告、叙事诗在内的作品178部。这些作品也获得了人们的审美认同。有人曾评价道：这些起于地道的民间，"既不'庙堂'又不'洋奴'、凝聚着中国民众的最广泛精神诉求的文化，就像挂露迎风的野花那样清新可爱、足堪造就"。③郭沫若说："我是完全被陶醉了，被那新颖、健康、朴素的内容与手法。这儿有新的天地，新的人物，新的感情，新的作风和新的文化。"④在革命文艺走向人民的道路上，也培养了一批杰出的人民文艺家。这宣告了一个新的文艺时代的到来。

毛泽东的《讲话》得到了国统区的进步文艺界的响应。1943年3月15日，《新华日报》刊登延安召开文艺座谈会和毛泽东发表讲话的消息。1944年1月1日，《新华日报》以摘录和摘要形式刊登《讲话》主要内容。郭沫若连续以《一切为了人民》《向人民大众学习》《走向人民文艺》等

---

① 《胡乔木回忆毛泽东》，人民出版社2003年版，第259页。
② 萧军：《难忘的延安岁月——读〈延安文艺运动纪盛〉随想》，《人民日报》1987年5月11日。
③ 周扬：《论赵树理的创作》，《解放日报》1945年8月26日。
④ 郭沫若：《〈板话〉及其他》，载黄修己《赵树理研究资料》，知识产权出版社2010年版，第175页。

为题，发表系列文章，号召进步作家"努力接近人民大众，了解他们的生活、希望、言语、习惯，一切喜怒哀乐的外形和内心，用以改造自己的生活，使自己回复到人民的主位"。① 上海、香港等地的进步文艺工作者以各种形式宣传《讲话》内容，使《讲话》精神得到广泛传播。

四、文艺为人民大众思想的历史演变与发展

新中国成立，"人民革命的胜利和人民政权的建立，给人民的文化教育和人民的文学艺术开辟了发展的道路"。② 毛泽东在《讲话》中提出的文艺为人民服务并首先为工农兵服务的方向，成为新中国的文艺方向。在1949年7月召开的第一次中华全国文艺学术工作者代表大会上，周恩来在所作的报告中明确指出：新、老解放区来的两部分文艺大军的会师，形成了空前宽广的团结局面，团结的政治基础是新民主主义，团结的文艺基础是"毛泽东新文艺方向"。在文艺为人民服务的问题上，他要求，从新区来的朋友，"应该首先去熟悉工农兵，因为工农兵是人民的主体，而工农兵又是今天在场的绝大多数所不熟悉或不完全熟悉的，至于小资产阶级的生活、思想、感情，则是你们的绝大多数所已经熟悉的。"他重点说明了如何全面、正确地理解文艺为工农兵服务的问题："主张文艺为工农兵服务，当然不是说文艺作品只能写工农兵。""不是说我们不要熟悉社会上别的阶级，不要写别的阶级的人物，但是主要的力量应该放在哪里必须弄清楚，不然就不可能反映出这个伟大的时代，不可能反映出创造这个伟大时代的伟大劳动人民。"③ 这是对毛泽东提出的"文艺为人民大众"与"工农兵方向"的完整阐释。大会提出了文艺工作者应该以"在文艺为人民服务的立场上团结"为基础，经过各种不同的途径去和人民大众结合，逐步成为"自觉的运动"。④ 此后，"人民"成为文艺工作者

---

① 《胡乔木回忆毛泽东》，人民出版社2003年版，第266页。
② 《毛泽东文艺论集》，中央文献出版社2002年版，第130页。
③ 《周恩来选集》（上），人民出版社1980年版，第352—353页。
④ 郭沫若：《为建设新中国的人民文艺而奋斗》，载《中华全国文学艺术工作者代表大会纪念文集》，新华书店1950年版，第41—42页。

书写的主题词，反映新时代、新人物的人民文艺成为中国当代文艺的底色，整体上体现了一个民族在逆境中奋起求生存的伟大力量，展示了中国人民自强不息的精神血脉，初步建构了社会主义文艺价值观，迎来了"十七年"文学艺术的繁荣。

但是，毛泽东关于文艺为人民大众思想也被片面理解、误读甚至歪曲。郭沫若曾评论《讲话》"有经有权"，毛泽东对此深以为然。[①] 所谓"有经有权"是指，《讲话》中有的内容总结了文艺的普遍规律，是"经"久不变的，有些则是针对当时文艺界具体情况所做的思考，是权宜之计，随着时代的发展可能会发生变化。毛泽东在延安提出文艺为人民大众主要为工农兵服务的思想具有鲜明的时代特色，在民族危亡的历史关头，革命的主体工农兵是时代的主人、人民的主体，文艺"主要为工农兵而创作"，有其历史的必然性和合理性。文艺大军"会师"之后，原国统区的知识分子和文化人人数众多，而且一般都带有旧时代的思想意识、价值观念和文化刻痕投入新社会，强调"文艺为人民大众"的"工农兵方向"，进行思想引导，鼓励他们表现新生活和新人物，树立新的价值观是必须的。但是，新中国成立后，中国共产党已成为执政党，党的中心任务是建设，党的工作的重心是团结一切可以团结的力量建设社会主义，人民的群众基础扩大了，在《论人民民主专政》一文中人民包括了工人阶级、农民阶级、城市小资产阶级和民族资产阶级，在建设社会主义时期，一切赞成、拥护和参加社会主义建设事业的阶级、阶层和社会集团，都属于人民的范围。"人民"从最开始基于阶级立场和身份的划分逐渐发展到宽泛的指涉。那么，与此相适应，文艺服务对象的范围应该有新的变化，除了工农兵之外，凡是一切赞成、拥护和参加革命与建设事业的阶级、阶层、社会集团和分子，都应当是文艺的服务对象、工作对象。遗憾的是，当时未能及时做出调整，相反，实践中出现了把"文艺为工农兵服务"狭隘地理解为"只能写工农兵"，把熟悉工农兵与熟悉社会上别的人对立起来，造成了创作上题材选择狭窄、人物形象单一的现象，使文学艺术这一丰富的社会文化现象被限制了发展的空间，不利

---

① 《胡乔木回忆毛泽东》，人民出版社2003年版，第267页。

于社会主义文艺的创造和繁荣。加上没有很好地区分文艺与政治的关系，政治标准第一，政治权力直接介入文艺，进行粗暴干涉，造成了一些作品和作家的不幸。毛泽东很快针对文艺和文化建设上的"单打一"等片面化、绝对化倾向做出调整，提出了"双百"方针，推动艺术的发展。但不久党的指导思想向"左"的倾向发展，"左"的文艺路线大行其道。1966年2月，江青等人召开了所谓部队文艺工作座谈会，将"左"的文艺思潮推向高潮，提出了极左的"三突出"①原则，工农兵"成为一个先验和抽象的概念"，只能被作为"高大全"式的英雄歌颂②。工农兵形象疏离了真实的生活，从根本上违背了《讲话》的精神实质，文艺背离了为"最广大的人民，占全人口百分之九十以上的人民"服务的科学内涵，成为毛泽东当年所批评的"少数政治家的政治"工具。八亿人民只剩八个样板戏。

十一届三中全会后，邓小平总结新中国成立30年来的文艺工作正反两方面的经验，调整党的文艺政策。他指出："不继续提文艺从属于政治这样的口号，因为这个口号容易成为对文艺横加干涉的理论依据。"③人民是我们社会的主人，社会主义是我们社会的性质，从这个国情出发，"要继续坚持毛泽东同志提出的文艺为最广大的人民群众、首先为工农兵服务的方向"，"英雄人物的业绩和普通人们的劳动、斗争和悲欢离合，现代人的生活和古代人的生活，都应当在文艺中得到反映"。"文艺创作必须充分表现我们人民的优秀品质，赞美人民在革命和建设中、在同各种敌人和各种困难的斗争中所取得的伟大胜利。""文艺，应当在描写和培养社会主义新人方面付出更大的努力。"而文艺工作者"要教育人民，必须自己先受教育。要给人民以营养，必须自己先吸收营养"④。邓小平既传

---

① "三突出"这一概念最早出现在1968年5月23日《文汇报》于会泳发表的《让文艺舞台永远成为宣传毛泽东思想的阵地》一文中，1969年姚文元将它改定为"在所有人物中突出正面人物；在正面人物中突出英雄人物；在英雄人物中突出中心人物"，并且把它上升为"无产阶级文艺创作必须遵循的一条原则"。参见《智取威虎山》剧组的文章《努力塑造无产阶级英雄人物的光辉形象》，《红旗》1969年第12期。

② 李洁非、杨劼：《解读延安——文学、知识分子和文化》，当代中国出版社2010年版，第250页。

③ 《邓小平文选》第2卷，人民出版社1994年版，第255页。

④ 同上书，第209—211页。

承了毛泽东以人民群众为本位的文艺观,又进一步拓展了人民文艺的内涵,发展、丰富了毛泽东的文艺思想,表现出浓郁的人民性,为新时期文艺的繁荣奠定了基础。

拂去历史的尘埃,显然,"文艺为人民大众"不仅仅是一个历史的命题,仍然是目前文艺工作的基本原则,文化发展的基本方向,而且是一个任重道远的践行课题。

在市场经济下,在消费主义社会文化语境里,娱乐至上。表现在创作上,从过去普遍盛行的"高大全"式的浪漫主义形象塑造的极端,跑到"好人不好、坏人不坏"的"无是无非"的"非英雄化"倾向极端;从过去一度忽视审美化、艺术化程度的极端,跑到大制作、大投入的"营造视听奇观"的唯美主义的极端,有的以展示"人性恶的深度"和"窥人隐私"为能事。① 在题材方面,从1990年开始,帝王将相题材作品构成一道引人注目的文化风景。各类节目高举"娱乐"大旗,为追求收视率花样翻新,制造娱乐看点。在这天天的娱乐里,文艺大众化走入歧路,背离了《讲话》注重"在普及的基础上提高"和"在提高的指导下普及",提高人民素质,培养造就全民族健康向上精神的主旨。为此,习近平总书记在全国宣传思想工作会议上强调,要树立以人民为中心的工作导向,把服务群众同教育引导群众结合起来,把满足需求同提高素养结合起来,多宣传报道人民群众的伟大奋斗和火热生活,多宣传报道人民群众中涌现出来的先进典型和感人事迹,丰富人民精神世界,增强人民精神力量,满足人民精神需求。这个讲话为在新的历史时期、在新的舆论格局中更好地体现党的主张、更好地反映人民心声指明了方向。

一部中国现当代文艺史,就是中国共产党领导文艺发展的历史,也是共产党人对文艺文化的认识不断深化的历史。《讲话》作为马克思主义文艺理论发展划时代的文献,它的基本精神仍然闪烁着真理的光辉。

[原载《毛泽东邓小平理论研究》2013年第9期]

---

① 仲呈祥:《过度娱乐化,当休》,《人民日报》2011年10月27日。

论毛泽东批判《武训传》的缘由及意义

1951年5月20日,《人民日报》刊发经毛泽东改写的社论《应当重视电影〈武训传〉的讨论》,这一社论推动了对电影《武训传》的讨论与批判,在思想文化领域产生重大影响。改革开放以来,对这一历史事件的研究是一个热点,同时也出现了不少翻案的文章,有人主张给武训平反①;有人表示,"对于这样一部有缺点的电影,如此大动干戈,在全国掀起一个大规模的批判运动,则以为大可不必。不但不必,而且不该。"②有人认为这是一个大冤案③;更有甚者,指责毛泽东"何以非要以自己的'历史唯物主义'观点为武器狠批、猛批《武训传》,并欲置上海那批'党内秀才'或'同路人'于死地呢?"④本文依据历史资料,分析探寻毛泽东批判《武训传》的缘由及意义。

一、《武训传》本身存在历史观的错误

电影《武训传》写的是一个真人的故事。历史上的武训(1838—1896),是清朝末年山东堂邑县柳林镇武庄(今属山东冠县)的一个乞

---

① 张经济:《希望给武训平反》,《齐鲁学刊》1980年第4期。
② 吴中杰:《从〈武训传〉问题说开去》,《文汇报》1992年5月20日。
③ 袁鹰:《〈武训传〉讨论——建国后第一场大批判》,《炎黄春秋》2006年第3期;齐翔延:《对〈武训传〉讨论一文的一点补充》,《炎黄春秋》2006年第7期。
④ 邹霆:《由影片〈武训传〉解禁联想起的》,《经济观察报》2012年4月16日。

丐，乞讨筹款兴办三处义学，后为官府和各界名流彰扬为"孝义、节行、克己好义"的道德楷模。孙瑜于1946年开始酝酿编导的《武训传》原是一部歌颂武训苦操奇行、"行乞兴学"奋斗精神的正剧，在1949年参加文代会后，修改剧本的主题思想为武训为穷孩子们读书识字终身艰苦兴学但"劳而无功"，改"正剧"为"悲剧"。① 在电影脚本讨论会上，夏衍表示："武训不足为训。"② 上海电影厂厂长于伶也认为，要拍农村教育片，不如歌颂老解放区模范教师陶端予。上海电影管理处的陆万美指出："武训当时的悲剧和问题，实际早已解决。"③ 编导会成员到北京见到周恩来总理。周恩来建议他们到武训家乡去实地调查，了解人民群众对武训究竟怎么看。修改后的影片的主题是兴学方能救穷人。影片前半部深刻揭露了封建统治阶级利用文化特权残酷地剥削穷人的行为，暴露封建地主张举人等人的阶级压迫，在后半部则是行乞多年后的武训拿着积攒的钱，跪请著名士绅杨树坊进士答应帮他办义学，被感动的杨进士召集三四十位士绅共襄义举，进行阶级合作。编导努力把依附封建宗法社会的武训塑造成一个"为劳动人民学文化求解放的模范""为人民当牛做马的精神的典范"，"千古一人"，在戏的主线外添加的车夫周大与官府恶霸们英勇斗争这条支线，让"一文一武"正副两条线互相衬托，说明武训兴学与农民起义者一样，都是为穷苦人民的翻身。

作者的主观意图是希望通过电影表现武训精神在新时代的积极意义，这反映了解放初期艺术家欢迎新政权，努力追随新时代的真诚，但显然影片有浓厚的主观策划色彩，出现了如毛泽东所说的动机与效果不能兼顾的情形。

电影立意是典型的知识改变命运的思维模式，所弘扬的是知识启蒙、教育救国的武训精神，刻画的武训为了乞讨办学的费用，耍把戏、被人骑、磕响头、喝脏水、挨打甚至给地主豪绅长跪不起、哀求等自轻自贱受辱形象是消极的，却演绎成"为人民服务"的阶级自觉进行歌颂，忽视了两者之间的巨大差异。虽然影片使用了大量的马克思主义词汇，但

---

① 孙瑜：《我编导武训传的经过》，《纵横》1997年11期。
② 夏衍：《〈武训传〉事件始末》，《文化电影时报》1994年7月16日。
③ 陆万美：《我对电影武训传的初步检讨》，《文汇报》1951年8月31日。

创作者在中国历史、中国革命、革命道路、教育问题和个人奋斗等重大问题上做了不正确的诠释，生硬地把改良与革命嫁接，混淆了革命和改良的界限，而且片中把革命失败的周大与个人奋斗的武训进行反衬，还多次出现武训对主张斗争的周大发出的"杀几个人，行吗？"诸如此类的疑问，用烧杀两字来反映太平天国革命，这些思想观点与新中国意识形态相抵牾，严重歪曲了中国历史和中国人民的斗争，模糊了中国人民的解放道路。这种表达是明显失当的。

当时新中国刚刚成立，民主革命尚未完成，阶级斗争尖锐，正在开展土改和镇压反革命运动，摧毁封建制度；抗美援朝战争激战正酣，面对强大的敌人，需要中国人民发扬敢于斗争、敢于胜利的精神，需要发挥文化团结、教育和鼓舞人民，引领社会风尚的作用，电影塑造的是一个极尽奴颜婢膝之能事的人物，与人民翻身做主人的时代潮流格格不入。

因此，《武训传》的问题不仅仅是一个艺术问题，毛泽东在社论中对《武训传》的尖锐批评重点在两个方面：一是武训所处的时代，正是政治腐败、外侮入侵的内忧外患时期，人们没有弄清楚这个时期中国"新的社会经济形态，新的阶级力量，新的人物和新的思想是什么，而去决定什么东西是应当称赞或歌颂的，什么东西是不应当称赞或歌颂的，什么东西是应当反对"；二是把"对反动的封建统治者竭尽奴颜婢膝的能事"的丑恶行为，"打出'为人民服务'的革命旗号来歌颂，甚至用革命的农民斗争的失败作为反衬来歌颂"，这种勾连的错误是"不能容忍的"[①]。由此可以看出，批判《武训传》根本不是什么要"围着武训的死魂灵穷追猛打"[②]，也不是"小题大做"[③]，而是对影片本身所提出的涉及中国历史和中国革命道路等带有根本性的政治思想问题，对用革命词句所表达的不正确的史观需要进行澄清与纠正，这就是"领导人何以非要以自己的'历史唯物主义'观点为武器"批判《武训传》的原因。

北京师范大学教育系教授董渭川在观影后发表的文章中，在颂扬武

---

① 毛泽东：《应当重视电影〈武训传〉的讨论》，《人民日报》1951年5月20日。
② 散木：《且说累人而无益的"避讳学"——兼说批判〈武训传〉和"批林批孔"中的若干事》，《博览群书》2002年11期。
③ 忠民（张劲夫）：《〈武训传〉问题的关键究竟在哪里》，《文汇报》1993年12月4日。

训教育价值的同时就对影片的混乱及表现手法有所质疑。文章指出："剧中所表现的，于武训的故事之外，有地主恶霸的穷凶极恶，有太平天国失败后遗留下来的'响马'的烧杀，有地主家的婢女和武训之间若隐若显的爱情，有地痞流氓的饮酒嫖赌，有武训被张举人痛打后躺在床上发烧而产生的劳动人民入地狱受苦难的梦幻，有婢女上吊时墙外两个女人抱着孩子的'招魂'，有慈禧太后坐殿时的群臣下跪，有不光把武训的故事演义到漫无边际，而且牵涉出这么多的问题来，反倒使重心转移，把表扬武训的意义大打折扣了。"① 董渭川承认当时是应邀观影并座谈，在看这部"铺张成一部《电影大观》""东拉西扯片子"时，即"感到极大的不满"，认为"这是海派作风与赚钱目的的结果"②。顾虑批评影片的糟糕不太合宜，就先把武训的教育价值大肆颂扬。由此可以看出该电影的创作也并不是后来人们以为的那样成功。

二、电影放映后的"好评如潮"反映思想教育的急迫

1950年底和1951年初，《武训传》上映。夏衍回忆说："上映之后，场场满座，上海、北京和各地的陶行知学派的教育工作者又在报刊上对此片做了许多过高的评价，这就引起党中央和毛泽东的注意。"③

电影放映后"好评如潮，口碑载道"，一片赞美颂扬之声。据不完全统计，从1950年12月30日至1951年4月下旬，仅上海、北京、天津三地的《大众报》《文汇报》《新民报》《光明日报》《工人日报》《天津日报》《大众电影》《北京文艺》等报刊即发表肯定武训和《武训传》的文章40余篇，全国各地有上百篇。上海的《大众电影》将《武训传》列为1950年最佳影片之一。影评文章大部分认同电影编导对武训"为人民服务的精神"的赞扬，调门更高。有人说，武训"站稳了阶级的立场，向统治者作了一生一世的斗争"。"切实地做到了鲁迅先生的名言：'俯首

---

① 董渭川：《由教育观点评〈武训传〉》，《光明日报》1951年2月28日。
② 董渭川：《错误在于我的"教育"观点》，《人民日报》1951年7月7日。
③ 夏衍：《〈武训传〉事件始末》，《战略与管理》1995年2期。

甘为孺子牛'。"① 他"那种不倒翁精神也正说明了劳动人民的坚韧性"②。"他是中国历史上伟大的劳动人民，企图使本阶级从文化上翻身的一面旗帜。"③ "他是惯于韧性战的一个智慧的义学组织者。"④ "他的坚苦不拔全心全意为人民服务的崇高精神和行动，是永垂不朽而值得学习的榜样！"还有文章把武训与周大进行了比较，说武训是"认为穷人要想翻身报仇，只有让穷孩子们都有书念才行"，"忍辱行乞，走向那条艰苦漫长的道路"。而周大则干起"响马""起来进行反抗恶势力"，武训和周大的思想和行动充分体现了毛泽东在《中国革命与中国共产党》中关于中华民族的革命性的论述。⑤

人们还歌颂《武训传》是"具有相当高度思想性"⑥，"富有历史意义的教育片"⑦，"是强有力的中国封建社会的鲜血淋漓的写照"。"它会告诉你一个受难劳苦农民如何鞠躬尽瘁、死而后已的为后一代工作。"⑧ "可以看到阶级友爱的伟大，到处洋溢着这种爱、这种意识。"⑨ "为武训先生那种坚强不屈舍身为穷苦人们服务的精神所深切的感动着、教育着"⑩，因此，人们纷纷表示要"学习武训无条件为人民服务的精神"⑪。育才学校的一位老师说："看完这张片子之后我哭了。我哭，不是伤心，而是觉得只有在穷人里面才能产生出武训这样的人。"⑫ 这些连篇累牍的肯定和赞扬文章，同样充斥着生硬嫁接、似是而非的非马克思主义观点，乱贴标签则有过之而无不及。

---

① 夏文华：《武训的愿望实现了》，《进步日报》1951年3月23日。
② 顾慰祖：《看了〈武训传〉的一点体会》，《文汇报》1951年1月6日。
③ 董渭川：《由教育观点评〈武训传〉》，《光明日报》1951年2月28日。
④ 杨雨明、端木蕻良：《论武训传》，《北京文艺》1951年2月1日。
⑤ 赵桓：《由武训和周大这两个人物谈起》，《天津日报》1951年3月19日。
⑥ 阮丁：《推荐武训传》，《进步日报》1951年3月19日；戴白韬：《看了武训传之后的意见》，《文汇报》1951年1月3日；陶宏：《我看武训传》，《光明日报》1951年2月26日。
⑦ 项若愚、魏兆兰：《对武训传的意见》，《新民报》1951年2月27日。
⑧ 马侣贤：《武训传观后感》，《大众电影》1951年第14期。
⑨ 顾慰祖：《看了〈武训传〉的一点体会》，《文汇报》1951年1月6日。
⑩ 谷风：《热爱我们伟大的祖国——看电影"武训传"有感》，《新民报》1951年2月27日。
⑪ 果鸿远：《学习武训无条件为人民服务的精神》，《进步日报》1951年3月23日。
⑫ 马侣贤：《武训传观后感》，《大众电影》1951年第14期。

1951年3月25日,《进步日报》发表了晴籍所写的《武训不是我们的好传统》,提出异议:"这样一个软弱的人物跟今天我们站起来的中国人是多么不相衬?他能在我们要培养的新英雄气概上起点什么作用呢?"文章最后指出,"这个人物不是我们要继承发扬的好传统"。然而,4月4日就有三篇文章对上文进行批驳①,其中一文辩护说,武训"只是想在封建统治下,划出一个特殊的地区,来培养革命的干部"②。

年初与电影放映的同时还出版了几本书。有孙瑜著的电影小说《武训传》(上海新亚书店出版),李士钊编、孙之隽绘的《武训画传》(上海万叶书店出版),柏水编的章回小说《千古奇丐》(上海通联书店出版),金陵大学影音部编绘、杨宝楠画的连环画《武训》(上海大众美术出版社)等,同样对武训和"武训精神"极为推崇。有的认为,"实际上武训先生是一个最典型最具体的历史唯物主义的身体力行者"。"先生的反地主、反恶霸、反封建制度、反缠足、反迷信等进步思想,……他那种坚韧的斗争意志,虽然表现在不同的行动里,但他终生不渝的尽力于'义学'这一件大事业,对于人类历史和劳动人民的影响则是永垂不朽的。"③"武训正是中国近代历史上的一个农民劳动模范的具体代表人物。"④

《武训传》的"好评如潮",是旧社会过来的知识分子思想意识的集中流露,反映了这个群体对中国历史和中国革命道路这些根本问题的认知水平。"电影《武训传》的出现,特别是对于武训和电影《武训传》的歌颂竟至如此之多,说明了我国文化界的思想混乱达到了何等的程度!"这是毛泽东决定要开展批判的关键。林默涵回忆:"电影《武训传》出来以后,不少人说好,据说毛主席看了这个片子,几个晚上在院子里转来转去,最后下决心要批判的。"⑤

---

① 发表在1951年4月4日《进步日报》的文章是:王继振的《我对武训的批判》、程庆华的《关于武训传》及《我对武训的看法》。
② 王继振:《我对武训的批判》,《进步日报》1951年4月4日。
③ 李士钊:《武训画传》,上海万叶书店1951年版,第8页序言。
④ 孙之隽:《武训画传》,上海万叶书店1951年版,第11页画者序。
⑤ 林默涵:《十七年文艺战线的一些大事》,见《林默涵文论集(1952—1966)》,当代中国出版社2001年版,序言。

毛泽东亲自动笔修改胡乔木起草的《为什么重视〈武训传〉的讨论》一文，将标题改为《应当重视电影〈武训传〉的讨论》，态度更鲜明，并批示以《人民日报》社论发表，加强导向作用。社论提出"应当展开关于电影《武训传》及其他有关武训的著作和论文的讨论"①，运用马列主义的基本原则和立场、观点、方法，对错误的思想进行有系统的批判。在《光明日报》《工人日报》《新民报》《北京文艺》《天津日报》《进步日报》《大公报》，《大众电影》等十几家报刊上发表的赞扬《武训传》的文章，被公开点名批评。

三、党员知识分子缺乏思想引导的自觉

在《人民日报》社论中，毛泽东强调："特别值得注意的，是一些号称学得了马克思主义的共产党员"，"一遇到具体的历史事件，具体的历史人物（如像武训）、具体的反历史的思想（如像电影《武训传》及其他关于武训的著作），就丧失了批判的能力，有些人则竟至向这种反动思想投降。"这是对党员知识分子的严厉批评。

《武训传》剧本是在中央文教委员会审定的，贷款也是由文教会决定。剧本送中宣部，样片请华东局宣传部和市委共同审查，均没有指出问题。1951年2月21日晚7时，周恩来、胡乔木、朱德、茅盾、袁牧之等百余位中央领导在中南海某大厅观看了此片，放映后，只有周恩来就某一细节问题提出修改意见。②时任上海市教育局局长的戴白韬还在《文汇报》发表了歌颂武训的文章。③3月24日，周恩来召集沈雁冰、陆定一、胡乔木等开会，研究加强对电影工作的思想政治领导。周扬"在三月间举行的第一届全国文化行政会议上对这电影作了批评"④。3月下旬，《文艺报》等报刊上开始发表的一些批评文章，但对于武训、《武训传》以及关于《武训传》的种种错误评论，没有一篇系统科学的批判文章。一篇5月27日

---

① 《毛泽东年谱（1949—1976）》第1卷，中央文献出版社2013年版，第379页。
② 孙瑜：《我编导武训传的经过》，《纵横》1997年11期。
③ 戴白韬：《看了武训传之后的意见》，《文汇报》1951年1月3日。
④ 周扬：《反人民、反历史的思想和反现实主义的艺术》，《人民日报》1951年8月8日。

的检讨文章说:"三月底,四月初,渐渐看到一些反面文章,最初认为不过是'标新立异'罢了,没有加以足够注意。"①党内这种思想状况亟待改变,首先要对党员进行马克思主义教育,提高思想理论水平和思想领导的自觉性。

在发表《社论》的同一天,《人民日报》"党的生活"栏目发表了《共产党员应当参加关于〈武训传〉的批判》的评论,要求每个看过这部电影或看过歌颂武训论文的共产党员都不应对于这样重要的思想政治问题保持沉默。如果自己犯过歌颂武训的错误,就应当作严肃的公开的自我批评。担任文艺工作,教育工作和宣传工作的党员干部,特别是与武训、《武训传》及其评论有关的北京、上海、天津、山东、平原等地文化界的干部,尤其应当自觉地、热烈地参加这一场原则性的思想斗争,并按照具体情况作出适当的结论。"通过这一场原则性的讨论,使每个共产党员懂得革命者与封建统治拥护者的原则区别,人民民主主义和改良主义的区别,民族传统中落后的、消极的、反动的东西和进步的、积极的、革命的东西的区别。"②要求凡是放映过《武训传》的各城市,那里的党组织都要有计划地领导对《武训传》的讨论,要把领导这一讨论当作一个严重的思想教育工作。社论预期:这一场思想讨论将会极大地提高每个党员的思想水准,丰富我们党的学习生活。

胡绳对毛泽东的思想作阐述,指出,"不应该抽象地看'普及文化教育'"。"人民的'文化翻身',必然追随在政治和经济上的翻身而来,决不能是人民的政治地位和经济地位的变革的前提。在革命斗争时期普及反动的文化教育,其意义就是阻止群众的觉悟,抵抗革命斗争,所以是反动的,是向反动阶级投降。"③

6月1日,在《人民日报》社论发表仅仅10天后,郭沫若写出《联系着武训批判的自我检讨》,刊登在6月7日的《人民日报》上。徐特立、马叙伦等文教系统的负责人也作检查。马叙伦认为自己"站在为人民服务的立场,并且还在领导全国的教育工作,却还来盲目地表扬武训,更

---

① 李长之:《我在关于〈武训传〉的讨论中获得教育》,《人民日报》1951年5月27日。
② 毛泽东:《应当重视电影〈武训传〉的讨论》,《人民日报》1951年5月20日。
③ 胡绳:《为什么歌颂武训是资产阶级反动思想的表现?》,《学习》第4卷第4期。

是不可饶恕的错误"①。

夏衍回国一个多月后，在 8 月 26 日的《人民日报》发表了《从〈武训传〉的批判检讨我在上海文化艺术界的工作》，作出诚恳的检查。他说："上海是一个长期遭受帝国主义、封建主义和官僚资本主义反动宣传侵蚀的地方，也是一个资产阶级和小资产阶级思想在长期间发生重大影响的地方。同时，从长期反动统治下面刚刚获得了解放的上海进步文艺工作者，又还没有能很好地掌握毛泽东文艺思想的武器，在他们的认识上与实践上，和工农兵群众还有着很大的距离。"《武训传》的教训中，暴露了上海革命文艺界和自己工作中思想工作薄弱、自由主义庸俗习气浓厚、事务主义的作风，《武训传》的教训充分说明了："今天中国的文化艺术阵线固然是统一战线的（包括了工人、农民、小资产阶级、资产阶级的各种不同思想和倾向），但是，必须以无产阶级的思想——马列主义、毛泽东思想作为唯一的领导的力量。"②

四、对《武训传》的批判重在提高思想认识

综上，毛泽东批判《武训传》的关键，是由其引发、暴露出来的问题，即"混乱思想的严重程度"，使毛泽东意识到思想文化领域里缺乏对马克思主义的深刻理解，只掌握了只言片语，迫切需要加强马克思主义科学思想的宣传教育，因此，他"抓住对电影《武训传》进行讨论和批评这个机会，要在全党和全国人民中宣传马克思主义的世界观和历史观，教育人们用这个观点看待中国近代的历史，看待历史人物"③。

毛泽东对《武训传》的批判比较谨慎。3 月初，他在石家庄调看了影片，尽管对影片的错误不满意，但没有立刻禁止影片放映。当决定批判时也秉持"对事不对人"的原则。3 月 24 日的会议决定，"对《武训传》

---

① 马叙伦：《我过去表扬过武训的自我检讨》，《人民教育》第 3 卷第 3 期。
② 夏衍：《从〈武训传〉的批判检讨我在上海文化艺术界的工作》，《人民日报》1951 年 8 月 26 日第 3 版。
③ 逄先知、金冲及主编：《毛泽东传（1949—1976）》（上），中央文献出版社 2004 年版，第 104 页。

的批评需事先与该片编剧孙瑜谈通"①，这显示了对当事人的尊重和爱护。

《武训传》是在上海摄制的，上海的报纸杂志首先发起对武训、"武训精神"和《武训传》的歌颂和赞扬，是检讨的重点地区。《大众电影》编委会在《为电影〈武训传〉的检讨并向读者和观众的建议》中，承认作为从思想上和艺术上帮助观众鉴赏电影的群众性的刊物，为了配合电影《武训传》的发行，发表系列文章盲目宣传影片，是"丧失了立场"，决定"以漫谈、开座谈会和写文章等种种方式，来进一步澄清电影《武训传》的混乱思想，以便通过这一次的学习，把我们的政治理论和思想水平提高一大步"②。

5月26日，孙瑜在《人民日报》发表了《我对〈武训传〉所犯错误的初步认识》，表示"衷心拥护和尊重"这篇社论，承认"《武训传》犯了绝大的思想上和艺术上的错误。无论编导者的主观愿望如何，客观的实践却证明了《武训传》对观众起了模糊革命思想的反作用，是一部于人民有害的电影"③。

6月6日，上海市委宣传部下发的通知要求："讨论应贯彻实事求是的精神，以提高思想改进工作的目的，并需要掌握内紧外宽的原则，切忌单纯的追究责任，急躁从事。"④时任上海市长的陈毅为此专门约见了上海思想文化界的领导夏衍、戴白韬等，强调："这是一个思想问题，而不是政治问题，你们不要紧张。本来有不同意见各自写文章商讨就可以了。现在《人民日报》发了社论，文化部发了通知（指文化部电影局5月23日的通知），这对文化、教育界就造成了一种压力，特别是对留用人员，所以你们要掌握分寸，开一些小型座谈会，不要开大会，更不要搞群众运动。"⑤7月12日，周恩来同刚回国的夏衍通电话说："关于《武训传》的事，我已和于伶通过电话，你回上海后，要找孙瑜和赵丹谈谈，

---

① 《周恩来年谱（1949—1976）》上卷，中央文献出版社1997年版，第142页。
② 《大众电影》编委会：《为电影〈武训传〉的检讨并向读者和观众的建议》，《人民日报》1951年5月26日第3版。
③ 孙瑜：《我对〈武训传〉所犯错误的初步认识》，《人民日报》1951年5月26日第3版。
④ 《关于执行市委的指示——开展对〈武训传〉的讨论的通知》，上海档案馆A22-1-26-002。
⑤ 夏衍：《新的跋涉》，《文汇报》1994年4月17日。

告诉他们《人民日报》的文章主要目的是希望新解放区的知识分子认真学习，提高思想水平，这件事是从《武训传》开始的，但中央是对事不对人，所以这是一个思想问题而不是政治问题，上海不要开斗争会、批判会。"并作出安排："文化局可以邀请一些文化、电影界人士开一两次座谈会，一定要说理，不要整人。孙瑜、赵丹能做一些检讨当然好，但也不要勉强他们检讨。""总理又重复了一次对事不对人，要孙、赵等人安心，继续拍片、演戏。"①重在提高思想认识水平，团结和爱护同志主旨贯彻运动始终。因此，在批判《武训传》运动中，上海的批评持"温和"状态，思想认识上犯错误，"你、我、他都有份，大家提高思想认识"。

8月，夏衍的《从〈武训传〉的批判检讨我在上海文化艺术界的工作》一文，认识到了确立马克思主义对思想文化领导权的重要性。文章发表前夕，周扬打来电话，说文章送请毛主席看了，毛主席看了之后说："检讨了就好"，所以要你"放下包袱"，放手工作。②几年以后，毛泽东在文艺界代表举行的一次座谈会上问赵丹："孙瑜没有安排好吧？"并说："你是和他合作过的。有了安排那就很好。你们两个合作搞的电影《武训传》，曾受到批评，那没有什么，一个作品写得不好，就再写嘛，总该写好它。"③

在北京，6月1日，郭沫若发表了《联系着武训批判的自我检讨》。徐特立、马叙伦等文教系统的负责人也检查盲目地表扬武训的错误。

从5月20日到8月底，全国主流媒体，纷纷发表文章，对武训和《武训传》进行分析和严正批判。其中，《人民日报》刊登了批判文章和各种讨论及座谈会情况报道70余篇，刊登了批评与自我批评文章40余篇。上海《文汇报》共发表批判文章80余篇，关于《武训传》的讨论报道20余篇。这就形成一个全国性的群众性思想批判高潮。

在一边倒的大批判中，当事人受到的压力是很大的，但没有因思想问题处分人。饰演小桃的女演员王蓓健在，她丈夫白桦2011年回忆，"她已经淡忘了自己还拍过这样一部引起过'轰动'的影片，淡忘了在影片

---

① 夏衍：《〈武训传〉事件始末》，《战略与管理》1995年2期。
② 同上。
③ 《毛泽东文集》第7卷，人民出版社1999年版，第257页。

里扮演的那个楚楚可怜的小桃。"① 这些均说明当年对《武训传》的批判是以思想教育为主的，耸人听闻的所谓"欲置上海那批'党内秀才'或'同路人'于死地"，是信口雌黄。

五、批判《武训传》的意义

对电影《武训传》的批判，是新中国成立后在思想文化领域开展的第一次批判运动，意义主要表现在以下几个方面：

一是对宣传历史唯物主义的观点产生了积极的作用②。

对电影《武训传》的讨论与批评，是一场涉及文艺、历史、理论和思想领域的斗争，"其深层内涵，是历史唯物主义与历史唯心主义的一次较量"③。因为这不仅仅是如何评价历史人物武训的问题，而引申到围绕着中国历史、中国革命、农民斗争、人民解放等一些重大问题进行集中讨论和思想教育活动，诸如造成劳动人民贫穷落后的根本原因是什么，是由于受压迫受剥削的阶级地位，还是由于没文化？劳动人民怎样才能获得翻身解放，是搞改良主义还是进行阶级斗争和人民革命？对这些有关中国近代历史和中国出路的根本问题，澄清了立场与观点，是对历史唯物主义的一次重要的宣传。6月，毛泽东在审阅修改杨耳《关于武训和〈武训传〉的几个问题》一文，指出"武训的'义'学，其实是不义之学。钱是残酷地括来的"④。为了进一步弄清楚历史上的武训是怎样的一个人，毛泽东指示人民日报社和文化部组织"武训历史调查团"做实地的调查。

在调查材料上，毛泽东阐述了马克思主义唯物史观：在封建制度下，"只有地主阶级能够垄断文化，办学校。被剥削被压迫的农民阶级是不可能有受教育学文化的机会的。在封建地主阶级看来，使用简单工具从事农业生产劳动的农民，也没有要使他们受教育学文化的必要。这是几千

---

① 白桦：《孙瑜：修筑大路的人》，《上海采风》2011年7期。
② 逄先知、金冲及主编：《毛泽东传（1949—1976）》（上），中央文献出版社2004年版，第104—105页。
③ 《中华人民共和国史稿》第1卷，人民出版社、当代中国出版社2012年版，第267页。
④ 《建国以来毛泽东文稿》第2卷，中央文献出版社1988年版，第374—375页。

年封建制度的规律,是唯物史观所指示的法则。被剥削被压迫的农民阶级要在文化教育方面翻身,要自己办学校,学文化,受教育,只有在工人阶级领导之下,推翻地主阶级的政权,建立以工农联盟为基础的政权,并取消地主与农民间的封建的生产关系即地主的土地所有制,改变成为农民的土地所有制,才有这种可能"。①

通过这场讨论和批判,使人们基本上对武训和《武训传》有了比较清楚的认识,对革命与改良、进步与落后、积极与消极的一些马克思主义常识问题有基本了解。

二是帮助文艺工作者转变思想立场。新中国成立之初,承担思想文化教育工作的主体大多是中国共产党从原国统区接收的知识分子。

新中国的建设需要汇聚各种文化人才和文化资源,迎接文化建设高潮,毛泽东对知识分子是重视的,但是旧文化、旧思想和旧方法需要改造。毛泽东的思路是"有步骤地谨慎地进行旧有学校教育事业和旧有社会文化事业的改革工作,争取一切爱国的知识分子为人民服务"②。当时,知识分子都在努力去适应新社会的变化,但由于思维惯性,思想观念转变到新的意识形态要求中来,是一个艰巨的任务,毛泽东从《武训传》及评论中认识到了这一点。因此,毛泽东批判《武训传》固然因为电影在思想文化领域的影响很大,但并非针对一部影片,而是抓住这个典型的案例,在和风细雨触动不大的情况下,旨在下一剂猛药推动思想教育。因为"在新旧文化的变革过程中,有具体事件、具体人物、具体的思想焦点作为改造对象,自然要比一般地提出问题,宽泛地说有这种倾向,有那种倾向应当改变,更为引人注意,更容易深入"。③所以,毛泽东尝试采取鲜明、尖锐的批判方式,通过思想大讨论,批评和自我批评,分清是非,消除思想混乱,在思想上、理论上,大大提高一步。

由电影《武训传》这个具体事件引发产生的批判,基本触及和清算了封建传统的道德观、价值观、教育观和历史观,为知识分子转变立场、观点,更好地为人民服务,打下了一定基础。研究者认为,"电影《武训

---

① 《建国以来毛泽东文稿》第2册,中央文献出版社1988年版,第401页。
② 《毛泽东文集》第6卷,人民出版社1999年版,第71页。
③ 陈晋:《毛泽东与文化的社会主义转变》,《中共党史研究》2002年第2期。

传》批判,不仅解决了对于《武训传》本身的认识问题,而且涉及并明确了教育、历史、哲学领域内与此有关的某些问题"。因此,"这场批判,从思想政治教育上看,是一次成功的战役"①。董渭川在检查中说:"在解放之前,我已懂得了不应该孤立起来看教育,也懂得了'教育救国论'和'教育万能论'的不能成立,并且在解放后,也明白了文盲是由反动统治阶级和帝国主义的压迫、剥削造成的,但是在写这篇东西时,竟然丝毫没意识到这些。"他6月到大连、旅顺、沈阳等地参观的一个月中,看见旅大地区在新中国成立之后,不仅七岁以上的儿童都入了学,成年文盲扫盲,参观团40多位家庭妇女晚上上课学习的情况,从看到的普及教育事实中,"体会到歌颂武训之荒谬了!"②

对《武训传》的批判是新中国思想破旧立新的第一课,正是在毛泽东等一批马克思主义理论家的不懈努力下,马克思主义作为一种世界观、分析社会的方法论,在文化领域得到迅速普及,马克思主义理念得到大多数知识分子的认同,马克思主义在思想文化领域中的指导地位得以确立,新的文化范式初步奠定。

当然,这次批判有缺点。本来解决思想认识问题是一个循序渐进的过程,但由党中央机关报的社论发端,领导人出面,并对40多名赞扬过武训和《武训传》的人点名批评,这种集中火力的批判运动,容易形成一种政治压力,有一些知识分子的自我批评是为了应付"过关",有的人在检讨中说了一些过头的和违心的话,缺少深入的反思。当时紧张的政治空气,广大电影创作人员滋长了一种"只求政治无过,不求艺术有功"的情绪,影响了艺术的多样化。批判《武训传》"存在片面性、粗暴和政治上上纲过高的情况,未能真正用学术讨论的方法来进行,在思想文化界开了用政治批判解决学术争论的不好的先例"。③但是,"不能因为批评

---

① 范际燕:《电影〈武训传〉批判的意义和经验》,见张明主编《武训研究资料大全》,山东大学出版社1991年版,第781页。
② 董渭川:《错误在于我的"教育"观点》,《人民日报》1951年7月7日第3版。
③ 逄先知、金冲及主编:《毛泽东传(1949—1976)》(上),中央文献出版社2004年版,第105页。

的方法不够好,就说批评错了"①。

60余年过去了,如何看待毛泽东建立文化领导权、推动文化改造的努力,仍然值得史家研究总结。在社会转型时期,经历文化思想转型的知识分子都会面临巨大压力,有的能顺利完成转型,有的困难很大,这都是正常的。

一些人一味地突出知识分子在运动中的"受难史",不遗余力控诉这件事,这是一种缺乏理性的情绪发泄,也有一个立场问题。但更多的当事人愉快地顺应了时代潮流。苏里导演曾说过,1951年批《武训传》之后他投身到"思想改造"当中,那是他事业中最珍贵的一年。《大众电影》原主编王士真也认为,应在新中国建设的大背景下理解批《武训传》运动,因为当时发生的不仅仅是这一个运动,"我们当时是乐观的,干劲十足,向往着变革"。②这样的回忆反映了大多数电影人当时的态度——他们也许不能完全理解对《武训传》的批判何以如此严厉,但在思想感情上,他们愿意接受新时代的感召,并按新时代的标准要求自己。这正是毛泽东批判《武训传》所期望的。

[原载《毛泽东研究》2014年第2期]

---

① 《邓小平文选》第2卷,人民出版社1994年版,第391页。
② 舒晓鸣:《中国电影艺术史教程(1949—1999)》,中国电影出版社2000年版,第11页。

毛泽东与中国传统文化

关于毛泽东与中国传统文化，从20世纪80年代中期开始就成为学术界讨论的热点话题，研究成果颇丰。研究者从各个方面进行研究、分析，大多数肯定毛泽东的传统文化观，也不乏一些诸如毛泽东的思想主要渊源于中国传统思想，毛泽东的马克思主义中国化实际上是马克思主义的"封建化""儒家化"，毛泽东对孔子采取全盘否定的态度等简单化或绝对化的观点。中共十八大以来，习近平对传统文化的关注与重视，引发了全社会对传统文化的再认识和再思考，在这样的情境下，在吸收已有成果的基础上，梳理、分析毛泽东与中国传统文化的关系很有意义。

一、毛泽东毕生重视研究中国传统文化

毛泽东对中国传统文化涉猎之广泛，研究之深入，认识之独到，为世人所公认的。他在私塾读四书五经，也读《精忠传》《水浒传》《三国演义》《西游记》《隋唐演义》等中国古代小说。1911年，毛泽东离开家乡到省城长沙求学，广泛涉猎18、19世纪欧洲资产阶级的社会科学和自然科学书籍，读赫胥黎《天演论》、斯宾塞尔《群学肄言》、卢梭《民约论》等西方著作，大大开阔了视野，仍然推崇中国传统文化。他主张："为学之道，先博而后约，先中而后西，先普通而后专门。"① 1916年2月21

---

① 毛泽东：《致湘生信》，《毛泽东早期文稿》，湖南出版社1990年版，第7页。

日，他为学友萧子升开了一个国学书目，其中"经之类十三种，史之类十六种，子之类二十二种，集之类二十六种，合七十有七种"①。毛泽东身体力行，即使在戎马倥偬的战争环境里，只要能找到的中国古书，从经史子集到稗官小说，几乎无所不读。在陕北延安，更是利用相对稳定的环境发奋读书。为推动马克思主义中国化，他除了大量阅读马克思主义理论著作，也非常重视研究传统文化，尤其注意从古代哲学中发掘唯物论和辩证法等优秀成分。他托人购买了《孙子兵法》、两套中国历史通俗演义。1936年，斯诺在采访毛泽东后得出的看法是：他"是一个精通中国旧学的有成就的学者，他博览群书，对哲学和历史有深入的研究"②。

新中国成立后有了更好的读书条件，20多年里，毛泽东阅读和收藏了大量书籍。1988年开始的毛泽东藏书整理工作，统计藏书总数为96473册。③类别从马列经典到文史典籍，从社会科学到自然科学，囊括古今中外，纵横经史子集，涉及哲学、经济、政治、军事、文艺、历史、地理、科技、宗教等领域。关于阅读情况，在1950年冬至1966年夏为毛泽东管理图书报刊的逄先知先生说："毛泽东读书也不是平均使用力量，而是有所侧重，有所偏爱。他最重视、最喜欢阅读的是马列著作、哲学、中国历史和中国古代文学。"④晚年的毛泽东，视力减退了，但追求知识的欲望丝毫不见低落。1975年，毛泽东还在读《晋书》，患眼疾时请北京大学的芦荻为他读《水浒传》。他向图书管理人员要的最后一本书是《容斋随笔》，时间是1976年8月26日。⑤这是他在延安时就读过的一部书。

毛泽东读书目的在于"经世致用，匡时济世"，即认识世界、改造世界。哲学是文化的思想核心，中国传统哲学凝聚了中华文化的基本精神。为求救国救民的"大本大源"，青年时代的毛泽东主张从哲学、伦理学入手，学习重点放在修身、哲学等方面。20世纪30年代末和50年代末60

---

① 毛泽东：《致萧子升信》，《毛泽东早期文稿》，湖南出版社1990年版，第37页。
② [美]埃德加·斯诺：《西行漫记》，三联书店1979年版，第65页。
③ 王刚：《领袖风范——回忆毛泽东同志藏书和文稿整理保管工作》，《人民日报》2013年12月24日第16版。
④ 逄先知：《博览群书的革命家——毛泽东读书生活我见我闻》，见《毛泽东的读书生活》，生活·读书·新知三联书店2010年版，第3、13页。
⑤ 龚育之编著：《毛泽东的读书生活》，生活·读书·新知三联书店2010年版，第21页。

年代初，为解决党的思想路线和思想方法问题，他也重点读哲学方面的书。有据可查的，他读过中国古代老子、孔子、墨子、庄子、孟子、荀子、韩非、王充、朱熹、张载、王阳明诸子的哲学论著，以及中国近代以来，康有为、梁启超、章士钊、胡适、杨昌济、梁漱溟、冯友兰、潘梓年、周谷城、任继愈、杨荣国等人研究哲学和逻辑学的论著。[①]

中国自古以来强调史学的资政治国的功能。毛泽东对此类书籍兴趣很浓，用功很深，藏书中历史书籍占了很大比重，1952年购进的清乾隆武英殿版的线装本《二十四史》最醒目。这部记载了中国从黄帝时代到明朝崇祯十七年（1644）长达4000多年历史的浩瀚长卷，有850册3700多万字。他不仅通读了全书，而且对很多章节反复读了多遍，留下大量的批注、圈画和评语。1996年影印出版的《毛泽东评点二十四史》达13万页，为认识中国的历史和吸取历史经验教训，留下了丰富的思想遗产。此外，他还通读了《资治通鉴》《续资治通鉴》《纲鉴易知录》以及各朝纪事本末等。1954年冬，毛泽东与吴晗谈起整理、标点《资治通鉴》时说："《资治通鉴》这部书写得好，尽管立场观点是封建统治阶级的，但叙事有法，历代兴衰治乱本来毕具，我们可以批判地读这部书，借以熟悉历史事件，从中吸取经验教训。"[②]即他研究历史是以史为鉴、把握规律、汲取智慧。1939年1月，毛泽东说过一段很精彩的话："有了学问，好比站在山上，可以看到很远很多的东西。没有学问，如在暗沟里走路，摸索不着，那会苦煞人。"[③]

毛泽东对古代文学作品包括诗词曲赋、散文小说、疏策政论、笔记志异均精读不少。他喜爱曹操、李白、李贺、李商隐的诗作和柳宗元的散文，研读《楚辞》，背诵《昭明文选》的一些散文，反复读谈《红楼梦》等古典小说，使他拥有罕见的古典文学素养[④]，对各家作品有独到的评论。1958年3月，他首次到成都主持中央工作会议。会议期间，他亲自挑选

---

① 陈晋：《毛泽东喜欢读什么书》，《光明日报》2014年1月17日第12版。
② 谭其骧：《学者、才子、为社会主义事业奋斗终身的好干部》，见《吴晗纪念文集》，北京出版社1984年版，第34页。
③ 《毛泽东年谱（1893—1949）（修订本）》中卷，中央文献出版社2013年版，第109页。
④ 陈晋：《毛泽东喜欢读什么书》，《光明日报》2014年1月17日第2版。

唐、宋两代李白、杜甫、苏轼、陆游等15人写的有关四川的诗词47首，明代杨基、杨慎等12人写的18首，连同《华阳国志》，一并印发给与会同志。8日他曾借阅楹联书10余种，其中有杜甫草堂的对联，还有孙髯作的昆明大观楼长达180字的对联。毛泽东对这幅长联甚为赞赏，能背诵如流。清人梁章巨在《楹联丛话》中，认为此联"究未免冗长之讥也"，他颇不以为然，写道："从古未有，另创一格，此评不确。近人康有为于西湖作一联，仿此联而较短，颇可喜。"① 毛泽东生前多次到杭州，工作之余，常常借阅当地的地方志、当地古人的文集和诗集。这说明毛泽东读文艺作品有进德修业、陶冶性情以及欣赏消遣之效用。

"毛泽东对于古书内容的研究和理解所达到的深度和广度，在许多方面实为一般学问家所不及。对于中国古代文化，像他那样熟悉的，不仅在中国共产党领导人中，就是在近代的革命家中，都是不多见的。"② 毛泽东不仅批判地汲取其丰富的思想营养，而且，他的文风文采也深受其影响，这为创立具有中国风格、中国气派的马克思主义奠定了坚实基础。

二、毛泽东的传统文化观

这涉及两个方面，一是在中西文化关系中如何看待中国文化，二是对传统文化的态度。

近代以来，文化的古今中西之争激烈，存在着"全盘西化"与复古两种倾向。毛泽东深受老师杨昌济的影响，不同于五四时期许多文化人的绝对化态度。他在1920年指出："世界文明分东西两流，东方文明在世界文明内，要占个半壁的地位。然东方文明可以说就是中国文明。"③ 这表明他以辩证的态度来对待中西文明。成为马克思主义者后，他主张，新民主主义文化是民族的、科学的、大众的。作为民族的文化，必须保持民族文化的特性，维护中华民族的尊严和独立，明确反对全盘西化，

---

① 龚育之编著：《毛泽东的读书生活》，生活·读书·新知三联书店2010年版，第8页。
② 逄先知：《古籍新解，古为今用——记毛泽东读中国文史书》，载《毛泽东的读书生活》，生活·读书·新知三联书店2010年版，第222页。
③ 《毛泽东年谱（1893—1949）（修订本）》上卷，中央文献出版社2013年版，第54页。

强调外来文化只有与中华民族特性相结合,才能有生命力。

毛泽东对凝聚了几千年中华文明的传统文化持科学的、历史的态度。五四时期,他尖锐批判中国旧思想、新道德,但不盲目反传统文化。如,1917年,他在《〈伦理学原理〉批注》中批判"三纲"思想。1919年7月21日,在《健学会之成立及进行》一文论及"自由讨论学术"时,对以孔学为中心的弊端指出:"单就这独霸中国,使我们思想不能自由,郁郁做二千年偶像的奴隶,也是不能不反对的。"①同年,他就长沙发生的新娘赵五贞反对包办婚姻在花轿自杀事件,一连在报刊发表9篇论文和杂感,抨击封建礼教和万恶的社会。而在1916年12月9日致黎锦熙的信和1917年4月《新青年》发表的《体育之研究》中,他提出改造继承孔子提出的"智、仁与勇"三达德②,注重德、智、体全面发展。德、智、体全面发展的教育思想贯穿他一生。他尊重作为历史人物的孔子。在《问题研究会章程》(1919年9月1日)中,他将"孔子问题"列为研究问题之一。1920年春,在第二次由北京取道上海回长沙的途中,他下火车到曲阜拜谒孔子故里和坟茔,凭吊这位伟人。1937年10月19日,他在纪念鲁迅逝世一周年的大会上说:"鲁迅在中国的价值,据我看要算是中国的第一等圣人。孔夫子是封建社会的圣人,鲁迅则是现代中国的圣人。"③《孔子评传》作者匡亚明曾在1942年向毛泽东请教如何评价孔子的问题。毛泽东表示:"孔子生在两千多年以前,确是中国历史上一个非常伟大的人物,但孔子毕竟是两千多年前的人物,他思想中有消极的东西,也有积极的东西。只能当作历史遗产,批判地加以继承和发扬。对当前革命运动来说,它是属于第二位的东西,第一位的用以指导革命运动的是马克思主义理论。"④他肯定孔子创办私学普及教育的功绩,但也批评孔子的轻视生产劳动的缺点。这反映了毛泽东对孔子一分为二的态度。他说墨子自己动手做桌子椅子,倡导墨子朴素的劳动观念。

在新中国成立后到"文革"前,毛泽东一直持这一观点。1953年,

---

① 《毛泽东早期文稿》,湖南出版社1990年版,第368页。
② 同上书,第59页。
③ 《毛泽东文集》第2卷,人民出版社1993年版,第43页。
④ 参见匡亚明:《孔子评传》,齐鲁书社1985年版,第474页。

他在一次讲话中说:"关于孔夫子的缺点,我认为就是不民主,没有自我批评精神。"①1958 年 8 月 16 日,在审阅陆定一题为《教育必须与生产劳动相结合》的文章时,他增写了一段文字,对历史人物一一点评:"中国教育史有人民性的一面。孔子的有教无类,孟子的民贵君轻,荀子的人定胜天,屈原的批判君恶,司马迁的颂扬反抗,王充、范缜、柳宗元、张载、王夫之的古代唯物论,关汉卿、施耐庵、吴承恩、曹雪芹的民主文学,孙中山的民主革命,诸人情况不同,许多人并无教育专著,然而上举那些,不能不影响对人民的教育,谈中国的教育史,应当提到他们。"②

毛泽东从建设新文化的角度,强调批判地继承中国古代文化的重要性。他认为,"中国的长期封建社会中,创造了灿烂的古代文化。清理古代文化的发展过程,剔除其封建性的糟粕,吸收其民主性的精华,是发展民族新文化提高民族自信心的必要条件;但是决不能无批判地兼收并蓄","不是赞扬任何封建的毒素。"③1960 年 12 月,他进一步提出"对中国的文化遗产,应当充分地利用,批判地利用"④。他对这个原则有深入的阐述。首先,封建时代的文化,也并不全是封建主义的,也有非封建乃至反封建的。所以,我们必须将古代封建统治阶级的一切腐朽的东西和古代优秀的人民文化即多少带有民主性和革命性的东西区分开来。其次,封建主义的东西也不全是坏的。我们"要注意区分封建主义发生、发展和灭亡不同时期的东西。当封建主义还处在发生和发展的时候,它有很多东西还是不错的"⑤。再次,封建时代的思想家所概括的伦理道德、行为规范固然主要是反映了统治阶级的利益和道德要求,具有阶级的和历史的局限性;但它的某些方面也在一定程度上反映了人们在长期的共同生活中所应当遵循的规则,是可以批判地加以利用的。比如,父慈子孝是孔夫子提倡的。而"我们还要提倡父慈子孝",当然,这样做,并不是无

---

① 《毛泽东选集》第 5 卷,人民出版社 1977 年版,第 113 页。
② 《建国以来毛泽东文稿》第 7 册,中央文献出版社 1992 年版,第 340 页。
③ 《毛泽东选集》第 2 卷,人民出版社 1991 年版,第 707—708 页。
④ 《毛泽东文集》第 8 卷,人民出版社 1999 年版,第 225 页。
⑤ 同上书,第 225 页。

条件的①。同时，反封建主义的文化也不是全部可以无批判地利用的。封建时代的民间作品，也多少都还带有封建统治阶级的影响。这一点也是不应当被忽略的。

延安时期，毛泽东要求以马克思主义为指导，对中国传统思想及思想方法展开研究与梳理。1939年，当时在中共中央宣传部工作的陈伯达写了有关墨子、老子、孔子哲学思想的文章，毛泽东就孔子的"正名"理论、"过犹不及"、"中庸"中的辩证法思想进行了讨论。他认为，孔子主张一切从名出发，由名到实，这颠倒了客观实在与精神的关系，"孔子的体系是观念论"，但"观念论哲学有一个长处，就是强调主观能动性，孔子正是这样，所以能引起人的注意与拥护"。孔子的"正名"中有合理、积极的因素，"我们对孔子的这方面长处应该说到"②。对孔子的"中庸"思想，他引申出在政治生活和革命实践中都要作两条战线的斗争，防止和克服"过"与"不及"的错误。关于孔子的道德论，应给以唯物论的观察，加以更多的批判。毛泽东认为孔子的哲学思想从总体上讲是唯心论和形而上学的，但含有片面真理，有辩证法的因素③。1943年，针对"孔孟之道是中国文化的不良传统"的观点时指出："剥削阶级当着还能代表群众的时候，能够说出若干真理，如孔子、苏格拉底、资产阶级，这样看法才是历史的看法。""孔孟有一部分真理，全部否定是非历史的看法。"④

毛泽东在《中国革命和中国共产党》《新民主主义论》《改造我们的学习》《中国共产党在民族战争中的任务》等著作中都论及如何对待中国传统文化的问题，他主张应当运用马克思主义的方法对中国传统文化进行具体的分析，弄清楚从中需要吸取什么、摒弃什么、改造什么，这样才能正确地对它进行批判地继承，使之成为新文化建设的养料。他认为，继承决不可以替代自己的创造，中国优秀传统文化必须"推陈出新"，即继承传统文化中优秀的东西，用马克思主义的观点予以改造并用新的实

---

① 《毛泽东文集》第3卷，人民出版社1996年版，第115—116页。
② 《毛泽东书信选集》，中央文献出版社2003年版，第130页。
③ 同上书，第131、133页。
④ 《毛泽东文集》第3卷，人民出版社1996年版，第84页。

践经验重新诠释，或注入马克思主义的灵魂，实现文化创新。他说："帝国主义是不怕我们的几千年文化的。古董当然是要保护的，但我们更需要现代的科学和文化。"① 从而明确了继承与发展的关系。总起来说，毛泽东对待中国文化遗产的态度是，充分地利用，批判地利用，科学地利用，使之古为今用、推陈出新，既要反对历史虚无主义，又要反对封建复古主义。为利用文化遗产，新中国成立后，标点《二十四史》，修订《辞海》《辞源》，编制《中国历史地图集》等都出自毛泽东的建议。他提出分门别类地、用现代科学观点逐步整理中国古典著作，重新出版。

三、对中华优秀文化传统的把握和吸纳，是毛泽东成功创立中国化的马克思主义的前提与基础

中华优秀传统文化尤其是湖湘文化涵养了毛泽东的道德情操、精神追求、文化旨趣和人生价值，是影响他成为马克思主义者的重要因素。一方水土养一方人。毛泽东的文化启蒙和思想启蒙发生在湖湘文化的氛围中。他深受湘人匡救时弊、坚忍不拔、克己唯严、身体力行的经世致用学风的熏陶，表现在思想方法上，就是实事求是。湖南还是一方热土。有爱国主义和革命传统，产生了诸如屈原、王夫之、魏源、谭嗣同、陈天华、黄兴、宋教仁、蔡锷、禹之谟、刘道一等一大批爱国和革命的志士。毛泽东对他们十分景仰，很爱读他们的著作。他抄录屈原的《离骚》《九歌》，访问过玉笥山屈原的故居，深为屈原宁折不弯、不向邪恶势力屈服的高尚品德和爱国情怀所感动。他常去长沙小吴门的船山学社听讲船山学说及事迹，佩服船山之大节及学术上独树一帜的批判精神；常和蔡和森等在岳麓山上禹之谟墓前徘徊逗留；感慨谭嗣同"我自横刀向天笑"的慷慨悲歌、舍身报国精神。他指出："我觉得湖南人确有几种可爱的特性：坚苦、奋发、勇敢、团结、同心都是。"② 1915年他发出的征友

---

① 《毛泽东年谱（1949—1976）》第2卷，中央文献出版社2013年版，第640页。
② 《访黎永泰——青年毛泽东与中西文化》，载张素华等编著：《说不尽的毛泽东：百位名人学者访谈录》（上），中央文献出版社2013年版，第235页。

启事，求"刻苦耐劳、意志坚定、随时准备为国捐躯"①的志同道合的朋友。湖湘文化培养了毛泽东高远的志向、伟大的追求，铸造了毛泽东的文化性格，这是他成为一个坚强、坚韧的马克思主义者的基因。

特别重要的是，毛泽东较早地感悟到中国几千年积淀下来的传统历史文化和中国人的心理特征是值得重视的国情的一部分。1926年，他在广州农民运动讲习所讲课时说："洪秀全起兵时，反对儒教提倡天主教，不迎合中国人的心理，曾国藩即利用这种手段，扑灭了他。因为洪秀全的手段错了。"②他看到了传统思想对农民的影响，中国的农民革命不能离开传统，需要借助传统为手段以实现预期的目标。1927年，毛泽东写《湖南农民运动考察报告》，对农村的文化状况、农民的态度有深入的调查研究。因此，在他领导建立的革命根据地，为宣传发动广大人民群众，借鉴和利用了传统的艺术资源："生动活泼、通俗易懂的风格，便于群众参与的简便娱乐方式，包括喜闻乐见的传统艺术样式，一开始便成为毛泽东倡导的新型文化的基本品格。"③

毛泽东最先觉悟到"离开中国特点来谈马克思主义，只是抽象的空洞的马克思主义。因此，使马克思主义在中国具体化，使之在其每一表现中带着必须有的中国的特性"④，是全党亟待了解并亟须解决的问题。在20世纪20年代到30年代前期，党内存在着一种游离于中国自身历史条件以及文化传统之外的教条主义倾向，一部分同志"对于中国的历史状况和社会状况、中国革命的特点、中国革命的规律不了解"⑤，"不论是近百年的和古代的中国史，在许多党员的心目中还是漆黑一团。许多马克思列宁主义的学者也是言必称希腊"。"这些都是极坏的作风。"⑥尤其是自诩为"百分之百的布尔什维克"的王明掌握中国革命领导权后，推行"左"倾机会主义路线和教条主义，几乎葬送了中国革命。只有与中华优

---

① 《毛泽东年谱（1893—1949）（修订本）》上卷，中央文献出版社2013年版，第20页。
② 李鹏程：《毛泽东与中国文化》，人民出版社1993年版，第192页。
③ 陈晋：《毛泽东与先进文化——一个历史的梳理与分析》，见《毛泽东文集与毛泽东思想》，人民出版社2002年版，第154页。
④ 《毛泽东选集》第2卷，人民出版社1991年版，第534页。
⑤ 同上书，第611页。
⑥ 《毛泽东选集》第3卷，人民出版社1991年版，第797页。

秀传统文化相结合，马克思主义才能在中国取得胜利。

马克思主义的中国化，从根本上讲就是把马克思主义的基本原则与中华民族的民族精神融为一体，内化成为中华民族的灵魂。"我们信奉马克思主义是正确的思想方法，这并不意味着我们忽视中国文化遗产和非马克思主义的外国思想的价值。中国历史遗留给我们的东西中有很多好东西，这是千真万确的。"①诞生于西方的马克思主义，属于一种异质文化，马克思主义要想成为中国革命和建设的指导思想，被广大人民所接受，就必须同中国的具体实践相结合，同中国文化传统相结合，解决中国的具体问题，具有中华文化的精神气质，完成文化的融合与转化，即要把它融于中国文化并使之在中国语境中成为中国人的指导思想，就必须实现一种中国特色的表现形式。毛泽东担负起了这个使命。1938年10月召开的六届六中全会上，毛泽东向全党提出了马克思主义中国化的任务，强调"我们这个民族有数千年的历史，有它的特点，有它的许多珍贵品质"。"从孔夫子到孙中山，我们应当给以总结，继承这一份珍贵的遗产。"②这一思想在中央主要领导人中取得共识。当时中央负总责的张闻天代表中央向全会作组织工作报告时说，党的组织工作"一定要严格估计到中国政治、经济、文化、思想、民族习惯、道德的特点，正确认识这些特点"，"使组织工作中国化"③。时称中共中央理论三杰的毛泽东、刘少奇、张闻天带头以马克思主义为指导梳理、研究传统文化。之后开展的整风运动，是"使马克思列宁主义这一革命科学更进一步地和中国革命实践、中国历史、中国文化深相结合起来"。并明确："中国共产党人是我们民族一切文化、思想、道德的最优秀传统的继承者，把一切优秀的传统看成和自己血肉相联的东西，而且将继续加以发扬光大。"④

毛泽东不仅把马克思主义理论与中国实际相结合，把中国革命带出了困境，而且，他"对中国传统文化的把握，使他真正把马克思主义中

---

① 《毛泽东思想年编（1921—1975）》，中央文献出版社2011年版，第393页。
② 《毛泽东选集》第2卷，人民出版社1991年版，第533—534页。
③ 《张闻天选集》，人民出版社1985年版，第225—226页。
④ 《建党以来重要文献选编》第20册，中央文献出版社2011年版，第318—319页。

国化了"。① 以马克思主义哲学问题为例。马克思主义哲学通常被称为辩证唯物论和历史唯物论，是一系列带有西方文化特点的范畴体系。中国哲学包含有朴素唯物主义、辩证法思想，如从古代孔子一直延续到近代的孙中山，每一代哲人都探究知行问题，争论是知难还是行难，王阳明开创性地提出了"知行合一"论。毛泽东以马克思主义哲学创造性地改造了中国传统哲学，指出，思维具有能动性，同时思维又受物质的限制，思维从社会实践中发生，同时又能动地指导实践。这种辩证的"知行合一"论，彻底克服了唯心论。他讲的知行，不再是抽象的"理""道"，而是讲如何"知"，如何"行"，完全从方法论的意义上来谈知和行的关系，阐明了"认识和实践、知和行的具体的历史的统一"，形成了辩证唯物论的"知行统一"论②。这是对王阳明"知行合一"论的扬弃。又如"实事求是"，这一概念出自《汉书·河间献王传》中的"修学好古，实事求是"，是儒家认识论的方法论之一。毛泽东对这一哲学思想作了马克思主义的阐释："实事"就是指事情的本来原貌，"求"是指研究，而"是"则是事物的规律性。"实事求是"因此成为马克思主义的认识路线、中国共产党的思想路线，也是中国共产党的党风、党性。实事求是反映了辩证唯物论和历史唯物论哲学的根本和精髓，人们一提实事求是，知道这就是中国化的马克思主义哲学。

　　毛泽东把中国古代相反相成的辩证法创造性地运用于中国革命战争，为人民军队制定了正确的战略战术。在《中国革命战争的战略问题》《论持久战》等著作中，他不仅直接引用了《孙子兵法》《老子》等著作中富有辩证法思想的名言，而且对战争过程中消灭敌人与保存自己、战略与战术、进攻与防御、持久与速决、内线与外线、优势与劣势、主动与被动、前进与后退、得与失、胜与负等相互关系的分析，贯串着相反相成的辩证法，实现了马克思主义哲学与中国哲学的融通。毛泽东特别强调

---

　　① 《访高路——毛泽东与中国文史典籍》，载张素华等编著：《说不尽的毛泽东：百位名人学者访谈录》（上），中央文献出版社 2013 年版，第 85 页。

　　② 参考了张素华等编著：《访高路——毛泽东与中国文史典籍》[见《说不尽的毛泽东：百位名人学者访谈录》（上），中央文献出版社 2013 年版，第 86 页]、许全兴：《毛泽东对中国古代哲学遗产的批判继承》（见《光明日报》1983 年 12 月 19 日）的观点。

理论和实践的统一、世界观和方法论的统一，致力于用马克思主义哲学来解决实践活动中的方法论问题，如独立自主、自力更生、两点论、两条腿走路、"解剖麻雀"和开现场会等，使哲学真正能够在实际工作中发挥作用，使哲学从玄学中变成人类认识世界和改造世界的工具。

毛泽东一方面对中国传统文化的精华进行深度挖掘和继承发展，运用其思想资源不断丰富与发展马克思主义，为中国革命和建设服务；另一方面积极探索马克思主义中国化的形式，研究人民的需求与心理，将马克思主义基本原理同中华民族传统的文化要素、文化特性、价值标准、行为准则、言语表达等密切结合在一起，通俗化和大众化，马克思主义经过他"很好的加工和发挥，变成为广大中国劳苦大众所熟悉的、喜闻乐见的、可以接受的东西了"①，从形式到内容皆真正具有中国气派与中国作风。许多人是通过听毛泽东的讲话和读毛泽东著作开始了解和接受马克思主义，西方的马克思主义因此在中国扎下根来。

马克思主义中国化不仅是一个文化自觉，也是文化自信的过程。"自从中国人学会了马克思列宁主义以后，中国人在精神上就由被动转入主动。从这时起，近代世界历史上那种看不起中国人，看不起中国文化的时代应当完结了。伟大的胜利的中国人民解放战争和人民大革命，已经复兴了并正在复兴着伟大的中国人民的文化。这种中国人民的文化，就其精神方面来说，已经超过了整个资本主义的世界。"② 马克思主义"化"中国传统，也促成中国传统文化的现代转化。所谓马克思主义中国化是马克思主义的"封建化""儒家化"，完全是无稽之谈。

毛泽东领导实现了马克思主义与中国实际、中国历史文化三者的有机结合，实现了马克思主义中国化的第一次飞跃。毛泽东思想以毛泽东命名，正是肯定了他的这一伟大贡献。对传统文化的批判地继承也得到外国学者的肯定。美国学者斯图加特·施拉姆说："马克思主义被领袖自觉的'中国化'给群众，同时，它还被领袖们用自己的领悟马克思主义

---

① 张素华等编著：《说不尽的毛泽东：百位名人学者访谈录》（上），中央文献出版社2013年版，第233—234页。

② 《毛泽东选集》第4卷，人民出版社1991年版，第1405页。

的方法，不自觉的'中国化'给自己。"①

四、毛泽东从传统文化中吸取治国理政的智慧

毛泽东注意挖掘传统文化中民主性、人民性的思想。他重视挖掘农民起义中的民主、平等思想。他常看包括陈胜、吴广、张角、张鲁、王仙芝、黄巢直到李自成等农民起义领袖的传记，说："历代都有大小规模不同的众多的农民革命斗争，其性质当然与现在马克思主义革命运动根本不相同。但有相同的一点，就是极端贫苦农民广大阶层梦想平等、自由，摆脱贫困，丰衣足食。"②他对《二十四史》写的差不多都是帝王将相，人民群众的生活情形、生产情形大多是只字不提的情形不满意。他读白居易《琵琶行》的评语是："江州司马，青衫泪湿，同在天涯。作者与琵琶演奏者有平等心情。白诗高处在此，不在他处。其然岂其然乎？"③他对《聊斋志异》中的《小谢》评论道："一篇好文章，反映了个性解放的强烈要求，人与人的关系应是民主的和平等的。"④

发源于上古的民本思想是中国传统政治文化的基石。大禹说："德惟善政，政在养民。"（《大禹谟》）对后世留下"民惟邦本，本固邦宁"（《五子之歌》）的训诫。孟子的"民贵君轻"与"民心"之论，唐代贞观君臣的"君舟民水"，是一直受毛泽东重视的民本思想，并在历史唯物论基础上发展。他强调"战争的伟力之最深厚的根源，存在于民众之中"。⑤人民群众是历史的创造者，群众是真正的英雄，只有凝聚人民力量，才能使革命胜利，社会稳定和国家发展。他始终认为，只要是关系到人民群众生活的问题，都是重大的问题；还提出人民民主是中国共产党跳出"历史周期律"的新路；把"为人民服务"五个字立为共产党的

---

① ［美］斯图加特·施拉姆：《毛泽东的政治思想》（纽约，1969年），转引自黄延敏《黄土与红旗：延安时期中国共产党与传统文化研究》，学习出版社2014年版，第216页。
② 《毛泽东读文史古籍批语集》，中央文献出版社1993年版，第144—145页。
③ 同上书，第21页。
④ 同上书，第82—83页。
⑤ 《毛泽东选集》第2卷，人民出版社1991年版，第511页。

宗旨,并确立了一切为了群众,一切依靠群众,从群众中来,到群众中去的群众路线。这是中国共产党克敌制胜的法宝,同时也是治国理政的基石。1944年7月18日,毛泽东对美国记者莫里斯·武道谈到中国共产党民主思想的来源:"在政治科学方面,我们从国外学到民主政治。我们曾接受以华盛顿和林肯为范例的民主政治。但是中国历史上也有它自己的民主传统,共和一词,就来源于3000年前的周朝。孟子说,民为贵,社稷次之,君为轻。中国农民富于民主传统。千百次大大小小的农民战争有着民主的含义。"①

居安思危,是中国治国安邦古训。毛泽东以史资治,时时警惕。整风运动中,他将郭沫若的《甲申三百年祭》列为学习资料。新中国成立前夕,他在中共七届二中全会上告诫全党要警惕糖衣炮弹的攻击,不要被不拿枪的敌人打倒。在离开西柏坡前往北平出发时强调"是进京赶考","我们决不当李自成,我们都希望考个好成绩"。② 为了防止干部"重犯胜利时骄傲的错误",在新中国成立之初号召全党勤俭建国,并严惩了腐败分子刘青山、张子善。这体现出一个无产阶级政党领袖的历史自觉、使命自觉。

中国传统文化重视修身,治国之道注重德刑结合。孔子明确提出要"为政以德"(《论语·为政》),主张要先德而后刑,德主而刑辅,"不教而杀谓之虐"(《论语·尧曰》)。德治是儒家的核心治理理念,并强调任人唯贤,德才兼备。毛泽东非常重视人的道德修养,一贯强调在客观实践中不断改造主观世界。他不断提醒并要求全体党员干部要学习好、掌握好、运用好马克思主义哲学和唯物辩证法,以改造人的主观世界;也十分重视马克思主义对人民大众的影响,通过无产阶级思想意识的影响和马克思主义理论的教育,以提升人民群众的社会主义和共产主义的觉悟,从而构建起了中国人民崭新的思想价值体系,并实现人的全面发展。他重视言传身教的道德教化作用,发挥榜样示范引领作用,用美德感染、影响大众。他从严要求自己,率先垂范。他确立了任人唯贤的组织路线。

---

① [美]约瑟夫·W.埃谢里克:《在中国失掉的机会——美国前驻华外交官约翰·S.谢伟思第二次世界大战时期的报告》,赵仲强、罗清译,国际文化出版公司1989年版,第209页。

② 《毛泽东年谱(1893—1949)(修订本)》下卷,中央文献出版社2013年版,第470页。

毛泽东也重视法制。1912年6月，他写题为《商鞅徙木立信论》的作文，联系社会现实提出，要取信于民、开发民智，必须以法治国。他说"法令者，代谋幸福之具也"，法令之善与不善关系到是否"利国福民"①。新中国成立后，他领导制定宪法，为社会主义法制建设奠定了基础，等等。毛泽东非常善于从中国传统中吸取智慧与启迪。

五、如何看待毛泽东对传统文化的批判性

综上所述，毛泽东提出批判地吸收历史文化遗产，取其精华、去其糟粕，古为今用、推陈出新，为党确立了对待传统文化的科学态度，推动了马克思主义中国化和传统文化的现代转型，开启了中华民族复兴的航程。但是，当下一个流行的观点是，毛泽东否定和批判以儒学为主体的传统文化，重视继承的是传统文化形式。从上述四个方面看，显然这个判断是不准确的。儒家的自强不息的奋斗精神，儒学政治伦理思想中的"民为邦本""为政以德""尊贤任能""廉政勤政"等理念，在毛泽东的思想中得到了批判地吸收。儒学曾经是中国封建社会文化秩序、社会秩序和政治秩序构建的理论基础，其核心价值观是帝王体系支配着的前现代社会的一种意识形态，"三纲"是它的"纲"，作为一种意识形态体系，毋庸置疑是要否定的。儒家思想是一种历史文化，我们只能把它摆在思想史中去研究，历史地对待，吸收其精华，作为今天发展的重要思想资源，而不是照搬整个思想体系。"仁义礼智信"是有益于社会发展的思想，也经历了从先秦百家争鸣、到两汉儒学的系统论证再到宋明理学形而上学思辨升华的过程。传统文化的思想主体不会超越时代，其中的精华与糟粕并不是截然分开、泾渭分明的，弃其糟粕，取其精华，不容易做到。比如"儒家的'民本'思想从来就不是一个元命题，它与'君本'是交织一起的，是从属于'君本'的"②。从"民本"到"为人民服务"，毛泽东用历史唯物论的科学理论赋予其先进的思想内涵。而树立了科学文化

---

① 《毛泽东年谱（1893—1949）（修订本）》上卷，中央文献出版社2013年版，第12页。
② 张清俐：《洞察中国古代历史的王权主义本质——访南开大学荣誉教授刘泽华》，《中国社会科学报》2015年1月7日第1版。

观的毛泽东，在晚年因放松了对传统文化中糟粕的警惕，特别是放松了对个人崇拜的警惕，出现了家长制作风；过分强调主观意志的能动作用，忽视、违背客观规律，出现了急于求成等。儒家思想中重政治伦理，轻经济和自然科学的传统，也对毛泽东产生了消极影响。中国传统的小农平均主义思想对他的影响也显而易见，是在人民公社化运动中热衷于穷过渡的重要原因。当前中国还存在长官意志、个人崇拜、公权擅断这些封建元素，仍然是待解决的难题。中华民族传统文化是精华和糟粕杂陈的复合文化形态，因此，我们要尊重自己的历史传统，利用传统文化思想资源来建设中国新文化，但我们不能对传统文化理想化，以为可以解决今天所有的问题，更不能把腐朽当神奇，把糟粕当作国粹。

毛泽东强调批判性也与中国的发展阶段有关。中国近代以来处在"革命的震荡"时期，与近代人民革命和文化转型的要求相适应，重点批判维护封建社会的专制皇权和等级制度服务的旧意识形态和伦理原则，而近代以来儒学又总是被政治上保守甚至反动的势力所利用，所以，谴责尊孔读经或批判旧礼教、旧思想。在以军事斗争为中心的革命战争时期，处理马克思主义与中国传统文化的关系没有那么急迫；在破旧立新的建立新秩序阶段，对于旧传统的批判成为主流，挖掘传统文化中思想资源是第二位的。

至于"文化大革命"中的"批孔"不完全是一个文化问题，主要是一个政治问题。为推动"无产阶级专政下的继续革命"，大破旧思想、旧文化、旧风俗、旧习惯，孔子作为中国传统旧思想、旧文化的主要代表受到批判。1968年10月31日，毛泽东在中共八届十二中全会闭幕会上表示不赞成郭沫若的《十批判书》的"尊儒反法"。1971年"9·13"事件后，毛泽东在批林整风运动中得知林彪将孔孟言论奉为座右铭，便提出批孔问题。1973年7月，他指出，林彪尊儒反法，同国民党一样[①]。8月5日，毛泽东谈到中国历史上儒法斗争的情况时说："历代有作为、有成就的政治家都是法家，他们主张法治，厚今薄古的。而儒家则满口仁义道德，主张厚古薄今，开历史倒车。"他还念了新写的一首诗《七律·读

[①] 《毛泽东年谱（1949—1976）》第6卷，中央文献出版社2013年版，第485页。

〈封建论〉①——呈郭老》。诗云，"劝君少骂秦始皇，焚坑事业要商量。祖龙魂死秦犹在，孔学名高实秕糠。百代都行秦政法，十批不是好文章。熟读唐人封建论，莫从子厚返文王。"②7日，《人民日报》发表得到毛泽东肯定的中山大学历史系教授杨荣国的文章《孔子——顽固地维护奴隶制的思想家》。在"四人帮"的推动下，批孔运动开始。"孔学名高实秕糠"这一结论，抹杀了孔子在中国历史上的重要地位。这种全盘否定的评价同他以往一贯的看法大相径庭，也违背了他提倡的一分为二地对待中国古代文化遗产的方法论原则。毛泽东批孔的着眼点是针对当时那些怀疑以致否定"文化大革命"、主张恢复"文化大革命"前做法的倾向，把孔子看成保守、倒退、复辟的代名词，试图通过批孔批判当时社会中的所谓"右倾""保守""倒退""复辟"思潮，来肯定和维护"文化大革命"。"文革"中全盘反对传统文化对民族文化造成了难以平复的创伤，应该全面否定，但不能因此得出毛泽东反传统的结论，应根据他不同时期的思想变化，作全面、科学、历史的分析。

纵观毛泽东的一生，他在传统文化观上正确的方面是主流，是他开辟了马克思主义与传统文化结合的道路，并成为一代杰出领袖和文化大师。他浸润着传统文化的语言，具有很强的感染力和说服力；他那些文字优美、内容丰富、说理透辟、气势磅礴、熔铸民族文化与个性的马克思主义理论著作、诗篇，不仅吸引并熏陶了几代中国人，而且享誉世界。20世纪70年代初，美国总统尼克松首次跨越大西洋来中国访问，见到毛泽东后的第一句话就是："读了您的诗词和讲话，我知道您是一位思想深刻的哲学家。"③毛泽东的著作是向世界传播中华文明和先进文化的视窗和桥梁。

随着中国的发展与国际地位的上升，中共十八大以来，习近平总书记对民族文化的主体性、根源性问题给予了特别的重视。他指出："中华

---

① 《封建论》是唐代文学家、思想家柳宗元的史论文章，阐发设置郡县、废除分封、加强中央集权、反对藩镇割据的政治主张。

② 《毛泽东年谱（1949—1976）》第6卷，中央文献出版社2013年版，第490页。

③ 熊向晖：《1972年毛泽东与尼克松的谈话》，载《我的情报与外交生涯》，中共党史出版社1999年版。

优秀传统文化是中华民族的突出优势，中华民族伟大复兴需要以中华文化发展繁荣为条件，必须大力弘扬中华优秀传统文化。"我们"要坚持马克思主义的方法，采取马克思主义的态度，坚持古为今用、推陈出新，有鉴别地加以对待，有扬弃地予以继承，既不能片面地讲厚古薄今，也不能片面地讲厚今薄古"。① 提出要讲清楚中华文化的独特创造、价值理念、鲜明特色，认真汲取中华优秀传统文化的思想精华和道德精髓，深入挖掘和阐发其讲仁爱、重民本、守诚信、崇正义、尚和合、求大同的时代价值，做好传统文化的创造性转化和创新性发展。这体现了习近平总书记对传统文化的历史与现实、继承与扬弃、坚守与创新的辩证思维，与毛泽东思想是一脉相承的，同时又适应时代发展的要求拓宽了对传统文化的认识，为新形势下如何传承和弘扬优秀传统文化提供了路径。

习近平总书记在纪念毛泽东诞辰120周年座谈会上的讲话说："一切向前走，都不能忘记走过的路。"② 我们应该铭记毛泽东为中华优秀传统文化的传承体系建设所做的贡献，正反两方面经验与教训也为今天的文化建设提供了借鉴。我们要坚持马克思主义的方法，采用马克思主义的态度，着眼于对解决实际问题的思考，着眼于新的实践经验的总结，挖掘中国历史文化精华，吸收各种优秀文化，兼收并蓄，为中华文化宝库增添新思想、新经验，实现中华文化的新辉煌。

[原载《毛泽东研究》2015年第2期]

---

① 《习近平总书记系列重要讲话读本》，学习出版社、人民出版社2014年版，第99—100、100页。

② 倪光辉、饶爱民：《中共中央举行纪念毛泽东同志诞辰120周年座谈会》，《人民日报》2013年12月27日第1版。

团结一切可能团结的力量
——纪念中共八大召开60周年

1956年9月15日,中共八大召开。毛泽东在开幕词中开宗明义地指出:"我们这次大会的任务是:总结从七次大会以来的经验,团结全党,团结国内外一切可能团结的力量,为了建设一个伟大的社会主义的中国而奋斗。"① 建设一个伟大的社会主义国家是目标,而"团结全党,团结国内外一切可能团结的力量"是党实现目标的条件和途径。"团结国内外一切可能团结的力量"思想源自中国共产党的历史经验,是其使命使然,有着丰富的内涵,对社会主义建设事业的发展具有重要的指导意义。

"团结国内外一切可能团结的力量",是中国共产党革命制胜的法宝。正如毛泽东在开幕词中所说:我们胜利的获得,国内"是依靠了工人阶级领导的工农联盟,并且广泛地团结了一切可能团结的力量";国际上,"是依靠了以苏联为首的和平民主社会主义阵营的支持,以及全世界爱好和平的人民的深厚同情"②。在新民主主义革命时期,党不仅"唤起工农千百万,同心干",而且,对民族资产阶级这个"冤家"③,采取又团结、又斗争的政策,把他们争取到人民的队伍中。中国社会主义革命的很快完成,同样得益于城市资产阶级服从社会主义改造与农民、手工业者有效组织起来。继往开来,建设社会主义同样需要团结国内外一切可能团

---

① 《毛泽东文集》第7卷,人民出版社1999年版,第114页。
② 同上书,第114页。
③ 同上书,第135页。

结的力量。

"团结国内外一切可能团结的力量"是中国共产党的使命使然。"变农业国为工业国",是改变中国落后面貌的关键,是中国走向繁荣富强的基石,也是中国人民百年来梦寐以求的目标。在社会主义改造的高潮中,毛泽东及时指出:社会主义基本经济制度的建立,为发展工业和农业生产创造了社会条件,"我国人民应该有一个远大的规划,要在几十年内,努力改变我国在经济上和科学文化上的落后状况,迅速达到世界上的先进水平"。[①]为了实现这个伟大目标,不仅要有干部,要有数量足够的、优秀的科学技术专家;同时,还要继续巩固和扩大人民民主统一战线,团结一切可能团结的力量。4月25日,他在《论十大关系》的讲话中明确:"我们要调动一切直接的和间接的力量,为把我国建设成为一个强大的社会主义国家而奋斗。""在国内,工人和农民是基本力量。中间势力是可以争取的力量。反动势力虽是一种消极因素,但是我们仍然要作好工作,尽量争取化消极因素为积极因素。在国际上,一切可以团结的力量都要团结,不中立的可以争取为中立,反动的也可以分化和利用。"[②]4月29日,毛泽东同拉丁美洲一些国家党的代表谈话,强调要团结一切可以团结的力量,"包括社会的、党内的一切可以团结的力量。"在中共七届七中全会和中共八大预备会议的一系列讲话中,毛泽东反复强调了"团结国内外一切可能团结的力量"进行伟大的建设工作这一思路。在他主持下起草的八大关于政治报告的决议指出,国内的主要矛盾"已经是人民对于建立先进的工业国的要求同落后的农业国的现实之间的矛盾,已经是人民对于经济文化迅速发展的需要同当前经济文化不能满足人民需要的状况之间的矛盾"[③]"这个世纪,上半个世纪搞革命,下半个世纪搞建设"[④],成为全党的共识。要完成这个艰巨的任务,必须团结国内外一切可能团结的力量。

要团结一切可能团结的力量,党必须在经济、政治、文化等方面采

[①] 《毛泽东文集》第7卷,人民出版社1999年版,第2页。
[②] 同上书,第23—24页。
[③] 《建国以来重要文献选编》第9册,中央文献出版社2011年版,第293页。
[④] 《毛泽东年谱(1949—1976)》第3卷,中央文献出版社2013年版,第120页。

取正确的政策。关于经济建设，中共八大提出了既反右倾保守又反冒险，积极而又稳妥可靠地推进国民经济发展的方针；为了建立起独立的、比较完整的工业体系和国民经济体系，要优先发展重工业，同时积极发展轻工业和农业；社会主义的统一市场应以国家市场为主体，同时附有在一定范围内的自由市场作为补充；正确处理国家建设与人民生活的关系，在强调个人利益、当前利益服从集体利益、长远利益的前提下，注意适当改善人民生活，不要损害群众的积极性。

为了适应国家工业化的需要，必须大力发展文化教育卫生事业，特别是科学事业、高等教育和中等教育事业。为繁荣科学和艺术，必须坚持"百花齐放、百家争鸣"的方针。对于封建主义和资本主义的思想，必须继续进行批判，但是，对于中国过去的和外国的一切有益的文化知识，必须加以继承和吸收，并且用现代的科学文化来整理我国优秀的文化遗产，努力创造社会主义的民族的新文化。

为团结最广大的人民，必须加强人民民主专政。八大决议首先要求进一步扩大国家的民主生活，与脱离实际、脱离群众的官僚主义做斗争；适当地调整中央和地方的行政管理职权，把一部分行政管理职权给地方，发挥中央和地方两个积极性。其次是巩固人民民主统一战线，既实现工农联盟为基础的最大多数人民的民主权利，又尊重占少数地位的人民的民主权利。继续团结、教育、改造知识分子；对民族资产阶级给以工作上和生活上的适当安排，使他们中间的绝大多数人在社会主义思想的教育下逐步改造成为名副其实的劳动者，同时，无产阶级要向资本家学技术、学管理。关于民主党派，毛泽东提出了"共产党万岁，民主党派也万岁"[1]口号。决议要求充分发挥人民政治协商会议和各级协商机构的作用。八大邀请了国内各民主党派和无党派民主人士代表列席，显示了党的诚意。而在9月17日的大会上，各民主党派和无党派人士代表向大会敬献一件象牙雕刻的红军英雄胜利渡过大渡河时的礼品，寓意各民主党派在中国共产党领导下"同舟共济"。再次是加强各民族团结，克服大汉族主义，促进各民族的共同进步，保障民族平等和民族区域自治的权利，

---

[1] 《毛泽东年谱（1949—1976）》第2卷，中央文献出版社2013年版，第563页。

培养少数民族干部；团结少数民族的上层人士、宗教界的爱国人士和其他有各种社会影响的爱国人士、海外各地的爱国华侨，使他们对于建设社会主义的事业都能贡献一份力量。最后还要加强法制建设，系统地制定完备的法律，一切国家机关和国家工作人员必须严格遵守国家的法律，使人民的民主权利充分地受到保护。

在国际上，同样要团结全世界一切可能团结的力量。首先"团结苏联，团结兄弟党、兄弟国家和人民，还要团结所有爱好和平的国家和人民，借重一切有用的力量"；其次是同赞成"五项原则"的国家建立和发展友好关系，反对在国际事务中使用武力或武力威胁，支持世界人民的和平运动，反对殖民主义。即便对于当时敌视我国的美国，我们仍然努力通过和平协商的方法来解决同美国的争端，"把敌人缩小到最少"。社会主义建设工作很艰苦，党的经验也很不够，因此，毛泽东要求必须善于向外国学习。"国无论大小，都各有长处和短处"，"虚心使人进步，骄傲使人落后，我们应当永远记住这个真理"。①

领导我们革命和建设事业的核心是中国共产党，因此团结全党最为关键。因为"党内的关系如何，关系极大，关系到能不能团结全国人民、团结全世界人民"。毛泽东提出这次大会首先要使全党更加团结。他要求发扬我们党在思想方面和作风方面的优良传统，用加强党内的思想教育的方法，克服主观主义、宗派主义，同时团结那些跟自己意见分歧的人，帮助那些有缺点的人，犯过错误的人。组织领导上，毛泽东认为"集体领导同个人负责相结合的制度好"②，并在中共中央设四位副主席和总书记，建"防风林"。向中央举贤，推荐"比较有才干、会办事、公道的"邓小平任总书记。要求党必须不断地提高马克思列宁主义的思想水平，特别是提高高级干部的马克思列宁主义的思想水平，不断地同资产阶级、小资产阶级的思想倾向进行斗争；必须坚持实事求是的态度来指导工作，必须发扬党的群众路线的传统，贯彻执行集体领导和党内民主的原则。为扩大党内民主，八大决议要求在党内善于向广大的党员和干部学习，

---

① 《毛泽东文集》第7卷，人民出版社1999年版，第117页。
② 同上书，第102页。

善于听取同级的和下级的不同意见，善于在党的会议上和党的报刊上组织关于政策问题的自由、切实的讨论，在纪律许可的范围内允许少数人保留自己的意见，允许下级向上级提出异议。这些都反映了党的开放与民主气氛，有利于团结全党凝聚开拓前进的力量，团结国内外一切可能团结的力量共同奋斗，意气风发地开展社会主义建设。

［原载《光明日报》2016 年 9 月 24 日第 11 版］

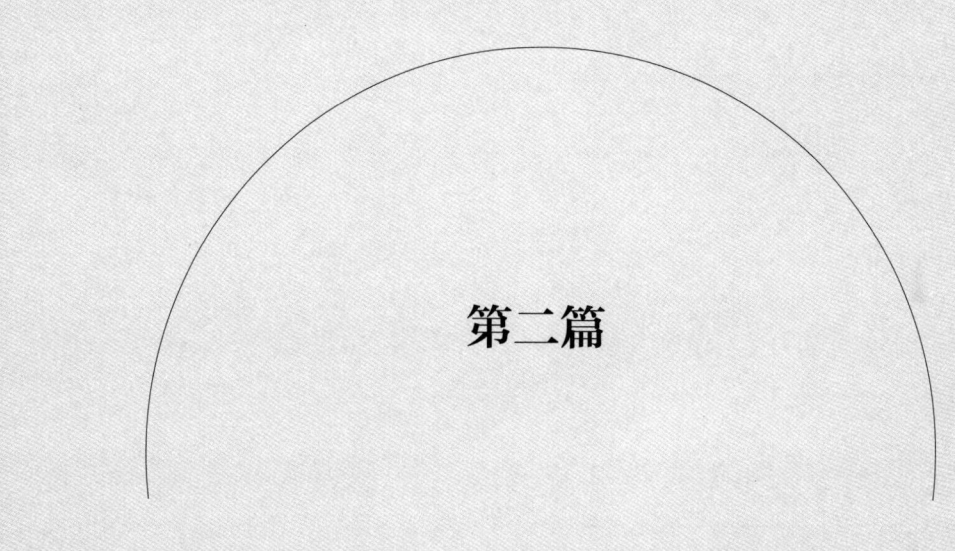

第二篇

改革开放 40 年中国文化建设的成就

　　文化兴国运兴，文化强民族强。文化建设是中国特色社会主义事业总体布局的重要组成部分。改革开放 40 年来，我国文化建设经历了四个阶段：改革开放初期，中国共产党在文化领域进行拨乱反正，提出建设社会主义精神文明；20 世纪 90 年代提出建设有中国特色社会主义文化，在流行文化盛行、消费主义初见端倪格局下，提出"弘扬主旋律，提倡多样化"，建设社会主义先进文化；跨入 21 世纪，实现经营性文化产业和公益性文化事业分离，重塑文化市场主体，激发文化活力，倡导社会主义核心价值体系建设，中华文化"走出去"；中共十八大以来，中国进入新时代，强调坚定文化自信，以建设社会主义文化强国为目标，内"举精神旗帜、立精神支柱、建精神家园"，满足人民美好生活需要，外倡导文明交流互鉴，构建人类命运共同体理念，推动社会主义文化繁荣兴盛。经过 40 年的不懈努力，中国文化建设与国家改革发展协同促进，主要取得了以下几个方面的成就。

一、走出了一条中国特色社会主义文化发展道路

　　中国共产党始终把文化建设放在党和国家全局工作的重要战略地位，以马克思主义为指导，坚守中华文化立场，推动中华优秀传统文化创造性转化、创新性发展，继承革命文化，发展面向现代化、面向世界、面向未来的，民族的、科学的、大众的社会主义文化，推动文化发展，走

出了中国特色社会主义文化发展道路。一是坚持解放思想、实事求是、与时俱进，不断推进马克思主义中国化、时代化、大众化，逐步形成了包括邓小平理论、"三个代表"重要思想、科学发展观等重大战略思想在内的中国特色社会主义理论体系，中共十八大以来形成了习近平新时代中国特色社会主义思想，为开辟和坚持中国特色社会主义道路、确立和完善中国特色社会主义制度提供了科学理论指导。二是推进社会主义核心价值体系建设，用马克思主义中国化最新成果武装全党、教育人民，用中国特色社会主义共同理想凝聚力量，用以爱国主义为核心的民族精神和以改革创新为核心的时代精神鼓舞斗志，用社会主义荣辱观引领风尚，培育和弘扬社会主义核心价值观，巩固了全党全国各族人民团结奋斗的共同思想道德基础，凝聚全社会向上向善力量。三是始终坚持党对文化工作的领导，坚持为人民服务、为社会主义服务的方向和百花齐放、百家争鸣的方针，充分发挥人民群众在文化建设中的主体作用，最大限度地焕发广大文化工作者的积极性、创造性，推动优秀文化产品大量涌现，丰富了人民精神文化生活。四是坚持改革创新和科技进步，创新文化发展理念，破除制约文化发展的体制性障碍，解放和发展文化生产力，推动文化事业全面繁荣、文化产业健康发展，极大地提高了人民基本文化权益保障水平，大大拓展了文化在经济社会发展、在中华民族复兴伟业中的地位和作用。五是提高全民族思想道德素质和科学文化素质、促进了人的全面发展。六是对外文化交流，借鉴吸收人类优秀文明成果，倡导文明交流互鉴，向世界展示了我国改革开放的崭新形象和我国人民昂扬向上的精神风貌，为解决人类问题贡献了中国智慧和中国方案。

二、繁荣发展了社会主义文艺，丰富人们的精神食粮

文学艺术是中国社会文化生活的主体，是中国走向现代化的精神风向标。在改革开放初期"伤痕""反思""改革"和"寻根"类的文学与电影交互辉映，涌现大批反映现实、尊重生活、捍卫尊严的优秀作品。在"弘扬主旋律，提倡多样化"的氛围下，文艺繁荣发展，题材、主题、形式、风格多样化。国家实施文艺创作精品工程，鼓励创作者深入基层

生活、服务群众、服务基层，创造优秀的主旋律艺术作品。十八大以来，强调坚持以人民为中心的创作导向，把满足人民精神文化需求作为文艺和文艺工作的出发点和落脚点，提高文艺作品质量。

得益于国家文化政策的支持、鼓励，中国文艺界人才辈出，佳作迭起。以文学为例，既有《平凡的世界》《白鹿原》《尘埃落定》《繁华》等口碑力作，也有不少作品获得国际认可。同时，电影作品在国际上表现尤其靓丽。并且，近年来，文艺工作者观照现实、与时代相拥、传递正能量的创作越来越多。

文艺产品日益丰富。1979年生产故事影片67部。2017年生产电视剧310部13310集，电视动画片83599分钟。生产故事影片798部，科教、纪录、动画和特种影片172部。① 互联网时代创新了文艺观念和文艺形态，创造主体大众化。截至2017年底，全国网络文学创作队伍约1400万人，重点文学网站的原创作品总量达1646.7万种②。网络文学改编为影视、网游与动漫等新文艺形式，形成网络文艺与网络文娱产业，影响力已辐射至海外。传统艺术得到保护传承。文化部建立了国家优秀保留剧目演出制度，举办中国艺术节、中国京剧艺术节、国家艺术院团优秀剧目、全国民营艺术院团优秀剧目展演等活动，推动各艺术门类创作的繁荣和发展，为大众创造了丰富的精神食粮。

三、文化事业蓬勃发展，保障了人民群众的文化权益

从"六五"时期开始，政府加大财政投入，文化事业费年均增长持续保持两位数。2017年全国文化事业费为855.8亿元，全国人均文化事业费61.57元；文化事业费占财政总支出的比重为0.42%③，助力城乡文

---

① 《中华人民共和国2017年国民经济和社会发展统计公报》，《光明日报》2018年3月1日第13版。
② 《中华人民共和国2017年国民经济和社会发展统计公报》，《光明日报》2018年3月1日第13版。《〈中国网络文学蓝皮书（2017）〉发布》，《光明日报》2018年5月21日第9版。
③ 《中华人民共和国文化和旅游部2017年文化发展统计公报》，《中国文化报》2018年6月1日第1版。

化建设。2004年开始，国有博物馆、纪念馆、美术馆逐步实行免费开放制度。2005年，公共文化服务体系建设提上日程，推进文化信息资源共享工程、广播电视村村通、农家书屋、农村电影放映工程、乡镇综合文化站等文化惠民工程，改善文化民生。2012年覆盖城乡的五级公共文化服务设施网络基本建立。在此基础上完善公共文化服务体系，提高基本公共文化服务标准化、均等化水平：一是加强公共文化产品和服务有效供给；二是加强农村，尤其是革命老区、民族、边疆、贫困地区的扶助，促进城乡、区域发展均衡。2017年3月、11月，先后颁布《公共文化服务保障法》《公共图书馆法》，通过法律形式明确政府保障人民群众基本文化权益的责任。

截至2017年末，全国文化系统所属及管理的文化单位共有32.64万个，从业人员248.3万人。艺术表演团体15752个，全年演出293.77万场，其中赴农村演出184.44万场；国内观众12.49亿人次，其中农村观众8.3亿人次。出版各类报纸368亿份，各类期刊26亿册，图书90亿册（张），人均图书拥有量6.49册。全年全国公共图书馆流通总人次7.45亿，为读者举办各种活动155590次，参加人次8857万。群众文化机构44521个，组织开展各类文化活动197.86万场次，服务人次63951万。[①] 全国博物馆4873家，非国有的1600多个，每年举办展览3万多个，开展约11万次专题教育活动，2016年参观人数约9亿人次。[②] 有线电视实际用户2.2亿户，其中有线数字电视实际用户1.98亿户；广播节目综合人口覆盖率为98.7%，电视节目综合人口覆盖率为99.1%。[③] 有245条农村数字院线、5万余支放映队活跃在基层，实现了流动电影公共服务全覆盖，确保了"一村一月放映一场电影"目标。建设"书香中国"，开展全民阅读活动，10亿册图书送到了农村读者的家门口，有效读者达到了

[①]《中华人民共和国文化和旅游部2017年文化发展统计公报》，《中国文化报》2018年6月1日第1版。

[②] 雒树刚：《国务院关于文化遗产工作情况的报告——2017年12月23日在第十二届全国人民代表大会常务委员会第三十一次会议上》，《中国文化报》2018年1月4日第1版。

[③]《中华人民共和国2017年国民经济和社会发展统计公报》，《光明日报》2018年3月1日第13版。

9亿人。①中国的文化基础设施、场所及技术得到了全面提升,文化供给正在由供给导向向需求导向转变。

40年来,中国哲学社会科学学科体系不断健全,研究队伍不断壮大,研究水平和创新能力不断提高,马克思主义理论研究和建设工程取得丰硕成果。广大哲学社会科学工作者深入研究和回答国家发展和党执政面临的重大理论和实践问题,推出一大批重要学术成果,为坚持和发展中国特色社会主义作出了重大贡献。在党的理论创新过程中,"我国哲学社会科学界作出了重大贡献,也形成了不可比拟的优势"。②主要是在深化经济体制改革,推动建立社会主义市场经济体制;在坚持和完善中国特色社会主义制度,推动国家治理体系和治理能力现代化;在积极发展社会主义民主政治,推进党的领导、人民当家作主、依法治国有机统一的制度建设;在加强党对意识形态工作的领导,弘扬社会主义核心价值观和中华优秀传统文化,建设和巩固全民族共同的思想文化基础;在营造有利于改革开放的国际环境,推动建立公正合理的国际秩序等方面,贡献了智慧和力量。③

四、保护传承文化遗产,增强文化自觉与自信

中国坚持"保护为主,抢救第一,合理利用,加强管理"的文物工作方针,建立国家保护为主,动员全社会参与的文物保护体制。1982年颁布《文物保护法》。20世纪90年代,中国开始由文物管理转向对文化遗产的综合管理。2011年颁布《非物质文化遗产保护法》。2017年初《关于实施中华优秀传统文化传承发展工程的意见》发布,国家对文化遗产的保护与传承进行顶层设计、分类指导。近年来,除加强历史文化名城名镇名村、名人故居保护和城市特色风貌管理,进一步拓展文化遗产管理的分支领域,延伸文化遗产管理的时空范畴,先后加强了对传统节

---

① 柳斌杰:《中国出版与文化自信》,《出版参考》2018年第1期。
② 《十八大以来重要文献选编》(下),中央文献出版社2018年版,第327页。
③ 参见郑成宏、张君荣:《与改革开放同步伐齐奋进》,《中国社会科学报》2018年7月2日第1版。

日、工业遗产、老字号遗产、大运河遗产、20世纪遗产、文化线路遗产、农业文化遗产、南海丝路文化遗产、抗战文物、"一带一路"文化遗产和儒学遗产等的专项管理,并由文化遗产本体管理延伸到对周边环境和文化生态的整体管理。

开展文化遗产资源普查,完善保护名录体系。普查登记不可移动文物近76.7万处、国有可移动文物约1.08亿件(套),分门别类建立了多层级的文化遗产保护名录。建立非遗代表性项目代表性传承人保护制度。中国世界遗产总数达到52项,居世界第二。珠算、二十四节气、中医针灸等项目入选人类非物质文化遗产代表作名录,入选非物质文化遗产相关名录项目总数达39项,居世界第一。[①]莫高窟等文化遗产成功进行了数字化保护。文化遗产学科建设也卓有成效。中国主要古籍得到了整理、校注、今译和研究性出版,并运用现代技术修复、保护,为子孙后代留下了不可再生的文化遗产。

习近平提出"保护文物也是政绩"[②]的理念,强化了政府在文物保护中的重大责任。对于文化遗产保护与利用,他提出了新思路"要系统梳理传统文化资源,让收藏在禁宫里的文物、陈列在广阔大地上的遗产、书写在古籍里的文字都活起来"[③]。"要让文物说话,让历史说话,让文化说话"[④],实现以文化人。《舌尖上的中国》《中国诗词大会》《朗读者》《我在故宫修文物》《国宝档案》《经典咏流传》等代表性节目,让文物走近百姓,创新了文化传播文化,让经典焕发新的光彩,激发了人们对中华传统文化的认知。我国对文化遗产的历史、艺术、科学价值的认识加深,文化遗产管理制度不断优化和创新,文化遗产公共资源属性日益得到巩固和强化,文化遗产价值日益显现。

---

① 雒树刚:《国务院关于文化遗产工作情况的报告——2017年12月23日在第十二届全国人民代表大会常务委员会第三十一次会议上》,《中国文化报》2018年1月4日第1版。
② 《习近平关于社会主义文化建设论述摘编》,中央文献出版社2017年版,第190—191页。
③ 《习近平总书记系列重要讲话读本》,学习出版社、人民出版社2016年版,第203页。
④ 《习近平关于社会主义文化建设论述摘编》,中央文献出版社2017年版,第193页。

五、文化产业蓬勃发展，构建了文化经济和经济文化

改革释放活力。为了解决经费不足等问题，少数文化单位率先开始经营机制市场化改革的尝试，试行"事业单位属性，企业化管理"的双轨制运行，文化事业单位开展有偿服务和经营活动，并出现了图书、演出、音像和电影等文化市场。中共十六大实现经营性文化产业和公益性文化事业分离，重塑文化市场主体。此后，文化产业发展一路高歌猛进，文化产业增加值不断刷新，占国内生产总值的比重不断提高。从2004年至2017年，文化产业增加值由3440亿元增加到3.5462万亿元，年均增速20%，占国内生产总值的比重由2.15%提高至4.2%。2017年全国5.5万家规模以上文化及相关产业企业实现营业收入91950亿元[①]，形成了9个大类文化产业。文化产业整体规模和实力不断提升，中国主要文化产品和文化服务规模已位居世界前列，成为世界第一出版大国、电视剧大国、广播大国、动漫大国，世界第二大电影市场。

其中，中国电影和新媒体等领域最富有特色。中国电影经历了从高峰到低谷再到复兴的发展历程，在1979年曾创造了全年290多亿人次的观看纪录，即人均接近30次。但电影的黄金时期随着20世纪80年代中期电视媒介迅速普及的挑战，逐步进入低谷。21世纪后，在内外在压力下进行彻底的产业化改革，电影创造了市场奇迹。电影票房从2002年的10亿元，增长至2017年的559.11亿元（86亿美元），仅次于北美的111亿美元，增长近56倍。2017年有15部影片票房超过10亿，51部过亿元。

得益于人口红利、互联网效应、资本推动与政策环境等，2017年中国传媒产业总规模达1.89667万亿元，得益于新媒体产业的推动。数字出版每年都以30%以上的增速领跑出版业，2017年营业收入达到6978亿元，[②] 网络广告市场规模超过3800亿元，网络游戏突破2000亿元，动漫

---

① 王连文：《透过文化发展统计公报看近5年文化产业发展》，《中国文化报》2018年6月19日。

② 柳斌杰：《中国出版与文化自信》，《出版参考》2018年第1期。

产业总产值1600亿元,网络视频将近1000亿元。① 手机(移动终端)动漫标准成为首个由中国制定的文化领域国际技术标准。以原创内容为核心的文化创意产业链形成。中国实现了文化产品从供给不足到极大丰富的转变,较好地满足了人民群众多样化、多层次、多方面文化需求。

六、提升了中华文化国际影响力

中国对外文化交流在不断创新观念、思路、体制机制和方式方法,形成了"政府主导、企业主体、市场运作、社会参与"的对外文化交流格局,提高了文化开放水平。改革开放初期文化主要是"引进来"。2003年12月,中国提出文化"走出去"战略,主动参与国际文化竞争,努力构建全方位、多层次、宽领域对外宣传和对外文化工作的新格局。2004年创办孔子学院,推广汉语言。与不同的国家协议举办互惠的文化节、文化周、文化季、文化年,2010年举办海外"欢乐春节"活动;实施中国图书国际推广工程、文化传播海外基础工程,扩大留学、人文交流。

迄今,中国已与157个国家签署了文化合作协定,已投入运营的海外中国文化中心30个、中国馆14个,开展各类文化活动达4000余场次,直接受众达到800余万人次。近5年新华社稿件在世界主要通讯社互引统计中位居榜首;中央电视台海外整频道用户达4亿户,分布在全球168个国家和地区。通过联合国教科文组织等国际平台,加强多边国际文化交流合作,提升国际文化话语权。对外文化交流合作品牌逐步树立。2017年"欢乐春节"活动在140个国家、500个城市开展了2000多项活动,直接观众达2.8亿人次。在146个国家和地区建立525所孔子学院和1113个孔子课堂。在Facebook、YouTube、Instagram、Twitter等海外四大主流社交媒体平台开设"中国文化"账号,加强与海外公众互动交流。中外智库交流频繁。

影视方面,2012年以来,有1600部中国影视剧被译成了36种语言,上了100多个国家的电视荧屏。中国国际电视总公司每年向海外销售2

---

① 崔保国:《2018中国传媒产业发展报告》,社会科学文献出版社2018年版,第2页。

万多小时各类影视节目，在 200 余个国家和地区播出。

对外文化贸易体系市场主体多元，文化产品和服务出口快速增长。图书、数字出版和版权三大国际贸易逐年提升，已站在世界前列。2016 年，图书版权输出 1 万种，输出和引进品种比例由 2003 年的 15∶1 提高到 2016 年的 1∶1.6，缩小了逆差。游戏、动漫、网络文学作品已经在世界领跑。按照 2016 年联合国教科文组织统计研究所发布的报告，从 2010 年开始，中国已是世界文化产品出口第一大国。[①]2017 年，中国文化产品和服务进出口总额 1265.1 亿美元，其中，文化产品进出口总额 971.2 亿美元，顺差 792.6 亿美元；文化服务进出口总额 293.9 亿美元，逆差 170.5 亿美元，[②]尤其核心文化服务贸易逆差依旧较大。这是中国的短板。

中共十八大以来，讲好中国故事，传播好中国声音。中国梦成为传播当代中国价值观念的生动载体。习近平、李克强等领导人在国际交往中积极介绍中国，在西方重要媒体发表文章，直接传播中国理念、中国经验。2013 年中国政府提出"一带一路"倡议，倡导"和平合作、开放包容、互学互鉴、互利共赢"的价值理念。2015 年第 70 届联合国大会上，习近平面向全球创造性地提出了"人类命运共同体"的概念。2017 年 2 月 10 日，这一思想载入联合国相关决议。因为积极贡献"中国智慧"和"中国方案"，中国在国际话语体系中占据越来越重要的位置，中华文化会得到越来越多人的理解。

[原载《国家行政学院学报》2018 年第 6 期]

---

① UNESCO, *The Globalization of Cultural Trade: A Shift in Consumption*, Montreal: UIS 2016, p.33.
② 鲁元珍：《我国文化产品出口快速增长》，《光明日报》2018 年 2 月 12 日第 9 版。

邓小平与中国特色社会主义文化

以邓小平为核心的党的第二代中央领导集体,成功地开创了中国特色社会主义。邓小平在社会主义先进文化建设中发挥了重要的、承先启后的作用。他的贡献主要表现在,在历史转折时期领导思想文化领域的拨乱反正,肯定毛泽东思想的指导地位,巩固了马克思主义在意识形态的指导地位;确立了"文艺为人民服务、为社会主义服务"的方向;提出了社会主义精神文明建设理论,凸显了文化建设在中国特色社会主义事业总体布局中的战略地位与作用;强调知识分子的作用,营造了"尊重知识、尊重人才"的社会文化环境;推动文化的对外开放,领导开辟了中国特色社会主义文化发展道路,迎来了新时期的文化发展与繁荣。

一、巩固马克思主义在思想文化领域的指导地位

毛泽东思想是马克思主义基本原理与中国革命和建设的具体实际相结合的第一个科学理论成果。马克思主义、毛泽东思想是中国社会主义文化的灵魂,新中国成立后被确立为思想文化领域的指导思想。但随着"左"倾思想的发展,其科学性没有得以坚持,甚至被歪曲。粉碎"四人帮"后,党和国家开始全面地认真纠正"文化大革命"及其以前的"左"倾错误,但要实现根本性的转变,首先要打破思想僵化、迷信盛行的局面,把人们从各种教条中解放出来,这是文化发展的前提。针对"两个凡是"的错误,邓小平虽然尚未复出,但是仍以高度的责任感给中央

写信，提出要准确地、完整地理解毛泽东思想。1977年5月24日，邓小平在与王震、邓力群的谈话中明确指出"两个凡是"不符合马克思主义①。7月21日，刚刚恢复职务的邓小平在中共十届三中全会上讲话指出："要用准确的完整的毛泽东思想作指导思想的意思是，要对毛泽东思想有一个完整的准确的认识，要善于学习、掌握和运用毛泽东思想的体系来指导我们各项工作。只有这样，才不至于割裂、歪曲毛泽东思想，损害毛泽东思想。"②8月3日，他同胡乔木、于光远、邓力群谈话，商议为他起草在中共十一大的讲话稿，提出要讲唯物主义认识论，"讲毛泽东思想，不在引用很多毛主席的话，而在发挥他的根本思想"。③

为冲破"两个凡是"的思想禁锢，邓小平充分肯定和积极支持关于真理标准问题的讨论，号召："我们一定要肃清林彪、'四人帮'的流毒，拨乱反正，打破精神枷锁，使我们的思想来个大解放。"④在他的推动下，真理标准问题讨论由无组织、小范围的争论变成全国性的、有组织、大范围的讨论，明确了实践是检验真理的唯一标准这个马克思主义的认识论，使毛泽东思想的精髓——实事求是深入人心。在邓小平等老一辈革命家努力下，中共十一届三中全会上恢复了毛泽东倡导的实事求是的思想路线，真理标准问题讨论也作为一场伟大的马克思主义教育运动载入史册。这场大讨论不仅澄清了对毛泽东思想基本理论、基本观点的歪曲和误解，恢复了毛泽东思想的本来面目；而且树立了科学的态度和正确的思想方法，即马克思主义、毛泽东思想不是教条，而是行动的指南，它提供的不是教义，而是观察问题和解决问题的立场、观点和方法。

邓小平提倡解放思想以清除长期以来"左"的思想束缚，又防止矫枉过正。当时，极少数人利用党拨乱反正的时机，打着"社会改革"的幌子，曲解"解放思想"的口号，采取"攻其一点，不及其余"的手法攻击毛泽东，出现一股全盘否定毛泽东的历史地位和毛泽东思想科学价值的错误思潮。对此，他旗帜鲜明地指出："毛泽东思想培育了我们整整

---

① 《邓小平文选》第2卷，人民出版社1994年版，第38页。
② 《邓小平年谱（1975—1997）》（上），中央文献出版社2004年版，第162页。
③ 同上书，第170页。
④ 《邓小平文选》第2卷，人民出版社1994年版，第119页。

一代人……没有毛泽东思想,就没有今天的中国共产党……毛泽东思想是我们全党、全军、全国各民族人民的最宝贵的精神财富。"① 在1979年春中央召开的理论工作务虚会上,邓小平把坚持马列主义、毛泽东思想作为四项基本原则之一。他帮助人们用历史的、辩证的观点观察问题、分析问题,指出:毛泽东是人不是神,"同任何别人一样,也有他的缺点和错误"。"在分析他的缺点和错误的时候,我们当然要承认个人的责任,但是更重要的是要分析历史的复杂的背景。只有这样,我们才是公正地、科学地、也就是马克思主义地对待历史,对待历史人物。"

邓小平亲自主持起草《关于建国以来党的若干历史问题的决议》(以下简称《历史决议》),全面地、实事求是地评价党的历史和毛泽东思想,分析中国社会主义革命和建设中毛泽东的贡献,同时又正视探索中的失误,把"文化大革命"与"文化大革命时期"、毛泽东晚年的错误与毛泽东思想科学体系区分开来,总结历史的经验教训,分清了历史是非,认识历史发展的主题与主线、主流与本质,避免陷于历史唯心主义和历史虚无主义。1981年中共十一届六中全会通过的《历史决议》,"根本否定了'文化大革命'和'无产阶级专政下继续革命'的理论,同时坚决顶住否定毛泽东同志和毛泽东思想的错误思潮,维护了毛泽东同志的历史地位,肯定了毛泽东思想的指导作用"②。《历史决议》指出:"毛泽东思想是马克思列宁主义在中国的运用和发展,是被实践证明了的关于中国革命的正确的理论原则和经验总结,是中国共产党集体智慧的结晶。我党许多卓越领导人对它的形成和发展都作出了重要贡献,毛泽东同志的科学著作是它的集中概括。"③ 这就明确指出我们必须继续坚持毛泽东思想,认真学习和运用它的立场、观点和方法来研究实践中出现的新情况,解决新问题。邓小平指导起草《历史决议》的马克思主义唯物史观、方法论也成为我们与历史虚无主义做斗争的武器。

邓小平深刻总结了中国社会主义建设正反两方面经验,借鉴世界社

---

① 《邓小平文选》第2卷,人民出版社1994年版,第148—149页。
② 《江泽民文选》第1卷,人民出版社2006年版,第214页。
③ 《关于建国以来党的若干历史问题的决议注释本(修订)》,人民出版社1985年版,第47页。

会主义历史经验,在新的实践基础上推进马克思主义理论创新,解决了第一代中央领导集体没有解决的"什么是社会主义,怎样建设社会主义"的基本问题,创立邓小平理论,开拓了马克思主义新境界,在发展中巩固了马克思主义的指导地位。

二、调整文化的政策,确立"二为"方向

1975年,邓小平在主持全面整顿时贯彻毛泽东关于"党的文艺政策应该调整一下"的精神,对极左文化政策进行了局部纠正。如提出对文艺作品不能求全责备,否则就会阻碍文艺发展;提倡文艺作品题材多样化,不能把"三突出"[①]的理论绝对化,并积极推动电影《创业》的重新上映和《海霞》的公开上映。这是在文化领域拨乱反正的初步尝试。

1977年,邓小平总结和反思新中国成立后文化发展正反两方面经验,领导文化政策调整,重建文化秩序。他强调实施"双百"方针。8月初,他在主持召开科学和教育工作座谈会上指出:"讨论当中可能会出来一些错误的意见,也不可怕。我们要坚持百家争鸣的方针,允许争论。不同学派之间要互相尊重,取长补短。要提倡学术交流。"[②]在党的理论务虚会上,他郑重提出:"无论如何,思想理论问题的研究和讨论,一定要坚决执行百花齐放、百家争鸣的方针,一定要坚决执行不抓辫子、不戴帽子、不打棍子的'三不主义'的方针"[③],意在调动大家的积极性和创造性,促进文化繁荣。

1979年10月30日,中国文学艺术工作者第四次代表大会召开,邓小平在祝词中对新中国文化建设实践遇到的一些重大问题进行回答,阐明了新时期文艺发展的原则立场。他指出:"要继续坚持毛泽东同志提出的文艺为最广大的人民群众、首先为工农兵服务的方向,坚持百花齐放、推陈出新、洋为中用、古为今用的方针,在艺术创作上提倡不同形式和风格的自由发展,在艺术理论上提倡不同观点和学派的自由讨论。"

---

① 《邓小平文选》第2卷,人民出版社1994年版,第38页。
② 同上书,第57页。
③ 同上书,第183页。

并集中阐释文艺与人民、文艺与生活、文艺与政治的关系等问题。邓小平说："文艺工作者要努力学习马列主义、毛泽东思想，提高自己认识生活、分析生活、透过现象抓住事物本质的能力"，"人民是文艺工作者的母亲。一切进步文艺工作者的艺术生命，就在于他们同人民之间的血肉联系。""人民需要艺术，艺术更需要人民。自觉地在人民的生活中汲取题材、主题、情节、语言、诗情和画意，用人民创造历史的奋发精神来哺育自己，这就是我们社会主义文艺事业兴旺发达的根本道路"，"作品的思想成就和艺术成就，应当由人民来评定。"①

邓小平肯定了毛泽东以人民为本位的文化观，对文艺与人民的关系作了符合时代精神的新阐释，从本质上揭示了文艺与生活的辩证关系：文艺工作者要从人民生活中吸收营养，创造文艺事业，把最好的精神产品奉献给人民。创作题材上，"英雄人物的业绩和普通人们的劳动、斗争和悲欢离合，现代人的生活和古代人的生活，都应当在文艺中得到反映"；表现手法要日益丰富多彩，敢于创新。要满足人民精神生活多方面的需要，只要能够使人们从中得到教育和启发，得到娱乐和美的享受，"都应当在我们的文艺园地里占有自己的位置"。②这些论述丰富了文艺的内涵。

关于文艺与政治的关系，邓小平认为关键在于党对文艺的领导方式。"党对文艺工作的领导，不是发号施令，不是要求文学艺术从属于临时的、具体的、直接的政治任务，而是根据文学艺术的特征和发展规律，帮助文艺工作者获得条件来不断繁荣文学艺术事业，提高文学艺术水平，创作出无愧于我们伟大人民、伟大时代的优秀的文学艺术作品和表演艺术成果。"因此，"衙门作风必须抛弃"，"行政命令必须废止"，要营造保证文艺工作者能"充分发挥自己的聪明才智"的良好氛围。他强调"文艺这种复杂的精神劳动，非常需要文艺家发挥个人的创造精神。写什么和怎样写，只能由文艺家在艺术实践中去探索和逐步求得解决。在这方面，不要横加干涉"。③尊重文艺和文艺家的主体作用，改善文艺发展的环

---

① 《邓小平文选》第 2 卷，人民出版社 1994 年版，第 201—212 页。
② 同上书，第 210—211 页。
③ 同上书，第 213 页。

境，对繁荣新时期的文艺具有重要意义，也为"二为"方向的提出奠定了思想基础。

1980年1月16日，在中共中央召集的干部会议上，邓小平明确表示，"不继续提文艺从属于政治这样的口号，因为这个口号容易成为对文艺横加干涉的理论根据，长期的实践证明它对文艺的发展利少害多"。同时也指出："文艺是不可能脱离政治的。任何进步的、革命的文艺工作者都不能不考虑作品的社会影响，不能不考虑人民的利益、国家的利益、党的利益。"[①] 根据邓小平的意见，7月26日，《人民日报》发表了社论《文艺为人民服务、为社会主义服务》，明确以"文艺为人民服务、为社会主义服务"取代"文艺为工农兵服务，为无产阶级政治服务"的方针。社论认为，这个新的口号概括了文艺工作的总任务和根本目的，它包括了为政治服务，但比起孤立地提为政治服务更全面、更科学。邓小平坚持继承性与创新性相统一，领导完成了拨乱反正的任务，把过去提出的正确的方针加以恢复，把错误的加以改正，并根据时代的变化，适时实现新时期社会主义文艺政策的重大调整，为文艺的健康发展指明了方向。

邓小平在领导改革开放的进程中，以开放的视野接纳新的文化现象和鼓励新的文化探索，但始终坚持文化建设的社会主义方向。他反复强调"必须大力加强党对思想战线的领导"，"从中央到地方，各级党委的主要负责人一定要重视理论界、文艺界，以及整个思想战线的情况、问题和工作。"[②] 这种领导不是具体的、直接的领导，而是政治原则、政治方向的领导，是党的路线、方针、政策上的把握和引导。具体而言，即帮助广大文化工作者树立正确的世界观，学会用辩证唯物主义和历史唯物主义的观点观察、分析问题，引导文艺工作者加强同时代、同人民的联系，促使他们与党的事业同心同德。

20世纪80年代初，邓小平支持对电影《苦恋》进行的批判，但强调要注意摆事实、讲道理。在思想界、理论界发生了关于"人道主义和异化问题"的争论时，他指示"需要写有分量的文章，马克思主义者要

[①] 《邓小平文选》第2卷，人民出版社1994年版，第255—256页。
[②] 《邓小平文选》第3卷，人民出版社1993年版，第45页。

出来说话","文艺、理论界可组织自由参加性质的座谈,允许辩论,不打棍子"。①他告诫大家,对思想领域的倾向斗争要从实际出发,"有'左'就反'左',有右就反右"。②不能把"双百"方针理解为取消四项基本原则,违反了这个原则,那就超越了言论自由的限度。他强调社会效益第一,指出:"思想文化教育卫生部门,都要以社会效益为一切活动的唯一准则,它们所属的企业也要以社会效益为最高准则。思想文化界要多出好的精神产品,要坚决抵制坏产品的生产、进口和流传。"③

三、提出建设高度的社会主义精神文明

"建设高度的社会主义精神文明"最早是叶剑英在 1979 年庆祝新中国成立 30 周年大会上提出的。④一个月后,邓小平在中国文学艺术工作者第四次代表大会上再次强调,"我们要在建设高度物质文明的同时,提高全民族的科学文化水平,发展高尚的丰富多彩的文化生活,建设高度的社会主义精神文明"⑤。此后,邓小平明确指出精神文明是社会主义的重要特征,突出了精神文明建设在中国社会主义事业总体布局中的战略地位和作用,这是对党的文化建设理论的重大创新。他认为,社会主义社会是全面发展、全面进步的社会,物质文明和精神文明必须协调发展,"不加强精神文明的建设,物质文明的建设也要受破坏,走弯路"⑥。并一再强调必须一手抓物质文明建设,一手抓精神文明建设,"两手抓,两手都要硬"。⑦

邓小平阐明了精神文明建设的内容:"所谓精神文明,不但是指教育、

---

① 《邓小平年谱(1975—1997)》(下),中央文献出版社 2004 年版,第 938、953 页。
② 《邓小平文选》第 2 卷,人民出版社 1994 年版,第 279 页。
③ 《邓小平文选》第 3 卷,人民出版社 1993 年版,第 145 页。
④ 叶剑英:《在庆祝中华人民共和国成立三十周年大会上的讲话》,《人民日报》1979 年 9 月 30 日第 1 版。
⑤ 《邓小平文选》第 2 卷,人民出版社 1994 年版,第 208 页。
⑥ 《邓小平文选》第 3 卷,人民出版社 1993 年版,第 144 页。
⑦ 《邓小平建设有中国特色社会主义论述专题摘编(新编本)》,中央文献出版社 1995 年版,第 5 页。

科学、文化（这是完全必要的），而且是指共产主义的思想、理想、信念、道德、纪律，革命的立场和原则，人与人的同志式关系，等等。"① 精神文明建设包括教育科学文化建设和思想道德建设，根本任务是教育全国人民做到"有理想、有道德、有文化、有纪律"②。其中，邓小平尤其强调有理想。他说："我们这么大一个国家，怎样才能团结起来、组织起来呢？一靠理想，二靠纪律。"③ 他所说的理想主要包括两个方面，一是共产主义，二是爱国主义。他明确指出："我们要有理想，主要是两条。第一条是为共产主义奋斗终生，搞社会主义建设；第二条是爱国主义，就是要使祖国兴旺发达，使中华民族兴旺发达，具体讲就是把社会主义四个现代化搞好。"④ 在改革开放进程中，培育有理想、有信念的社会主义新人是精神文明建设的重中之重。

精神文明重在建设，根本的问题在于教育人。邓小平主张要从青少年抓起。"革命的理想，共产主义的品德，要从小开始培养。"⑤ "实行开放政策必然会带来一些坏的东西，影响我们的人民。要说有风险，这是最大的风险。我们用法律和教育这两个手段来解决这个问题。"⑥ 大量的思想认识问题要通过教育去解决，一定要注意引导，只能说服，不能压服，这是一贯必须坚持的原则。

教育一定要联系实际，要经过充分的调查研究，进行有充分说服力的教育，不能简单、片面、武断。邓小平认为，思想战线上的战士，都应当是人类灵魂工程师，在思想教育方面的责任尤其重大。"作为灵魂工程师，应当高举马克思主义的、社会主义的旗帜，用自己的文章、作品、教学、讲演、表演，教育和引导人民正确地对待历史，认识现实，坚信社会主义和党的领导，鼓舞人民奋发努力，积极向上，真正做到有理想、有道德、有文化、守纪律，为伟大壮丽的社会主义现代化建设事业而英

---

① 《邓小平文选》第2卷，人民出版社1994年版，第367页。
② 《邓小平文选》第3卷，人民出版社1993年版，第110页。
③ 同上书，第111页。
④ 《邓小平年谱（1975—1997）》（下），中央文献出版社2004年版，第1060、1061页。
⑤ 《邓小平文选》第2卷，人民出版社1994年版，第105页。
⑥ 《邓小平文选》第3卷，人民出版社1993年版，第156页。

勇奋斗。"① 由此，以马克思主义为指导，以"有理想、有道德、有文化、有纪律"为目标，努力提高全民族的思想道德素质和科学文化素质，继承优良传统而又体现时代要求，与现代化相适应的社会主义精神文明建设思想初步形成。

四、尊重知识、尊重人才

文化创造与传播的重要主体是知识分子。1975年，在领导全面整顿的过程中，邓小平对"四人帮"给科技人员扣的"白专"帽子表示不同意见："说什么'白专'，只要对中华人民共和国有好处，比闹派性、拉后腿的人好得多。"② 并着手纠正错误。粉碎"四人帮"后，他提出了"尊重知识，尊重人才"的口号。他指出："靠空讲不能实现现代化，必须有知识，有人才"，"一定要在党内造成一种空气；尊重知识，尊重人才。要反对不尊重知识分子的错误思想"，因为"只有有了成批的杰出人才，才能带动我们整个中华民族科学文化水平的提高"。③ 他恢复工作后，自告奋勇抓科技和教育，领导科教领域的拨乱反正工作。1977年8月8日，他在科学和教育工作座谈会上发表讲话，矛头就直指"四人帮"强加在知识分子头上的"两个估计"④，认为"文化大革命"前17年的主导方面是红线，知识分子的绝大多数是自觉自愿地为社会主义服务的。知识分子的名誉要恢复⑤。9月19日，他同教育部负责同志谈话时指出："'两个估计'不符合实际的。"⑥ 在1978年3月召开的全国科学大会上，邓小平全面阐述了知识分子是工人阶级一部分、是党的一支依靠的力量的观点，

---

① 《邓小平文选》第3卷，人民出版社1993年版，第40页。
② 《邓小平文选》第2卷，人民出版社1994年版，第32页。
③ 同上书，第40、41、96页。
④ 1971年，《全国教育工作会议纪要》里讲了所谓"两个估计"，即"文化大革命"前17年教育战线是"资产阶级专了无产阶级的政"，是"黑线专政"；知识分子的大多数"世界观基本上是资产阶级的"，"是资产阶级知识分子"。参见《邓小平年谱（1975—1997）》（上），中央文献出版社2004年版，第203页。
⑤ 《邓小平年谱（1975—1997）》（上），中央文献出版社2004年版，第178页。
⑥ 同上书，第203页。

确立了知识分子在社会主义建设事业中的地位，恢复了对知识分子阶级属性的科学界定。

为建设一个宏大的人才队伍，1975年，邓小平提出要挑选优秀的高中毕业生直接上大学。1977年8月，他领导恢复高考招生制度。从1977年秋天到1978年夏天，全国共有1160万人参加了高考。这项基础性变革不仅扭转了当时人才队伍萎缩的局面，而且从根本上改变了社会对知识和知识分子的态度。邓小平强调："把知识分子团结起来，要有制度。"[1] "我们不仅要在思想上，而且要从工作制度上创造有利于杰出人才涌现和成长的必要条件。"[2] 他要求在可能的条件下改善和提高知识分子的生活待遇，使他们能够减少后顾之忧，并表示愿意当"后勤部长"。他强调人才只有大胆使用，才能培养出来。"我们要开一条路出来，让有才能的人很快成长，不要老是把人才卡住。人才不断涌出，我们的事业才有希望。"[3] 邓小平主张学术界、教育界应该破格选拔优秀人才，在年轻化方面带头，并建议每年提拔、重用几十个年轻的科技、教育方面的专家。只有"中国出现一大批三四十岁的教育家、科学家、文学家和其他各种专家"[4]，才能为保证文化发展的活力。

邓小平始终将"尊重知识和尊重人才"作为一个战略方针，一个战略措施[5]，这不仅奠定了社会主义文化的繁荣发展的人才基础，而且为新时期国家的迅速发展提供了丰富的人才资源和智力支持。

五、以开放的视野推动中国文化的现代化发展

站在时代新的起点，面向世界，大胆吸收和借鉴人类社会创造的一切文明成果，以发展中国的社会主义文化是邓小平文化建设思想的一大特色。他指出："所有文艺工作者，都应当认真钻研、吸收、融化和发展

---

[1] 《邓小平论统一战线》，中央文献出版社1991年版，第159页。
[2] 《邓小平文选》第2卷，人民出版社1994年版，第213页。
[3] 《邓小平文选》第3卷，人民出版社1993年版，第18页。
[4] 同上书，第179页。
[5] 同上书，第276页。

古今中外艺术技巧中一切好的东西,创造出具有民族风格和时代特色的完美的艺术形式。"①他认为对待文化遗产,要"划清文化遗产中民主性精华同封建性糟粕的界限",②用马克思主义的观点方法来剖析,对其内涵进行改造,引申出有利于实践的新义,即古为今用。自力更生不是盲目排外,任何民族、国家,都需要学习别的国家、别的民族的长处。中国的开放是对世界所有国家开放,对各种类型的国家开放。"社会主义要赢得与资本主义相比较的优势,就必须大胆地吸收和借鉴人类社会创造的一切文明成果,吸收和借鉴当今世界各国包括资本主义发达国家的一切反映社会化生产规律的先进经营方式、管理方法。"③"中国在西方国家产业革命以后变得落后了,一个重要原因就是闭关自守。建国以后,人家封锁我们,在某种程度上我们也还是闭关自守……三十几年的经验教训告诉我们,关起门来搞建设是不行的,发展不起来。"④改革开放以来,中国同世界文化的对话、交流与合作成为可能。"把世界上最先进的科研成果作为我们的起点,洋为中用"⑤,先学会它们,再在这个基础上创新,是邓小平确立的文化发展路径。

1977年至1978年,邓小平先后会见了丁肇中、杨振宁、陈省身、吴健雄、袁家骝、邓昌黎、李政道等海外著名科学家,一方面诚挚地邀请他们回国访问、讲学、考察,另一方面希望他们为中国培养人才提供帮助和便利。在邓小平的号召下,海外华裔科学家建立了一批留学特别项目,为中国培养了一些重要领域的人才。1978年6月23日,邓小平在视察清华大学时指出:"我赞成增大派遣留学生的数量,派出去主要学习自然科学。要成千上万地派,不是只派十个八个。请教育部研究一下,在这方面多花些钱是值得的。"⑥教育部随即向国务院报送了《关于加大选派留学生数量的报告》,将原定的派遣200名科技生的计划改为在1978

---

① 《邓小平文选》第2卷,人民出版社1994年版,第212页。
② 同上书,第335页。
③ 《邓小平文选》第3卷,人民出版社1993年版,第373页。
④ 同上书,第64页。
⑤ 《邓小平年谱(1975—1997)》(上),中央文献出版社2004年版,第210页。
⑥ 同上书,第331页。

年选拔 5000 至 6000 名留学生，且至少派出留学生 3000 名。①7 月 10 日，邓小平会见卡特总统的科技顾问、总统科技办公室主任弗兰克·普雷斯的科技访问代表团，希望美方增加中国留学生名额。10 月，美方同意中国在 1978—1979 学年派出 500 至 700 名留学生、研究生和访问学者（即进修人员），并同意两国的大学、研究机构和学者间进行直接联系。②

1979 年邓小平访美，他和美国总统吉米·卡特共同签署了中美政府间科学技术合作协定和文化协定，开启了中美两国科技文化交流与合作的大门，为中国赶超世界先进水平创造了良好的国际环境。据统计，1978 年和 1979 年中国共派遣包括本科生、研究生及访问学者在内 2230 人出国。③1979—1987 年，美国向中国公派和自费留学人员发放的签证数分别为 39698 个和 22309 个，共计 62007 个。④在社会科学领域，新的思潮和新的研究方法相继被介绍到国内，促进了我国社会科学与世界的交流，开阔了学术视野，取得了一大批具有较高水平的成果。从此，对外文化交流与科技合作向着多形式、多渠道、多层次的方向纵深发展，并开始真正从世界视野审视和发展中国文化。

对待西方文化，邓小平坚持"以我为主、为我所用"的原则。他指出："西方如今仍然有不少正直进步的学者、作家、艺术家在进行各种严肃的有价值的著作和创作，他们的作品我们当然要着重介绍。但是，现在有些同志对于西方各种哲学的、经济学的、社会政治的和文学艺术的思潮，不分析、不鉴别、不批判，而是一窝蜂地盲目推崇。""属于文化领域的东西，一定要用马克思主义对它们的思想内容和表现方法进行分析、鉴别和批判"⑤要反对迷信西方文化，警惕资本主义思想文化中对我们有害的东西泛滥，坚决反对资产阶级自由化。

---

① 李滔主编：《中华留学教育史录：1949 年以后》，高等教育出版社 2000 年版，第 511—513 页。
② 同上书，第 412—414 页。
③ ［美］陆丹尼：《20 世纪 80 年代中国留学政策的演变》，李喜所主编：《留学生与中外文化》，南开大学出版社 2005 年版，第 402 页。
④ Leo Orleans, *Chinese Students in America: Policies, Issues, and Numbers*, Washington, D.C. : National Academy Press, 1988, p.88.
⑤ 《邓小平文选》第 3 卷，人民出版社 1993 年版，第 44 页。

解放思想、实事求是，是邓小平科学世界观最鲜明的特征。他不但以巨大的政治勇气和理论勇气完成文化领域拨乱反正的任务，恢复了党的正确的文化方针政策，坚持文化发展的社会主义方向，而且以高度的文化自觉与时俱进，把握时代主题，提出精神文明是社会主义的重要特征，要努力提高全民族的思想道德素质和科学文化素质，重视文化建设在现代化建设中的作用，尊重文化发展规律，强调文化创造主体的作用，用世界视野审视中华文化，推动文化的对外开放，从而确立了中国特色社会主义文化发展道路的基本思路和基本原则。

邓小平对社会主义文化建设的贡献是巨大的，其影响是非常深远的。

［原载《当代中国史研究》2014 年第 5 期］

论陈云的精神文明建设思想及时代价值

社会主义精神文明是社会主义社会的重要特征，推动物质文明和精神文明协调发展是坚持和发展中国特色社会主义的必然要求。中共十一届三中全会拉开改革开放的大幕，实现党的工作重点转移到社会主义现代化建设上来，次年召开的中共十一届四中全会通过叶剑英《在庆祝中华人民共和国成立三十周年大会上的讲话》即提出了要在"建设高度物质文明的同时"，"建设高度的社会主义精神文明"[①]的目标。在实践中，中共中央对精神文明建设的认识不断深化，逐步形成比较完整的关于社会主义精神文明建设的思想体系。作为党的第二代中央领导集体的重要成员，陈云高度重视社会主义精神文明建设，提出了许多独到见解，对社会主义精神文明建设思想的形成、发展作出了重要贡献，其思想具有深远意义。

一、提出"物质文明和精神文明要一起抓"

在改革开放初期，陈云提出在社会主义经济中要有意识地发挥和扩大市场调节作用，支持探索符合实际、充满活力的社会主义经济新体制，同时针对随着经济体制改革在竞争中可能出现某些消极现象和违法行为，提出"物质文明和精神文明要一起抓"的思想。他指出，出现这些现象

[①]《三中全会以来重要文献选编》(上)，中央文献出版社2011年版，第204页。

不奇怪,关键是要注意这个问题,进行必要的管理和教育,否则,"这些现象就有可能泛滥成灾","我们在抓物质文明建设的同时,必须抓精神文明建设,两个文明一起抓。只要我们的头脑是清醒的,看到这些现象,并加强精神文明的建设,这些消极方面是可以受到一定限制的"[1]。他强调:"我们是社会主义国家,我们既要有高度的物质文明,也要有高度的社会主义精神文明,这是我们永远要坚持的奋斗方向。"[2] 陈云的这一思想为中共十二届三中全会通过的《中共中央关于经济体制改革的决定》所吸收。《决定》指出:"经济体制的改革,不仅会引起人们经济生活的重大变化,而且会引起人们生活方式和精神状态的重大变化。社会主义物质文明和精神文明的建设要一起抓,这是我们党坚定不移的方针。"[3]

陈云高度重视改革开放条件下的社会主义精神文明建设,因为它是社会主义现代化建设的重要目标和重要保证。1985年6月,在全国端正党风工作经验交流会上,他指出:"在进行社会主义物质文明建设的时候,如果不同时进行社会主义精神文明建设,物质文明建设就可能偏离正确的方向。任何单位,任何领导干部,如果忘记或放松抓社会主义精神文明建设,物质文明建设也不可能搞好。"[4] "要使全党同志明白,我们干的是社会主义事业,最终目的是实现共产主义……我们国家现在进行的经济建设,是社会主义的经济建设,经济体制改革也是社会主义的经济体制改革……我们是搞社会主义的四个现代化,不是搞别的现代化。"[5] 陈云强调经济体制改革、现代化建设必须坚持社会主义方向。他以马克思主义辩证统一的观点来论证两个文明一起抓的重要性。一是"社会主义建设,包含物质文明建设和精神文明建设,两者是不能分离的。社会主义事业不可能是单纯的物质文明建设,又不可能是单纯的精神文明建设"[6];二是物质文明建设和精神文明建设是互为条件、相辅相成的。他针

---

[1] 《陈云文选》第3卷,人民出版社1995年版,第338页。
[2] 《邓小平文选》第2卷,人民出版社1994年版,第338—339页。
[3] 《十二大以来重要文献选编》(中),中央文献出版社2011年版,第70页。
[4] 《陈云文选》第3卷,人民出版社1995年版,第347页。
[5] 同上书,第347页。
[6] 同上书,第354页。

对一些人只重视物质文明建设的做法，强调"社会主义事业也不可能先进行物质文明建设，然后再来进行精神文明建设"①，如果"忽视社会主义精神文明建设，我们的整个事业就可能偏离马克思主义，偏离社会主义道路"②，这"绝不是一个小问题，全党同志务必高度重视"③。1986年，《中共中央关于社会主义精神文明建设指导方针的决议》发布后，陈云指出"社会主义精神文明建设，是有关整个社会主义建设成败的大问题"④，要求中央纪委常委会要从全党的纪检方面提出一个提纲挈领的规划来。陈云关于物质文明和精神文明建设"一起抓"的思想，对指导党全面建设社会主义方针的确立与践行，有着重要的意义。遗憾的是，这一精神文明建设的思想没有完全得到落实。1989年政治风波后，江泽民同志在庆祝中华人民共和国成立40周年的讲话中告诫全党："我们要深刻吸取近几年来物质文明建设和精神文明建设一手硬一手软的教训，在努力发展物质文明的同时，切实抓好精神文明建设。"⑤陈云关于物质文明与精神文明"一起抓"的思想发展为"两手抓，两手都要硬"的方针。中共十八大以来，习近平一再强调物质文明和精神文明要协调发展。2013年8月，他在全国宣传思想工作会议上指出："只有物质文明建设和精神文明建设都搞好，国家物质力量和精神力量都增强，全国各族人民物质生活和精神生活都改善，中国特色社会主义事业才能顺利向前推进。"⑥这是在新的历史条件下对社会主义精神文明建设思想的继承与发展。

二、明确精神文明建设"关键是搞好执政党的党风"

精神文明建设关键在于搞好党风建设，是由中国共产党的执政地位决定的。党的领导干部由于掌握了领导权，有了利用手中掌握的各种权

---

① 《陈云文选》第3卷，人民出版社1995年版，第354页。
② 同上书，第355页。
③ 同上书，第345页。
④ 同上书，第547页。
⑤ 《十三大以来重要文献选编》（中），中央文献出版社2011年版，第74页。
⑥ 《习近平谈治国理政》，外文出版社2015年版，第153页。

力为自己谋取私利的便利,如果不加强理想信念教育和宗旨教育,就会脱离群众,甚至走上违法犯罪的道路。改革开放后,因谋私利而犯法、犯错误的党员干部不在少数。有些党政军机关干部及家属子女,蜂拥经商,一些人忘记了社会主义和共产主义的理想,丢掉了为人民服务的宗旨,不顾国家和群众的利益,投机诈骗,贪污受贿,非法致富,在同外国人交往中,不顾国格人格等现象①屡屡发生。"一切向钱看"的资本主义腐朽思想,严重地腐蚀我们的党风和社会风气。对此,担任中央纪律检查委员会第一书记的陈云深恶痛绝。他指出:"我们搞社会主义,一定要抵制和清除这些丑恶的思想和行为,要动员和组织全党和社会的力量,以除恶务尽的精神,同这种现象进行坚决的斗争。"②他不仅提出"执政党的党风问题是有关党的生死存亡的问题"③,而且阐明了党风在社会主义精神文明建设中的关键作用和党员干部模范作用对全社会精神文明建设的示范意义。1985年6月,他一针见血地指出:"抓社会主义精神文明建设,关键是搞好执政党的党风。"④"在党内,忽视精神文明建设,忽视思想政治工作,就不可能有好的党风"⑤,而"端正党风的关键是提高党员素质,尤其是提高高中级党员领导干部素质"⑥。党风是表现,党性是根本。解决党风问题,首要的是要加强党性教育。他提出:查处违法乱纪是必要的,"更重要的是要加强共产党员的党性教育和自觉遵守党的纪律的教育。提高共产党员的素质,是非常重要的事情,是党的建设上的一个根本问题"⑦。"必须重视执政党条件下党员的政治思想教育和党性教育。"⑧他强调:"建设社会主义精神文明,是全党的任务……要坚决地刹歪风、正党风,增强全体党员的党性,从精神文明建设上,保证和促进社会主

---

① 《陈云文选》第3卷,人民出版社1995年版,第352页。
② 同上书,第356页。
③ 同上书,第273页。
④ 同上书,第348页。
⑤ 同上书,第355页。
⑥ 同上书,第363页。
⑦ 同上书,第541页。
⑧ 同上书,第547—548页。

义物质文明建设。"①

"一切向钱看"的错误思想是伴随着改革开放出现的，因此，有人因此反对党的改革开放政策，陈云对此进行了厘清。他认为应该充分利用外国有用的东西加快国内建设。在"文革"后期，他就强调要研究当代资本主义，"不研究资本主义，就不要想在世界市场中占有我们应占的地位"②。改革开放后，他强调引进国外先进技术和经营管理经验，为我国社会主义建设所用，是完全正确的，要坚持。但同时多次提醒全党"要充分注意对外开放中带来的消极东西"③，要始终"严重注意资本主义腐朽思想和作风的渗入"④，"社会主义经济建设和经济体制改革，更加要有为共产主义事业献身的精神"。⑤针对"有些人看见外国的摩天大厦、高速公路等等，以为中国就不如外国，社会主义就不如资本主义，马克思主义就不灵了"⑥的言论，陈云特别强调在社会主义精神文明建设中加强理想信念教育的必要性，指出"有针对性地进行以共产主义思想为核心的教育"⑦，"应当把共产主义思想的教育、四项基本原则的宣传，作为思想政治工作的中心内容"⑧。在加强共产主义思想教育的同时，还要加强爱国主义教育和革命传统教育，通过这些教育，"提高共产党员的党性觉悟，坚定地保持共产主义的纯洁性"⑨。他充满信心地指出："如果我们各级党委，我们的党员特别是党员干部，对此有清醒的认识，高度的警惕，有针对性地进行以共产主义思想为核心的教育，那么资本主义思想的侵入并不可怕。我们相信，马克思主义、共产主义的真理，一定会战胜资本主义腐朽思想和作风的侵蚀。"⑩这一思想后来为《中共中央关于社会主义精神

---

① 《陈云文选》第3卷，人民出版社1995年版，第248页。
② 同上书，第218页。
③ 同上书，第332页。
④ 同上书，第355页。
⑤ 同上书，第353页。
⑥ 同上书，第332页。
⑦ 同上书，第355页。
⑧ 同上书，第352页。
⑨ 同上书，第348页。
⑩ 同上书，第355页。

文明建设指导方针的决议》所吸收。该《决议》指出："各级党组织和广大党员在精神文明建设中的责任，一是加强自身的精神文明建设，特别是搞好党风；二是以模范行动和艰苦工作，组织和推动全社会的精神文明建设。"①

为保证执政党干部队伍的良好素质，陈云要求把好入口关。他倡导干部队伍新老合作和交替，提出要按照革命化、年轻化、知识化、专业化的标准，培养德才兼备的青年干部队伍。他强调要主动地有意识地、"必须成千上万地"、"几十万、上百万地"提拔中青年干部②，但是，"提拔中青年干部必须注意德"，指出"选干部，首先要看德，有才缺德的人不能用"③，要"培养既能写，又有德，德才兼备的人"④，并认为这种新人越多，素质越高，就越能够为端正党风，消除腐败创造良好的环境和条件。不仅如此，陈云还指出："在以身作则、关心党风党纪、发挥监督作用上，没有退居二线和离休、退休的问题。只要是党员，活着就永远处在第一线。"⑤这样才能保证党风建设无遗漏、无死角。

三、强调学马克思主义哲学是思想上的基本建设

陈云认为，建设社会主义精神文明，要从学习着手，学哲学，学历史，首先要"认真学习马克思主义理论"⑥，重点学习马克思主义哲学。面对纷繁复杂的社会现象，要透过现象看本质，首要的就是认识事物的科学方法。陈云从自身的经历出发，多次提到延安整风时期毛泽东提倡学马列著作，特别是学哲学对于全党提高思想水平所起的重大作用，因此一再倡导党员干部要学习马克思主义哲学，认为这是共产党员掌握正确的思想方法、工作方法和少犯错误的关键。他"建议同志们，尤其是年

---

① 《十二大以来重要文献选编》（下），中央文献出版社2011年版，第134页。
② 《陈云文集》第3卷，中央文献出版社2005年版，第509页。
③ 同上书，第498—499页。
④ 《陈云年谱（修订本）》下卷，中央文献出版社2015年版，第319页。
⑤ 《陈云文选》第3卷，人民出版社1995年版，第352页。
⑥ 《陈云年谱（修订本）》下卷，中央文献出版社2015年版，第438页。

轻同志，平日除了看业务书外，也要抽空读点马列的理论书籍，特别是要学点马克思主义的哲学。唯物辩证法和历史唯物论是最正确最科学的世界观和思想方法。一个人，无论从事什么工作，有还是没有这个世界观和思想方法，工作起来都会大不一样"①。

1987年和1988年，他先后同中共中央负责同志和浙江省党政军负责同志谈话，一再强调要学习哲学尤其是马克思主义哲学。他说："要把我们的党和国家领导好，最要紧的，是要使领导干部的思想方法搞对头，这就要学习马克思主义哲学。"②"学习哲学，可以使人开窍。学好哲学，终身受用。"③在改革开放的新形势下，全党仍然面临着学会运用马列主义毛泽东思想的立场、观点、方法分析和解决问题的最迫切任务。他强调："不要怕人家说马克思主义哲学过时了，没有过时，永远不会过时。""学马克思主义哲学，是思想上的基本建设。"④

为帮助党员干部学习提高，陈云认为党校工作要由短期轮训干部为主转向正规化培训干部为主，迫切任务是培训好适应"四化"建设需要的革命化、年轻化、知识化、专业化的党政领导骨干，"党校既要学习马列主义、毛泽东思想的基本理论和党的方针政策，以此作为主课，又要学习一些现代科学文化知识和必要的专业知识，以提高干部的领导水平和实际工作能力"。⑤这些规定为实现党校教育正规化提供了有力指导。

习近平高度评价陈云关于学习的思想。在纪念陈云同志诞辰110周年座谈会上的讲话中，他指出："全党同志一定要把学习作为一种政治责任、一种精神追求、一种生活方式，不断接受马克思主义哲学智慧的滋养，自觉坚持和运用辩证唯物主义世界观和方法论，广泛学习各方面知识，做到学以益智、学以励志、学以立德、学以修身。"⑥中央政治局还就辩证唯物主义和历史唯物主义基本原理与方法论举行了集体学习。习

---

① 《陈云文集》第3卷，中央文献出版社2005年版，第532页。
② 同上书，第360页。
③ 同上书，第362页。
④ 《陈云年谱（修订本）》下卷，中央文献出版社2015年版，第466页。
⑤ 同上书，第369页。
⑥ 《习近平在纪念陈云同志诞辰110周年座谈会上的讲话》，《人民日报》2015年6月13日第1版。

近平在主持学习时强调，辩证唯物主义是中国共产党人的世界观和方法论，我们党要团结带领人民协调推进全面建成小康社会、全面深化改革、全面依法治国、全面从严治党，实现中华民族伟大复兴的中国梦，必须不断接受马克思主义哲学智慧的滋养，增强辩证思维、战略思维能力，努力提高解决我国改革发展基本问题的本领。因此，领导干部要把学习马克思主义哲学作为看家本领。中共十八大以来，习近平在治国理政实践中，特别注重运用马克思主义世界观和方法论，尤其是历史思维、系统思维、辩证思维、战略思维、创新思维和底线思维，分析解决治国理政中的一系列根本问题，深得马克思主义哲学智慧的滋养。陈云关于学习的思想及工作中善于运用哲学思维的观点在新的历史条件下得到发扬光大。

四、重视精神文明的阵地建设

社会主义精神文明重在建设。陈云强调"加强思想政治工作，维护党的思想政治工作部门的权威"①。他提出"报纸、电台、电视台的事，中央宣传部要主动地管一下，要一个一个地管才好"②，"要树立中央宣传部门的权威。中宣部要管电台、电视台、报纸和文艺"③。他认为，一些问题的发生，同我们放松思想政治工作、削弱思想政治工作部门的作用和权威有关，应引为教训，并提出对做意识形态工作的同志，经过教育不改的，要调动他们的工作。他语重心长地说："宣传工作搞不好，会翻船的。"④ 同时，社会主义精神文明的建设是一项系统工程，思想政治工作者、各种文化和科学工作者、教育工作者，在建设社会主义精神文明中都担负着特别重要的责任。关于学校，他认为"学校是传授文化、科学、技术知识，培养社会主义建设人才的重要场所，也是社会主义精神文明建设的重要阵地"，中小学生是我们实现社会主义现代化宏伟事业的接班

---

① 《陈云文选》第3卷，人民出版社1995年版，第352页。
② 同上书，第346页。
③ 同上书，第541页。
④ 《陈云文集》第3卷，中央文献出版社2005年版，第475页。

人,"他们具有什么样的世界观,将来能否担负起历史的重任,同中小学教育有着密切的关系。一定要办好中小学教育,提高中华民族素质"[①]。

报纸杂志是党的宣传思想工作的重要媒体,应当增强吸引力,特别注意坚持正确的舆论导向,发表积极向上、催人奋进的文章,以正确舆论引导人。为了发挥党报的作用,他研究《人民日报》,提出报纸在编排上要改进,要为广大读者着想。他主张"报上的长文章以及重要的评论、通讯等,前面都应当有提要,中间还可以加小标题或标明段落。这样,既可以大大节省读者的时间,又在实际上提高了报纸的作用"[②],写提要简单明了,可以吸引更多的人来看报。他观察《人民日报》的副刊,发现大概30天中有20天都有一些消极的东西,对此他提出了批评。1985年4月,他看到新华社一篇题为《国家在他们胸中》的内部材料,反映的是上海纺织行业几位厂长在改革中坚持把国家利益和社会效益放在第一位的事迹。他批示道:"此件核实后应公开发表。我们的宣传机器应当大力宣传这样的人,大力扶持正气。"[③]6月5日,《经济日报》根据陈云的指示报道了其中一位厂长的事迹,并配发了题为《企业领导要唱正气歌》的评论员文章。1988年2月,他为祝贺《人民日报》创刊40周年题词:"实事求是,全心全意为读者服务。"[④]同年2月、3月下旬先后分别给延安马列学院成立50周年、中央团校成立40周年的题词为"实事求是,理论联系实际"和"发扬实事求是理论联系实际的作风"[⑤]。期望殷殷。

陈云重视传统文化的传承。1981年4月,他就如何抓整理古籍工作提出了自己意见:第一,整理古籍,把祖国宝贵的文化遗产继承下来,是一项关系到子孙后代的重要工作,现已整理和出版约两千多种,还差得很远;第二,整理古籍不仅要作标点、注释、校勘、训诂,还要有今译;第三,要有一个几十年连续不断的领导班子,组成古籍整理出版规划小组,直属国务院;第四,提出为期三十年的规划,第一个十年先打

[①] 《陈云文集》第3卷,中央文献出版社2005年版,第545页。
[②] 同上书,第477页。
[③] 《陈云年谱(修订本)》下卷,中央文献出版社2015年版,第430页。
[④] 同上书,第463—464页。
[⑤] 同上书,第464—465页。

好基础,组织队伍;第五,对现有古籍的孤本、善本,要采取挽救和保护的措施,散失在国外的要想办法弄回来,或复制回来;第六,古籍整理工作可依托高等院校,分配不对口的古籍专业人员尽可能收回来,安排到各专门机构;第七,尽管国家现在有困难,也要花点钱,编一个经费概算,主要用于整理和印刷费用,包括解决办公室、宿舍等费用,为专门人才创造较好的工作条件和生活条件;还提出从小学开始就要让学生读点古文[①]。他派秘书去中华书局、北京大学等单位听取关于古籍整理工作的情况和意见。同年9月,陈云的意见经中共中央书记处会议讨论,主要观点整理为《中共中央关于整理我国古籍的指示》下发,大大推动了古籍整理工作。1991年7月25日,86岁高龄的陈云还为《文白对照全译〈资治通鉴〉》题词:"做好经典古籍的今译工作。"[②]

"文艺是国民精神所发的火光,同时也是引导国民精神的前途的灯火。"[③]这是鲁迅先生对文艺教育作用的精辟论述。曲艺是中国特有的传统艺术形式,在城乡有着广泛的群众基础。陈云从自己喜爱的曲艺及评弹艺术入手,悉心指导,以发挥其在社会主义精神文明建设中以文化人的作用。他在给中国曲艺家协会第三次会员代表大会的贺信中指出,"曲艺工作者和所有我国的文艺工作者一样,肩负着建设社会主义精神文明的责任",勉励大家"为繁荣曲艺,为社会主义精神文明建设作出新贡献"[④]。他对评弹艺术从指导思想、方针、政策直到创作和表演等方面一一提出指导意见,尤为经典的是1981年他提出了"出人、出书、走正路"的思想。出人,就是要热心积极培养年轻优秀的创作人员和演员,使他们尽快跟上甚至超过老一辈。出书,就是要一手整理传统书目,一手编写反映新时代、新社会、新事物的书目,特别是要多写多编新书。走正路,就是要在书目和表演上,既讲娱乐性,又讲思想性,不搞低级趣味和歪门邪道[⑤]。他提出评弹艺术要推陈出新,要整理传统书目,"闭目不理

---

① 《陈云年谱(修订本)》下卷,中央文献出版社2015年版,第312—313页。
② 同上书,第497页。
③ 《鲁迅全集》第1卷,人民文学出版社1981年版,第254页。
④ 《陈云年谱(修订本)》下卷,中央文献出版社2015年版,第429页。
⑤ 《陈云文选》第3卷,人民出版社1995年版,第531页。

拥有几百年历史的传统书是一种历史虚无主义。只有既说新书，又努力保存传统书的优秀部分，才是百花齐放"①，评弹这项传统民间艺术在内容、语言、节奏等方面要跟上时代和群众的需要，说书艺人思想随着时代的前进不断提高，要加强对评弹艺术的研究，在继承传统的基础上进行革新，"创作和演出更多的为人民群众喜闻乐见的好作品"②。他指出，人们来听曲艺，首先是为了文化娱乐的需要，思想教育的目的要通过艺术的手段来达到。如果没有受众和消费者，就无法产生影响力，实现"以文化人"的教化功能，因此组织好"关子"，才能吸引人。

为扩大题材来源，陈云认为可以根据小说、电影、话剧等改编成新弹词，同理，评弹的好题材也可以广泛改编。在新编评弹《真情假意》《九龙口》《筱丹桂之死》等受群众欢迎的评弹书目出来后，他给予高度肯定，并大力推广。1982年6月11日，他致信邓力群说："《真情假意》是评弹中一个好的中篇，是适合青年、提高青年的作品，有切合现实的时代气息，对广大青年有教育意义，请他考虑可否在此基础上改编为话剧。"③该作品后来被改编为话剧、广播剧、电视剧、歌剧等。之所以要改编为广播剧，是因为"广播比报纸来得快，影响大，特别是在广大农村，订报纸的不多，电视机还不普及，主要靠广播"④。之所以要求其他剧种移植《真情假意》，"是因为那些剧种用普通话，能听懂的人更多一些"⑤。他要求江浙沪文艺领导部门要扶持那些能吸引听众，受听众欢迎的作品，并支持评弹的改革不要一刀切的主张。

对于当时评弹书目和表演上强调迎合部分观众低级趣味、单纯追求票房价值的现象，陈云认为要加强管理，坚决抵制这种有害倾向。1983年8月16日，他致信意识形态领域的负责人胡启立，指出："单靠文化部门抓管理是不够的，必须由江、浙、沪的省、市委出面来抓才行，并

---

① 《陈云年谱（修订本）》下卷，中央文献出版社2015年版，第247页。
② 同上书，第378页。
③ 同上书，第343页。
④ 同上书，第352页。
⑤ 同上书，第353—354页。

组织制订书场管理条例。"①陈云对曲艺及评弹艺术发表的意见，仅1983年中国曲艺出版社出版的《陈云同志关于评弹的谈话和通信》一书收录的谈话和通信就多达40篇，之后还出版了增订本，主要"通过谈评弹，对其他方面起到树立样板的作用"②，引导艺术的健康发展。陈云的这些意见为中国文艺坚守社会主义价值指明了方向，有着重要的现实意义。发挥精神文化产品育人化人的重要功能，是社会主义先进文化建设的要求。2013年底，中共中央办公厅印发的《关于培育和践行社会主义核心价值观的意见》要求"一切文化产品、文化服务和文化活动，都要弘扬社会主义核心价值观，传递积极人生追求、高尚思想境界和健康生活情趣。提升文化产品的思想品格和艺术品位，用思想性艺术性观赏性相统一的优秀作品，弘扬真善美，贬斥假恶丑"③。

五、陈云精神文明建设思想的时代价值

从改革开放初期提出社会主义精神文明建设目标，到中共十八届五中全会提出全面建成小康社会，要"推动物质文明和精神文明协调发展，建设社会主义文化强国"④，都是从问题意识出发，回应时代挑战的重要举措。中国在改革开放初期，对外开放、对内搞活，人们的观念和生活方式有了很大改变，出现了物欲膨胀、拜金主义流行、盲目崇拜西方的现象。陈云提出的一系列思想："物质文明和精神文明要一起抓"，坚持现代化建设的社会主义价值取向，鼓励人们为民族振兴、国家富强而奋斗；精神文明建设"关键是搞好执政党的党风"，对外开放，既要学习好的东西，又要增强对资本主义腐朽思想的免疫力，要高度重视党员干部的党性教育特别是理想信念教育；要求学习马克思主义哲学，把思想方法搞对头；报纸杂志等媒体要改进，注意坚持正确的舆论导向，增强吸引力；

---

① 《陈云年谱（修订本）》下卷，中央文献出版社2015年版，第386页。
② 同上书，第402页。
③ 《中共中央办公厅关于培育和践行社会主义核心价值观的意见》，《人民日报》2013年12月24日第1版。
④ 《中国共产党第十八届中央委员会第五次全体会议公报》，《人民日报》2015年10月30日。

强调整理古籍是一项关系到子孙后代的重要工作，要把祖国宝贵的文化遗产继承下来；文艺要"出人、出书、走正路"，等等，抓住了精神文明建设的重点与关键，推动了社会主义精神文明建设发展。

改革开放以来，中国经过接续奋斗、接力探索，2010年成为世界第二大经济体，2015年人均国民总收入为7880美元，已接近中等偏上收入国家平均水平。这对于有13亿多人口的大国来说，是了不起的成就，也标志着中国进入了邓小平所说的"发展起来以后"时期，社会转型期问题交织，利益调整期矛盾凸显，社会阶层、利益主体和思想观念日趋多样化，加上世界格局的大调整，如何凝聚共识，凝聚改革的合力，汇聚社会正能量，是当前要解决的重大问题。而中国文化发展不平衡，农村、老少边穷地区精神文化生活仍然比较贫乏；一些领域道德失范、诚信缺失问题比较严重，国民素质和社会文明程度有待提高；中国的崛起必然伴随着文化上的如何"走出去"。这是目前中国精神文明建设的首要课题。正如习近平总书记在中共中央政治局第二十次集体学习时所指出的："准确把握中国不同发展阶段的新变化新特点，使主观世界更好符合客观实际，按照实际决定工作方针，这是我们必须牢牢记住的工作方法。"[①]他从协调发展的理念出发，强调要锲而不舍、一以贯之抓好社会主义精神文明建设，为全国各族人民不断前进提供坚强的思想保证、强大的精神力量、丰润的道德滋养；要以辩证的、全面的、平衡的观点正确处理物质文明和精神文明的关系，把精神文明建设贯穿于改革开放和现代化建设的全过程，渗透社会生活的各方面。中共十八大以来，中共中央和国务院发布了关于深化文化体制改革、培育和践行社会主义核心价值观、加快构建现代公共文化服务体系、进一步加强和改进新形势下高校宣传思想工作、建设中国特色新型智库、繁荣发展社会主义文艺、推动国有文化企业把社会效益放在首位实现社会效益和经济效益双丰收等一系列指导性意见，2016年2月、5月，习近平就新闻舆论工作和哲学社会科学工作召开座谈会，发表了重要讲话。《国民经济和社会发展第

---

① 《中国共产党第十八届中央委员会第五次全体会议公报》，《人民日报》2015年10月30日第1版。

十三个五年规划纲要》提出,加强社会主义精神文明建设要提升国民文明素质、丰富文化产品和服务、提高文化开放水平,要坚持社会主义先进文化前进方向,坚持以人民为中心的工作导向,坚持把社会效益放在首位,加快文化改革发展,建设社会主义文化强国。值得特别关注的内容包括:一是构建中华优秀传统文化传承体系,强调实现传统文化创造性转化和创新性发展,发挥优秀传统文化怡情养志、涵育文明的重要作用;二是推动中华文化走出去,展示中华文化独特魅力,向世界阐释中国文化、中国国情、中国道路、中国价值,增加国家文化软实力,在中外文化的交流、交融、交汇中,既从世界多彩文明中汲取丰富营养,也为人类共同价值贡献东方智慧。

办好中国的事情关键在党。中共十八大以来,习近平重申党要管党,并提出全面从严治党,一手抓反腐败斗争,提出"老虎苍蝇一起打",把权力关进制度的笼子里;一手抓党的建设,雷厉风行地连续开展群众路线教育实践活动、"三严三实"专题教育活动以及"两学一做"学习教育活动。坚持思想建党和制度治党结合,同向发力、同时发力;不仅抓关键的少数,切实加强党员领导干部的党风建设,努力营造良好政治生态,努力打造对党忠诚、个人干净、敢于担当的干部队伍;学习教育普及到广大党员,要求做讲政治、有信念,讲规矩、有纪律,讲道德、有品行,讲奉献、有作为的合格党员,着力解决一些党员理想信念模糊动摇,宗旨观念淡薄,党的意识淡化,道德行为不端的问题,落实全面从严治党的举措,形成党的作风建设永远在路上的格局。

建设中国特色社会主义事业是一项充满艰辛、充满创造的壮丽事业,要继续写好中国特色社会主义这篇大文章,需要伟大的精神支撑与推动。习近平强调"革命理想高于天"[1],"对马克思主义、共产主义的信仰,对社会主义的信念,是共产党人精神上的'钙'。没有理想信念,理想信念不坚定,精神上就会得'软骨病',就会在风雨面前东摇西摆"[2]。他要求

---

[1] 习近平:《坚持运用辩证唯物主义世界观方法论 提高解决我国改革发展基本问题本领》,《人民日报》2015年1月25日第1版。

[2] 习近平:《在纪念陈云同志诞辰110周年座谈会上的讲话》,《人民日报》2015年6月13日第1版。

全党同志一定要坚守共产党人精神家园,把改造客观世界与改造主观世界结合起来,切实解决好世界观、人生观、价值观的问题,练就共产党人的钢筋铁骨,铸牢坚守信仰的铜墙铁壁,矢志不渝为中国特色社会主义共同理想而奋斗。

社会主义精神文明需要全体国民文明素质的提升,需要加强全社会的思想道德建设和社会诚信建设,增强国家意识、法治意识、社会责任意识,倡导科学精神,弘扬中华传统美德,以形成人人恪守公民道德、职业道德和家庭道德的道德文化,遵守法律、依法办事的法律文化,普及科学知识,培育全民科学素养,反对伪科学和封建迷信。道德、法律规范背后的基础是价值观。因此,我们必须"大力培育和弘扬社会主义核心价值观,用富有时代气息的中国精神凝聚中国力量"①,动员全体中华儿女共同创造中华民族新的伟业。这是社会主义精神文明建设的时代内涵,为我们在新的历史起点上实现"两个一百年"的奋斗目标、实现中华民族伟大复兴的中国梦提供了基本遵循。这说明邓小平、陈云等领导人创立的精神文明建设思想已与时俱进,并推动了中国特色社会主义事业的全面发展和大步前进。

[原载《武陵学刊》2017 年第 3 期]

---

① 习近平:《坚持运用辩证唯物主义世界观方法论 提高解决我国改革发展基本问题本领》,《人民日报》2015 年 1 月 25 日第 1 版。

胡乔木在改革开放初期对巩固党的文化领导权的贡献

胡乔木是杰出的马克思主义理论家和党在思想理论、文化宣传战线的领导人,改革开放初期,他协助邓小平在思想文化战线作了大量的工作,为巩固党的文化领导权作出了重要的贡献。

一、科学地阐述文艺与政治的关系,促进党的文化政策调整

文艺为谁服务和如何服务是马克思主义文艺观的核心问题。毛泽东在 1942 年发表的《在延安文艺座谈会上的讲话》明确做出回答:我们的文艺是为着"最广大的人民大众"①的,主要就是为工人、农民、兵士和城市小资产阶级劳动群众和知识分子服务,而首先是为工农兵服务。毛泽东认为"文艺从属于政治""文艺服从于政治""一切文化或文学艺术都是属于一定的阶级,属于一定的政治路线的。为艺术的艺术,超阶级的艺术,和政治并行或互相独立的艺术,实际上是不存在的"。②毛泽东的文艺观及其引领下的文艺实践有效地唤起、动员了民众,为促进中国革命的胜利及推动文艺的普及,为新中国的文化建设,为鼓舞人们建设国

---

① 《毛泽东选集》第 3 卷,人民出版社 1991 年版,第 856 页。
② 同上书,第 865、866 页。

家、树立社会主义道德风尚等起了巨大的推动作用。但是,"文艺从属于政治""文艺服从于政治",常被狭隘地理解为文艺必须配合党的政治路线和政治运动,甚至要求文艺从属于临时的、具体的、直接的政治任务,于是出现了一些长期困扰中国文化发展的问题(如政治与行政干预过多,文艺作品的概念化、公式化,学术艺术、思想问题与政治问题的界限时常混淆,等等)。①1957年文化界的反右派斗争,采取行政手段和群众斗争的方式去解决意识形态领域的问题,特别是在"文化大革命"中文艺成为政治斗争的工具,教训尤其深刻。因此,如何调整文化与政治的关系是新时期亟待解决的一个问题。胡乔木对"文艺从属于政治"提法进行了一分为二的重点阐述,推动党的文化政策调整。

1979年8月29日,胡乔木与中国社会科学院文学研究所的同志谈话时,对文学与政治的关系作出如下阐释:"文学是上层建筑,政治也是上层建筑。但两者性质不同,任务也不同,社会作用和作用的方式也都完全不一样,两者不能混为一谈","政治必然影响文学,但如认为政治能够或应当决定文学的发展,那就是政治史观而不是唯物史观了"②,肯定了文艺的相对独立性。9月18日,胡乔木、邓力群致信胡耀邦并转周扬,就周扬在中国文学艺术工作者第四次代表大会上的报告《继往开来,繁荣社会主义新时期文艺(征求意见稿)》提出:"全文的关键似在对文艺与政治的关系作出新的提法,不再因袭过去的文艺为政治服务、文艺从属于政治的等提法。过去的提法有许多讲不通的地方,过于简单化……还是要给以历史的积极的解释和估价,因为它是当时时代的产物,也发挥了积极作用(当然也产生了消极作用),但现在仍然因袭就不适当了。"③

在1979年10月30日召开的中国文学艺术工作者第四次代表大会上,邓小平代表中共中央、国务院所作的祝词舍弃了"文艺为政治服务"

---

① 杨凤城:《中国共产党90年的文化观、文化建设方针与文化转型》,《中国人民大学学报》2011年第3期。
② 《胡乔木文集》第3卷,人民出版社2012年版,第68页。
③ 徐庆全:《名家书札与文坛风云》,中国文史出版社2009年版,第340页。

的提法①，而是提出："对实现四个现代化是有利还是有害，应当成为衡量一切工作的最根本的是非标准。"②1980年1月16日，邓小平在中共中央召集的干部会议上明确表示，"不继续提文艺从属于政治这样的口号，因为这个口号容易成为对文艺横加干涉的理论根据，长期的实践证明它对文艺的发展利少害多"，"文艺是不可能脱离政治的。任何进步的革命的文艺工作者都不能不考虑作品的社会影响，不能不考虑人民的利益、国家的利益、党的利益"。③据此，7月26日，《人民日报》发表社论，明确提出"文艺为人民服务、为社会主义服务"的口号，为社会主义新时期的文艺工作指出了正确的方向。④新的"二为"方向，是党在文化建设指导思想上的重大调整。

胡乔木努力推动"二为"方向的贯彻。针对一些不赞成以"二为"方向代替原有方针的僵化思想，1982年6月25日，他在中国文联四届二次全委会招待会上指出，"为人民服务，为社会主义服务"的提法"在表达文艺服务的目的方面，来得更加直接，给我们的文艺开辟的服务途径，更加宽广"。这首先是因为"政治本身不是目的，政治是达到我们的目的的一种手段"，"政治的目的是为人民的利益"，"人民、社会主义是文艺服务根本目标，是非常广阔的概念，它们把政治包含在内，但不单单归结为政治。它们是政治的目的，政治的正确性归根到底要用人民的利益、社会主义的利益来衡量和保证"。⑤为人民服务，就是我们的作品是反映人民的生活的，我们站在人民的立场上，"团结人民，鼓舞和教育人民"。⑥执政党要领导全社会，"我们的文艺作品，毫无疑问，它的思想内容的主要倾向是要拥护人民，拥护社会主义，拥护党，表现某些强烈的政治主题，这是我们提倡的"。但是，我们并不认为，"这是文学艺术的唯一主题"。⑦因此，文艺为人民服务、为社会主义服务的提法比为政治服务的提

---

① 徐庆全：《名家书札与文坛风云》，中国文史出版社2009年版，第345页。
② 《邓小平文选》第2卷，人民出版社1994年版，第209页。
③ 同上书，第255、256页。
④ 《文艺为人民服务，为社会主义服务》，《人民日报》1980年7月26日第1版。
⑤ 《胡乔木文集》第2卷，人民出版社2012年版，第560—561页。
⑥ 同上书，第563页。
⑦ 同上书，第563页。

法更加准确，更加清楚。其次，"为政治服务可以并且曾经被理解为当前的某一项政策，某一项临时性的政治任务、政治事件，甚至为某一个政治领导者的'瞎指挥'服务。应该承认，为狭义的政治服务，在某种范围内也是需要的（只要这种政治确是代表人民当时的利益），但是决不能用它来概括文学艺术的全部作用"。而"为社会主义服务是一个广泛的概念，只要有益于培养社会主义新人的世界观、理想、道德、品格、信念、意志、智慧、勇气、情操和整个精神境界，都是为社会主义服务"。①

正确把握文艺与政治关系的关键是如何实现党对文艺的领导。胡乔木明确提出党对文艺事业的领导，主要体现在方针政策的制定和贯彻上。他指出："对于社会主义事业，我们党承担领导责任"，"但是，文学艺术方面的许多事情，不是在党的直接指挥下，经过党的组织就能够完成的，而是要通过国家和社会的有关组织、党和党外群众的合作才能进行的"，"有许多与文学艺术发展方向关系不大的事情，党没有必要也没有可能去干预"。②1981年12月27日，他在全国故事片电影创作会议上指出：对于文艺工作，只是"无为而治"是不行的，"管得太具体"也不对。③

胡乔木对文学的党性与文学家、艺术家中的共产党员的党性这一问题在相当长一段时间是非混淆的问题进行了区分。他明确指出："这是两个不同性质的问题。共产党员文学家，首先是共产党员，同任何共产党员一样"，"他必须有坚强的党性"。因此，"共产党员文学家决不可以把他所从事的文学艺术工作当作与党无关的个人事业，而应该把它看作是党的事业的一部分，决不可以因为是文学家就自视特殊，而应该把自己看作是党的组织的守纪律的成员。这个问题比较简单，这些原则是不能含糊，不能有丝毫疑义的"。④至于文学的党性，"是文学作品的思想内容、思想倾向中所集中表现的阶级立场、政治立场、党派立场，这并不是一般文学作品所普遍具有的"⑤"不必要也不应该成为对所有的文艺作品的

---

① 《胡乔木文集》第2卷，人民出版社2012年版，第514—515页。
② 同上书，第555—556页。
③ 同上书，第318页。
④ 同上书，第557页。
⑤ 同上书，第558页。

要求";"如果那样要求……我们的文学观就太狭窄了"。而且,"这种倾向性,如恩格斯所指出的,'要从场面和情节中自然而然地流露出来',就是说,要通过深刻反映社会生活本身的规律,通过严格遵循艺术创作本身的规律来表现,而不应该违背生活、违背艺术的规律,从外面加进来,硬塞给读者"。①他根据中外文学的客观事实,指出文学艺术有多种多样的形式,有的带有一定的倾向性,有的很难直接说出它的社会政治倾向性来。因此,"只要是合乎美学标准的,也能够在一个方面起为人民服务、为社会主义服务的作用。我们也要让这一类作品充分发挥它们的积极作用"。②这一理念拓展了文学艺术的表现空间,是对文艺多样性的包容与鼓励,是繁荣社会主义文艺的基础,利于纠正以往长时期把文艺功能狭隘化的现象。

上述文艺与政治的相关问题,都是当时理论与实践中亟待解决的问题,胡乔木条分缕析的阐释解决了人们的思想困惑,有利于"二为"方向的贯彻落实,推动政治与文艺间的良性互动。

二、实事求是地总结和评价毛泽东的文艺思想

文化领域在"文化大革命"中是重灾区。文艺领域的拨乱反正,如果不对毛泽东的文艺观作出科学分析,就不能澄清人们的思想,真正完成拨乱反正的任务。"文化大革命"后,邓小平主持下制定的《关于建国以来党的若干历史问题的决议》(以下简称《决议》),回答了什么是毛泽东思想,为什么要坚持和发展毛泽东思想,以及怎样区分毛泽东晚年的错误与毛泽东思想等一系列理论与实践问题,完成了指导思想上的拨乱反正,但《决议》没有具体评价毛泽东的文艺思想。胡乔木是《决议》起草工作的负责人,又是毛泽东在延安文艺座谈会上讲话的整理者、宣传者,对毛泽东文艺思想及其实践有深入的认识。

1981年8月8日,在中宣部召集的思想战线问题座谈会上,胡乔木

---

① 《胡乔木文集》第2卷,人民出版社2012年版,第559页。
② 同上书,第558页。

就怎样认识毛泽东的文艺思想发表了意见。他指出,《讲话》的根本精神,"不但在历史上起了重大的作用,指导了抗日战争后期的解放区文学创作和建国以后的文学创作的发展,而且是我们在今后任何时候都必须坚持的"。①《讲话》的要点是:"文学艺术是人类社会生活的反映,生活是文学艺术的唯一的源泉……在人民当家作主的地方,必须深入到人民的生活中间去……才能够写出反映他们的生活、符合他们的需要的作品","作家要站在无产阶级和人民的立场上,创造文学艺术的作品,来团结和教育人民,惊醒和鼓舞人民,推动人民为反对敌人、改造旧社会旧思想、建设新社会新生活而斗争。"②胡乔木指出:"这些都是完全正确的。在今天的社会主义时代,党中央提出文艺要为人民服务,为社会主义服务,这是毛泽东同志的文艺思想在社会主义条件下的运用和发展。"他强调,"坚定不移地站在人民的立场上,为人民服务,首先是为工农兵服务,这是我们必须坚持而不能动摇的"。③

同时,胡乔木提出:"对毛泽东的文艺思想也要采取科学的分析态度。我们不能用'句句是真理'或者'够用一辈子'那样的态度来对待。""长期的实践证明,《讲话》中关于文艺从属于政治的提法,关于把文艺作品的思想内容简单地归结为作品的政治观点、政治倾向性,并把政治标准作为衡量文艺作品的第一标准的提法,关于把具有社会性的人性完全归结为人的阶级性的提法……这些互相关连的提法,虽然有它们产生的一定的历史原因,但究竟是不确切的,并且对于建国以来的文艺的发展产生了不利的影响。这种不利的影响,集中表现在他对于文艺工作者发动一种急风暴雨式的群众性批判上,以及一九六三年、一九六四年关于文艺工作的两个批示上(这两个批示中央已经宣布正式加以否定)。这两个事实,也是后来他发动'文化大革命'的远因和近因之一","这个沉痛的教训我们必须永远牢记"。他还指出:"我们也要看到,毛泽东即使在晚年,对文艺问题也发表过一些好的思想。比方说,'古为今用,洋为中用'";"戏曲改革,从原则上来说,也是正确的"。1975 年,毛泽东"重

---

① 《胡乔木文集》第 2 卷,人民出版社 2012 年版,第 513 页。
② 同上书,第 513 页。
③ 同上书,第 513、519 页。

新提出了'百花齐放'的口号"。①他希望对毛泽东文艺思想的"正确的核心要坚决加以维护和发展，对于它的某些不正确方面不要重蹈覆辙"②，并提出"任何时候都必须全面地看问题"③。

对衡量文艺作品的标准，胡乔木进行了阐述。他指出："对于一部作品，应该从思想内容和艺术形式两个方面去评价。从总体上来说，文艺作品的思想内容涉及的方面很多，包括政治观点、社会观点、哲学观点、历史观点、道德观点、艺术观点等等，而且这些观点在文艺作品中都不是抽象的，而是同艺术的形象、题材、构思，艺术所反映的生活真实相结合的。"这就要求我们在衡量、评价一部作品的思想内容时，除了分析它所包含的政治观点、政治倾向性以外，还必须分析它所包含的其他方面的思想内容，它对生活的认识价值，这样才能全面地评价作品的思想意义。否则，就不可能做到这一点，而且势必硬把作品变成某种政治观点的图解物。因此，不能把文艺作品的思想内容仅仅归结为政治观点、政治倾向性（毫无疑问，革命的政治观点、政治倾向性对革命作家是绝对重要和绝对必要的），不能孤立地把政治标准作为衡量文艺作品的第一标准。硬要那样做，就必然导致实践上的简单粗暴，妨碍文艺创作、文艺批评的健康发展④，不利于文艺的繁荣。

实践证明，在胡乔木对毛泽东文艺思想的分析与判断是比较客观的、实事求是的，对繁荣和发展社会主义文艺具有深远的意义。

三、以正确的文艺批评引导文艺的社会主义方向

随着改革开放的深入，文学艺术不断繁荣发展，但也有人将四项基本原则污蔑为"四根棍子"，说发表反革命言论也享有"自由"，把"双百"方针理解为不要坚持四项基本原则，主张无底线的"创作自由"。针对一些人对"双百"方针的曲解，胡乔木指出："双百"方针的基本点，

---

① 《胡乔木文集》第2卷，人民出版社2012年版，第515—517页。
② 同上书，第516页。
③ 同上书，第488页。
④ 同上书，第515页。

就是"在学术上实行民主讨论，在艺术上实行自由竞赛，通过批评和自我批评，来发展正确和先进的东西，纠正错误和落后的东西，用真、善、美来克服假、恶、丑，来求得社会主义科学文化事业的健康前进"[1]，不能把它作为发表错误言论的自由的依据。而且，"双百"方针不是党在思想工作方面的唯一方针，是与"二为"方向、在一切社会政治思想领域中都要确立马克思主义的领导地位、批评和自我批评等一系列方针联系在一起的。[2]

胡乔木坚持文艺批评的着眼点是文艺的社会主义方向。他指出："正确的批评当然首先要坚持四项基本原则。"[3]对错误的思潮和作品一定要进行批评，"在社会主义中国，在我们的文学刊物上，对于反对共产党、反对社会主义、反对马克思主义的作品（这当然有各种各样的情况），是不能宽容的"。[4]1981年8月，在思想战线问题座谈会上，胡乔木说："我们对电影剧本《苦恋》和根据这个剧本拍摄的影片《太阳和人》进行批评，就是因为它们歪曲地反映了我国社会现实生活的历史发展，实际上否定了社会主义的中国，否定了党的领导。"[5]不通过文艺批评使我们的文艺界、思想界和全党受到教育，增强同资产阶级自由化倾向作斗争的能力，我们的文艺事业和其他事业就很难保证自己的社会主义发展方向。胡乔木还对文艺界思想涣散软弱的现象提出了严厉批评。他说："对于《苦恋》这样显然存在着严重政治错误的作品，我们的文艺批评界的许多同志竟然长时间内没有给以应有的批评，直至让它拍成电影。在《解放军报》发表批评以后，一些同志除了指责这些评论文章的缺点以外，仍然不表示什么鲜明的态度。这不但是软弱，而且是失职。在社会科学和其他思想工作领域内，也有一些类似的情况，我们再不能容忍这种状态继续存在下去了。"[6]

---

[1] 《胡乔木文集》第2卷，人民出版社2012年版，第473页。
[2] 同上书，第494页。
[3] 同上书，第507页。
[4] 《胡乔木传》编写组编：《胡乔木谈文学艺术（修订本）》，人民出版社2015年版，第258页。
[5] 《胡乔木文集》第2卷，人民出版社2012年版，第481页。
[6] 同上书，第490页。

同时，胡乔木反对批评的简单、笼统和粗暴。他指出："文艺批评是一门专门的科学"，认为"开展正确的批评至少要具备三个条件。第一，对需要批评的对象，需要批评的人或事，或观点，要有全面、深入的了解"；"第二，人民内部的批评，一定要有团结的愿望"；"第三，从以上两个前提出发，我们的批评要既入理，又入情"。"入理是说切合事理，充分说理，持之有故，言之成理；入情是说保持同志态度，准确理解和分析被批评者的心理状态，动之以情，而不要不近人情。"①

四、重视文艺的力量和社会效益

文艺是文化的核心部分，文艺作品是国家意识形态传播的主要载体，在历史转折时期，胡乔木非常重视发挥文艺凝心聚力的作用。1980年3月28日，在纪念左联成立50周年大会上讲话时，他向文艺工作者发出号召："让我们携起手来，放声歌唱，用各种各样健康的、对祖国和自己的前途充满信心的歌声来鼓舞全国的工人、农民、知识分子、战士和广大的革命青年，鼓舞他们建设和保卫我们的祖国，建设和保卫我们的社会主义的新生活！"②

改革开放初期，文艺政策的重大调整，改革开放的伟大时代唤起了文艺家的创作激情及对艺术的探索、求新，但也出现了思想上的混乱。一方面，一些人在"文化大革命"中产生的怀疑、迷茫、失望甚至怨恨的情绪没有散去；另一方面，随着国门的打开，中国文化领域掀起一股翻译、学习西方文艺理论和作品的热潮。文艺创作中，一些人深受非理性主义思潮的影响，热衷于写所谓的社会阴暗面，把历史过程偶然化、虚无化，把现实世界碎片化、功利化，把人性挖掘欲望化、丑恶化，一些作品呈现灰暗、虚无、暴力、色情和艺术实验至上的特征。这种思想取向显然不利于鼓舞人们同心同德、"一心一意搞建设"。对此，胡乔木进行积极引导。他认为："文学艺术的读者既然是广大人民群众，就不能

---

① 《胡乔木文集》第2卷，人民出版社2012年版，第508—509页。

② 《胡乔木文集》第3卷，人民出版社2012年版，第101页。

不要求它用反映人民的利益和意志的社会主义思想来团结人民、鼓舞人民、教育人民。"① 关于文艺作品怎样对待现实生活中的阴暗面以及应怎样对待"文化大革命"等历史问题，他指出："揭露和批判阴暗面，目的是为了纠正，要有正确的立场和观点，使人们增强信心和力量，防止消极影响。"② 他肯定了过去几年大量出现的关于反右派、反右倾和十年动乱的揭露性作品对于认识历史，批判"左"倾错误，揭露林彪、江青反革命集团的罪行，产生了积极的作用。③ "我们党从打倒'四人帮'以来，经过差不多五年的时间，给'文化大革命'和建国以来历史上的一些其他问题作了科学的总结，目的就是为了和过去的错误告别"，因此，他"希望全国的作家、艺术家能把创作活动的重点转到当前的建设新生活的斗争中来"。④ 他指出，社会主义社会现在有，在一个很长的时间里还会有各种阴暗现象，但我们"一定要看清全局，看清主流，看清前途。我们的作家、艺术家，尤其是其中的共产党员，无论在什么时候，都应该对党和人民的前途、社会主义中国的前途抱着积极的态度"。⑤

胡乔木对片面宣传现代派的思潮也进行了批评。1983年6月，在中共中央宣传部部务扩大会议上讲话中，他肯定"艺术的创新是永远需要的"，"艺术包括文学总是不断地推陈出新"，但是，他反对在"创新的名义下反对社会主义"。⑥ 通过分析中外文学艺术发展的大量历史事实，他指出："艺术的历史说明，艺术不能离开生活。"⑦ 对于引起讨论的文学自我表现的问题，胡乔木认为，"在某种意义可以说，任何作家的创作都是自我表现"，"因为任何创作都不能离开作者的感情、思想，作家必然要追求自己的个性"，但对自我表现要进行具体分析，看"它究竟反映了什

---

① 《胡乔木文集》第2卷，人民出版社2012年版，第558页。
② 同上书，第518页。
③ 同上书，第518页。
④ 同上书，第519页。
⑤ 同上书，第519、521页。
⑥ 《胡乔木传》编写组编：《胡乔木谈文学艺术（修订本）》，人民出版社2015年版，第258页。
⑦ 同上书，第263页。

么东西、表现了什么东西"。①他指出:"假如我们的文学艺术不要社会功能,不要社会内容,抛弃了社会利益,这和社会主义的根本原则是不相容的。"②对当时文艺界一些人盲目推崇现代派的情况,他指出:"现代主义在二十世纪不会成为主流","反理性主义很难写出好作品来",而"现实主义作品产生了许多文学人物、场景,提出了许多有社会意义的问题,道路很广阔。现代派太不能与之相比了"。③胡乔木针对当时有些人对于现代派片面宣传的情况,提出对两种不同性质的问题采取两种不同的态度:"假如宣传任何艺术都是根本不要什么内容的,说这是艺术的唯一出路,那么我们就要跟这样的观点进行争论";"如果在利用现代派技巧的幌子下来掩盖反对社会主义的内容,那么我们是要坚决反对的。"④但他不排斥对现代派技巧的借鉴。王蒙是当时借鉴现代派写作的最有影响的作家。1981年,胡乔木读了《王蒙小说创新资料》后,"对之很欣赏",致信王蒙,并"写了一首五律","表达他阅读的兴奋心情"。⑤他期待王蒙写出更多反映现实、催人奋进的新作。

  作为中央负责意识形态工作的负责人,胡乔木对作家和作品非常熟悉。他对郭小川的《厦门风姿》、茹志鹃的《百合花》、魏巍的《东方》、莫应丰的《将军吟》、谌容的《人到中年》、陈祖芬的通讯《共产党人》、从维熙的《雪落黄河静无声》和《北国草》都有很高的评价。他肯定《喜盈门》《牧马人》《巴山夜雨》《高山下的花环》等电影作品,称赞电视连续剧《四世同堂》是"一部洋溢着爱国主义热情、富有民族风格和地方色彩的优秀电视连续剧","攀登上了电视艺术的高峰",说明"不要一味跟在西方的现代流派后面追",可以"制作出具有中国民族风格的高水平的作品"。⑥他对优秀作品竭力推介,对作家关心备至。他读了黄永玉的

---

① 《胡乔木传》编写组编:《胡乔木谈文学艺术(修订本)》,人民出版社2015年版,第259页。
② 同上书,第265页。
③ 同上书,第262—265页。
④ 同上书,第265页。
⑤ 《胡乔木传》编写组编:《我所知道的胡乔木》,当代中国出版社2012年版,第311页。
⑥ 《胡乔木传》编写组编:《胡乔木谈文学艺术(修订本)》,人民出版社2015年版,第295页。

散文和素不相识的作家从维熙作品，欣赏之情溢于言表，为求艺术的完美，他写了长信，像老师批改作业般认真对文字、标点和语法进行订正，不厌其烦。他读韦君宜《病室众生相》，不仅高度评价了这篇"文字清素而情致浓郁，韵在言外"的难得的散文佳作，而且还推介了韦君宜的长篇小说《母与子》，表示"深深地被这部真实的热烈的小说吸引和感动"。他对所谓现实主义的"写法太'老'了"说法不认同，表示："我不知道如果按某种新的写法写出能否还像现在这样动人。"① 他坚持原则，对错误观点进行批评，对艺术家非常爱护，对新老作家谦恭而热情。萧乾回忆与胡乔木的交往时说，他给人温暖，"常常希望让每个中国人，不论其政治地位或者一时行情如何，都能发挥些作用"。②

五、用马克思主义立场、观点和方法分析人道主义和异化问题

改革开放初期，一些人离开具体的历史条件和特定的社会关系，抽象地谈人道主义和所谓"异化"问题。"至1983年，国内报刊发表谈论有关异化和人道主义的文章达700多篇。"③ 他们滥用"异化"概念，大谈社会主义的异化，攻击中国等社会主义国家在经济、思想、政治、劳动诸领域都存在"异化"，并认为这是社会主义在自己的发展中产生出来的。文艺界则以抽象的人性论、人道主义和所谓"异化"问题为创作主题。10月，邓小平在中共十二届二中全会上对这一思潮进行了严厉批评，提出："马克思主义者要出来说话"，"需要写有分量的文章，驳这个东西"。④

这一问题关系到对马克思主义基本原理的认识和对社会主义实践的

---

① 《胡乔木传》编写组编：《胡乔木谈文学艺术（修订本）》，人民出版社2015年版，第326—327页。
② 《胡乔木传》编写组编：《我所知道的胡乔木》，当代中国出版社2012年版，第318页。
③ 当代中国研究所：《中华人民共和国史稿》第4卷，人民出版社、当代中国出版社2012年版，第274页。
④ 《邓小平年谱（1975—1997）》（下），中央文献出版社2004年版，第940、938页。

认识，必须澄清，避免由思想理论的混乱带来消极后果。为此，胡乔木组织了一个写作班子，花了两个多月的时间，四易其稿，形成了一篇关于人道主义和"异化"问题的文章。[①]1984年1月3日，他应邀在中共中央党校作《关于人道主义和异化问题》的报告。他指出：人道主义"有两方面的含义：一个是作为世界观和历史观；一个是作为伦理原则和道德规范"，"已经发表的宣传人道主义的文章，大都没有区别人道主义的这两种含义"。[②]他批评那种"用作为世界观和历史观的人道主义来'补充'马克思主义，甚至要把马克思主义归结为或部分归结为人道主义"的错误，[③]着重批评了这种思潮的根本性理论命题——"人是马克思主义的出发点"，指出"人类社会，人们的社会关系（首先是生产关系），这就是马克思主义历史观的新出发点"，[④]并由此找到了"无产阶级解放和全人类解放的具体道路"，从而为解决人的问题"提供了科学的答案"。[⑤]他指出，社会主义的文艺创作应该表现、宣传"社会主义人道主义"，表现"对人的关心、尊重、同情、友爱"，"对真实的人性、人情、爱国心、正义感和普通公民人格的尊严作具体的生动的描写"，"我们反对的只是在文学艺术作品或文学艺术评论中宣传人道主义的世界观、历史观，反对歪曲革命历史和革命现实而宣传超历史、超社会的人性论，但是绝不反对也不应该反对文学艺术作品表现我们的革命、我们的社会主义社会、我们的革命者和劳动者对人的关心、尊重、同情、友爱，决不反对也不应该反对文学艺术工作者站在革命的、社会主义的立场对真实的人性、人情、爱国心、正义感和普通社会主义公民人格的尊严作具体的生动的描写。"[⑥]这一观点既打破了作家、艺术家创作上的禁区，同时也坚持文艺的正确方向。

报告对"异化"一词作了历史考察，胡乔木指出："对待异化概念，

[①] 《胡乔木传》（下），当代中国出版社、人民出版社2015年版，第730—731页。
[②] 《胡乔木文集》第2卷，人民出版社2012年版，第607页。
[③] 同上书，第607页。
[④] 同上书，第615页。
[⑤] 同上书，第622页。
[⑥] 同上书，第645页。

要区别两种情况。一种是把异化作为基本范畴和基本规律,作为理论和方法;一种是把异化作为表述特定历史时期中某些特定现象(包括某些规律性现象)的概念。"①之所以有些人会认为社会主义社会存在着"思想异化""政治异化"(或权力异化)乃至于"经济异化",就是把"异化"误认为是辩证唯物主义和历史唯物主义的基本范畴之一,用"异化"来解释社会主义社会中存在的消极现象,把马克思用以表述资本主义对抗性社会关系时使用过的"异化"概念,搬来分析社会主义的社会关系,必然导致严重歪曲我们社会主义现实,这种解释不仅解决不了问题,而且"对社会主义制度本身会带来破坏性的影响"。②

报告以马克思主义立场、观点和方法,阐明了人道主义、异化的科学内涵和应该秉持的态度,这就划清了马克思主义历史唯物主义和抽象的人道主义、异化论的界限,阐明了如何用唯物史观观察社会主义社会现实及其存在的问题。报告得到邓小平的充分肯定:"这篇文章写得好,可在《人民日报》发表或转载。由教育部规定大专学生必读。文艺、理论界可组织自由参加性质的座谈,允许辩论,不打棍子。"③《人民日报》1月27日以转载中共中央党校《理论月刊》的方式发表了胡乔木的文章《关于人道主义和异化问题》④。

中共十一届三中全会后的历史转折时期,是在拨乱反正、改革开放基础上向中国特色社会主义转型的初期,迫切需要进行思想引导、整合,构建与时代相适应的文化秩序与权威,为现代化建设导航、定向。在这种情形下,胡乔木以文艺为抓手,影响思想文化战线,协助邓小平作了大量的工作,他运用马列主义、毛泽东思想的基本原理,研究新情况,解决新问题,既反对思想僵化,又反对自由化,坚持用说理的方法去解决一些带根本性的、尖锐及最有影响的重大问题,以加强党的思想领导,坚持文化发展的正确方向。作为历史的见证人,杨尚昆指出:"在资产阶级自由思想泛滥的时候,乔木又毫不犹豫地进行斗争。虽然有各方面的

---

① 《胡乔木文集》第2卷,人民出版社2012年版,第652页。
② 同上书,第653—654页。
③ 《邓小平年谱(1975—1997)》(下),中央文献出版社2004年版,第953页。
④ 《胡乔木传》(下),当代中国出版社、人民出版社2015年版,第735页。

非议，有各种各样的压力，他一点也不动摇，表现了一个共产主义战士的忠诚和坚定。"[①] 胡乔木以其卓越的马克思主义素养，洞察新的历史条件下思想文化对治理国家、凝聚民族向心力的重要意义，努力巩固党的文化领导权。"八九"风波的出现，从反面证明了巩固党的文化领导权对推动党和人民事业发展的重要性。

[原载《当代中国史研究》2015 年第 6 期]

---

① 《胡乔木传》编写组编：《我所知道的胡乔木》，当代中国出版社 2012 年版，第 4 页。

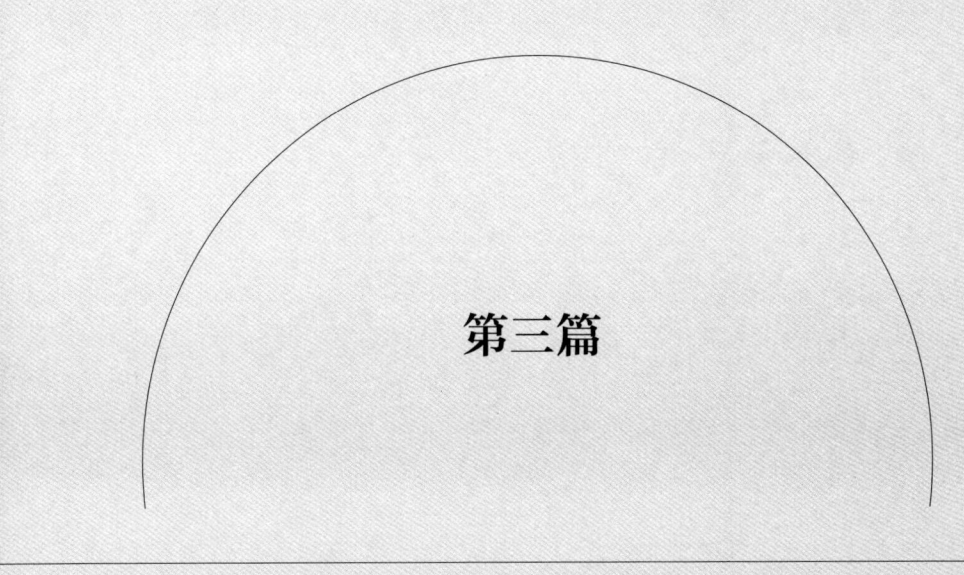

第三篇

十八大以来社会主义文化强国
建设的理论与实践

建设社会主义文化强国是 2011 年 10 月召开中共十七届六中全会提出的。十八大把扎实推进社会主义文化强国建设作为"五位一体"总体布局的重要组成部分。十八大以来，新一届中央领导集体特别重视文化在推进现代化建设的宏伟大业和实现中国梦的伟大征程中的重要作用。2013 年 8 月，习近平在全国宣传思想工作会议上指出："只有物质文明建设和精神文明建设都搞好，国家物质力量和精神力量都增强，全国各族人民物质生活和精神生活都改善，中国特色社会主义事业才能顺利向前推进。"[①] 同年 11 月，他在山东考察时强调，一个国家、一个民族的强盛，总是以文化兴盛为支撑的，中华民族伟大复兴需要以中华文化发展繁荣为条件。12 月 31 日，他主持在中央政治局第十二次集体学习时强调，提高国家文化软实力，关系"两个一百年"奋斗目标和中华民族伟大复兴中国梦的实现。2014 年 10 月 15 日，他在京主持召开文艺工作座谈会。

以习近平发表的一系列重要讲话精神为指导，中共中央和国务院发布了深化文化体制改革、加快发展对外文化贸易、关于培育和践行社会主义核心价值观、加快构建现代公共文化服务体系、繁荣发展社会主义

---

① 习近平：《意识形态工作是党的一项极端重要的工作》，《人民日报》2013 年 8 月 21 日第 1 版。

文艺、推动国有文化企业把社会效益放在首位实现社会效益和经济效益相统一等一系列的指导意见,在建设面向现代化、面向世界、面向未来,民族的、科学的、大众的社会主义先进文化的实践中,文化建设出现了新特征、新气象,就是更加注重在"举精神旗帜、立精神支柱、建精神家园","弘扬中国精神、传播中国价值、凝聚中国力量"[①]方面着力,建设社会主义文化强国的方向更加明确,步伐更加稳健,成果初现。

一、建设社会主义文化强国战略目标的提出

建设社会主义文化强国是随着中国社会经济的快速发展,人民生活水平的提高,对文化需求增多及国际社会对中国的关注,在总结新中国成立尤其是改革开放以来党领导文化建设的经验基础上提出的。中国成为世界第二大经济体,"硬实力"显著增强,需要建立一个与此相匹配的"文化中国",提高文化软实力。

新中国一成立即明确了发展生产和发展文化教育两大任务。1956年11月,毛泽东接见意大利社会党农业考察团谈到国家的现代化问题,首次把文化引入现代化的内涵中[②]。他始终把"科学文化现代化"作为国家发展的战略目标之一[③]。但是,刚刚在战争废墟上建立的新中国,致力于经济建设是生存、发展的首要任务,而且,由于"冷战"时代意识形态的严重对立,文化很大程度上需要服务于政治,因此,虽然在文化普及、社会主义价值观建设等方面取得了很大成绩,但整体上文化建设落后于经济,文化的功能也受到一定程度抑制。改革开放后,随着和平与发展成为世界主题,邓小平指出精神文明是社会主义的重要特征与建设目标,突出文化或精神文明建设的重要性,但文化仍然服务于经济建设这个中心。"文化搭台,经济唱戏",反映的是当时中国文化发展的处境。1997年,中共十五大界定了中国特色社会主义文化的本质内涵,提出文化是

---

① 《中共中央政治局召开会议审议〈生态文明体制改革总体方案〉〈关于繁荣发展社会主义文艺的意见〉》,《人民日报》2015年9月12日第1版。
② 《毛泽东年谱(1949—1976)》第3卷,中央文献出版社2013年版,第24页。
③ 《毛泽东文集》第7卷,人民出版社1999年版,第207、268页。

综合国力的重要标志，赋予了文化建设相对独立的地位与价值，而不再是配合性、辅助性的角色。21世纪以来，中国进入全面建设小康社会的关键时期，文化的作用空前凸显。中共中央明确了文化建设在中国特色社会主义事业总体布局中的战略地位与作用。中共十六大进一步指出，文化在综合国力竞争中的地位和作用越来越突出，"文化的力量，深深熔铸在民族的生命力、创造力和凝聚力之中"。① 2004年，十六届四中全会把提高建设社会主义先进文化的能力作为加强执政党能力建设的一项重要任务。2007年，中共十七大报告提出了推动社会主义文化大发展大繁荣、提高国家文化软实力的目标和任务。十七届六中全会专门研究部署文化发展问题，用"四个越来越"②表达中共中央对文化建设重要地位与作用的认识，并首次提出了"中国特色社会主义文化发展道路"的命题并对其内涵进行了阐释，提出了建设社会主义文化强国的战略目标。

中共十八大将扎实推进社会主义文化强国建设列为"五位一体"总体布局的有机组成部分，认为全面建成小康社会是既要让人民过上殷实富足的物质生活，又要让人民享有健康丰富的文化生活。2013年11月，十八届三中全会通过的《关于全面深化改革若干重大问题的决定》明确指出："建设社会主义文化强国，增强国家文化软实力，必须坚持社会主义先进文化前进方向，坚持中国特色社会主义文化发展道路，培育和践行社会主义核心价值观，巩固马克思主义在意识形态领域的指导地位，巩固全党全国各族人民团结奋斗的共同思想基础。"③以激发全民族文化创造活力为中心环节，进一步深化文化体制改革，完善文化管理体制，建立健全现代文化市场体系，构建现代公共文化服务体系，提高文化开放水平。中央政治局就提高国家文化软实力研究进行第十二次集体学习。2014年10月，习近平主持召开文艺工作座谈会并发表讲话。2015年9

---

① 《十六大以来重要文献选编》（上），中央文献出版社2005年版，第29页。
② "四个越来越"即"文化越来越成为民族凝聚力和创造力的重要源泉、越来越成为综合国力竞争的重要因素、越来越成为经济社会发展的重要支撑，丰富精神文化生活越来越成为我国人民的热切愿望"。见《中国共产党第十七届中央委员会第六次其他会议文件汇编》，人民出版社2011年版，第4页。
③ 《十八大以来重要文献选编》（上），中央文献出版社2014年版，第533页。

月 11 日，中央政治局会议审议通过《关于繁荣社会主义文艺的意见》，14 日公布《关于推动国有文化企业把社会效益放在首位、实现社会效益和经济效益相统一的指导意见》。这些反映了中国社会主义文化强国建设的目标更加清晰、路径更加明确。

二、建设现代公共文化服务体系，提高全民族文化素养

"公共文化服务"这一概念是在 2002 年 11 月中共十六大报告中首次提出的，并将其列为全面建设小康社会的目标之一。公共文化服务体系建设被提上日程。2005 年，十六届五中全会正式提出逐步建成覆盖全社会的比较完备的公共文化服务体系的目标，中国公共文化服务体系建设驶入快车道。2006 年通过的"十一五"计划纲要，提出"公共文化建设"的概念。同年，新中国第一个文化发展五年专项规划《"十一五"时期文化发展规划纲要》发布，提出建设适用、便捷、高效的公共文化服务体系。以政府为主导，以公共财政为支撑，以公益性文化事业单位为骨干，以全民为服务对象的文化惠民工程实施，包括文化信息资源共享工程、广播电视村村通、农家书屋、农村电影放映工程、乡镇综合文化站建设工程等五项，按照公益性、均等性、基本性、便民性等原则构建，即满足人民读书看报、听广播看电视、进行公共文化鉴赏、参加公共文化活动等基本文化权益或基本文化需要。这被称为文化民生，纳入基本公共服务范畴，各级政府对文化基础设施的投入是过去几十年的总和，并建立了中央财政和地方财政合理分担的公共文化机构运行经费保障机制。"十一五"时期全国文化事业费共计 1220 亿元，年均增长 19.3%。到 2012 年，覆盖城乡的公共文化服务设施网络基本建立，人民群众精神文化生活大为改善。

十八大后，主要是完善公共文化服务体系，提高公共文化服务体系建设水平。十八届三中全会部署的全面深化改革，提出加快构建现代公共服务体系，实现基本公共文化服务的标准化、均等化，加强公共文化产品和服务供给、加快城乡文化一体化发展、广泛开展群众性文化活动

等。"十二五"时期的前三年，文化事业费1594.03亿元①，2014年全国人均文化事业费42.65元，大大超过"十一五"的投入。为促进城乡间、区域间、不同群体间公共文化服务的均衡发展，中央财政安排农村公共文化建设资金143.8亿元，补助地方文化项目的专项资金为46.53亿元，比上年增长0.72%；基层和西部地区文化单位的文化事业费总额在上升，县及县以下为291.32亿元，占49.9%，比重比上年提高了1.3个百分点，东部地区下降了2.0个百分点，西部地区提高了0.6个百分点。②为促进公共文化服务均等化发展，提高服务效能，2014年3月，文化部牵头成立国家公共文化服务体系建设协调组。同年发布《国家基本公共文化服务指导标准》，对现代公共服务体系进行整体框架设计，为全国公共文化事业发展提供了有力保障。

经过60多年的发展，尤其是近几年国家投入增加，公共文化服务体系建设的成果令人瞩目：全国公共图书馆3117个，全年总流通人次53036万；群众文化机构44423个，全年组织各类活动147.20万场次；博物馆3658个，接待观众71774万人次③。出版各类报纸482亿份，各类期刊33亿册，图书79亿册（张）；有线电视用户3.21亿户，有线数字电视用户1.87亿户；广播节目综合人口覆盖率为98%，电视节目综合人口覆盖率为98.6%；广播电视村村通工程覆盖20户以上通电自然村，向户户通升级，直播卫星户户通已达1600多万户。④农家书屋工程覆盖全部行政村。文化信息资源共享工程已建成了从国家中心，省、县级支中心，到乡镇（街道）、行政村（社区）基层服务点的服务网络，部分省（区、市）村级覆盖范围已延伸到自然村，建设有各级公共电子阅览室。

互联网在丰富人民文化生活中发挥了重要作用。依靠政府20年来对互联网基础设施的建设，大大促进了互联网的普及与应用。截至2014年底，中国互联网网民规模达到6.5亿，互联网普及率为47.9%。其中，手机即时通信网民5.08亿，网络视频用户规模为4.33亿，微博客用户规模

---

① 数据来自文化部财务司：《2015中国文化统计手册》（内部资料），2015年5月，第4页。
② 文化部：《2014年文化发展统计公报》，中国统计出版社2015年版，第9—10页。
③ 同上书，第3—4、7—8页。
④ 《2014年中国人权事业的进展》白皮书，《光明日报》2015年6月9日第6版。

为 2.49 亿，微信公众账号数超过 800 万，微信和 WeChat 的合并月活跃账户数近 5 亿，网络文学用户数为 2.94 亿。①

目前，公共文化服务均等化水平不高，需要继续增加投入。2012 年以来，全国文化事业费虽然总量在增加，但占财政总支出的比重一直只有 0.38%，20 世纪 90 年代一度为 0.62%。由于基础不一样，为实现各区域公共文化服务均等化的协同共进，还需要健全财税制度，不断改革和完善中央对地方的转移支付制度，对经济欠发达地区通过推进中央与地方以及各地区间的公共文化资源互补及资金互助，实现区域发展的基本平衡。总之，为加快现代公共服务体系建设，国家需要进一步完善公共文化管理、运行和保障机制，丰富公共文化服务的内容和手段，提升服务质量，鼓励社会力量、社会资本积极参与建设，逐步形成政府、市场、社会共同参与公共文化服务体系建设的格局。

三、大力发展文化产业，丰富文化产品

新中国在很长的时期内是用计划经济的手段管文化、办文化，经营性文化产业与公益性文化事业混同，政府统包统揽，造成了政府主导的公益性文化事业投入不足，而应该由市场主导的经营性文化产业长期依赖政府。改革开放初期，各大歌舞厅为主体的经营性文化场所，形成最初的文化市场。随着中国入世的临近，在 WTO 框架中，国内习惯上一直被视为非经济的文化领域，大多都被定义为"产业"，要被纳入对外开放的范围中；而且，原有文化体制下的文化生产难以适应民众不断增长的文化需要。1998 年，文化部增设文化产业司，标志着中国文化产业由市场和民间自发发展进入政府自觉推动新阶段。2000 年，十五届五中全会提出将文化产业列入国家"十五"规划，实现文化事业与文化产业的分野，确认文化产品既具有文化意识形态属性，也具有通过市场交换获取经济利益、实现再生产的商品属性、产业属性。2001 年 10 月，文化

---

① 中国互联网络信息中心（CNNIC）：《第 35 次中国互联网络发展状况统计报告》2015 年 2 月 3 日。

部制定了文化产业发展五年计划纲要。2009年颁布的《文化产业振兴规划》把文化产业上升为国家战略性产业。2010年,十七届五中全会明确要推动文化产业成为国民经济支柱产业。十八大吹响了推动文化产业快速发展的号角。十八届三中全会推动新一轮文化体制改革进入全面实施阶段,将建立健全现代文化市场体系作为推进文化体制机制创新的重要措施,提出完善文化市场准入和推出机制,鼓励各类文化市场主体公平竞争、优胜劣汰,促进文化资源在全国范围内流动。2014年上半年发布《深化文化体制改革实施方案》《推进文化创意和设计服务与相关产业融合发展的若干意见》,为文化产业发展确立了方向、规范。尤其是将文化产业界定了范围,明确为文化内容生产、文化传播渠道、文化生产服务和生产性文化服务四个类别,使文化产业跳出影视、出版、演艺等传统领域,文化创意和设计服务深度融合到装备制造业、消费品工业、建筑业、信息业、旅游业、农业和体育等七大产业,文化融入国民经济和社会发展的大循环中。

经过10多年的发展,我国文化产业门类齐全,呈成倍增长态势,文化产业占GDP比重从2004年的2.15%增加到2014年的3.77%,在国民经济发展中的地位已日趋重要。截至2014年底,工商登记注册的文化企业达到168万多户,新增企业同比增长69.24%,达到39万多户。[1]2014年全国艺术表演团体演出173.9万场,营业总收入226.46亿元;全国娱乐场所全年营业总收入1101.87亿元,比上年增长24.6%。[2]全年生产电视剧429部15983集,电视动画片138496分钟;生产故事影片618部,科技、纪录、动画和特种影片140部,电影票房达到296亿元,其中票房过亿元的国产片36部。[3]票房排在前10位的影片,国产片占7席。票房比2002年的8.6亿元增加34倍,连续10年复合增长率在30%以上。电视剧和图书出版年产量均高居全球第一,主要文化产品和文化服务规模已位居世界前列。

---

[1] 孙志军:《积极推动文化企业建立有文化特色的现代企业制度》,《光明日报》2015年2月3日第6版。

[2] 文化部:《2014年文化发展统计公报》,中国统计出版社2015年版,第6—7页。

[3] 同上书,第6—7页。

国有企业在文化产业发展中发挥着主导和引领作用，它来自国有经营性文化单位的转企改制。2015 年文化企业 30 强涵盖了文化艺术类、广播影视类、出版发行类、文化科技类、其他类五大类别，其中，文化艺术类 4 家、广播影视类 9 家、出版发行类 10 家、文化科技类 4 家、其他类 3 家。国有或国有控股企业 22 家，占总数的 73%，比上届增加 1 家，主营收入、净资产、净利润、纳税总额主要经济指标均占本届 30 强企业相关指标总和的 80%。①

国家大力支持和鼓励社会资本进入文化产业领域。2004 年，文化部出台了《关于引导和支持非公有制经济发展文化产业的意见》；次年，《国务院关于非公资本进入文化产业的若干规定》颁布，明确非公资本进入的具体领域。民营文化企业发展很快，大多是中小企业。据国家统计局于 2015 年 4 月首次发布小微文化企业发展数据，2013 年末，全国共有小微文化企业 77.3 万个，占全部文化企业的 98.5%，营业收入为 38306.8 亿元，仅占文化企业营业收入的 45.7%。61.8% 的小微文化企业多汇集在服务业。②但民营文化企业在一些行业成长很快，从事图书、电影、电视剧、动漫、游戏制作的民营投资主体逐步增多。2015 年文化企业 30 强的文化科技类 4 家全部为民营企业，民营企业在动漫游戏、网络文化等新兴业态中表现突出。电影业 80% 的市场份额由民营主体占据，近 10 年来票房过亿元的国产大片大部分出自民营影视公司。2013 年，华谊兄弟出品的电影总票房就突破了 30 亿元，连续多年领跑电影行业。民营企业成为推动中国文化产业发展的重要力量。

但中国文化产业与世界差距仍然很大。美国的文化产业占 GDP 的比重是 27%，世界第二大文化产业强国日本是 20%，英国为 11%。中国的文化产业对国民经济的贡献偏低，而且，文化产业的规模和总量偏小，产业集中度和集约化程度不高，市场化水平低，初级文化产品多，在内容创意、产品创新、科技驱动和品牌塑造方面的竞争力和影响力不足，掌握关键技术和自主品牌的企业数量不多。随着网络、数字、信息技术

---

① 《新常态下文化产业的坐标——第七届"中国文化企业 30 强"调查报告》，《光明日报》2015 年 5 月 26 日第 16 版。
② 《国家统计局首次发布小微文化企业发展数据》，《中国文化报》2015 年 4 月 28 日第 1 版。

的发展，动漫游戏、数字电影、网络视频、移动多媒体广播电视、公共视听载体、数字出版、手机出版等新兴文化产业迅速崛起，拓宽了文化产业的领域；包括广告服务、建筑设计和专业设计在内的生产性文化服务前景广阔，骨干文化企业如何通过资源和规模优势带动小微企业发展，这些是使文化产业保持持久强劲发展的重要方向。同时，文化产业本质上属于内容产业。2015年印发的《关于推动国有文化企业把社会效益放在首位、实现社会效益和经济效益相统一的指导意见》，强调国有文化企业在弘扬中国精神、传播中国价值、凝聚中国力量的担当，明确了改革思路，以着力改变相当部分国有企业价值偏离、等靠政府、惰于创新、效能低下等问题。中国进入文化经济时代，还需要努力。

四、培养和践行社会主义核心价值观，强基固本

文化的灵魂是价值观，文化建设的核心是价值观的培育。所谓核心价值观，是指能够体现社会主体成员的根本利益、反映社会主体成员的价值诉求，对社会变革与进步起维系和推动作用的思想观念、道德标准和价值取向。中国改革开放，国门大开，西方的思想文化强势进入，极大地影响了人们思想。社会主义市场经济给中国社会带来了巨大的活力，同时市场中产生的利益价值观念解构了中国传统观念，导致社会价值观离散化的负面效应，个人主义、拜金主义、享乐主义和消费主义的盛行。贫富差距持续扩大，物欲追求奢华无度，个人主义恶性膨胀，社会诚信不断消减，伦理道德每况愈下及贪污腐败现象，消解主流意识形态的说服力和凝聚力。

执政党重视社会主义价值观的培育。改革开放以来，邓小平强调精神文明建设，江泽民要求以德治国。2006年，十六届六中全会明确了建设社会主义核心价值体系的任务，主要包括马克思主义指导思想、中国特色社会主义共同理想、以爱国主义为核心的民族精神和以改革创新为核心的时代精神、社会主义荣辱观。十八大在此基础上提炼、概括出24个字的社会主义核心价值观，即"倡导富强、民主、文明、和谐，倡导自由、平等、公正、法治，倡导爱国、敬业、诚信、友善"。"三个倡导"

明确了国家、社会、公民三个层面的价值目标、价值取向、价值准则。2013年，十八届三中全会强调建设社会主义文化强国，必须培育和践行社会主义核心价值观。2014年2月24日，习近平在主持中央政治局第十三次集体学习时指出，核心价值观是文化软实力的灵魂、文化软实力建设的重点，因为它决定文化性质和方向。他要求通过教育引导、舆论宣传、文化熏陶、实践养成、制度保障等实践路径，使社会主义核心价值观内化为人们的精神追求，外化为人们的自觉行动，形成全社会向善、向上的力量。中央发布《关于培育和践行社会主义核心价值观的意见》，把培育和弘扬社会主义核心价值观作为凝魂聚气、强基固本的基础工程来建设。与此同时，党中央把社会主义核心价值观落实到国家发展实践和社会治理中，积极推进各级党委政府部门对于社会政治、经济以及民生领域诸多问题的解决，强调"党领导立法、保证执法、带头守法"，把权力关进制度的笼子里，并严厉惩治腐败，坚持"老虎""苍蝇"一起打，并把全面从严治党作为战略布局的一部分。

培育和弘扬社会主义核心价值观，必须立足于中华优秀传统文化，在十八大以来被反复强调。1990年，李瑞环提出要继承和发扬中华民族传统的优良道德品格，塑造与形成当代中国的民族精神。十七届六中全会通过的《中共中央关于深化文化体制改革推动社会主义文化大发展大繁荣若干重大问题的决定》指出，要"建设优秀传统文化传承体系"，要"加强对优秀传统文化思想价值的挖掘和阐发，维护民族文化基本元素，使优秀传统文化成为新时代鼓舞人民前进的精神力量。"[①]2013年8月，习近平指出，中华优秀传统文化是中华民族的突出优势，是我们最深厚的文化软实力。2014年2月24日，在中央政治局第十三次集体学习时的讲话，他要求"深入挖掘和阐发中华优秀传统文化讲仁爱、重民本、守诚信、崇正义、尚和合、求大同的时代价值，使中华优秀传统文化成为涵养社会主义核心价值观的重要源泉"。[②]5月4日，他在北京大学师生座谈会上讲话时指出，中华优秀传统文化已经成为中华民族的基因，我

[①]《十七大以来重要文献选编》（下），中央文献出版社2013年版，第572页。
[②]《把培育和弘扬社会主义核心价值观作为凝魂聚气强基固本的基础工程》，《人民日报》2014年2月26日第1版。

们提倡和弘扬社会主义核心价值观,必须从优秀传统文化中汲取丰富营养,因为其思想和理念,有其永不褪色的时代价值。9月24日,习近平在出席纪念孔子诞辰2565周年国际学术研讨会讲话进一步指出:"中国优秀传统文化的丰富哲学思想、人文精神、教化思想、道德理念等,可以为人们认识和改造世界提供有益启迪,可以为治国理政提供有益启示,也可以为道德建设提供有益启发。"①不忘本来才能开辟未来,善于继承才能更好创新。新一届中央领导集体对中华优秀传统文化的礼敬是空前的,引导国民树立和坚持正确的历史观、民族观、国家观、文化观。

文艺作品能够体现一个民族、国家、时代的精神和价值取向,富有感染力和影响力。习近平总书记极其重视文艺的这一功能。2014年10月,他主持召开文艺工作座谈会,重申了"二为"方向和"双百"方针,强调实现"两个一百年"奋斗目标、实现中华民族伟大复兴的中国梦,文艺的作用不可替代,文艺工作者必须"坚持以人民为中心的创作导向",期待他们"成为时代风气的先觉者、先行者、先倡者,通过更多有筋骨、有道德、有温度的文艺作品,书写和记录人民的伟大实践、时代的进步要求,彰显信仰之美、崇高之美",②使文艺能够在推进现代化建设的宏伟大业和实现中国梦的伟大征程中提供精神正能量。这是马克思主义文艺观中国化的最新成果。

2015年9月通过和发布的《关于繁荣社会主义文艺的意见》,全面强调了文艺的服务群众与教育引领群众的功能,文艺应适应需求也要提高素养,明确文艺的认识、教育、娱乐、审美的功能,纠正那些在市场经济条件下片面追求文艺的商品属性,忽视文艺的审美意识形态属性,只承认文艺的娱乐功能,否认文艺的教育审美功能的偏向。《意见》要求文艺传承和弘扬中华优秀传统文化,让中国精神成为社会主义文艺的灵魂,并强调创新的重要性,要求把创新精神贯穿创作生产全过程,做好新的文艺组织和新的文艺群体工作,大力发展网络文艺。这就充分肯定了以

---

① 习近平:《在纪念孔子诞辰2565周年国际学术研讨会暨国际儒学联合会第五届会员大会开幕会上的讲话》(2014年9月24日),《人民日报》2014年9月25日第1版。
② 《坚持以人民为中心的创作导向 创作更多无愧于时代的优秀作品》,《人民日报》2014年10月16日第1版。

网络为传播媒介的文艺工作的地位,为多年的分歧划上句号。文艺界要承担起举精神旗帜、立精神支柱、建精神家园的崇高使命。

五、积极推动中华文化走出去,推动世界文明的交流互鉴

世界文化多元多样、各有所长,不同的文化应该互相学习,取长补短。但近代工业化以来,先是兴起了欧洲中心论,第二次世界大战后兴起了美国中心论,尤其是1991年苏联解体后,在美国主导下强化了西方制度和价值观的"普世性"宣传,非西方文化会与西方文化相对抗的"文化冲突论"喧嚣尘上。中国特色社会主义的成功发展将西方现代化模式从人类社会现代化的所谓"唯一模式"或"普世模式"还原为"一种模式"或"欧美模式",从而有力地推动了全球化时代人类文明的多样性发展。但由于中国政治制度和文化传统与西方国家存在着重大差异,西方国家容易把中国发展壮大视为对其价值观和制度模式的挑战,随着中国的崛起,所谓"中国威胁论""资源掠夺论""不守规则论"不绝于耳,零和博弈的冷战思维严重影响了中国发展的外部环境。

为扩大中国与世界各国的相互了解和共识,增进信任和友谊,尤其是增进国际社会对中国基本国情、价值观念、发展道路、内外政策的了解和认识,中共十五大把文化交流由原来的主要引进来,转变为加大走出去的步伐,正式提出文化"走出去"战略。进入21世纪,中国加入世贸组织,也为中华文化走向世界提供了更加广阔的平台,而且符合目前的世界文化发展方向。为对抗美国文化贸易的一家独大,保护自己的文化自主性和文化产业的空间,法国和加拿大等国在关贸总协定谈判时提出经济全球化中"文化例外"的说法。1995年联合国教科文组织首次提出"文化多样性"观念。2001年、2005年,相继推出了《世界文化多样性宣言》和《保护和促进文化表现多样性公约》。中国文化走出去切合时机。

目前中国形成了政府与民间并举,文化交流与文化贸易并重,"走出去"与"请进来"并行,形成多层次、宽领域、全方位的开放格局,已

与160多个国家和地区保持着良好的文化交流关系,与149个国家签订了政府间文化合作协定,与97个国家签订了800多个年度文化交流执行计划,与近千个国际文化组织和机构进行文化交往,并在海外99个国家设有100多个使领馆文化处(组),已建成20个海外中国文化中心。海外华文媒体分布在61个国家和地区,总数达1019家,其中报纸390家、杂志221家、广播电台81家、电视台77家、网站250家,已成为国际舆论不可或缺的组成部分。① 互联网的发展有利于打破西方传媒的垄断,近些年中文内容已由以前的不足5%上升为12%。② "中国文化年""中国文化节""中国文化周",在欧美各国举办,成为其文化生活的一项内容。孔子学院举办10年,在全球五大洲126个国家和地区已有475所孔子学院和851个中小学孔子课堂,累计注册学员345万人。在美国现已设立100所孔子学院和366个孔子课堂,267万美国民众参加孔子学院活动。③ 中国的原创音乐、舞蹈、杂技精品和传统艺术纷纷走向国际市场,图书、电影、动漫、游戏"走出去"步伐坚实。据统计,2003年至2013年,中国文化产品进出口从60.9亿美元攀升至274.1亿美元,年均增长16.2%;文化服务进出口从10.5亿美元增长到95.6亿美元,年均增长24.7%。④

为改变目前中国对外文化贸易在对外贸易中的比重偏低现象,2014年3月,国务院发布的《关于加快发展对外文化贸易的意见》,提出要"统筹国际国内两个市场、两种资源,在更大范围、更广领域和更高层次上参与国际文化合作和竞争,把更多具有中国特色的优秀文化产品推向世界"。"统筹国际国内两个市场、两种资源"的思想,是从国际文化市场竞争总体格局出发,统揽全球化时代文化竞争的新态势,贴近国际文化贸易的实际,不仅对中国文化产品走向国际市场具有的指导意义,而且对中国文化产业参与国际市场大循环、调整中国文化产业的发展方向,具有重要的理论意义和实践价值。

---

① 何亚非:《海外华文媒体与中国梦》,《求是》2015年第1期。
② 转引自姜飞:《新阶段推动中国国际传播能力建设的理性思考》,《南京社会科学》2014年第6期,第112页。
③ 《评孔子学院十周年:"和而不同"的文化追求》,《人民日报》2014年12月9日第5版。
④ 《加快发展对外文化贸易》,《光明日报》2014年3月19日第7版。

十八大以来的一个重要的特征是，中国致力于推动世界文化多样性生态的构建。近年来，中国与许多国家建立人文交流机制，也搭建平台积极发声，强调尊重各民族的文化以及发展道路的选择，呼吁不同文明、文化之间互相交流、互相尊重、互相借鉴的重要性。从2010年上海世博会期间由联合国文明联盟举办全球文明对话论坛以来，中国成功举办了60多场文化高峰论坛与文化对话，阐述中国独特的价值体系和发展理念，促进国际社会对中国的了解。2011年，国务院新闻办发表《中国的和平发展》白皮书，阐释中国文化、中国国情、中国道路、中国价值。不仅如此，中国创造性地提出了"中国梦"、"中美新型大国关系"、"一带一路"倡议、以新型义利观为指导的"亲诚惠容"周边外交战略理念等新概念、新范畴、新表述，这些新提法在世界范围内的传播，再次让世界感知到了充满中国特点、中国风格和中国气派的话语内涵，相互尊重、合作共赢的发展理念。在联合国预防腐败问题会议上，提交《中国的反腐败国家战略》等文件，中国还利用APEC峰会的主场优势，与成员国联合发布了《北京反腐败宣言》，起到了很好的效果，得到了世界广泛好评。习近平、李克强等领导人还亲自在国际交往中直接传播和塑造中国形象。2014年3月下旬，习近平主席在联合国教科文组织总部发表演讲，深刻阐述对文明交流互鉴的看法和主张，指出：各种人类文明都各有千秋，没有高低、优劣之分。要了解各种文明的真谛，必须秉持平等、谦虚的态度。文明是多彩的，人类文明因多样才有交流互鉴的价值。[1] 5月，在上海举行的亚洲相互协作与信任措施会议第四次峰会上，他明确要求抛弃冷战思维、零和博弈，主张不同文明、不同宗教交流互鉴、取长补短、共同进步。[2] 国务院总理李克强和驻外大使不断在《泰晤士报》等西方重要媒体发表文章，阐述中国的发展理念，对一些国家鼓吹"价值观外交"进行回应，公开驳斥对抹黑中国的言论。中国倡导"和平合作、开放包容、互学互鉴、互利共赢"的价值理念，与传统的二元对立、零和博弈的冷战史观的高下立现，获得了不少国家的支持。一些学者和

---

[1] 习近平：《在巴黎联合国教科文组织总部发表演讲》，《光明日报》2014年3月28日第1版。
[2] 《积极树立亚洲安全观共创安全合作新局面——在亚洲相互协作与信任措施会议第四次峰会上的讲话》，《光明日报》2014年5月23日第1版。

外国领导人呼吁不要把中国的崛起视作威胁，认为中国的发展将惠及全球。法国汉学家雷米·马诸又教授撰写的题为《牡丹鲜——西方人如何理解中国》的著作，告诉西方读者："当前的中国，是古老中国传统与主要来自西方影响的现代因素结合演变的结果。两种文明其实是走了一条相遇、相碰、冲突，而后交合、融汇、学习与交流的道路——这是一条有助于世界文明发展与进步的光明之道。"①他认为，不同文明在相互碰撞和交流中，各自实现自我完善是可能的。2014年6月16日，李克强总理在《泰晤士报》发表题为《中英正走在共赢的道路上》的署名文章时，该报在头版配发了评论，呼应并肯定了文章表达的观点。但整体上看，中国与发达国家在掌握国际话语权、文化传播能力与经验等方面差距较大，需要有更坚定的文化自觉性，更强大的文化感染力，才能在全球范围内获得更广泛的认同。

从建设文化强国的角度看，国家整体文化实力是一种基于核心价值观念并通过文化创造、文化生产、文化贸易、文化服务而实现的感召力、吸引力、影响力体系，需要有强烈共鸣的共同价值观、强大的文化创造力、广泛的文化辐射力和有效的公共文化服务能力，中国的文化建设任重道远。列宁曾说："文化任务的完成不可能像政治任务和军事任务那样迅速。……从问题的性质看，这需要一个较长的时期，我们应该使自己适应这个较长的时期，据此规划我们的工作，发扬坚韧不拔、不屈不挠、始终如一的精神。"②中共十八大以来逐步明确路径和步骤，开始把发展文化的愿景、计划落实，在中国特色社会主义文化发展道路上迈出了坚实的步伐，如果能本着"坚韧不拔、不屈不挠、始终如一"的精神，中国一定能在文化资源大国的基础上建设成社会主义文化强国。

[原载《毛泽东邓小平理论研究》2015年第9期]

---

① [法]雷米·马诸又：《西方人如何理解中国》，《文汇报》2013年5月23日第3版。
② 《列宁全集》第42卷，人民出版社2017年版，第197—198页。

新时代中国特色社会主义文化建设的理论与实践创新

　　文化是一个国家、一个民族的灵魂。文化兴国运兴，文化强民族强。面对世界多极化、经济全球化、文化多样化、社会信息化深入发展的新形势，中共十八大以来，以习近平同志为核心的党中央指出，要坚持中国特色社会主义文化发展道路，激发全民族文化创新创造活力，建设社会主义文化强国。习近平强调："我们要立足中国、面向现代化、面向世界、面向未来，巩固马克思主义在意识形态领域的指导地位"①，要"加强文化领域制度建设，举旗帜、聚民心、育新人、兴文化、展形象，积极培育和践行社会主义核心价值观，推动中华优秀传统文化创造性转化、创新性发展，传承革命文化、发展先进文化，努力创造光耀时代、光耀世界的中华文化"②。他主持召开了思想宣传工作、文艺工作、新闻舆论工作、网络信息安全工作、党校工作、高校思想政治工作、哲学社会科学工作等领域的一系列会议并发表重要讲话，还发表文章，作出重要批示、指示，对事关文化建设的方向性、根本性、全局性问题进行指导与部署。这些论述和部署廓清了文化建设中的模糊认识和错误倾向，深化了对社会主义文化建设规律的认识，集中体现了当代中国共产党人的文化观，为新时代中国特色社会主义文化建设提供了根本遵循。

---

① 习近平：《在纪念马克思诞辰 200 周年大会上的讲话》，《人民日报》2018 年 5 月 5 日。
② 习近平：《在庆祝改革开放 40 周年大会上的讲话》，《人民日报》2018 年 12 月 19 日第 3 版。

一、坚持用马克思主义中国化最新成果指导文化建设

　　坚持以马克思主义为指导，是中国特色社会主义文化建设的内在要求。习近平阐释了马克思主义的科学性和真理性、人民性和实践性、开放性和时代性，旗帜鲜明地指出："马克思主义始终是我们党和国家的指导思想，是我们认识世界、把握规律、追求真理、改造世界的强大思想武器。"①他明确指出，推动马克思主义不断发展是中国共产党人的神圣职责，要"坚持用马克思主义观察时代、解读时代、引领时代，用鲜活丰富的当代中国实践来推动马克思主义发展，用宽广视野吸收人类创造的一切优秀文明成果，坚持在改革中守正出新、不断超越自己，在开放中博采众长、不断完善自己，不断深化对共产党执政规律、社会主义建设规律、人类社会发展规律的认识，不断开辟当代中国马克思主义、21世纪马克思主义新境界"。②中共十八大以来，以习近平同志为核心的党中央把马克思主义与当代中国实际相结合，系统回答了新时代坚持和发展什么样的中国特色社会主义、怎样坚持和发展中国特色社会主义这个重大时代课题，同时也回答了新时代坚持和发展中国特色社会主义的总目标、总任务、总体布局、战略布局、战略步骤和发展方向、发展方式、发展动力、外部条件、政治保证等基本问题，提出了一系列具有开创性意义的新理念新思想新战略，形成了习近平新时代中国特色社会主义思想，开辟了21世纪马克思主义发展新境界，是马克思主义中国化最新成果。发展社会主义文化，推动社会主义文化繁荣兴盛，必须坚持马克思主义的指导地位，必须用习近平新时代中国特色社会主义思想指导社会主义文化建设实践。

　　"坚持以马克思主义为指导，核心要解决好为什么人的问题。"③这是社会主义文化繁荣发展中带有根本性的重大问题，决定着社会主义文化的性质和方向，体现着社会主义文化的价值导向。社会主义文化建设要

---

① 习近平：《在纪念马克思诞辰 200 周年大会上的讲话》，《人民日报》2018 年 5 月 5 日第 2 版。
② 同上。
③ 习近平：《在哲学社会科学工作座谈会上的讲话》，《光明日报》2016 年 5 月 19 日第 1 版。

坚持以人民为中心的导向，坚持人民的主体性，把满足人民精神文化需求作为出发点和落脚点，面向基层，面向群众，关心人民命运，体察人民愿望，反映人民心声，在人民伟大创造中汲取营养，创作生产更多受群众欢迎的文化产品，把最好的精神食粮奉献给人民，让文化发展成果惠及全体人民。新时代社会主义文化建设要把人民是否满意作为检验文化工作的第一标准，深入推进文化建设的供给侧结构性改革，解决好文化发展不平衡不充分的问题，不断满足人民多层次、多样化、多方面的精神文化需求，让人民在文化生活上更有获得感、幸福感。为此，必须加强和改进党对文艺工作的领导，繁荣文艺创作，推出大量思想精深、艺术精湛、制作精良的精品力作。

建设社会主义文化强国，要牢牢掌握意识形态工作领导权。习近平指出，意识形态决定文化前进方向和发展道路，必须推进马克思主义中国化时代化大众化，建设具有强大凝聚力和引领力的社会主义意识形态，使全体人民在理想信念、价值理念、道德观念上紧紧团结在一起。[①] 为此，要加强党的理论创新，加强马克思主义的研究、宣传、阐释，推进党的理论创新成果深入人心，充分发挥其凝聚党心、鼓舞民心、整合社会的作用；要用中国理论回答中国问题，用中国话语解读中国道路，坚持以立为本、立破并举，掌握意识形态领域的主动权和领导权，让马克思主义在意识形态领域的指导地位更加鲜明，使主流思想舆论不断巩固壮大，使全党全社会思想上的团结统一更加巩固。

哲学社会科学在思想理论建设中具有基础性作用，坚持以马克思主义为指导是当代中国哲学社会科学的鲜明特征。习近平把发展哲学社会科学摆在重要位置，强调"我国哲学社会科学的一项重要任务就是继续推进马克思主义中国化、时代化、大众化，继续发展二十一世纪马克思主义、当代中国马克思主义"，要"深化马克思主义理论研究和建设，加快构建中国特色哲学社会科学，加强中国特色新型智库建设"。[②] 他要求

[①] 参见习近平：《决胜全面建成小康社会 夺取新时代中国特色社会主义伟大胜利——在中国共产党第十九次全国代表大会上的报告》（2017年10月18日），《人民日报》2017年10月28日第1版。

[②] 习近平：《在哲学社会科学工作座谈会上的讲话》，《光明日报》2016年5月19日第1版。

按照既体现继承性、民族性,也体现原创性、时代性,又体现系统性、专业性,建设具有中国特色、中国风格、中国气派的哲学社会科学。他勉励广大哲学社会科学工作者"立时代之潮头、通古今之变化、发思想之先声,积极为党和人民述学立论、建言献策,担负起历史赋予的光荣使命"[①]。

二、坚定中国特色社会主义文化自信

坚定文化自信是新时代中国特色社会主义文化建设的一个核心理念,也是对待中国特色社会主义文化应有的基本立场和态度。习近平反复强调:"文化自信,是更基础、更广泛、更深厚的自信,是更基本、更深沉、更持久的力量。坚定文化自信,是事关国运兴衰、事关文化安全、事关民族精神独立性的大问题。"[②]

"坚定文化自信,离不开对中华民族历史的认知和运用。"[③]习近平指出:"当今世界,要说哪个政党、哪个国家、哪个民族能够自信的话,那中国共产党、中华人民共和国、中华民族是最有理由自信的。"[④]中国是世界文明古国之一,有着灿烂辉煌的文化。鸦片战争后,中国陷入内忧外患的黑暗境地,中华民族面临"亡国灭种,瓜分豆剖"的存亡危机,当时的许多国人产生了文化自卑情绪。中国共产党成立后,领导中国人民经过浴血奋战、艰苦奋斗,最终实现了民族独立和人民解放,重振了中华民族的文化自信。改革开放以来,党带领人民披荆斩棘、砥砺奋进,经济社会快速发展,大大提升了民族自信心。中共十八大以来,习近平从实现中华民族伟大复兴的视角,丰富充实关于文化自信的思想,引导人们树立和坚持正确的历史观、民族观、国家观、文化观,坚定中国特色社会主义文化自信。习近平指出:"中国特色社会主义文化,源自中华

---

① 习近平:《在哲学社会科学工作座谈会上的讲话》,《光明日报》2016年5月19日第1版。
② 《十八大以来重要文献选编》(下),中央文献出版社2018年版,第474页。
③ 同上书,第476页。
④ 习近平:《在庆祝中国共产党成立95周年大会上的讲话》,《人民日报》2016年7月2日第2版。

民族五千多年文明历史所孕育的中华优秀传统文化,熔铸于党领导人民在革命、建设、改革中创造的革命文化和社会主义先进文化,植根于中国特色社会主义伟大实践。"① 这个论断深刻揭示了中国特色社会主义文化的内容、根脉、本源及发展的历史逻辑,明确了传统文化、革命文化和社会主义先进文化一脉相承的关系。

坚定中国特色社会主义文化自信要注重吸收借鉴中华优秀传统文化。"中华民族有着深厚文化传统,形成了富有特色的思想体系,体现了中国人几千年来积累的知识智慧和理性思辨。这是我国的独特优势。"② 博大精深的中华优秀传统文化是中华民族的突出优势,要"深入挖掘和阐发中华优秀传统文化讲仁爱、重民本、守诚信、崇正义、尚和合、求大同的时代价值"③。2014 年 9 月 24 日,习近平在纪念孔子诞辰 2565 周年国际学术研讨会暨国际儒学联合会第五届会员大会开幕会上的讲话中指出:"中国优秀传统文化的丰富哲学思想、人文精神、教化思想、道德理念等,可以为人们认识和改造世界提供有益启迪,可以为治国理政提供有益启示,也可以为道德建设提供有益启发。"④ 他对中华优秀传统文化的核心内容进行了系统总结、完整概括,并强调要推动中华优秀传统文化创造性转化、创新性发展,"对传统文化中适合于调理社会关系和鼓励人们向上向善的内容","要结合时代条件加以继承和发扬,赋予其新的涵义"。⑤ 中华优秀传统文化不仅为中华民族发展壮大提供了丰厚滋养,也为人类文明进步作出了卓越贡献,是我们坚定文化自信的深厚基础。

激昂向上的革命文化和生机勃勃的社会主义先进文化是中国共产党人和中国人民伟大创造精神的生动体现,是激励全党全国各族人民奋勇前进的强大精神力量,是我们坚定文化自信的坚强基石。改革开放以来,党团结带领全国各族人民坚持不懈进行中国特色社会主义伟大实践,推

---

① 习近平:《决胜全面建成小康社会 夺取新时代中国特色社会主义伟大胜利——在中国共产党第十九次全国代表大会上的报告》(2017 年 10 月 18 日),《人民日报》2017 年 10 月 28 日。
② 习近平:《在哲学社会科学工作座谈会上的讲话》,《光明日报》2016 年 5 月 19 日。
③ 《习近平主持中共中央政治局第十三次集体学习》,《人民日报》2014 年 2 月 26 日。
④ 习近平:《在纪念孔子诞辰 2565 周年国际学术研讨会暨国际儒学联合会第五届会员大会开幕会上的讲话》(2014 年 9 月 24 日),《人民日报》2014 年 9 月 25 日。
⑤ 同上。

动我国经济实力、科技实力、国防实力、综合国力进入世界前列,使科学社会主义在21世纪显示出强大生命力,使中华民族以崭新姿态屹立于世界的东方。这是我们坚定文化自信的强大支撑。

文化自信与道路自信、理论自信和制度自信有机统一,体现的是政治认同、思想认同、制度认同和价值认同。习近平明确指出:"坚定中国特色社会主义道路自信、理论自信、制度自信,说到底是要坚定文化自信。"① "增强文化自觉和文化自信,是坚定道路自信、理论自信、制度自信的题中应有之义。"② 中共十九大报告进一步明确:"没有高度的文化自信,没有文化的繁荣兴盛,就没有中华民族伟大复兴。"③ 文化自信体现了坚守中华文化立场、强化中华文化主体意识的文化自觉,是实现中华民族伟大复兴的强大精神力量。

三、培育和践行社会主义核心价值观

中共十八大强调,要倡导富强、民主、文明、和谐,自由、平等、公正、法治,爱国、敬业、诚信、友善的社会主义核心价值观,从整体上回答了国家发展目标、社会前进方向、公民行为基本准则等方面的问题。社会主义核心价值观是当代中国精神的集中体现,是中国特色社会主义的价值表达,凝结着全体人民共同的价值追求。中共十九大报告指出,"要以培养担当民族复兴大任的时代新人为着眼点,强化教育引导、实践养成、制度保障,发挥社会主义核心价值观对国民教育、精神文明创建、精神文化产品创作生产传播的引领作用,把社会主义核心价值观融入社会发展各方面,转化为人们的情感认同和行为习惯","深入挖掘中华优秀传统文化蕴含的思想观念、人文精神、道德规范,结合时代要

---

① 习近平:《在哲学社会科学工作座谈会上的讲话》,《光明日报》2016年5月19日。
② 《十八大以来重要文献选编》(中),中央文献出版社2016年版,第135页。
③ 习近平:《决胜全面建成小康社会 夺取新时代中国特色社会主义伟大胜利——在中国共产党第十九次全国代表大会上的报告》(2017年10月18日),《人民日报》2017年10月28日。

求继承创新，让中华文化展现出永久魅力和时代风采"。①

为培育和践行社会主义核心价值观，造就具有正确世界观人生观价值观的社会主义建设者，2013年12月，中共中央办公厅印发《关于培育和践行社会主义核心价值观的意见》，把培育和践行社会主义核心价值观融入国民教育全过程，落实到经济发展实践和社会治理之中，成为全社会应当遵守的价值准则。

培育和践行社会主义核心价值观是一项系统工程，以强化教育引导、实践养成、制度保障相结合为基本框架，以发挥对国民教育、精神文明创建、精神文化产品创作生产传播的引领作用为实施途径。习近平指出，"培育和弘扬社会主义核心价值观必须立足中华优秀传统文化"，要"切实把社会主义核心价值观贯穿于社会生活的方方面面"，"让人们在实践中感知它、领悟它"，"使社会主义核心价值观内化为人们的精神追求，外化为人们的自觉行动"。②在具体实施过程中，要充分发挥中华优秀传统文化的滋养作用，运用传统文化中的道德教化资源，传承良好家风家训，形成爱国爱家、孝老爱亲、诚信崇德、勤劳节俭的社会主义家庭文明新风尚。要加强和改进学校思想政治工作，教育引导广大青少年树立远大志向，培育美好心灵，勤学、修德、明辨、笃实，扣好人生第一粒扣子，打牢思想之基、价值观之基。要强化道德示范引领作用，发动基层群众分层推选时代楷模、道德模范、最美人物、身边好人、向上向善好青年等先进典型，评选各行各业先进人物，充分展现当代中国人的精神风貌，促进全社会文明程度提升。要通过升国旗、成人礼、入党入团入队等仪式，重大纪念日、民族传统节日等礼仪，宣示社会主义核心价值观。要发挥法律、政策保障作用，推动核心价值观融入法治建设全过程。2015年12月，中共中央印发《关于建立健全党和国家功勋荣誉表彰制度的意见》，构建了党内、国家、军队功勋荣誉表彰制度体系，推动全社会形成见贤思齐、崇尚英雄、争做先锋的良好氛围。2016年底，中共中央办公厅、国务院办公厅印发《关于进一步把社会主义核心价值观融入法治建

---

① 习近平：《决胜全面建成小康社会夺取新时代中国特色社会主义伟大胜利——在中国共产党第十九次全国代表大会上的报告》(2017年10月18日)，《人民日报》2017年10月28日。

② 《习近平关于社会主义文化建设论述摘编》，中央文献出版社2017年版，第107—109页。

设的指导意见》,把自由、平等、公正等核心价值观融入法治建设,同时用法律推进社会主义核心价值观建设,推动形成有利于培育践行社会主义核心价值观的法治环境和制度支撑。2017年10月,党的十九大把坚持社会主义核心价值体系列入新时代坚持和发展中国特色社会主义的十四条基本方略之一,提出了培养担当民族复兴大任的时代新人的目标和要求。

四、推动中华优秀传统文化创造性转化、创新性发展

党的十八大以来,习近平对中华优秀传统文化的传承发展工作提出了创造性转化和创新性发展的明确要求。所谓创造性转化,就是要按照时代特点和要求,对那些至今仍有借鉴价值的内涵和陈旧的表现形式加以改造,赋予其新的时代内涵和现代表达形式,激活其生命力。所谓创新性发展,就是要按照时代的新进步新进展,对中华优秀传统文化的内涵加以补充、拓展、完善,增强其影响力和感召力。[1]

中华优秀传统文化是中华民族的根脉,其所"蕴含的思想观念、人文精神、道德规范,不仅是我们中国人思想和精神的内核,对解决人类问题也有重要价值"。"要把优秀传统文化的精神标识提炼出来、展示出来,把优秀传统文化中具有当代价值、世界意义的文化精髓提炼出来、展示出来。"[2]重视中华优秀传统文化传承,不是复古泥古,也不是盲目排外,而是"以古人之规矩,开自己之生面"。传统文化有精华也有糟粕,弘扬社会主义文化要对其批判继承,取其精华弃其糟粕,要根据我们的时代和实践需要,"使中华民族最基本的文化基因与当代文化相适应、与现代社会相协调","把跨越时空、超越国度、富有永恒魅力、具有当代价值的文化精神弘扬起来"[3],"实现传统文化的创造性转化、创新性发

---

[1] 参见《习近平总书记系列重要讲话读本》,学习出版社、人民出版社2016年版,第203页。

[2] 张洋、鞠鹏:《举旗帜聚民心育新人兴文化展形象 更好完成新形势下宣传思想工作使命任务》,《人民日报》2018年8月23日。

[3] 《习近平关于社会主义文化建设论述摘编》,中央文献出版社2017年版,第201页。

展"。①2017年初，中共中央办公厅、国务院办公厅印发了《关于实施中华优秀传统文化传承发展工程的意见》，将中华优秀传统文化传承发展上升为国家文化发展战略。党的十九大报告提出，要"推动中华优秀传统文化创造性转化、创新性发展，继承革命文化，发展社会主义先进文化，不忘本来、吸收外来、面向未来，更好构筑中国精神、中国价值、中国力量，为人民提供精神指引"②。"创造性转化、创新性发展"的"双创"方针也与"二为"方向和"双百"方针一起成为新时代中国特色社会主义文化建设的理论指导。这一方针坚持马克思主义唯物史观，突出实践标准，回答了传统文化传承发展的路径问题，并凸显了"推动中华优秀传统文化创造性转化、创新性发展"对构筑中国精神、中国价值、中国力量的基础性作用，是党的传统文化观的新发展。

传承弘扬中华优秀传统文化，要推动传统文化与现实文化相融相通。文化遗产是文化传统的重要载体，在新的时代条件下，保护、传承、利用好这一资源，激活其蕴藏的价值，是推动中华优秀传统文化创造性转化、创新性发展的重要内容。党的十八大以来，以习近平同志为核心的党中央高度重视文化传承与遗产保护，理念与实践都有重大发展，相关法律法规逐步完善，全社会保护意识显著增强，保护的综合效益日益显现，为世界遗产贡献了更多中国文化资源。习近平指出："各级党委和政府要增强对历史文物的敬畏之心，树立保护文物也是政绩的科学理念。"③他多次痛斥"拆真古迹、建假古董"④的愚蠢行为。对于文化遗产保护与利用，他提出了新思路："要系统梳理传统文化资源，让收藏在禁宫里的文物、陈列在广阔大地上的遗产、书写在古籍里的文字都活起来。"⑤"要让文物说话，让历史说话，让文化说话"⑥，重视文化遗产中精神、价值

---

① 习近平：《在纪念孔子诞辰2565周年国际学术研讨会暨国际儒学联合会第五届会员大会开幕会上的讲话》（2014年9月24日），《人民日报》2014年9月25日。
② 习近平：《决胜全面建成小康社会 夺取新时代中国特色社会主义伟大胜利——在中国共产党第十九次全国代表大会上的报告》（2017年10月18日），《人民日报》2017年10月28日。
③ 《习近平关于社会主义文化建设论述摘编》，中央文献出版社2017年版，第190页。
④ 同上书，第189—190页。
⑤ 同上书，第201页。
⑥ 同上书，第193页。

及智慧的体现，实现以文化人。国家有关部门出台了一系列文件，对文化遗产的保护与传承进行顶层设计、分类指导，加大文化遗产保护力度，如抢救保护濒危文物，实施馆藏文物修复计划，实施革命文物保护利用工程，加强新型城镇化和乡村振兴中的文物保护，使历史文化名城、名镇、名村、名人故居保护和城市特色风貌、红色文化资源管理得到切实加强。近年来，我国完成了全国可移动文物普查、革命文物摸底调查，并进一步拓展了文化遗产管理的分支领域，延伸了文化遗产管理的时空范畴，先后加强了对传统节日、工业遗产、老字号遗产、大运河遗产、20世纪遗产、文化线路遗产、农业文化遗产、南海丝路文化遗产、抗战文物、一带一路文化遗产和儒学遗产等的专项管理，并由文化遗产本体管理延伸到对周边环境和文化生态的整体管理。

文化遗产的历史、艺术、科学价值受到重视。文化文物单位提升展陈水平，精品展览深受群众青睐，积极开发文化创意产品，实现了文化价值与实用价值的有机统一。以《舌尖上的中国》《中国诗词大会》《朗读者》《致我们正在消逝的文化印记》《我在故宫修文物》《国宝档案》《国家宝藏》《经典咏流传》等为代表的文创节目，创新文化传播形式，让文物走近寻常百姓，让经典焕发新的光彩，加深了民众对中华传统文化的认知，增强了人民的文化自觉与自信。

五、推动文化事业和文化产业高质量发展

中共十九大报告指出，满足人民过上美好生活的新期待，必须提供丰富的精神食粮。要为人民提供丰富的精神食粮，就必须推动文化繁荣发展。要深化文化体制改革，完善文化管理体制，加快构建把社会利益放在首位、社会效益和经济效益相统一的体制机制，形成有利于创新创造的文化发展环境，调动全社会参与文化发展改革的积极性、主动性、创造性。[①]2014年，《深化文化体制改革实施方案》和《国家"十三五"

---

① 中共中央宣传部：《习近平新时代中国特色社会主义思想三十讲》，学习出版社2018年版，第209页。

时期文化发展改革规划纲要》的制定、编制，为文化体制改革搭建了中国特色社会主义文化制度体系的"梁"和"柱"。

完善公共文化服务体系，保障和改善文化民生，提高基本公共文化服务标准化、均等化水平，促进城乡、区域均衡发展。公共文化建设，一是加强公共文化产品和服务有效供给，二是加强农村，尤其是革命老区、少数民族地区、边疆地区、贫困地区的扶助。2014年4月，文化部文化体制改革工作领导小组研究通过了《2014年文化系统体制改革工作要点》及其分工实施方案，提出要推动公共文化服务社会化发展，培育文化非营利组织，引入市场机制，激发各类社会主体参与公共文化服务。2015年初，中共中央办公厅、国务院办公厅发布《关于加快构建现代公共文化服务体系的意见》，并印发《国家基本公共文化服务指导标准（2015—2020年）》。同年12月，文化部等七部委共同印发《"十三五"时期贫困地区公共文化服务体系建设规划纲要》，意在因地制宜建立文化精准扶贫的长效机制，实现贫困地区公共文化服务体系建设达到全国平均水平。2017年3月、11月,《中华人民共和国公共文化服务保障法》《中华人民共和国公共图书馆法》先后颁布，通过法律形式明确了政府保障人民群众基本文化权益的责任，使各族群众在业余时间有了学习文化和开展文化活动的优良场所。此外，群众评价和反馈机制的建立，推动了文化惠民项目与群众文化需求有效对接，文化事业单位法人治理结构改革也以试点推进的方式逐步进行。

健全现代文化产业体系和市场体系。十八届三中全会提出"建立健全现代文化市场体系"，从过去的产业支持政策，变为开放文化市场，推动法治建设，培育文化生态环境等，实现发展动力机制的转变，推动文化产业转型升级、提质增效，促进经济的转型升级，构建文化经济和经济文化。所谓文化经济就是生产精神文化产品的经济，经济文化就是人们从事经济活动中要坚持的理念，如契约、法治、诚信、敬业、创新等。要降低社会资本进入门槛，允许参与对外出版、网络出版，允许以控股形式参与国有影视制作机构、文艺院团改制经营，支持各种形式小微文化企业发展。文化产业作为经济发展的重要一环，就是使文化与产业融合发展，通过实施"文化+"行动，推动文化与科技、教育、信息、旅游、体育、建筑设计及相关制造业深度融合，培育新型文化业态和产业发展新动能。2014年，国务院发布《关于推进文化创意和设计服务与相关产业融合发展的若干意见》。数字创意产业高速发展，涌现了大批平台型、内容型、服务型、技术型公司，形成了文化信息传输服务业、文化艺术服务业、文化休闲娱乐服务业三个行业。据统计，2012年以来，50%以上的文化类消费发生在文化信息传输服务业。动漫游戏、数字音乐、数字电影、网络视频、移动多媒体电视、公共视听载体、数字出版等新兴文化产业迅速崛起，拓宽了文化产业的领域。与文化发展新形势相适应，2018年3月，文化部和旅游部合并，以统筹文化事业、文化产业发展和旅游资源开发，用文化的理念发展旅游，用旅游的方式传播文化。在重视文化产业的经济属性的同时，还要坚守文化产业的文化属性、社会属性和意识形态属性，把社会效益放在首位，倡导讲品位、讲格调、讲责任，抵制低俗、庸俗、媚俗，实现经济利益与社会效益相统一。在文化产业系列改革的推动下，中国文化产业增加值及其占GDP的比重不断提高。从2012年到2017年，文化产业增加值由1.81万亿元增加到3.5462万亿元，年均增速20%，占GDP的比重从3.48%提高到4.29%。[①]

六、提高中华文化影响力

中共十八大以来，以习近平同志为核心的党中央高度重视对外宣传工作，着力提高国家文化软实力，推进国际传播能力建设，创新对外宣传方式，加强话语体系建设，打造了一批融通中外的新概念新范畴新表述，讲好中国故事，传播好中国声音，向全世界展现了一个真实的中国、立体的中国、全面的中国。[②]

着力提高国家文化软实力。"文化软实力集中体现了一个国家基于文

---

① 王连文：《透过文化发展统计公报看近5年文化产业发展》，《中国文化报》2018年6月19日。

② 《习近平关于社会主义文化建设论述摘编》，中央文献出版社2017年版，第197—198、205页。

化而具有的凝聚力和生命力,以及由此产生的吸引力和影响力。"①2013年12月,十八届中央政治局就提高国家文化软实力进行第十二次集体学习。习近平在讲话中指出:"要坚持走中国特色社会主义文化发展道路,弘扬社会主义先进文化,深化文化体制改革,推动社会主义文化大发展大繁荣,增强全民族文化创造活力,让一切文化创造源泉充分涌流",要着力"推动文化事业全面繁荣、文化产业快速发展,不断丰富人民精神世界、增强人民精神力量,不断增强文化整体实力和竞争力"。②提高国家文化软实力,是一项"形于中"而"发于外"的重大战略任务,要努力夯实国家文化软实力的根基,切实把我们自身的文化建设好,朝着建设社会主义文化强国的目标不断前进。

加强话语权建设。努力传播当代中国价值观念,拓展对外传播平台和载体是抓手。习近平等党和国家领导人在国际交往中带头讲述中国故事,在西方重要媒体发表文章,直接传播中国发展理念、发展经验、发展方案,塑造国家形象,对抹黑中国的言论公开驳斥。在民粹主义思潮泛滥、世界充满不确定性的形势下,中国以宽广深邃的历史视野、锐意进取的创新精神、勇于担当的大国胸怀,推动构建新型国际关系、倡导国际关系民主化、坚持正确义利观、秉持共商共建共享的全球治理观,提出了关于世界发展和人类未来的中国方案。中共十八大以来,以习近平同志为核心的党中央站在人类发展进程的高度,正确把握国际形势的深刻变化,高瞻远瞩地提出了"一带一路"倡议,倡导"和平合作、开放包容、互学互鉴、互利共赢"的价值理念;提出了"构建人类命运共同体",呼吁世界各国人民同心协力,建设持久和平、普遍安全、共同繁荣、开放包容、清洁美丽的世界。"一带一路"倡议与"构建人类命运共同体"相互支撑,得到国际社会的积极响应和广泛支持,成为全球化发展的新亮点。

加强文化交流,搭建平台,积极发声。加强国际传播能力建设,加快提升中国话语的国际影响力,增进与国际社会的文化交流合作,是讲

---

① 中共中央宣传部:《习近平新时代中国特色社会主义思想三十讲》,学习出版社2018年版,第208页。

② 《建设社会主义文化强国 着力提高文化软实力》,《人民日报》2014年1月1日第1版。

好中国故事、传播好中国声音的重要途径。

习近平指出："要创新对外话语表达方式，研究国外不同受众的习惯和特点，采用融通中外的概念、范畴、表述，把我们想讲的和国外受众想听的结合起来，把'陈情'和'说理'结合起来，把'自己讲'和'别人讲'结合起来，使故事更多为国际社会和海外受众所认同。要用好新闻发布机制，用好高端智库交流渠道，用好重大活动和重要节展赛事平台，用好中华传统节日载体，用好海外文化阵地，用好多种文化形式，让中国故事成为国际舆论关注的话题，让中国声音赢得国际社会理解和认同。"[①] 在政府对外文化交流方面，截至 2017 年底，我国已与 157 个国家签署了文化合作协定，初步形成覆盖世界主要国家和地区的政府间文化交流与合作网络；已投入运营的海外中国文化中心 30 个、中国馆 14 个，开展各类文化活动达 4000 余场次，直接受众达到 800 余万人次；"欢乐春节"等活动影响遍及全球。2017 年，"欢乐春节"活动在 140 个国家和地区的 500 多座城市开展了 2000 多项活动，海外受众突破 2.8 亿人次。近 5 年新华社稿件在世界主要通讯社互引统计中位居榜首；中央电视台海外频道用户达 4 亿，分布在全球 168 个国家和地区。[②] 截至 2018 年 12 月，中国已在 154 个国家和地区建立 548 所孔子学院和 1193 个中小学孔子课堂。[③] 在中外人文交流方面，持续开展了文化节展、文物展览、博览会、书展、电影节、体育活动、旅游推介和各类品牌活动，同时注重创新人文交流方式，丰富文化交流内容。中外智库交流频繁。汉学与当代中国座谈会、青年汉学家研修计划等搭建起中外思想对话的桥梁。2012 年以来，中国先后实施了多个语种的影视译制项目，有 1600 部中国影视剧被译成了 36 种语言，登上了 100 多个国家的电视荧屏。中国国际电视总公司作为国内影视产品出口海外的主要发行机构，每年向海外

---

① 《习近平关于社会主义文化建设论述摘编》，中央文献出版社 2017 年版，第 213 页。
② 周玮：《激发文化创造活力向着社会主义文化强国迈进——党的十八大以来文化体制改革成果述评》，新华网，2017 年 7 月 23 日。参见孔子学院网，2018 年 11 月 30 日。
③ 参见《世界各地已有 548 所孔子学院和 1193 个中小学孔子课堂》，央视网，2018 年 12 月 6 日。

销售 2 万多小时各类影视节目，有效播出覆盖 200 多个国家和地区。①加强与"一带一路"沿线国家和地区文化交流合作，开创敦煌国际文化博览会、丝绸之路国际艺术节、海上丝绸之路国际艺术节等品牌活动，促进了民心相通。新时代，中国日益走近世界舞台中央，国际社会对中国的关注前所未有，国家文化软实力和中华文化影响力得到了大幅提升。

中共十八大以来，以习近平同志为核心的党中央领导全国人民担负起新时代的文化使命，持续推进社会主义文化建设，推动文化事业全面繁荣和文化产业快速发展，在举旗帜、聚民心、育新人、兴文化、展形象方面作出了积极努力，使文化领域发生了广泛而深刻的变化，使我国向着建设社会主义文化强国目标迈出了坚实有力的步伐。

[原载《党的文献》2019 年第 1 期]

---

① 参见韩业庭：《影视译制：让好作品更好地"走出去"》，《光明日报》2018 年 5 月 10 日第 11 版。

弘扬中国精神传播中国价值凝聚中国力量

中共十八届五中全会审议通过的《中共中央关于制定国民经济和社会发展第十三个五年规划的建议》(以下简称《建议》),提出推动物质文明和精神文明协调发展,加强社会主义精神文明建设,建设社会主义文化强国。精神文明建设的核心在于弘扬中国精神、传播中国价值、凝聚中国力量。

一、加强精神文明建设是中国特色社会主义的内在要求

我们党向来认为社会主义是包括物质经济和精神文化两个方面的社会全面进步。新中国成立后,毛泽东指出:"中国的面貌,无论是政治、经济、文化,都不应该是旧的,都应该改变,但中国的特点要保存。"[①] 因此确立了以马克思主义为指导的、民族的科学的大众的文化方针,指导干部、知识分子系统学习马克思主义,清理非马克思主义和反马克思主义的观点,把对文化的改造与对人的改造紧密结合,进行广泛的思想道德教育,使爱国主义、集体主义、社会主义思想深入人心,人们的精神面貌焕然一新。

改革开放后,邓小平明确提出了精神文明建设思想。他指出:"我们要建设的社会主义国家,不但要有高度的物质文明,而且要有高度的精

[①] 《毛泽东著作选读》下册,人民出版社1986年版,第752页。

神文明。"[1] 精神文明是社会主义社会的一个重要特征，是社会主义现代化的重要目标，又是实现四个现代化的重要保证。只有两个文明都搞好，才是有中国特色的社会主义。他紧紧抓住提高人的思想道德素质和教育科学文化素质这两个基本方面，强调精神文明建设的目标是培养有理想、有道德、有文化、有纪律的社会主义"四有"新人。这突出了精神文明建设在社会主义事业整体布局中的战略地位和作用。党的十二届六中全会和十四届六中全会，均以社会主义精神文明建设为专门议题并形成了决议。

中共十八大以来，习近平总书记一再强调物质文明和精神文明要协调发展。2013年8月，他在全国宣传思想工作会议上指出：只有物质文明建设和精神文明建设都搞好，国家物质力量和精神力量都增强，全国各族人民物质生活和精神生活都改善，中国特色社会主义事业才能顺利向前推进。2015年2月28日，他在会见第四届全国文明城市、文明村镇、文明单位和未成年人思想道德建设工作先进代表时强调：人民有信仰，民族有希望，国家有力量。实现中华民族伟大复兴的中国梦，物质财富要极大丰富，精神财富也要极大丰富。我们要继续锲而不舍、一以贯之抓好社会主义精神文明建设，为全国各族人民不断前进提供坚强的思想保证、强大的精神力量、丰润的道德滋养。要以辩证的、全面的、平衡的观点正确处理物质文明和精神文明的关系，把精神文明建设贯穿改革开放和现代化全过程、渗透社会生活各方面。2015年10月，他为第五届全国道德模范表彰活动作出的批示中，要求持续深化社会主义思想道德建设，弘扬中华传统美德，弘扬时代新风，用社会主义核心价值观凝魂聚力，更好构筑中国精神、中国价值、中国力量，为中国特色社会主义事业提供源源不断的精神动力和道德滋养。

二、推动物质文明和精神文明协调发展是全面建成小康社会的必然要求

改革开放以来，经过接续奋斗、接力探索，我国取得举世瞩目的

---

[1] 《邓小平文选》第2卷，人民出版社1994年版，第367页。

成就。2014年我国国内生产总值达到63.6万亿多元，占世界总量比重13.3%，与美国GDP的相对差距从2010年的2.48倍缩小至1.68倍。人均GDP达到46531元，居第96位；城乡人均可支配收入分别为2.9万元和1.1万元，居中高收入国家的中等水平[①]。基础设施现代化进程加速发展。我国已经建成了世界第一大高速公路网和铁路网。铁路营业里程11.2万公里，其中高速铁路营业里程达到1.6万公里，占世界总里程的60%以上；公路通车总里程446.39万公里，其中高速公路11.19万公里；民用汽车保有量1.54亿辆，位居世界第二；全国电话用户15.36亿户，互联网上网人数6.49亿人，其中手机上网人数达到5.57亿人，宽带用户超过7.8亿户，成为世界最大的通信技术和互联网市场；全国发电装机容量13.60亿千瓦，电网规模世界第一。农业现代化水平明显提高，农业科技进步贡献率为56%，农作物耕种收综合机械化率为61%，主要农作物良种覆盖率达96%以上[②]。2015年实现粮食产量"十二连增"，总产量为6.21亿吨。产业结构方面，第三产业已取代第二产业领头，目前现代服务业占GDP比重为51.4.1%。载人航天、探月工程、移动通信、量子通信、北斗导航、载人深潜、高速铁路、航空母舰、超级计算机、支线客机等重大科技工程取得新的突破，科技整体水平大幅提升。

我们的物质文明达到了前所未有的水平，精神文明整体趋势健康向上，但快速发展中也产生了诸多问题，最突出的是在消费主义影响下，物欲膨胀，导致了社会性的焦虑、浮躁和空虚。少数党员干部信仰迷失、贪污腐败。一些文艺创作者热衷于"去思想化""去价值化""去历史化""去中国化""去主流化"等。一些媒体和社会科学领域则照搬照抄西方的概念、理论和方法，盛行西方命题加"中国证据"的范式诠释中国，不仅不能自圆其说，更不用说让外国理解中国。社会上，一些领域道德失范、诚信缺失。不少人没有国家观念、集体观念，不讲对错，不问是非，不知美丑。网络上充满了各种极端化、负面化、情绪化的声音。《失乐园》的作者弥尔顿曾说：意识本身可以把地狱造就成天堂，也能把

---

① 李克强：《全面建成小康社会新的目标要求》，《人民日报》2015年11月6日。
② 数据来自胡鞍钢：《"十二五"时期经济社会发展的成就与评价》（《前线》2015年第10期），国家统计局网站、新华网等。

天堂折腾成地狱。如果不有效解决这些问题，改革开放和社会主义现代化建设就难以顺利推进。我们既要吸收借鉴人类一切优秀文明遗产，又要自觉抵制西方错误思潮的误导，建设自己的主流意识形态、价值观及学术和话语体系。因此，在全面建成小康社会的决胜阶段，中共中央关于协调发展的理念中，提出推动物质文明和精神文明协调发展，把显著提高人民思想道德素质和科学文化素质作为"十三五"时期的重要目标之一。

三、精神文明建设重在用中国梦和社会主义核心价值观凝魂聚力

人们的精神面貌要靠精神力量去改变，人们的精神境界要靠精神手段去提高，人们的精神价值也要靠精神文明去揭示。习近平总书记在北京大学师生座谈会上的讲话中强调："对一个民族、一个国家来说，最持久、最深层的力量是全社会共同认可的核心价值观。核心价值观，承载着一个民族、一个国家的精神追求，体现着一个社会评判是非曲直的价值标准。"①在思想意识多元多样多变的社会，在不同思想文化、不同道德观念、不同价值理念的碰撞交锋中，坚持核心价值观的引领尤为重要。因此，中共十八大以来，新一届中央领导人在凝神聚力方面作了很多努力。习近平总书记提出了"中国梦"思想，政治局集体学习多次讨论文化建设问题，2014年10月习近平主持召开文艺工作座谈会，强调中华民族伟大复兴的中国梦是我们的时代主题，社会主义核心价值观是我们的兴国之魂。2013年以来，中共中央和国务院发布了关于深化文化体制改革、培育和践行社会主义核心价值观、加快构建现代公共文化服务体系、进一步加强和改进新形势下高校宣传思想工作、建设中国特色新型智库、繁荣发展社会主义文艺、推动国有文化企业把社会效益放在首位实现社会效益和经济效益相统一等一系列的指导意见，是举精神旗帜、立精神支柱、建精神家园，弘扬中国精神、传播中国价值、凝聚中国力量的环

---

① 习近平：《在北京大学师生座谈会上的讲话》，《人民日报》2014年5月5日。

环相扣的固本铸魂的举措。

《建议》强调坚持用邓小平理论、"三个代表"重要思想、科学发展观和习近平总书记系列重要讲话精神武装全党、教育人民，用中国梦和社会主义核心价值观凝聚共识、汇聚力量。加强思想道德建设和社会诚信建设，增强国家意识、法治意识、社会责任意识，倡导科学精神，弘扬中华传统美德，在全社会形成向上向善、诚信互助的社会风尚。并注重通过法律和政策向社会传导正确价值取向，维护主流价值和公序良俗。提高舆论引导能力与水平，牢牢把握正确舆论导向，健全社会舆情引导机制，传播正能量。鉴于网络文化传播的影响力，《建议》提出要"加强网上思想文化阵地建设，实施网络内容建设工程，发展积极向上的网络文化，净化网络环境"。深化马克思主义理论研究和建设工程，直面现实的热点、难点问题，增强理论的吸引力和感染力。通过中国精神铸魂，"不断振奋全民族的精气神，不断增强团结一心的精神纽带、自强不息的精神动力，永远朝气蓬勃迈向未来"[①]。

四、加强国际传播能力建设传播中国价值

推动中华文化走出去，展示中华文化精神，传播当代中国价值，是增强国家文化软实力的重要任务。随着2000年以来中国政府提出文化走出去，2004年提出中国传媒走出去，2008年中国国际传播能力建设第一期工程的开启，媒体海外建站设点加速推进，海外布局初具规模，传播范围明显拓展，对外汉语教学的推广，对外文化交流、文化贸易的发展，尤其是中国的数字化传播的国际拓展，已形成一定的国际传播能力。如全球互联网上中文的内容已由以前不足5%上升为12%[②]。全球孔子学院和中小学孔子课堂已分别达到500所和1000个，注册学员达170万人。在话语权建设方面，十八大以来，为回应国际社会的关切，积极阐释中国道路、中国文化、中国价值，创造性地提出了"中美新型大国关系"、

---

① 《习近平谈治国理政》，外文出版社2014年版，第16页。
② 姜飞：《新阶段推动中国国际传播能力建设的理性思考》，《南京社会科学》2015年第6期。

"一带一路"倡议、"亲诚惠容"周边外交战略理念等新概念新表述。针对西方国家经常把自己置于文明制高点批评中国，公开排斥中国参与全球治理、国际贸易规则的制定，尤其是作为现行世界秩序最具实力的美国提出"重返亚太"，把防范的矛头指向中国，并介入中国与邻国争端的做法，习近平总书记强调文明的交流互鉴，指出，人类文明是多彩的、平等的、包容的。他在博鳌亚洲论坛的讲话中提出了"人类命运共同体"思想。2015年9月，他在联合国讲话时表示："中国将始终做全球发展的贡献者，坚持走共同发展道路，继续奉行互利共赢的开放战略，将自身发展经验和机遇同世界各国分享，欢迎各国搭乘中国发展'顺风车'，一起来实现共同发展。"在欧美国家开始盛行贸易保护主义的背景下，体现了中国对当今世界的担当。"人类命运共同体"内涵为：坚持各国相互尊重、平等相待；坚持合作共赢、共同发展；坚持实现共同、综合、合作、可持续的安全；坚持不同文明兼容并蓄、交流互鉴。人类命运共同体以经济利益共同体为基础，进而成为求同存异、互信互爱的文化共同体。这一理念获得了国际社会的积极反响。

在新秩序、新挑战、新矛盾的面前，中国作为世界第二大经济体、国际政治舞台的重要成员，需要更多地承担起国际责任，被关注度也越来越高。我们要注重在交锋交融的国际社会中，更加鲜明地表达我们如何治理社会、如何处理国际关系的原则，努力传播中华文化和当代中国价值。中华民族"和而不同"的文化传统，符合全球化的大趋势，更符合周边国家的根本利益，适应时代的要求，回答着人类的关切，因此，我们要把以互利共赢合作为基础的"人类命运共同体"理念塑造成为区域和世界的主流话语，为中国发展建构良好的国际环境。随着互联网新媒体的快速发展，为国际话语权竞争提供了条件。我们要加强消息源建设，增强议题意识，主动设置和嵌入体现我国价值观念、符合国外受众思维习惯的议题，切实提高国际传播的针对性、吸引力。深入研究不同国家受众的文化传统、价值取向和接受习惯，有针对性地提供差异化的文化艺术精品，提高国际文化市场的占有率，壮大文化力量。加强智库建设，积极开展与国际智库的交流合作。改革开放以后，中国和西方的沟通虽然一直很频繁，但在许多场合，双方还是处在两个完全不同的话语体系里面，各说各话。中国特色社会主义的成功发展将西方现代化模式从人类社会现代化的所谓"唯一模式"或"普世模式"还原为"一种模式"或"欧美模式"，从而有力地推动了全球化时代人类文明的多样性发展。我们一定要将自己研究透彻，努力创造一种建立在自己经验之上的既能解释自己，又能让他人了解并理解的知识体系，解释好、解读好中国。并通过主持和参加各种国际智库论坛，讨论问题、切磋观点，既有利于开阔视野，智库间碰撞智慧火花，又增进沟通，减少误判，达到增信释疑的目的。

传播中国价值仍然需要政府与民间并举，文化交流与文化贸易并重，"走出去"与"请进来"并行，构建多主体、多层次、多形式的文化交流格局，媒体、专家学者、文化交流使者、出境公民（2014年中国出国旅行者超过一亿人次）各种力量参与，共同讲好中国故事。

[原载《当代中国史研究》2016 年第 1 期]

"红船精神"的传承与弘扬

2017年10月31日,中共十九大闭幕仅一周,习近平率领新一届中共中央政治局常委专程前往上海和浙江嘉兴,瞻仰中共一大会址和嘉兴南湖红船,回顾建党历史,重温入党誓词,宣示新一届党中央领导集体的坚定政治信念。在党梦想起航的地方,他强调要结合时代特点大力弘扬"红船精神",让"红船精神"永放光芒。"红船精神"是12年前他任浙江省委书记时在《光明日报》发表的《弘扬"红船精神"走在时代前列》的文章中首次概括提炼的。总书记如此重视"红船精神",是由其深刻内涵、重要历史地位和时代价值决定的。"红船精神"是习近平新时代中国特色社会主义思想的重要底色。

一、"红船精神"反映的是建党初心、立党根本

恩格斯说过:"历史从哪里开始,思想进程也应当从哪里开始。"[1]伟大的革命实践产生伟大的革命精神。"红船精神"孕育于中国共产党创建的伟大实践中,是中国共产党建党精神的集中体现和高度概括。中国共产党在民族蒙受苦难、探求光明的逆境中应运而生。它勇立社会历史发展的潮头,肩负起求民族独立、谋人民解放的历史使命,在南湖红船上宣告成立,播下了中国革命的火种,使中国革命的历史翻开了崭新的一

---

[1] 《马克思恩格斯选集》第2卷,人民出版社1995年版,第43页。

页,这是"开天辟地的大事变","自从有了中国共产党,中国革命的面目就焕然一新了"。①中共一大会议在白色恐怖中召开,由上海转至嘉兴,在南湖红船上完成缔造中国共产党的使命,靠的是坚定的理想信念和百折不挠的革命精神。中国共产党旗帜鲜明地把社会主义和共产主义规定为自己的奋斗目标,党从诞生那天起,就没有自己的私利,红船上通过的第一个党纲,拥有鲜明的人民立场,代表工人农民最广大群众的根本利益,表现的是立党为公、忠诚为民的奉献精神。"红船精神"所包含的开天辟地、敢为人先的首创精神,坚定理想、百折不挠的奋斗精神,立党为公、忠诚为民的奉献精神②,反映了立党根本,体现了中国共产党的价值追求,昭示了中国共产党"为什么出发"的初心本愿。

二、"红船精神"是立党兴党、执政兴国的宝贵精神财富

红船开启了中国共产党的跨世纪航程,"红船精神"既是历史的,也是时代的。"红船精神"集中体现的是建党精神,中国共产党在波澜壮阔的伟大斗争中,在艰苦卓绝的奋斗历程中,在不同历史时期还相继产生了许多伟大的精神,如井冈山精神、长征精神、延安精神、西柏坡精神、大庆精神、焦裕禄精神、"两弹一星"精神、载人航天精神等。"红船精神"作为中国共产党伟大精神谱系的第一个,是中国革命精神之源:中国共产党历史上形成的优良传统和革命精神虽然各有侧重、各有特色,比如,"在革命时期,'红船精神'主要是确立信仰、树立远大理想,井冈山精神主要是开创革命道路,西柏坡精神主要着眼于革命胜利后党的建设。在建设时期,大庆精神、铁人精神主要是艰苦创业,雷锋精神主要是树立起了共产主义理想人格典范。在改革时期,拓荒牛精神主要是推动改革创新,抗洪精神、抗击非典精神、抗震救灾精神主要是昭示万众一心去战胜困难,中国精神则着眼于为实现中国梦而奋斗。"③但这些精神与"红船精神"一脉相承,是"红船精神"的接续发展,其精神内涵始终贯

---

① 《毛泽东选集》第4卷,人民出版社1991年版,第1357页。
② 习近平:《弘扬"红船精神"走在时代前列》,《光明日报》2005年6月21日。
③ 陈晋:《传承和弘扬中国共产党的"精神谱系"》,《光明日报》2016年6月29日第1版。

穿着创新、奋斗、奉献的主线。

首创精神是"红船精神"的灵魂,是党和国家发展的动力之源。它一直激励和鼓舞着党始终站在历史的潮头,走在时代的前列,勇当舵手,引领航向,不断取得革命、建设和改革的一个又一个胜利。中国共产党探索的是前无古人的事业,从血与火的革命战争洗礼中创造性地开创了农村包围城市、武装夺取政权的革命道路;对于怎样建设社会主义,进行了马克思主义与中国具体实践实行第二次结合的重要探索;"摸着石头过河"的改革开放,走出一条中国特色社会主义道路;十八大以来的砥砺奋进,解决了许多长期想解决而没有解决的难题,办成了许多过去想办而没有办成的大事,推动中国特色社会主义进入新时代。这无一不是首创精神的体现,是中国共产党人始终走在时代前列的重要表现。这一点得到了国际社会的认同。2004年5月,英国著名思想库伦敦外交政策研究中心发表了《北京共识》的研究报告,认为中国通过努力、主动创新和大胆实践,摸索出一个适合本国国情的发展模式。

奋斗精神是"红船精神"的支柱,党的历史就是一部为理想顽强拼搏、不懈努力的奋斗史。理想是人们追求的目标,信念是人们向着这个目标前进的意志和定力。因为理想信念坚定,我们党在长期艰苦卓绝的奋斗中,历经曲折而不畏艰险,屡受考验而不变初衷,由小到大,由弱变强,推动中国革命、建设和改革事业不断前进,中国共产党在28年间用"阶级战争"和"无产阶级专政"的"对症之方",实现了改造世界的目标,建立了新中国,实现民族独立、人民解放;仅用68年的时间,带领全国人民把一个积贫积弱、满目疮痍、百废待兴的旧中国建设成为团结统一、繁荣富强、蒸蒸日上的社会主义新中国。

立党为公、忠诚为民是"红船精神"的本质所在,也是马克思主义政党区别于其他政党的显著标志。在96年波澜壮阔的历史进程中,无论弱小还是强大,无论是顺境还是逆境,中国共产党以全心全意为人民服务为宗旨,始终依水行舟,与人民风雨同舟。中国共产党成功的秘诀,就是一切为了人民,一切依靠人民。党的历史是一部为人民求解放、谋幸福的奉献史。"红船精神"不只是筚路蓝缕中涵养中国革命的精神,而是我们党一路走来把握时代,凝聚时代力量,战胜一切困难的强大思想武器和精神支柱。

三、用"红船精神"滋养新时代伟大事业

"红船精神"与中国共产党相伴相生,寄托着党的初心,贯穿于中国革命、建设和改革的历史大潮中,更是新时代坚持和发展中国特色社会主义的坚强精神支撑。面对"四大考验""四种危险",习近平总书记强调革命理想高于天,他指出:"对马克思主义的信仰,对社会主义和共产主义的信念,是共产党人的政治灵魂,是共产党人经受住任何考验的精神支柱。"[1]要教育引导广大党员、干部把践行中国特色社会主义共同理想和坚定共产主义远大理想统一起来,做到虔诚而执着、至信而深厚。以坚定理想信念宗旨为根本,以调动全党积极性、主动性、创造性为着力点,全面推进党的建设。创新是五大发展理念的首要理念,作为应对发展环境变化、增强发展动力、把握发展主动权,更好引领新常态的根本之策。习近平总书记明确创新是引领发展的第一动力,要求"把创新摆在国家发展全局的核心位置,不断推进理论创新、制度创新、科技创新、文化创新等各方面创新,让创新贯穿党和国家一切工作,让创新在全社会蔚然成风。"[2]尤其强调党员干部确立创新思维,增强改革创新本领,保持锐意进取的精神风貌,善于结合实际创造性推动工作。以人民为中心是习近平新时代中国特色社会主义思想的核心要义之一。"人民对美好生活的向往,就是我们的奋斗目标"[3],这是习近平总书记在十八大后上任伊始即带领新一届中央领导集体郑重宣示。十八大以来,以习近平同志为核心的党中央坚持发展为了人民、发展依靠人民、发展成果由人民共享,作出更有效的制度安排,围绕改善人民生活、增进人民福祉谋发展,回应人民期待、解答人民关切,以利民惠民为民生焦点,在幼有所育、学有所教、劳有所得、病有所医、老有所养、住有所居、弱有所扶上不断取得新进展,让改革发展成果更多更公平地惠及全体人民,增强了人民

---

[1]《十八大以来重要文献选编》(上),中央文献出版社 2014 年版,第 115 页。
[2]《习近平谈治国理政》第 2 卷,外文出版社 2017 年版,第 198 页。
[3]《十八大以来重要文献选编》(上),中央文献出版社 2014 年版,第 70 页。

群众的获得感。十九大以"不忘初心，牢记使命"，为实现中华民族伟大复兴的中国梦不懈奋斗做主题，把坚持好、贯彻好、落实好"以人民为中心"作为新时代中国特色社会主义基本方略，号召全党永远与人民同呼吸、共命运、心连心，永远把人民对美好生活的向往作为奋斗目标，这是"红船精神"在新时代的体现。

伟大实践需要伟大精神去推动。经过长期努力，中国特色社会主义进入了新时代，我们比历史上任何时候都更接近中华民族伟大复兴的目标，比历史上任何时候都更有能力、有信心实现这一目标，但中华民族伟大复兴，绝不是轻轻松松、敲锣打鼓就能实现的。要取得决胜全面建成小康社会、进而全面建设社会主义现代化强国的胜利，需要党领导人民沿着红船的航向，秉首创精神，敢为人先，勇于变革、勇于创新，能够始终把握时代、引领时代；赓续奋斗精神，坚定理想信念，始终保持一往无前的奋斗姿态和永不懈怠的精神状态；坚守奉献精神，牢记党的宗旨，永远把人民对美好生活的向往作为奋斗目标，始终保持同人民群众的血肉联系，巩固全国各族人民大团结，加强海内外中华儿女大团结，团结一切可以团结的力量，齐心协力走向中华民族伟大复兴的光明前景。这是十九大主题"不忘初心，牢记使命"的含义所在，是十九大后党中央领导集体瞻仰红船，习近平总书记强调要结合时代特点，大力弘扬"红船精神"的主旨所在。"红船精神"是中国共产党人的精神家园，走好新时代长征路的丰厚精神滋养，而在新的伟大征程中，"红船精神"也将会不断赋予新的时代内涵、绽放新的时代光芒，彰显出强大生命力。我们学习贯彻落实中共十九大精神，应该当好"红船精神"的忠实守护者、坚定传承者和自觉践行者。

[原载《光明日报》2017年12月28日第7版]

激发中华优秀传统文化时代活力

习近平总书记指出，优秀传统文化是一个国家、一个民族传承和发展的根本，如果丢掉了，就割断了精神命脉。我们要善于把弘扬优秀传统文化和发展现实文化有机统一起来，紧密结合起来，在继承中发展，在发展中继承。中共十九大报告指出，要"推动中华优秀传统文化创造性转化、创新性发展"，"要坚持为人民服务、为社会主义服务，坚持百花齐放、百家争鸣，坚持创造性转化、创新性发展，不断铸就中华文化新辉煌"。"创造性转化、创新性发展"（以下简称"双创"）与"二为"方向和"双百"方针，是中国特色社会主义文化建设的重要方针，体现了我们党对文化建设规律认识的不断深化，是对马克思主义文化观的继承和发展。

第一，"双创"方针是对我们党传统文化观的坚持和发展。中国共产党从成立之日起，就是中华优秀传统文化的忠实传承者和弘扬者。毛泽东同志早就提出过学习我们的历史遗产的任务，要求"从孔夫子到孙中山，我们应当给以总结，承继这一份珍贵的遗产"。"清理古代文化的发展过程，剔除其封建性的糟粕，吸收其民主性的精华，是发展民族新文化提高民族自信心的必要条件"。中华人民共和国成立后，他进一步提出了"古为今用，推陈出新"的思想，强调对中国的文化遗产，应当充分地利用，批判地利用。20世纪80年代末，面对西方资产阶级文化的入侵，我们高扬爱国主义旗帜，弘扬民族文化以振奋民族精神，增强民族自尊心和自信心，既看到文化遗产的阶级性、时代性，又重视它的继承性和借鉴性。随着经济全球化的推进，各种思潮相互激荡，各种文化相互交流日益频繁。党的十六大报告阐述了坚持弘扬和培育民族精神，党的十七大报告提出弘扬中华文化，建设中华民族共有精神家园，要求全面认识祖国传统文化，取其精华，去其糟粕，使之与当代社会相适应、与现代文明相协调，保持民族性，体现时代性。

中共十八大以来，以习近平同志为核心的党中央高度重视中华优秀传统文化的传承发展，始终从中华民族精神追求和推动国家现代化进程的角度强调创新发展中华优秀传统文化。习近平指出，中华优秀传统文化是中华民族的突出优势，是我们最深厚的文化软实力。他在中共中央政治局第十三次集体学习时强调，深入挖掘和阐发中华优秀传统文化讲仁爱、重民本、守诚信、崇正义、尚和合、求大同的时代价值，使中华优秀传统文化成为涵养社会主义核心价值观的重要源泉。2014年，习近平总书记在纪念孔子诞辰2565周年国际学术研讨会暨国际儒学联合会第五届会员大会开幕会上的讲话中指出，"中国优秀传统文化的丰富哲学思想、人文精神、教化思想、道德理念等，可以为人们认识和改造世界提供有益启迪，可以为治国理政提供有益启示，也可以为道德建设提供有益启发"。中共十九大报告指出，推动中华优秀传统文化创造性转化、创新性发展，继承革命文化，发展社会主义先进文化，不忘本来、吸收外来、面向未来，更好构筑中国精神、中国价值、中国力量，为人民提供精神指引。"双创"方针既与马克思主义文化观一脉相承，又凸显了中华优秀传统文化在构建中国精神和中国价值中的重要作用，体现了在新时代坚守中华文化立场、强化主体意识的文化自觉，对坚定文化自信具有重要意义。

第二，"双创"方针体现出对中华优秀传统文化的科学态度。坚持什么样的立场、采取什么样的态度，是传承发展传统文化的首要问题。"双创"方针贯穿着历史唯物主义和辩证唯物主义的世界观、方法论。所谓创造性转化，就是要按照时代特点和要求，对那些至今仍有借鉴价值的内涵和陈旧的表现形式加以改造，赋予其新的时代内涵和现代表达形式，激活其生命力。所谓创新性发展，就是要按照时代的新进步新进展，对中华优秀传统文化的内涵加以补充、拓展、完善，增强其影响力和感召力。"双创"首先要求重视文化传承。中华文明绵延数千年，有其独特的价值体系。中华优秀传统文化已经成为中华民族的基因，植根在中国人内心，潜移默化影响着中国人的思想方式和行为方式。因此，我们要敬重和珍视先人创造的优秀精神文化财富，坚决维护中华文化的民族性和独特性，反对以洋为美、以洋为尊，反对贬低、漠视传统文化。只有继承民族传统文化，才能为文化创新发展奠定良好基础。其次，坚持全面地、历史地、辩证地看待传统文化。一定的文化（当作观念形态的文化）是一定社会的政治和经济的反映，又给予伟大影响和作用于一定社会的政治和经济。传统文化在其形成和发展过程中，不可避免会受到当时人们的认识水平、时代条件、社会制度的制约和影响，因而也不可避免会存在一定的局限性，有陈旧过时或已成为糟粕的东西。这就要求我们用历史的、发展的、辩证的眼光看待传统文化，分清其中的精华与糟粕；在客观理性地分析和理解传统文化的基础上，对其中有益的东西、好的东西予以继承和发扬，对负面的、不好的东西加以抵御和克服，取其精华、去其糟粕，而不能采取全盘接受或者全盘抛弃的绝对主义态度。最后，坚持古为今用、以古鉴今。中国传统文化的价值就在于它是源头活水，我们要坚持有鉴别地对待、有扬弃地继承的原则，努力实现传统文化的创造性转化、创新性发展，使之与现实文化相融相通，共同服务于以文化人的时代任务。这既不是守成不变，也不是厚古薄今、以古非今。"双创"方针的立足点是今天，要尊重文化发展规律，结合新的实践和时代要求对传统文化进行正确取舍，并不断推陈出新。在对待中华优秀传统文化的过程中，我们尤其要警惕民族文化虚无主义和文化复古主义。应使我们的文化主体性建立在中华优秀传统文化基础上，以客观的科学的态度来考察中华优秀传统文化，切实把握和深入理解其本质内涵，并在新的历史条件下，根据现代社会思想文化建设的需要进行有选择性的、合理的吸收、改造、发展和创新，从而在当代实现对传统文化的升华和超越。

第三，"双创"方针指引新时代传统文化发展之路。创造性转化和创新性发展是传承发展中华优秀传统文化的根本之路，它突出实践标准，追求当代价值、意义，即"以古人之规矩，开自己之生面"。文化传承创新需要与当代文化相适应、与现代社会相协调,服务于社会主义文化建设的需要。对于中华优秀传统文化,其继承与创新的内容应当在新时代中国特色社会主义实践的基础上,以最广大人民群众的利益为标准来判断和取舍。只有适应深刻变化的时代和日新月异的中国,传统文化才能获得持久的生命力,从而为建设社会主义现代化强国、实现中华民族伟大复兴的中国梦提供有力的文化支撑。同时,中华优秀传统文化是涵养社会主义核心价值观的道德源泉。我们立足于中国特色社会主义的本质要求和实践,创新运用中华优秀传统文化中"修齐治平""自强不息、厚德载物""仁者爱人"等向上向善的思想理念,使其为形成国家、社会、公民三个层面相统一的社会主义核心价值观提供了有益借鉴。可见,我们所提倡的社会主义核心价值观,既体现了社会主义本质要求,又充分体现了对中华优秀传统文化的传承和升华。从中华优秀传统文化中发掘创造推动中国发展进步的内容和智慧,是"双创"工作的重要目标。因此,我们要讲清楚中华优秀传统文化的历史渊源、发展脉络、基本走向,讲清楚中华文化的独特创造、价值理念、鲜明特色。只有这样,才能从文化自觉走向文化认同、文化自信,才能在世界文化的激荡中凝聚力量、站稳脚跟。

在新时代传承弘扬中华优秀传统文化,我们应在马克思主义指导下,把中华优秀传统文化与发展社会主义文化紧密结合起来,融入社会实践之中,不断增强其影响力。中共中央办公厅、国务院办公厅印发的《关于实施中华优秀传统文化传承发展工程的意见》要求把中华优秀传统文化贯穿国民教育始终、滋养文艺创作、融入生产生活,激发中华优秀传统文化的时代活力。不仅如此,我们还要把跨越时空、超越国度、富有永恒魅力、具有当代价值的文化精神弘扬起来,把继承优秀传统文化又弘扬时代精神、立足本国又面向世界的当代中国文化创新成果传播出去,围绕破解人类社会共同难题和开创人类世界美好未来,为全球治理贡献更多中国智慧、提供更多中国方案,与世界各国一道携手推动构建人类命运共同体。

[原载《中国社会科学报》2019年1月25日第5版]

文艺发展开启新纪元

习近平在中共十八大以来的系列重要讲话中多次阐释了他的文艺观。他密切联系中国面临社会转型和民族复兴的实际，重申了文艺为人民、为社会主义服务的方向和"百花齐放，百家争鸣""古为今用，洋为中用"的方针，既充分肯定文艺的成绩，又实事求是地指出存在的问题，进一步明确了文艺工作的方向目标、主要任务和基本遵循，是在新的历史条件和时代语境下，对马克思主义文艺思想作出的新论述、新表达、新发展，丰富和深化了中国化马克思主义的文艺思想，开启了文艺发展的新纪元。

文艺的作用不可替代

关于文艺的作用，习近平在 2014 年 10 月 15 日文艺工作座谈会上的讲话中指出："文艺是时代前进的号角，最能代表一个时代的风貌，最能引领一个时代的风气。实现'两个一百年'奋斗目标、实现中华民族伟大复兴的中国梦，文艺的作用不可替代，文艺工作者大有可为。广大文艺工作者要从这样的高度认识文艺的地位和作用，认识自己所担负的历史使命和责任。"[①] 这里突出的是文艺和文艺工作者在中华民族伟大复兴中

[①] 本文引用的观点大都为习近平 2014 年 10 月 15 日在文艺工作座谈会上的讲话内容，见《人民日报》2015 年 10 月 15 日第 1 版，来自这篇讲话的内容不再一一标注。

的地位和作用。所谓"两个一百年",第一个一百年,是指到中国共产党成立100年时(2021年),全面建成小康社会的目标一定要实现;第二个一百年,是指到新中国成立100年时(2049年),要建成富强、民主、文明、和谐的社会主义现代化国家。这是讲话的切入点,那就是文艺和所处时代的关系,把反映时代和引领时代作为文艺的崇高任务,要求文艺要反映时代的风貌,要担当时代前进的号角,就是要求文艺家要认清我们今天的时代,把握时代的特征、时代的脉动、时代的精神、时代前进的历史方向。文学艺术要成为召唤时代前进的号角,除了作家艺术家个人的才华禀赋,还与作家艺术家自身的努力、与作家艺术家拥抱时代的深度和广度分不开,也与作家艺术家思想的高度分不开。只有站在时代思想的高度,不但努力从微观的生活细部去把握时代,而且努力从宏观的广角去把握时代,了解社会的结构变动,了解人际关系的变化,了解城乡历史的变迁,了解时代精神主潮的涌动,了解具有典型意义的人物和事件,了解历史脉动必然的走向,在这样的基础上创作的优秀作品,才可能既深刻反映时代又导引时代前进。

习近平把文艺和时代联系在一起,从中国人民面对的新的理想、新的世界、新的梦想——中国梦出发,思考和确立一个新的马克思主义文艺理论的视野,是在对文艺界的形势与问题作出分析和判断后,强调社会主义文学艺术事业建设的重要性,具有极强的现实针对性。文艺体现时代的精神是它的最重要的属性之一。讲话重在指引广大作家、艺术家和批评家,站在中国文艺发展的历史新起点上扬帆远航,担当起时代的责任与使命,为实现伟大的中国梦唱新歌,谱新曲。

坚持以人民为中心的创作导向

习近平专门阐述了文艺如何"坚持以人民为中心的创作导向"。他指出:"社会主义文艺,从本质上讲,就是人民的文艺。""要把满足人民精神文化需求作为文艺和文艺工作的出发点和落脚点,把人民作为文艺表现的主体,把人民作为文艺审美的鉴赏家和评判者,把为人民服务作为文艺工作者的天职",明确"以人民为中心"的文艺思想,将文艺与人民的关系扩大到了文艺创作的各个方面和文艺工作的各个环节，使人民与文艺工作的关系有了进一步的提升，构建了具有鲜明中国特色和内涵的社会主义文艺的新图景。

习近平提出的文艺"以人民为中心"的思想大体包含以下几方面的具体内容。

一是文艺为人民服务思想在新形势下的强化。他指出："坚持为人民服务、为社会主义服务这个根本方向，这是党对文艺战线提出的一项基本要求，也是决定我国文艺事业前途命运的关键。"为此他要求，文艺工作者"要始终把人民的冷暖、人民的幸福放在心中，把人民的喜怒哀乐倾注在自己的笔端，讴歌奋斗人生，刻画最美人物，坚定人们对美好生活的憧憬和信心"。

二是"把人民作为文艺表现的主体"，反映好人民心声。习近平提出的"把人民作为文艺表现的主体"这一思想同样具有鲜明的时代特征，充分落实了"人民群众是历史的创造者"这一马克思主义的历史观点，同时也是他个人"贯彻群众路线，相信群众，依靠群众"的群众观的真实体现。在对待文艺问题上，"把人民作为文艺表现的主体"是习近平人民观的体现。

三是文艺要把握人民的精神文化需求。人民的要求是文艺发展的动力。人民的精神文化需求是随着时代和社会前进而不断变化发展的，把握人民的精神文化需求是能否坚持以人民为中心的创作导向的关键。只有深入了解人民的精神文化需求水平，文艺创作才能据此把握好尺度，从而更好地满足人民的接受期许和欣赏期待。

四是要从人民中汲取营养。文艺工作者要想有成就，就必须自觉与人民同呼吸、共命运、心连心，欢乐着人民的欢乐，忧患着人民的忧患，做人民的孺子牛。对人民，要爱得真挚、爱得彻底、爱得持久，就要深深懂得人民是历史创造者的道理，深入群众、深入生活，诚心诚意做人民的小学生。能否从人民中汲取营养，影响着艺术的生命力。

五是人民是文艺审美的鉴赏家和评判者。习近平在讲话中，把文艺作品的评判权交给了人民。把人民作为文艺审美的鉴赏家和评判者既是对人民群众欣赏能力的肯定与相信，也是党的群众路线"相信群众、依靠群众、为了群众"的具体体现。既然人民群众是文艺作品的消费者，那么作品的好坏就应该由人民群众来评判，文艺作品的生产就应该考虑到人民的喜爱与审美追求。

文艺不能当市场的奴隶

习近平在讲话中指出，文艺不能在市场经济大潮中迷失方向，文艺创作要坚持正确的价值导向，强调文艺不能做市场的奴隶。这是对如何正确处理文艺与市场关系的要求。

在文艺与市场关系的框架中，要使文艺创作的个性化追求与文化生产的社会化相协调，既保持文艺的艺术水准和卓越性的价值追求，又能生产出为大多数人所接受从而产生社会影响力的产品。但当前文艺过于依附市场、过度商业化炒作，过于重视市场利益、迎合不健康的市场需求，反映的是文艺工作者心态浮躁，片面理解了市场，也片面理解了当代艺术。"优秀的文艺作品，最好是既能在思想上、艺术上取得成功，又能在市场上受到欢迎。"伟大的艺术当然承载或体现主流价值观的追求，文艺经典一定张扬着中华民族的个性和审美底蕴。

习近平在2014年五四青年节视察北京大学时说：推进中国改革发展，实现现代化，需要哲学精神指引，需要历史镜鉴启迪，需要文艺力量推动。文艺的力量必须"把服务群众与教育引导群众结合起来，把适应需求与提高素养结合起来"才能实现。在文艺创作方面，必须克服"内容空心化、情趣低俗化、过度娱乐化、价值立场失守、社会责任担当弱化、道德教化功能萎缩、审美涵养稀释"的状况。

对一件艺术作品来说思想性是其血肉，艺术性是其筋骨，观赏性则是这件作品的肌理，它直接决定着该作品能在市场上走多远，能在多大程度上得到人民的喜爱。优秀的文艺作品不仅要有思想性和艺术性，也要具备观赏性。只有作品为人民所喜闻乐见，被人民接受了、欢迎了、喜爱了，作品在人民大众中产生好的效果。这一文艺思想的提出，对当下困境重重的文艺现实有着重要的指导意义，是在新的时代对文艺工作提出的新要求。

追求真善美是文艺的永恒价值

习近平指出:"追求真善美是文艺的永恒价值。艺术的最高境界就是让人动心,让人们的灵魂经受洗礼,让人们发现自然的美、生活的美、心灵的美。我们要通过文艺作品传递真善美,传递向上向善的价值观,引导人们增强道德判断力和道德荣誉感,向往和追求讲道德、尊道德、守道德的生活。"这段话对文艺与真善美的必然联系、对文艺传递真善美的重要作用作出全面的阐述,深刻地揭示了文艺的特性、文艺的核心本质与功能。

一个国家、一个民族的强盛,总是以文化兴盛为支撑的,中华民族伟大复兴需要以中华文化发展繁荣为条件。当前,中国各族人民正在实现中国梦的伟大征程上阔步前进,在这个关键的历史关头,需要凝聚全民族力量,需要国家的向心力,理所当然需要文艺去反映这个时代的真、体现这个时代的善、创造这个时代为人民所喜闻乐见的具有中国作风、中国气派的美。"要把爱国主义作为文艺创作的主旋律,引导人民树立和坚持正确的历史观、民族观、国家观、文化观,增强做中国人的骨气和底气。"

这就需要我们的文艺家用现实主义精神和浪漫主义情怀观照现实生活,看到现实生活中主导的光明面,表现光明必将战胜黑暗,看到社会中善的精神的主导作用,表现善必将战胜恶,帮助人们去发现生活中的美、自然中的美、人们心灵中的美,并通过典型的集中、概括,创造出比现实生活更高更理想的美,表现美必将战胜丑,让人们看到美好、看到希望。他期待"我国作家艺术家应该成为时代风气的先觉者、先行者、先倡者,通过更多有筋骨、有道德、有温度的文艺作品,书写和记录人民的伟大实践、时代的进步要求,彰显信仰之美、崇高之美"。明确文艺与"信仰之美、崇高之美"的关系,这是一个创造性的论断。文化最高的认同是信仰,信仰的文化力巨大。今天的中国已经进入崛起过程中的最艰难的时刻,需要广大文艺工作者高扬社会主义核心价值观的旗帜,彰显信仰之美、崇高之美,把社会主义核心价值观生动活泼、活灵活现地体现在文艺创作之中,用栩栩如生的作品形象地告诉人们什么是应该肯定和赞扬的,什么是必须反对和否定的,做到春风化雨、润物无声。

　　真正的艺术精品都是真善美的高度融合,内容与形式的和谐统一。"真"是文艺作品的生命之基,"善"是文艺作品的价值之源,"美"是文艺作品的持存之道,三者紧密联系、不可分割。习近平同志对真善美的阐释明确了文艺的本质,为文艺的发展指明了方向。人们对真善美的具体理解在不同的时代角度各异,但对真善美的追求是文艺发展的终极目的。这就要求我们以马克思主义的历史观与方法论深入挖掘其时代特质和实践特色,使文艺发展契合时代脉搏。在文艺工作座谈会上,他指出,只要中华民族一代接着一代追求真善美的道德境界,我们的民族就永远健康向上、永远充满希望。

〔原载《前线》2015 年第 11 期〕

努力走出一条符合国情的文物保护利用之路
——习近平总书记文化遗产观研究

"加强文物保护利用和文化遗产传承"①是中共十九大关于中国特色社会主义文化建设的基本方略。文化遗产是指人类创造并遗留、流传下来的具有历史、艺术和科学价值的文化财富，包含物质文化遗产和非物质文化遗产两大类。中华民族具有五千多年连绵不断的文明历史，创造了博大精深的中华文化，留下了极其丰厚的文化遗产。这些文化遗产是中华民族的精神标识，是我们国家的文化名片，也是人类文明的瑰宝，保护文化遗产就是保护中华民族赖以生存、发展和走向未来的文化根基。习近平无论是主政一方，还是担任总书记后，都高度重视文化遗产的保护传承，发表了一系列重要论述，提出了许多新思想新理念，2016年进一步提出要努力走出一条符合国情的文物保护利用之路，体现了他鲜明的文化遗产观，为中国开展文化遗产保护工作提供了基本遵循，并推动了文化遗产保护传承的实践创新。

一、"保护文物也是政绩"

习近平认为："文物承载灿烂文明，传承历史文化，维系民族精神，

---

① 习近平：《决胜全面建成小康社会 夺取新时代中国特色社会主义伟大胜利——在中国共产党第十九次全国代表大会上的报告》，人民出版社2017年版，第44页。

是老祖宗留给我们的宝贵遗产,是加强社会主义精神文明建设的深厚滋养。保护文物功在当代、利在千秋。"① 文物是不可再生的文化资源,他强调要留住文化根脉,守住民族之魂。2016年4月,他在《对文物工作作出的指示》中,要求"各级党委和政府要增强对历史文物的敬畏之心,树立保护文物也是政绩的科学理念,统筹好文物保护与经济社会发展,全面贯彻'保护为主、抢救第一、合理利用、加强管理'的工作方针,切实加大文物保护力度,推进文物合理适度利用,使文物保护成果更多惠及人民群众。各级文物部门要不辱使命,守土尽责,提高素质能力和依法管理水平,广泛动员社会力量参与,努力走出一条符合国情的文物保护利用之路,为实现'两个一百年'奋斗目标、实现中华民族伟大复兴的中国梦作出更大贡献"。② 这全面反映了他的文化遗产保护的理念。2014年2月25日,他在视察北京时深情地指出:"历史文化是城市的灵魂,要像爱惜自己的生命一样保护好城市历史文化遗产。"③

"树立保护文物也是政绩的科学理念",来自他多年实际工作的体认,有很强的指导性与现实针对性。虽然保护历史文物是传承中华优秀传统文化的必然要求,1982年国家就颁布了《文物保护法》,但是,"以经济建设为中心",城镇化的快速发展,文物保护工作常常被忽视,如何保护也是难题。习近平表现了他的主动性与责任担当。在河北正定工作期间,他在隆兴寺院西侧看到元代书法家赵孟頫撰写的名碑"本命长生祝延碑"上沾满泥土,缺乏保护,当即找到主管领导,并提出严肃批评:"我们保管不好,就是罪人,就会愧对后人。"④ 在福建工作期间,当被誉为"南方周口店"的万寿岩史前遗址面临因房地产开发被摧毁的命运,时任代省长习近平作出批示,明确指出:"保护历史文物是国家法律赋予每个人的责任,也是实施可持续发展战略的重要内容。万寿岩旧石器时代洞穴一直作为不可再生的珍贵历史文物,不仅属于我们,也属于后代子孙,

---

① 《习近平关于社会主义文化建设论述摘编》,中央文献出版社2017年版,第190页。
② 同上书,第190—191页。
③ 段金柱、郑璜:《像爱惜自己的生命一样保护好历史文化遗产——习近平在福建保护文化遗产纪事》,《福建日报》2015年1月6日第3版。
④ 同上。

任何个人和单位都不能为了谋取眼前或局部利益而破坏全社会和后代的利益。"① 当林觉民故居面临拆迁时,他也力阻了这一破坏性事件。2002年,习近平为福州市知名文物学者、曾任福州市文物局局长的曾意丹所著《福州古厝》一书作序,表示:"发展经济是领导者的重要责任,保护好古建筑,保护好传统街区,保护好文物,保护好名城,同样也是领导者的重要责任,二者同等重要。"② 古建筑、传统街区、文物、"名城"保护这些遗产决不仅仅是政府文化部门的具体工作,也是我们的政治责任。他指出:"现在有些地方名城保护、古建筑的保护出现一些问题,根源就在于只顾眼前的一些经济利益。"③ 古建筑是一个民族,一座城市的生动面孔,他认为,"保护好古建筑、保护好文物就是保存历史,保存城市的文脉,保存历史文化名城无形的优良传统"。④ 他提醒杭州的城市建设者:"现在有的地方搞旧城拆迁改造,把一些文物古迹搞得荡然无存,这是非常可惜的。"⑤ 建设北京城市副中心,习近平察看规划沙盘,了解副中心建设理念、目标定位、文化保护等情况,指出"通州有不少历史文化遗产,要古为今用,深入挖掘以大运河为核心的历史文化资源。"⑥ 他始终强调对历史文化遗存一定要保护好,利用好,传承好,使中华优秀传统文化不断发扬光大。

　　文化遗产保护仅靠文化部门是无法完成的。20世纪80年代以来,无论是改善居民生活条件,还是以房地产开发为主的提高城市经济效益,以及广场、草坪化的城市形象塑造,都对古建筑、纪念性建筑、传统村落、历史文物遗址的破坏很大,也使文化遗产生存状态日益脆弱。"保护文物也是政绩"这一理念的提出,引导、推动各级政府去重视文化遗产保护工作,落实文化遗产保护法,减少对历史文化遗产的损坏,积极地

---

　　① 段金柱、郑璜:《像爱惜自己的生命一样保护好历史文化遗产——习近平在福建保护文化遗产纪事》,《福建日报》2015年1月6日第2版。
　　② 习近平:《〈福州古厝〉序》,《福建日报》2015年1月6日第2版。
　　③ 同上。
　　④ 同上。
　　⑤ 习近平:《加强对西湖文化的保护》,《之江新语》,浙江人民出版社2007年版,第19页。
　　⑥ 习近平:《立足提高治理能力抓好城市规划建设　着眼精彩非凡卓越筹办好北京冬奥会》,《人民日报》2017年2月25日第1版。

抢救保护传承文化遗产。

二、文化遗产要在保护中发展，在发展中保护

统筹好文化遗产保护与经济社会发展，是习近平文化遗产保护思想的重要内容。相当长一段时间，许多人不重视文化遗产保护，是认为其只有投入没有产出，没有认识到文化遗产资源助推经济社会发展的作用。习近平较早认识并重视这一资源。正定县文化资源丰富，一个县有九处国家级文物，交通发达，地理位置优越。经过深入调查研究，他提出旅游兴县，得到河北省委支持。1984年，到正定旅游的人数大幅增加到40万人，1985年，游客突破50万。① 在主政浙江期间，习近平进一步总结出了城市、旅游业发展与文化遗产、古建筑保护相结合的路子。2003年9月27日，他在考察杭州西湖综合保护工程时指出："我们强调保护，并不是对这些自然景观和人文景观捂得严严实实的，一动也不能动，而是要在坚持保护的前提下进行适度合理开发和建设，通过适度合理开发和建设来实现更好的保护。不能把保护和发展对立起来，要坚持与时俱进，用改革的思路、创新的意识，把保护与开发、建设有机结合起来，不断开拓保护与发展'双赢'的新路子，最终实现生态效益、环境效益、经济效益和社会效益的辩证统一。"② 同时，他强调"要正确处理文物保护与旅游开发的关系，做到保护第一、开发第二，坚决禁止破坏性开发。"③ 在城市的开发和建设中，保护文化遗存、延续城市文脉、弘扬历史文化非常重要，要始终坚持这一点。他主张应加大保护名城、保护文物、保护古建筑的投入，名城保护好了，就能够加大城市的吸引力、凝聚力。正定、福州与杭州是实践这一思想的成功范例。

随着中国经济社会的发展，习近平明确提出文化遗产"在保护中发展、在发展中保护"的思想。2014年2月25日，他在视察北京时指出：

---

① 《习近平文物保护简史》，新华网，2015年1月11日。
② 段金柱、郑璜：《像爱惜自己的生命一样保护好历史文化遗产——习近平在福建保护文化遗产纪事》，《福建日报》2015年1月6日第2版。
③ 《习近平文物保护简史》，新华网，2015年1月11日。

"北京是世界著名古都,丰富的历史文化遗产是一张金名片,传承保护好这份宝贵的历史文化遗产是首都的职责,要本着对历史负责、对人民负责的精神,传承历史文脉,处理好城市改造开发和历史文化遗产保护利用的关系,切实做到在保护中发展、在发展中保护。"① 文化遗产保护的成果可以为经济社会发展输送文明底蕴和文化支撑,经济社会的快速发展为文化遗产保护提供了发展机遇和物质支持,这是文化遗产保护与经济社会发展的辩证关系。

三、提高文化遗产保护的科学性与依法管理水平

习近平要求文化遗产保护要遵循保护规律,提高专业化水平。古建筑的保护利用要保留个性,保留本来面貌。他在《福州古厝》一书序言中指出:"保护好古建筑有利于保存名城传统风貌和个性。现在许多城市在开发建设中,毁掉许多古建筑,搬来许多洋建筑,城市逐渐失去个性。在城市建设开发时,应注意吸收传统建筑的语言,这有利于保持城市的个性。"② "殊不知古建筑的保护、传统街区的保护、任何文物保护单位、文物保护点的保护,都需有专门业务知识和掌握国家文物法规政策才能保护好。福建也出现有这样的苗头,我们不希望出现问题,要求依法加强管理保护。"③ 在福州,他主持修改制定了《福州市历史文化名城保护管理条例》《福州市历史文化名城保护规划》《福州市三坊七巷保护规划》等法律法规。

西湖及周围处处有历史,步步有文化。他多次前往考察,在规划中提出,"西湖博物馆的建筑形式符合西湖特色,要进一步坚持'浓抹自然、淡妆建筑'的理念"④ 他的这一规划理念为日后西湖文化景观成功申报列入《世界遗产名录》不无关系。2013年11月,他在筹建武汉中共

---

① 段金柱、郑璜:《像爱惜自己的生命一样保护好历史文化遗产——习近平在福建保护文化遗产纪事》,《福建日报》2015年1月6日第2版。

② 习近平:《〈福州古厝〉序》,《福建日报》2015年1月6日第2版。

③ 同上。

④ 唐梦霞、金毅:《习近平与浙江文化遗产二三事》,《中国文化报》2015年6月15日第1版。

中央机关旧址纪念馆的报告作出批示:"修旧如旧,保留原貌,防止建设性破坏"。① 对革命历史文化遗产,"一定不要追求高大全,搞得很洋气、很现代化,花很多钱,那就不是革命传统了,革命传统就变味了"②。2015年12月20日,习近平在中央城市工作会议上的讲话中说:"要保护好前人留下的文化遗产,包括文物古迹,历史文化名城、名镇、名村,历史街区、历史建筑、工业遗产,以及非物质文化遗产,不能搞'拆真古迹、建假古董'那样的蠢事。既要保护古代建筑,也要保护近代建筑;既要保护单体建筑,也要保护街巷街区、城镇格局;既要保护精品建筑,也要保护具有浓厚乡土气息的民居及地方特色的民俗。"③ 这不仅明确了文化遗产的内容,阐明了文化遗产保护的实质,还拓展了文化遗产的时空范畴,即保护文化遗产不只是保护文化遗产本体,而延伸到对周边环境和文化生态的整体保护,丰富了文化遗产保护的内涵,也扩大了文化遗产资源内涵。

  殷墟甲骨文是中国独特的历史记忆文化遗产,习近平给予了特别关注。2014年5月,他指出:"中国字是中国文化传承的标志。殷墟甲骨文距离现在3000多年,3000多年来,汉字结构没有变,这种传承是真正的中华基因。"④ 2016年5月17日,他在哲学社会科学工作座谈会上的讲话,提出要发展具有重要文化价值和传承意义的"绝学"、冷门学科,"如甲骨文等古文字研究等,要重视这些学科,确保有人做、有传承"⑤。他把汉字的传承提升到中华基因的高度,一再强调甲骨文研究对于中华文化传承的重要性,推进了甲骨文遗产的保护与研究工作。甲骨文字考释研究课题被列为2016年度国家社科基金重大委托项目,从国家层面整合研究力量、人才培养,形成合理的可持续开展重大课题的科研团队,已取得不少初步成果。2017年11月,"甲骨文"项目成功入选《世界记忆名

---

 ① 《习近平文物保护简史》,新华网,2015年1月11日。
 ② 习近平:《缅怀先烈、不忘初心,走好新的长征路》,人民网,2016年7月19日。
 ③ 《习近平关于社会主义文化建设论述摘编》,中央文献出版社2017年版,第189—190页。
 ④ 宋镇豪:《传承真正的中华基因——甲骨文研究的新阶段、新课题、新问题、新契机》,《中国政协报》2016年7月11日第9版。
 ⑤ 习近平:《在哲学社会科学工作座谈会上的讲话》,《光明日报》2016年5月19日第1版。

录》。汇集海内外学者的甲骨学由冷门学科正变为一门显学,甲骨文研究者感受到"甲骨文研究的春天来了"。①

十八大以来,文化遗产保护的制度化、法治化进程加快。国家修订了《文物保护法》,国务院印发《关于进一步做好旅游等开发建设活动中文物保护工作的意见》《关于进一步加强文物工作的指导意见》,发布了《博物馆条例》《关于办理妨害文物管理等刑事案件适用法律若干问题的解释》。2017年初,中共中央办公厅、国务院办公厅专门印发了《关于实施中华优秀传统文化传承发展工程的意见》,将中华优秀传统文化传承发展上升到国家战略层面,对保护传承文化遗产作出具体规定。关于文化遗产保护的文件密集出台,如《关于支持戏曲传承发展的若干政策》《重要农业文化遗产管理办法》《关于推动文化文物单位文化创意产品开发的若干意见》《中国传统工艺振兴计划》《关于推进工业文化发展的指导意见》等,发布了首个《古籍保护五年规划》《全国少数民族古籍保护工作"十三五"规划》等,对文化遗产的保护与传承进行顶层设计、分类指导。2018年2月4日,中共中央、国务院发布的《关于实施乡村振兴战略的意见》,提出"切实保护好优秀农耕文化遗产,推动优秀农耕文化遗产合理适度利用。划定乡村建设的历史文化保护线,保护好文物古迹、传统村落、民族村寨、传统建筑、农业遗迹、灌溉工程遗产。支持农村地区优秀戏曲曲艺、少数民族文化、民间文化等传承发展"。②

四、坚持以人民为中心的发展思想,积极引导和鼓励社会力量参与文化遗产保护,成果惠及民众

保护文化遗产不仅是政府和文化部门的责任,还必须得到社会和全民的普遍关注和积极参与。习近平指出,要"积极引导和鼓励社会力量参与文化遗产保护,建立完善文化遗产保护专家咨询制度、公众和舆论

---

① 刘钊:《甲骨文研究的春天来了》,《人民日报》2018年3月15日第22版。
② 《中共中央国务院关于实施乡村振兴战略的意见》,《人民日报》2018年2月5日第1版。

监督制度,充分发挥有关学术机构、大专院校、企事业单位、社会团体等各方面的作用,共同开展文化遗产保护工作"①。不仅如此,习近平力推文化遗产保护利用融入人民群众生产生活,不断增强人民群众的参与感、认同感、获得感。2006年6月10日,他在"文化遗产日"调研时强调:"保护和传承文化遗产是每个人的事。只有我们每个人都关心和爱惜前人给我们留下的这些财富,我们民族的精神和独特的审美情趣、独特的传统气质,才能传承下去。""倡导珍爱文化遗产的文明之风,增强公众对文化遗产的认识和了解,努力形成全社会共同参与文化遗产保护的良好氛围"②。在浙江,他提议"还湖于民、还园于民、还景于民",实现西湖免费开放,并要求关闭周边高档会所。目前,文化遗产保护已悄然走进百姓生活。《关于进一步推动非国有博物馆发展的意见》让文物保护有了更多的主体,非国有博物馆已有一千多个;全国博物馆总数4873家,免费开放博物馆4246家③,全国博物馆每年举办展览3万多个,开展约11万次专题教育活动,2016年参观人数约9亿人次④;而《"互联网+中华文明"三年行动计划》让老百姓足不出户在网上看到博物馆的珍品,发挥了文物的公共文化服务功能。依托文物资源开发的高品质文化创意产品受到热捧,促进了人们的文化消费。非物质文化遗产是以"人"为承载者的活态传承的文化遗产,是人民大众传承至今的传统生产生活方式,非物质文化遗产成为特色文化产业的重要资源。政府与民众互动,传承人开展的非遗实践性、生产性保护,培养了新型业态,在吸收就业、增加群众收入、助推扶贫攻坚方面成效越来越明显,而体现中国智慧、承载中国价值、凝聚中国精神的非物质文化遗产也在实践中得到创造性转化、创新性发展,实现活态传承和经济发展的双赢。

---

① 《习近平总书记关于文物保护重要论述摘编》,《文物世界》2015年第2期。
② 《习近平文物保护简史》,新华网,2015年1月11日。
③ 中共国家文物局党组:《砥砺奋进辉煌五年——党的十八大以来符合国情的文物保护利用之路新成就》,《中国文化报》2017年10月17日第1版。
④ 雒树刚:《国务院关于文化遗产工作情况的报告——2017年12月23日在第十二届全国人民代表大会常务委员会第三十一次会议上》,《中国文化报》2018年1月4日第1版。

五、让文化遗产"活起来"

　　文化遗产具有丰富的思想文化内涵，彰显着民族的精神。在坚持科学有效保护的前提下，积极盘活文化遗产资源，传播优秀传统文化，彰显教育的功效、以文化人，引领社会文明风尚，使之成为涵养社会主义核心价值观的源头活水，是习近平在思考保护文化遗产时的另一个重点。2013年12月30日，他主持中共中央政治局第十二次集体学习，讲话中提出："要系统梳理传统文化资源，让收藏在禁宫里的文物、陈列在广阔大地上的遗产、书写在古籍里的文字都活起来。"[1]他认为对待文物"不能只满足于欣赏它们产生的精美物件，更应该去领略其中包含的人文精神；不能只满足于领略它们对以往人们生活的艺术表现，更应该让其中蕴藏的精神鲜活起来"[2]。关于博物馆的功能，他指出："博物馆是保护和传承人类文明的重要殿堂，是连接过去、现在、未来的桥梁"，"中国各类博物馆不仅是中国历史的保存者和记录者，也是当代中国人民为实现中华民族伟大复兴的中国梦而奋斗的见证者和参与者"。[3]2015年春节到陕西考察，他说："一个博物院就是一所大学校。要把凝结着中华民族传统文化的文物保护好、管理好，同时加强研究和利用，让历史说话，让文物说话，在传承祖先的成就和光荣、增强民族自尊和自信的同时，谨记历史的挫折和教训，以少走弯路、更好前进。"[4]他到首都博物馆参观北京历史文化展览，强调："搞历史博物展览，为的是见证历史、以史鉴今、启迪后人。要在展览的同时高度重视修史修志，让文物说话、把历史智慧告诉人们，激发我们的民族自豪感和自信心，坚定全体人民振兴中华、实现中国梦的信心和决心。"[5]文化遗产镌刻着中华民族在长期历史进程中

---

[1]《习近平总书记系列重要讲话读本》，学习出版社、人民出版社2016年版，第203页。
[2] 习近平：《在联合国教科文组织总部的演讲》，《人民日报》2014年3月28日第1版。
[3] 习近平：《致国际博物馆高级别论坛的贺信》，《人民日报》2016年11月11日第1版。
[4] 习近平：《向全国人民致以新春祝福 祝祖国繁荣昌盛人民幸福安康》，《人民日报》2015年2月17日第1版。
[5] 段金柱、郑璜：《像爱惜自己的生命一样保护好历史文化遗产——习近平总书记文化遗产保护大事纪略》，《中国文物报》2015年1月10日第1版。

所形成的价值观和审美理念，是中华各民族共有的精神家园，只有激发了文化遗产资源的生机活力，使其所蕴涵的优秀传统文化和时代价值充分释放，才能使优秀传统文化得以传承，增强各族人民的文化认同、文化自觉、文化自信、文化自强。近年来，文化系统不仅完成了第三次全国文物普查和第一次全国可移动文物普查，推进全国古籍普查登记、美术馆藏品普查、水下文化遗产调查，完善文化遗产资源保护名录体系，摸清家底，而且，文化遗产资源逐步"活起来"。如，《中国诗词大会》《朗读者》《致我们正在消逝的文化印记》《我在故宫修文物》《国宝档案》《国家宝藏》《经典咏流传》等代表性节目，受到欢迎，既满足了人民日益增长的美好生活需要，也激发了人民对中华传统文化的自豪感及参与保护文物的热情。

中国近代以来的历史，是中华民族一段被欺凌的悲壮历史，也是无数仁人志士为了民族复兴，不屈不挠、前仆后继，进行了可歌可泣斗争的历史，这一时期的文化遗产是爱国主义的生动教材。习近平要求做好抗战纪念设施的保护利用工作，"国家确立的抗战纪念设施和全国爱国主义教育示范基地，是激发爱国热情、凝聚人民力量、培育民族精神的重要场所，应当受到严格保护"[1]。指导落实对"731"遗址群[2]、阜新"万人坑"死难矿工纪念馆的维修改善工作。2014年2月，十二届全国人大常委会先后经表决通过，将9月3日确定为中国人民抗日战争胜利纪念日，将12月13日设立为南京大屠杀死难者国家公祭日。习近平总书记在南京市参加首次公祭仪式。同年8月，设立烈士纪念日，规定每年9月30日国家举行纪念烈士活动。这是缅怀过去，抚慰民心、顺应民意，也是中国在向全世界表达我们热爱和平、维护和平的决心与责任，提升民族精神，使人民更加爱国爱家。

红色革命文化资源是我们党的宝贵精神财富，蕴含着丰富的政治智

---

[1] 隋笑飞、吴晶晶、周玮等：《留住历史根脉传承中华文明——习近平总书记关心历史文物保护工作纪实》，《人民日报》2015年1月10日第1版。

[2] "731"遗址群，指侵华日军第731部队罪证遗址，是世界范围内现存的"二战"期间规模最大的细菌战遗址群。这一遗址直观地见证了军国主义对人类文明的肆意践踏，与闻名世界的奥斯维辛集中营具有同等的文物价值。

慧和道德滋养。习近平总书记身体力行，走遍了革命老区和革命圣地，传承革命精神。2013年7月他在瞻仰西柏坡革命旧址时，语重心长地说："对我们来讲，每到井冈山、延安、西柏坡等革命圣地，都是一种精神上、思想上的洗礼……对我们共产党人来说，中国革命历史是最好的营养剂。多重温这些伟大历史，心中就会增加很多正能量。"① 习近平在福建工作的17年多，经常深入革命老区调查研究，走遍了八闽红土地。刚到浙江工作，第一站就专程到嘉兴南湖瞻仰红船，接受革命精神教育。他目视红船深情地说："如果我们的党员同志能够来到南湖看一次展览，听一次党课，学一次党章，观一次专题片，瞻仰一次红船，重温一次入党誓词，有助于'精神传承、思想升华'。"② 2007年3月，他调任中共上海市委书记，在任期七个月里，就曾三次到兴业路瞻仰中共一大旧址。在中共十九大胜利闭幕一周之际的2017年10月31日，他带领新当选的中央政治局常委专程从北京前往上海瞻仰中共一大会址和浙江嘉兴瞻仰南湖红船，回顾建党历史，重温入党誓词，为的是进行革命精神洗礼，不忘初心。他指出：中华民族从站起来、富起来到强起来，经历了多少坎坷，创造了多少奇迹，要让后代牢记，我们要不忘初心，永远不可迷失了方向和道路。

发挥文化遗产在培育社会主义核心价值观中的作用，需要文化遗产在传承中赋予时代内涵，以适应今天和未来的需要。他主张"要把历史文化与现代文明融入旅游经济发展之中，使旅游成为宣传灿烂文明和现代化建设成就的窗口，成为传播科学知识和先进文化的重要阵地"③。2018年3月8日上午，习近平在参加山东代表团审议时重点谈到乡村振兴，要切实保护好优秀农耕文化遗产，以社会主义核心价值观为引领，深入挖掘优秀传统农耕文化蕴含的思想观念、人文精神、道德规范，以培育文明乡风、良好家风、淳朴民风，改善农民精神风貌，提高乡村社会文

---

① 习近平：《党面临的"赶考"远未结束——再访西柏坡侧记》，《人民日报》2013年7月14日第1版。

② 《南湖革命纪念馆纪事》，《浙江日报》2017年11月2日第3版。

③ 习近平：《发展旅游经济要坚持创新与继承相统一》，载《之江新语》，浙江人民出版社2007年版，第74页。

明程度，焕发乡村文明新气象。①之前发布的中央一号文件，要求"深入挖掘农耕文化蕴含的优秀思想观念、人文精神、道德规范，充分发挥其在凝聚人心、教化群众、淳化民风中的重要作用"②，为乡村振兴提供支撑。

六、加强文明交流互鉴，推动世界文明多样化发展

文化遗产可观赏、可感知，是不同社会制度、不同文化背景、不同国度的人们沟通的桥梁。新中国非常重视包括文物外交在内的人文交流。习近平总书记作了进一步的提升，强调文化遗产在传播文化、传递友谊、维护世界文化多样性和创造性、促进文明交流互鉴、推动构建人类命运共同体方面具有独特而重大的意义。2013年3月23日，习近平在中共六大纪念馆建馆启动仪式上发表重要讲话时说："我们建立中共六大纪念馆，是要铭记历史，是要继承和发扬中俄传统友谊，促进两国世代友好。"③在致国际博物馆高级别论坛的贺信中，他肯定博物馆"在促进世界文明交流互鉴方面具有特殊作用"。④2014年3月27日，他在联合国教科文组织总部的讲话中，衷心感谢教科文组织为保存和传播中华文明成果所作出的贡献，并从法国卢浮宫讲到中国故宫博物院，从人类文明的交流互鉴讲到中华文明的历史变迁，从陆地丝绸之路讲到海上丝绸之路，从佛教文化讲到五大洲文明，从中国秦俑讲到世界文化遗产，指出："文明因交流而多彩，文明因互鉴而丰富。"⑤文明是平等的、包容的，文明交流互鉴不应该以独尊某一种文明或者贬损某一种文明为前提。海纳百川，有容乃大。"中华文明是在中国大地上产生的文明，也是同其他文明不断交流互鉴而形成的文明"，中华文明也为世界文明发展作出了卓越贡献。他提出要"让中华文明同世界各国人民创造的丰富多彩的文明一道，为

---

① 赵银平：《这篇"大文章"，习近平这样擘画》，新华网，2018年3月10日。
② 《中共中央国务院关于实施乡村振兴战略的意见》，《人民日报》2018年2月5日第1版。
③ 《习近平出席中共六大纪念馆建馆启动仪式》，《人民日报》2013年3月24日第1版。
④ 习近平：《致国际博物馆高级别论坛的贺信》，《人民日报》2016年11月11日第1版。
⑤ 习近平：《在联合国教科文组织总部的演讲》，《人民日报》2014年3月28日第1版。

人类提供正确的精神指引和强大的精神动力"。①

围绕文化遗产，讲好中国故事，是新时代中国文化遗产保护的重要内容。2014年10月22日，"汉风——中国汉代文物展"在法国国立吉美亚洲艺术博物馆开幕。习近平总书记为展览题写序言，指出："这次展览展出来自中国27家博物馆的450多件精美文物，从多个侧面展示中国汉代多姿多彩的社会风貌，传递中华民族不断进行文明创造的智慧结晶。从这份中国文化珍贵遗产中，法国和欧洲观众能够更为形象地了解中华文明的历史传承。"②五年来，文物出境展览近300个（入境展览100多个）。③还积极推进文物保护援外工程。随着"一带一路"倡议的推进，中国成功与哈萨克斯坦、吉尔吉斯斯坦联合申报"丝绸之路"世界遗产，建设"一带一路"文化遗产长廊，成立丝绸之路国际博物馆联盟，举办丝绸之路（敦煌）国际文化博览会、丝绸之路国际艺术节等品牌活动，尊重多样文明，进行文明的交流对话，促进民心相通。在非物质文化遗产领域，与蒙古等国联合申报人类非物质文化遗产代表作。2017年9月，习近平陪同前来参加金砖国家领导人会议的俄罗斯总统普京参观闽南非物质文化遗产展。在每一场中国主场外交活动中，都有中国文化遗产成果在闪亮，生动体现中华民族和平发展、平等合作、开放包容、互利共赢的精神，扩大了中华文化国际影响力。

综上所述，对文化遗产的认知，深刻影响着人们对自身民族文化主体的认同，能够唤起人们的文化自觉与文化自信，保护文化遗产是一个世界性的实践难题。在中国工业化和城镇化的快速推进中，中国文化遗产保护更是重大的挑战。习近平提出要增强对历史文物的敬畏之心，树立保护文物也是政绩的科学理念；统筹好文化遗产保护与经济社会发展关系，在保护中发展，在发展中保护；提高文化遗产保护的专业化水平，推进文化遗产保护的制度化、法治化建设；提倡积极引导和鼓励社会力

---

① 习近平：《在联合国教科文组织总部的演讲》，《人民日报》2014年3月28日第1版。
② 《"汉风——中国汉代文物展"在法国开幕 习近平主席和奥朗德总统题写序言》，《光明日报》2014年10月23日第1版。
③ 雒树刚：《国务院关于文化遗产工作情况的报告——2017年12月23日在第十二届全国人民代表大会常务委员会第三十一次会议上》，《中国文化报》2018年1月4日第1版。

量参与文化遗产保护，扩大文化遗产保护主体；强调让文化遗产都"活起来"，彰显教育的功效、以文化人；文化遗产在促进文明交流互鉴、推动构建人类命运共同体方面具有独特的意义，等等，厘清了认知与实践、政府与民众、文化与经济、保护与发展、专业化保护与法治环境、文化物质遗存与文化精神等关系，形成比较系统、全面、科学的文化遗产保护思想，增强政府、公众对文化遗产保护的意识，许多理念已转化为中央与地方的政策文件、法律法规，在文化遗产保护实践中践行，为走出一条符合国情的文物保护利用之路奠定了坚实的基础。

[原载《湖南社会科学》2018年第6期]

振兴乡村文化面临的挑战及实践路径

中共十九大提出实施乡村振兴战略，把乡风文明作为乡村振兴战略的五大要求之一。2018年2月发布的《中共中央国务院关于实施乡村振兴战略的意见》指出，乡村振兴，乡风文明是保障，把"繁荣兴盛农村文化，焕发乡风文明新气象"作为重要内容，要求"必须坚持物质文明和精神文明一起抓，提升农民精神风貌，培育文明乡风、良好家风、淳朴民风，不断提高乡村社会文明程度"。[①]2018年3月8日上午，习近平在参加山东代表团审议时，强调要推动乡村文化振兴，加强农村思想道德建设和公共文化建设，以社会主义核心价值观为引领，深入挖掘优秀传统农耕文化蕴含的思想观念、人文精神、道德规范，培育挖掘乡土文化人才，弘扬主旋律和社会正气，培育文明乡风、良好家风、淳朴民风，改善农民精神风貌，提高乡村社会文明程度，焕发乡村文明新气象。[②]这就明确了乡村文化振兴的重要地位、内涵、建设路径及目标要求，具有很强的现实针对性，为当下繁荣乡村文化提供了基本遵循。

一、繁荣乡村文化所面临的挑战

习近平强调要振兴乡村文化，既是因为乡村文化繁荣对乡村振兴所

---

① 《中共中央国务院关于实施乡村振兴战略的意见》，《人民日报》2018年2月5日第1版。
② 《习近平参加山东代表团审议》，光明网，2018年3月8日。

具有的重要性，也与当前的乡村文化状况有关。乡村文化振兴主要面临以下四个方面的挑战：

一是乡村国家意识形态建设式微。1978年开始的中国改革从农村破题，家庭承包经营和村民自治制度在全国农村逐步实行，乡政村治体系取代了"政社合一"人民公社制度，解决了经营管理过于集中、分配上存在的严重平均主义，激发了广大农民的生产积极性，改善了农民生活，同时实行村民自治的农村不再是国家行政链条中的正式组成，分田到户后的乡村去行政化，回归到了主要"讲经济效率"的"社会生活"。"村民自治"的设计理念是"民主化的村级治理"，但好人治村、强人治村、恶人治村、能人治村等村治型态广泛存在。① 1992年开始建设社会主义市场经济，兴起了"经济能人治村"② 或"新乡绅治理"模式，③ 即由富人、精英担任村干部的村级治理状态，④ 一定程度上形成对普通农民政治参与的排斥，没有真正实现民主化村级治理。部分村民对村治参与积极性也不高。加上改革开放以来，青壮年劳动力流向城市工作，村干部的行为很难受到来自农村社会层面的监督和制约。21世纪初完成的税费改革，"一方面，农业税的取消使国家失去了参与农村公共资源再分配的资格，农村社会则因其所承担的国家税收职责的消失而不再能假借国家名义来进行农村公共资源的再分配；另一方面，农村社会虽然仍有为村民提供公共产品（或服务）的职责，但与之配套的却是以受益和自愿为基础的'一事一议'制度"，"这引发了当代中国农村的'去政治化'"。⑤ 与此同时，改革开放前式微或消失的各种组织，如宗教组织、宗族组织和黑社会组织等又重新活跃起来并迅速壮大，与乡村的党组织、村民自治组织和群众组织等一起成为农村治理的重要力量，有的乡村社会演变成家族势力、宗派势力乃至黑恶势力的角力场。乡村社会涣散、社会治理能力下降，

---

① 贺雪峰、何包钢：《民主化村级治理的型态——尝试一种理解乡土中国的政治理论框架》，《江海学刊》2002年第6期。

② 徐勇：《由能人到法治：中国农村基层治理模式转换——以若干个案为例兼析能人政治现象》，《华中师范大学学报（哲学社会科学版）》1996年第4期。

③ 卢福营：《经济能人治村：中国乡村政治的新模式》，《学术月刊》2011年第10期。

④ 申端锋：《"新乡绅治理"模式的政经逻辑》，《人民论坛》2009年第2期。

⑤ 张燚：《政治传播与当代中国农村治理模式的变迁》，《江汉论坛》2017年第12期。

国家意识形态建设被忽视。

21世纪以来，国家实施新农村建设、美丽乡村建设，尤其是中共十八大以来开展脱贫攻坚战，在现代农业发展、乡村基础设施建设和农村社会福利等方面积极作为，先是实行"资源进村"，以"直补到户"和公共服务的形式向农村投入大量资源，如粮食补贴、良种补贴、农机补贴、低保、新农合、新农保等各种补贴，以及修路、通水、通电、通网络、办学校、提供法律咨询等各种公共服务。之后又实行"人员进村"，如中共十七大后全面推进的大学生村官工作，①中共十八大以来配备网格员②、"第一书记"③等，推动农村基层建设。还有"思想进村"，如一些省委讲师团进村开展的理论宣讲活动。④由此，改革开放以来所弱化的国家意识形态伴随国家资源所带来的各种福利开始回归农村，重新嵌入当代中国农村的治理实践中，改变农村治理生态和治理模式。但在经历了"去行政化"和"去政治化"之后，少数人垄断村级权力对基层治理目标消解和小官贪腐对国家下乡资源的利益侵蚀带来了消极影响；农村社会组织业已成长；农村治理主体多元化与治理方式的协作性趋势出现；在这些情况下，如何在农村重新确立国家意识形态的权威及发挥其影响力，仍然是需要研究的重要课题。

二是乡村公共文化短缺。虽然"十一五"期间国家开始实施包括广播电视"村村通"工程、全国文化信息资源共享工程、农村电影放映工程、农家书屋工程、西部开发助学工程和电视进万家工程等重点项目的文化惠民工程，特别是中共十八大以来颁布了《公共文化服务保障法》

---

① 从1995年江苏省实施"雏鹰工程"开始，探索开展选聘大学生村官工作。2008年3月，中组部和教育部、财政部、人力资源社会保障部联合下发《关于选聘高校毕业生到村任职工作的意见（试行）》，在31个省区市和新疆生产建设兵团部署开展了大学生村官工作。

② 2014年的政府工作报告要求当年上半年完成社区网格员配备，年内建成社区扁平化、网格化综合信息平台，实现主城区社区网格管理全覆盖。

③ 2015年4月30日，中共中央组织部、中央农村工作领导小组办公室、国务院扶贫开发领导小组办公室联合印发《关于做好选派机关优秀干部到村任第一书记工作的通知》，提出要在党组织软弱涣散村、建档立卡贫困村以及原中央苏区、革命老区、边疆地区和民族地区、灾后恢复重建地区等地的村选派"第一书记"。

④ 参见张燚：《政治传播与当代中国农村治理模式的变迁》，《江汉论坛》2017年第12期。

《"十三五"时期文化扶贫工作实施方案》,展开贫困地区百县万村综合性文化服务中心示范工程,乡村公共文化建设取得了阶段性进步,但是发展仍处于不平衡、不充分状态。这从国家统计局2017年底发布的《第三次农业普查主要数据公报》中对全国31925个乡镇和596450个村的基础设施建设和基本社会服务进行调查的数据可以看出。2016年末,96.8%的乡镇有图书馆、文化站,11.9%的乡镇有剧场、影剧院,16.6%的乡镇有体育场馆;41.3%的村有农民业余文化组织。①中国农家书屋、文化站的数量大幅增长,已成为标配,农家书屋工程的实施,60多万个行政村,每个村拥有2000册图书、30种报刊和上百种音像制品,边远地区使用卫星传送图书的数字阅读,财政每年还给每个农家书屋2000元用以更新图书。②剧场、影剧院、体育场馆等文化设施也已进入农村百姓生活,拥有农民业余文化组织的村数量从十年前的15.1%升至41.3%,丰富了农民的业务文化生活,但缺口仍然很大,并且有效利用率低。自上而下的公共文化产品供给内容比较单一,大部分不能因地制宜,缺自身特色,文化人才匮乏,一些工作人员缺乏必要的专业能力,导致乡村公共文化缺乏吸引力,很难激起村民认同共鸣及情感共融,制约了文化凝聚力,不少公共文化场所甚至是"铁将军把门"。农村空心化、老龄化,村有农民业余文化组织多由老龄人组成。城乡二元结构使农村外出求学、参军与务工的人不愿回家乡,农村教师与干部退休后也去了城市,没有成为乡村文化建设的有效资源,农村文化建设的主体力量薄弱。送文艺演出、送图书、送电影等送文化下乡活动,往往只是解一时之渴。乡村公共文化建设亟须加强与创新。

三是乡土文化被边缘化。在快速工业化城镇化的大潮下,农村人口流动性显著增强,乡土社会的血缘性和地缘性逐渐减弱,一些地方乡村文化特色逐步丧失。首先是承载着乡愁记忆的乡土文化地标,如诸多自然村落、文物古迹、传统建筑、民俗、方言等民间文化载体,被损毁、破坏、弱化甚至消失。缺乏保护主体和保护动力是乡土文化地标面临消

---

① 《第三次农业普查主要数据公报》,中国政府网,2017年12月14日。
② 柳斌杰:《在改革开放中建设新闻出版强国》,《百年潮》2015年第8期。

亡危机的重要原因。除了被列为文物保护单位的文化地标能够得到相对有效的保护外，不管是私人所有，还是乡村集体所有，因为保护责任不明确，再加上基层财力有限，对很多文化地标的保护也就成为"非紧急的事项"。其次是传统重义轻利的乡村道德观念侵蚀淡化。"由于一直强调现代化、城镇化在经济发展领域的主导作用，人们产生一种似是而非的模糊观念：唯有城市代表着先进、文明或历史前进的方向。而乡村则代表着落后、封闭、愚昧，是封建社会的产物，不足以支撑我国现代化发展，应该在城镇化的进程中逐步改造乃至淘汰。"①农村各种民俗节庆不兴，各种农耕方式及技艺被抛弃，传统民间文化面临断代的危险。乡村人际关系日益功利化，人情社会商品化，维系农村社会秩序的乡村精神逐渐解体，一定程度上造成了乡村社会秩序的失范。一些农民社会责任、公德意识淡化，与家人感情日益淡漠，家庭观念不断淡化，导致不养父母、不管子女、不守婚则、不睦邻里等有悖家庭伦理和社会公德的现象增多，家庭的稳定性不断被削弱。不少地方老年人因此成为农村的特殊贫困群体，自杀率上升。攀比严重，一些地方婚丧嫁娶大操大办，成本剧增，不少家庭因天价彩礼致贫。乡村乡风、家风、民风亟待重建。

四是宗教文化在农村影响力扩大。乡村公共文化生活衰落，缺乏优质文娱活动的地区，不良风气和旧有恶习乘虚而入，封建迷信、黄赌毒等黑色文化死灰复燃。党中央及相关部委发布了不少移风易俗法令条规，对不良风气开展专项整治行动，但往往只是治标，难以治本。当前，特别值得重视的是宗教文化在农村的扩张，尤其是基督教、天主教深入村庄，抢占农村文化阵地，严重削弱了农村先进文化的主体性。1982年初，全国各种宗教职业人员共计5.9万多人，其中佛教2.7万多人、道教2600多人、伊斯兰教2万多人、天主教3400多人、基督教5900多人。信教公民伊斯兰教1000多万人，天主教和基督教均为300多万人（1949年全国基督教新教人数70万左右）。②1993年底统计，全国五个宗教的教职人员总数已达291836人，其中佛教187426人、道教4934人、伊斯

---

① 刘忱：《滋养乡村文化建设的根基》，光明网，2016年10月25日。
② 《三中全会以来重要文献选编》（下），中央文献出版社2011年版，第511、506页。

兰教 75076 人、天主教 4807 人、基督教 19593 人。[①]据国务院新闻办公室发布的《中国保障宗教信仰自由的政策和实践》白皮书公布的最新数据，中国信教公民近 2 亿，宗教教职人员 38 万余人。其中，基督教信徒 3800 多万人，位列第二，宗教教职人员约 5.7 万人；教堂和聚会点约 6 万处[②]，是五大宗教中最多的。天主教信徒约 600 万人，宗教教职人员约 0.8 万人。绝大部分的信徒生活在农村，甚至一些村"两委"的换届选举都被教会操纵。虽然近年来宗教大发展趋势有所减缓，但各类宗教团体仍在努力扩大影响力。基督教的宣传形式多样，除了出版物，每年举办至少一次培灵聚会，强化信徒对宗教基本要义的认识，激发"爱主爱教会"的热情。内容包括请教会传道人来证道讲课，讲述圣经所记述的历史故事，并结合现实列举多个"见证"，宣传"神救赎人""神对人充满了爱"。一些教堂活动完全深入了农村社会生活：举办婚礼丧礼，组织交友会，堂内免费接诊，进行健康知识讲座，甚至送医送药。宝鸡市金台区福临堡教会 2015 年、2016 年连着办了两期夏令营活动，周边村庄社区老师与孩子也参加了。除此，一些教会组织还结合节日开展活动，如一些基督教堂通过举行庆元宵音乐赞美会、三八妇女节联欢赞美会、"世界妇女公祷日"活动等，来拓展教会活动。

　　乡村振兴是一项系统工程，既要"塑形"，更要"铸魂"，实现物质文明建设与精神文明建设协调发展，推动乡村的全面进步。上述情况反映了乡村文化亟待振兴，以解决存在的问题为抓手，推动社会主义先进文化占领农村阵地，重塑乡村振兴主体——农民的精神，提升文化素养，不仅在于农民个体文化教育水平的提升，也需要培育公民精神，强化农民的社会责任意识、规则意识、集体意识、主人翁意识；改变乡村社会涣散、一盘散沙的局面，重建乡村伦理，恢复邻里守望相助等社会关系，凝聚起乡村振兴的精神力量，为乡村产业振兴，实现和谐有序发展，推进乡村治理体系和治理能力现代化奠定基础。

---

　　① 《当代中国的宗教工作》(上)，当代中国出版社 1998 年版，第 199 页。
　　② 国务院新闻办公室：《中国保障宗教信仰自由的政策和实践》，《光明日报》2018 年 4 月 4 日，第 4 页。

二、繁荣兴盛乡村文化的路径

（一）改变"城市＝先进、乡村＝落后"的思维定势

振兴乡村文化首先需要提高文化自信与文化自觉，从中华文明发展史的视角去认识、重构当前的乡村文化。中华文明根植于农耕文明，中华传统文化的主体扎根于乡村。从中国特色的农事节气，到大道自然、天人合一的生态伦理；从各具特色的宅院村落，到巧夺天工的农业景观；从乡土气息的节庆活动，到丰富多彩的民间艺术；从耕读传家、父慈子孝的祖传家训，到邻里守望、诚信重礼的乡风民俗，等等，都是中华文化的鲜明标签，都承载着华夏文明生生不息的基因密码，彰显着中华民族的思想智慧和精神追求。但"今天当我们谈传统文化的时候，总是夸大传统文化的抽象概括性意义，而忽略这种文化所产生的历史条件和社会土壤"，"淡忘了这种传统文化的根基元素"。[1]因此，振兴乡村文化须发掘和总结历史资源，重新审视乡村文化，"乡村文化价值的重建，就是以现代人的视角、现代化的眼光对乡村文化的回望和致敬，是当代人对乡村文化的反哺与滋养"。[2]在全面建设社会主义现代化国家进程中，必须统筹城乡，注重协调发展，农村与城市是空间上的差异；农民与市民是职业上的区别；农业与工业是产业上的不同。在乡村振兴中，"如何让乡土文化回归并为乡村振兴提供动力，如何让农耕文化的优秀菁华成为建构农村文明的底色，是摆在我们面前具有重要现实意义和深远历史意义的时代课题"。[3]中华优秀传统文化是我们的根和魂，要重视原有的乡土性文化，实现农村生活文化的保护与自我更新，将其和现代文化要素结合起来，赋予新的时代内涵，让其在新时代展现其魅力和风采，凸显农村文化建设的价值与意义，与城市文化相映成辉。

---

[1] 刘忱：《滋养乡村文化建设的根基》，光明网，2016年10月25日。
[2] 同上。
[3] 李春林：《如何在美丽乡村建设中传承乡土文化，促进乡村振兴》，搜狐网，2017年11月20日。

（二）以社会主义核心价值观为指导加强农村思想道德建设

"农村加强思想道德建设，需要坚持教育引导、实践养成、制度保障三管齐下，采取符合农村特点的有效方式，深化中国特色社会主义和中国梦宣传教育，大力弘扬民族精神和时代精神。"①首先要发展和壮大农村党组织，充分发挥其在乡村振兴中的领导作用；党支部书记和村委会主任是乡村的"关键少数"，践行社会主义核心价值观，首先做到公道正派、清正廉洁，身体力行为百姓做好示范；同时，党中央开始严查侵犯农民利益的微腐败。2017 年底中办、国办印发《关于建立健全村务监督委员会的指导意见》，强调加强对农村干部的监督。根据村民自治章程、村务监督意见，加强农村法治建设和协商民主建设。因地制宜推进农村产业发展，完善公共服务，尤其是精准扶贫、精准脱贫，促进农业增效、农民增收和农村繁荣，贯彻社会主义核心价值观。新形势下的各种新型农村合作社等村社集体经济发展，能积极为集体成员解决生产生活中的诸多困难，使集体主义、社会主义思想增长。基层组织与驻村干部应该顺势加强思想引导，增强农民对国家意识形态的认同。

应深入挖掘农耕文化蕴含的优秀思想观念、人文精神、道德规范，充分发挥其在凝聚人心、教化群众、淳化民风中的重要作用。所谓"天下之本在家"，"尊老爱幼、妻贤夫安、母慈子孝、兄友弟恭、耕读传家、勤俭持家、知书达礼、遵纪守法、家和万事兴等中华民族传统家庭美德"，②是家庭文明建设的宝贵精神财富。伦理道德、村规民约、风俗习惯是乡村治理的重要载体，也是乡村文化建设的重要手段。"传统的乡村文明是有纲领、有价值观基础、有内在灵魂的，其倡导孝父母、敬师长、睦宗族、隆孝养、和乡邻、敦理义、谋生理、勤职业、笃耕耘、课诵读、端教诲、正婚嫁、守本分、尚节俭、从宽恕、息争讼、戒赌博、重友谊等内容。这些乡风乡箴，均是从孝扩展到忠，从家扩展到国，是一个完整的文化谱系。"③乡村通过族群认同达至国家认同，维系乡村社会和谐

---

① 《中共中央国务院关于实施乡村振兴战略的意见》，《人民日报》2018 年 2 月 5 日。
② 习近平：《在会见第一届全国文明家庭代表时的讲话》，人民出版社 2016 年版，第 2 页。
③ 刘志松：《乡规民约与乡村振兴》，《光明日报》2018 年 5 月 2 日第 11 版。

稳定。以王阳明《南赣乡约》、朱熹《朱子家礼》、吕氏四贤《蓝田乡约》等为代表的乡约圭臬，曾在传统乡村社会治理中发挥着不可替代的作用。我们要依托中华传统文化，挖掘农村传统道德教育与乡规民约资源，重建社会主义核心价值观支撑的乡规民约和乡村道德体系，实现乡村自治、法治与德治相结合，构建乡村良性发展秩序。

要积极引导宗教与社会主义相适应。加强科学世界观和无神论宣传教育，普及科学知识，抵制各种迷信活动，提高群众的科学文化素质。在宗教影响严重的地区重点进行疏导。重视宗教文化的双重性，强化其积极因素，抑制其消极因素，防止宗教意识偏狭化和绝对化，积极引导信教公民热爱祖国、热爱人民，维护祖国统一，维护中华民族大团结和社会主义公德，遵守国家法律法规，自觉接受国家依法管理。

（三）深入落实《公共文化服务保障法》，突出文化为民、文化惠民的主线，加强农村文化市场监管，引导村民开展积极向上的群众性文化活动

"多一个球场，少一个赌场；多看名角，少些口角。"乡村急需补齐文化短板，完善文化基础设施，公共文化资源重点向乡村倾斜，为农民群众提供更多更好的农村公共文化产品和服务，让健康的公共文化生活填补农民群众的闲暇时间，在文化实践中丰富农民精神文化生活。文化供给要有效利用乡土文化资源，重内涵、重品质、重效果。比如，在浙江不少农村，结合当地传统民俗文化来建设农村文化礼堂，将闲置的传统的旧祠堂、旧戏台利用，翻修改造而成。这些文化礼堂，不仅有村史乡约的介绍，而且经常举办文娱、宣讲、礼仪、议事、美德评比等活动，为农村群众打造集思想道德教育、文体娱乐、知识普及于一体的活动乐园和精神家园，成为当地新的文化地标和村民的精神家园。乡村的公共文化场所首先应该是吸引老百姓去的活动场所。广泛开展农民乐于参与的群众性文化活动，占领和巩固广阔乡村的思想文化阵地。一些地方通过建立庄户剧团、成立曲艺班社、组织歌舞竞赛、经营杂技场子、参与节日游艺、倡导体育健身，寓教于乐。散发着浓郁乡土气息的地方戏是乡村文化的重要载体，讲的是当地老百姓生活中的人和事，剧中人物的

语言、行为方式等也带有浓郁的地方特色，有着其他艺术门类无可比拟的亲民性与生动性，是百姓重要的精神食粮，理应当好乡土文化的表达者，为乡村振兴注入文化动能。对具有生命力的地方戏进行必要的梳理、提炼与再创造，从乡土生活积累丰富的创作素材，表现好当代中国乡村的面貌，讲述好当代中国乡村的故事，激励农民群众投身变革时代的中国乡村建设。要鼓励农民种好自家门口的"文化田"，将本地的剧、曲、舞、乐、歌等作为娱乐审美的主要手段和精神生活的重要依托，收获属于农民群众自身的快乐。起源于浙江丽水的乡村春晚是一个范例。它是春节期间农村群众自办、自编、自导、自演的一台联欢晚会。这个既"土得掉渣"又不乏现代气息的农家秀，弘扬了社会主义核心价值观，聚人气、接地气是传承农村优秀传统文化，锻造农民的文化自觉和文化自信的重要抓手。在文化部的大力推动下，乡村春晚开展了"百县万村"大联动。2017年，全国有9个省区参与大联动活动，焕发了农民的主人翁精神，实现了其自我管理、自我教化和自觉提升。

农村普及的大众媒介以电脑、智能手机和电视为主。2016年，习近平在网络安全和信息化工作座谈会上强调，网络空间是亿万民众共同的精神家园，建立良好的网络生态符合绝大多数人的利益，要积极发挥网络在引导舆论、反映民意上的作用。为打通基层信息传播的"最后一公里"，激活农村的"神经末梢"，党中央加强农村网络基础设施建设，铺设组织化"信息公路"。同年10月，中央网信办、国家发改委和国务院扶贫办联合下发了《网络扶贫行动计划》，在农村贫困地区建立网络扶贫信息服务体系，并将其纳入国家精准扶贫计划体系。针对农村文化信息量严重不足，一些农村地区尝试建立以村民为基本单位的QQ群、微博、微信公众号和社群App等平台，以实现村干部与村民之间的网上交流，这既构建了党建统领、共建共享的农村治理新体系，又丰富了文化建设内容。

（四）培育挖掘乡土文化人才

农村是文化资源的宝库，需要深入挖掘、继承、提升优秀传统乡土文化。一是留住具有农耕特质、民族特色、地域特点的乡村物质文化遗产,加大对古镇、古村落、古建筑、民族村寨、家族宗祠、文物古迹、革命遗址、农业遗迹、灌溉工程遗产等的保护力度。自2012年国家住房和城乡建设部命名全国首批传统古村落,启动传统村落保护工作以来,经过努力,目前已有四批4153个村落列入国家级"中国传统村落名录",传统村落文化遗产得到基本保护,[①]抢救了不少濒危的古村落。自2014年6月中国传统村落立档调查启动以来,为223个村落建立了档案,保护刚刚起步。二是要让活态的乡村文化传下去,深入挖掘民间艺术、戏曲曲艺、手工技艺、民族服饰、民俗活动等非物质文化遗产,并把有效的保护传承与适当的开发利用有机结合起来。这些具有地域特色差异化的文化遗产、乡土风情,提升地方的文化品位、发展格调、知名度、美誉度,是特色文化产业的重要资源,农民增收的重要渠道。"十二五"期间(不含2015年),全国通过发展旅游带动了10%以上贫困人口脱贫。要把这些丰富多彩的农村文化资源管理好并进一步盘活,使之成为有品质的与现代生活、现代审美相契合的文化创意产业、特色文化产业、乡村旅游产业。惠及乡民都需要文化人才。为解决乡村文化建设人才短缺问题,需要大力培育挖掘乡村文化建设的主体。一是鼓励大学生村官、"第一书记"等驻村干部参与文化建设。国家有关部门应在文化支农渠道搭建、内容引导、统筹组织方面给予引导和帮助,以便他们更好地开展、协调农村文化活动。二是有计划地培养当地的"草根文化队伍",为农村群众文化事业发展注入新鲜血液。乡村文化建设绝非简单的输入,而需要在田野上、村庄中找回文化发展的内生动力,这就要充分发挥广大农民作为文化建设者的主体作用,焕发文化建设的热情,在文化建设中增强文化认同感。体量庞大的支农资源的输入,基础设施建设与农业新业态产业发展,吸引大学生与外出经商、务工的青壮年农民返乡创业。中共十八大以来与乡村文化建设相关的文件密集出台,如《关于支持戏曲传承发展的若干政策》《重要农业文化遗产管理办法》《关于推动文化文物单位文化创意产品开发的若干意见》《中国传统工艺振兴计划》等,为那些乡土文化人才从事文化建设提供了前所未有的条件,要鼓励、激发

---

① 周润健:《我国223个传统村落已建立档案》,《中国建设报》2017年12月5日第2版。

和引导广大农民从各自实际与兴趣出发，自觉自愿地成为本地特色乡土文化的创造者、传承者、爱好者、拥有者、经营者、管理者、传播者，并探索地方文化人才培养的新模式，与高等院校、文化企业合作，定向培养地方文化急缺人才。文化传承与创新是教育的一项重要职能，应将"非遗"纳入所在地学校教学体系，融入学生的兴趣活动中，进行有计划的系统宣传和普及，探寻有效传承之道，培育文化遗产传承的土壤与人才。三是要借助社会力量，不仅让他们送文化，而且还"种文化"。鼓励文艺工作者深入农村、贴近农民，推出具有浓郁乡村特色、充满正能量、深受农民欢迎的文艺作品；更要用政策引导以企业参与、对口帮扶、社会合作的形式，让企业家、文化工作者、科普工作者、退休人员、文化志愿者等投身乡村文化建设，形成可持续的农村文化建设力量。乡村文化振兴需要生力军。

（五）培育、推动乡贤参与文化建设

所谓乡贤，主要指乡村中德行高尚，在当地具有崇高威望的贤达人士。中国从宋代开始，乡贤主导乡村治理。在传统社会中，乡贤文化集中体现了乡村的人文精神、道德风范。在宗族自治、民风淳化、伦理维系及激发乡土情感、维系集体认同感等方面起着无可替代的作用，乡贤文化所蕴含的文化道德力量对推动乡村文明发展具有重要作用，因此，从政府到社会，应大力倡导培育乡贤文化。一是重视历史上的先贤，把乡贤故居、遗址等纳入乡村文物保护范畴，挖掘当地乡贤故事，增强当地人民群众的文化自豪感，继承先贤精神，传承好家风、乡风；二是要积极培育和争当新乡贤，培育新乡贤文化，引导乡村社会见贤思齐、见德思义，促进新乡贤成为乡村振兴中的正能量。目前，"德高望重的退休还乡官员、耕读故土的贤人志士、农村的优秀基层干部、家乡的道德模范和热爱家乡、反哺桑梓的企业家等都可以作为"新乡贤'范畴"。[①] 地方政府可搭建乡贤议事平台，建立乡贤联络机制，畅通乡贤与乡村信息的互联互通，激发乡贤参与乡村建设的内驱动力。随着城乡统筹发展政策

---

① 周雷：《让乡贤文化成为乡村美丽风景》，《光明日报》2018年3月27日第16版。

落实，基础设施建设推进，乡村人居环境根本改善，会留住本地的人才，并推动离开乡土的高素质人才退休后返乡，为催生新型乡贤文化提供可能，来共同建设民淳俗厚、诗书传家、厚德重义、富足美满的新农村，重构新时代的乡村文化生态，使乡村文化成为整个中国特色社会主义文化的富有生机和活力的重要组成部分，使乡村世界重新成为诗意栖居的美丽家园。

中国是个大国，绝不可能成为"城市国家"。重塑城乡关系，走城乡融合发展之路，是党的十九大的要求。2018年"两会"期间，习近平3月7日在广东代表团参加审议时提到"逆城镇化"。他强调："一方面要继续推动城镇化建设。另一方面，乡村振兴也需要有生力军。要让精英人才到乡村的舞台上大施拳脚，让农民企业家在农村壮大发展。城镇化、逆城镇化两个方面都要致力推动。城镇化进程中农村也不能衰落，要相得益彰、相辅相成。"① 新时代在大力改变乡村文明被不断边缘化的格局。乡村文化振兴决定着乡村振兴的效果、中国全面小康社会的成色和社会主义现代化的质量。这是一盘大棋，需要进行精心的顶层设计，需要政府、社会、农民群众形成合力，需要扎扎实实、持之以恒的工作，尤其是要引导农民树立文化自信与文化自觉，形成文化的自我觉醒、自我反省、自我创建的意识，成为乡村文化建设创新的中坚力量，以实现文化自强。如此，乡村文化的振兴才有可能。

[原载《毛泽东邓小平理论研究》2018年第5期]

---

① 习近平：《发展是第一要务，人才是第一资源，创新是第一动力》，新华网，2018年3月7日。

西藏自治区公共文化服务体系建设的状况及对策研究
——基于对西藏自治区五个地市的调研分析

习近平在2014年12月2日主持召开的中央深化改革小组第七次会议上强调，构建现代公共文化服务体系是保障人民群众基本文化权益、建设社会主义文化强国的重要制度设计，是一项重要的民心工程。公共文化服务体系建设按照公益性、基本性、均等性、便利性的要求，以公共财政为支撑，以公益性文化单位为骨干，以全体人民为服务对象，以保障人民群众看电视、听广播、读书看报、进行公共文化鉴赏、参与公共文化活动等基本文化权益为主要内容。"十二五"时期，西藏自治区将中央的部署要求与西藏特殊区情结合，将公共文化服务体系建设纳入《国民经济和社会发展规划纲要》，把文化为民惠民摆在突出位置，加大政府对文化事业的投入，完善公共文化运行保障机制，加强文化设施和文化队伍建设，优先安排涉及群众切身利益的基层文化建设项目，大力实施文化惠民工程，公共文化服务体系建设取得了前所未有的进展，丰富精神文化产品和服务供给，切实保障各族人民群众的基本文化权益。但根据笔者对拉萨、林芝、山南、日喀则、阿里五地市的调研分析，要建立现代公共文化服务体系，还必须在此基础上落实中央支持政策，创新发展模式，攻坚克难，补齐短板。

一、"十二五"时期西藏公共文化服务体系建设状况

(一)建立公共文化服务体系体制机制,加大政府对公共文化事业的投入

为建设公共文化服务体系,自治区党委、政府先后颁布《公共文化服务体系建设规划》《城市公共文化设施建设规划》《基层文化设施建设规划》。在设施建设强力推进的同时,区文化厅先后发布了《西藏自治区公共文化设施免费开放准则》《基层公共文化设施管理服务标准化建设指标》,制定县级综合文化活动中心、乡镇综合文化站的建设标准,包括建筑面积、基础设施、设备配置、服务项目、服务流程、服务时间、活动经费、管理人员职数、宣传形式等10个方面50项内容的具体要求,规范公共文化设施建设和服务工作。全区七地市把公共文化服务体系建设纳入经济社会发展总体规划,纳入对地方政府的考核指标体系。林芝、山南还作为第一、二批国家公共文化服务体系创建示范区,出台了创建规划。

西藏公共文化建设充分发挥了政府公共财政的主导作用,文化事业费投入增长很快,2014年比2010年增长2.42倍,远远高于全国增速。2012、2013、2014、2015年人均事业费分别为88.09元、102.45元、160.06元、178.46元,由全国第四、第三位,上升到第一位,为全国的3.59倍。(见表1)①

表1 2010—2015年西藏文化事业费投入及人均全国排名情况

年度	全国文化事业费(亿元)	西藏财政支出(亿元)	西藏文化事业费(亿元)		全国人均文化事业费(元)	西藏人均文化事业费	
			数值	占财政支出(%)		数值	排名
2010	323.06	551	2.10	0.38	24.11	70.12	4
2012	480.1	934	2.71	0.29	35.86	88.09	3
2013	530.49	1014	3.2	0.31	38.99	102.45	3
2014	583.44	1185	5.08	0.42	42.65	160.06	1
2015	682.97	缺	5.78	缺	49.68	178.46	1

数据来源:文化部财务司编《2015中国文化统计手册》《2016中国文化统计手册》。

---

① 文化部财务司:《2015中国文化统计手册》(内部资料)2015年5月,第112—113页;《2016中国文化统计手册》(内部资料)2016年5月,第112—113页。

一些地市对公共文化服务投入较大。2011年至2014年，拉萨市、县两级财政共计投入资金2.4亿元用于公共文化建设，市县两级财政对公共文化投入的增长率分别为25.85%、33.12%、41.9%[①]，均高于财政经常性收入增长幅度。山南市明确将援藏资金的20%和财政收入的3%用于发展文化事业，设立了地县两级农村文化建设专项资金，"十二五"时期投入资金近4亿元，重点进行各级公共文化设施建设、人员培训、图书购置和开展文化活动等。

中央的特殊倾斜政策助力西藏基层公共文化服务建设。西藏地市、县、乡级开展基本公共文化服务设施免费开放所需经费，由中央和地方财政共同承担，中央承担80%。西新工程完成了一、二、三、四期项目建设任务，目前已进入第五期建设阶段，总投资40508万元。2012年召开的第四次全国文化文物援藏工作会议，确定77个文化援藏项目。中央和全国的支持，推动了西藏公共文化设施建设和服务水平的提高，有利于缩小西藏与发达地区的差距。

（二）公共文化设施网络基本形成，服务条件显著改善

基础公共文化设施是公共文化服务的重要载体。依托国家重大文化惠民工程建设的展开，西藏以基层为重点的公共文化服务体系建设全面提速。2010年底建设完成了县有综合文化活动中心和信息共享工程县支中心，乡镇文化站149个，村级信息共享工程1200多个服务点，约占总数的22%。县民间艺术团37个、民间藏戏队200余支。"十二五"期间快速发展，到2015年，全区已建成群众艺术馆8座、公共图书馆5座、博物馆4座、自然科学博物馆1座，结束了没有科技馆的历史。实现74个县县县有民间艺术团和综合文化活动中心、692个乡乡乡有综合文化活动场所，5453个行政村村村有农家书屋，1787个寺庙寺寺建设有书屋。53%的县国有艺术团有排练场，建成1600余个文化广场[②]，乡

[①] 数据来自2015年8月西藏自治区及五个地市有关部门向调研组提供的资料。下文中，凡为调研时有关部门提供的数据，均省略注释。

[②] 国务院新闻办公室：《民族区域自治制度在西藏的成功实践》白皮书（2015年9月），《光明日报》2015年9月7日。

村业余文艺演出队达 2446 支。文化信息资源共享工程从区到乡镇、村基层点全面覆盖。其中，县的综合文化活动中心建筑面积不少于 1000 平方米，内设图书阅览室、电子阅览室、培训教室、娱乐活动室、多媒体演示厅、文化艺术展示厅、多功能厅、健身房等文化活动功能房间，有条件的设有排练室（简称为"五室三厅一房"）。电子阅览室电脑不少于 25 台。每县配置一辆流动售书车。乡镇综合文化站有 350 平方米的独立建筑，开展图书展览、电子阅览室、文艺演出、电影放映、各类培训和展示等文化活动。西藏每万人拥有的群众文化设施达 1164.15 平方米，在全国排名第一；每万人拥有公共图书馆建筑面积为 156.16 平方米，居第五位。（见表 2）[1] 西藏基本形成了区、地市、县、乡、村五级公共文化设施网络。

表 2 西藏自治区公共文化建设主要指标及排名

主要指标	2010 年		2013 年		2014 年		2015 年		
	数值	排名	数值	排名	数值	排名	数值	排名	全国
每万人拥有公共图书馆建筑面积（平方米）	89.63	9	120.61	6	134.25	6	156.16	5	94.68
人均拥有公共图书馆藏量（册）	0.18	31	0.32	28	0.39	25	0.50	17	0.61
人均购书费（元）	0.40	20	0.47	26	0.55	24	3.63	3	1.43
每万人拥有群众文化设施（平方米）	437.87	2	947.24	1	1164.35	1	1164.15	1	279.95
人均群众文化业务活动专项经费（元）	0.17	30	2.9	11	3.65	8	21	2	4.47
艺术表演团体个数	37	28	79	24	88	24	87	25	10787
文物藏品数量（件）	143071	28	230967	27	235462	26	262984	26	4139 万
博物馆参观总人数（万人次）	13	31	34	31	38	31	49	31	78112

数据来源：文化部财务司编《2015 中国文化统计手册》《2016 中国文化统计手册》。

---

[1] 文化部财务司：《2016 中国文化统计手册》（内部资料），2016 年 5 月，第 113 页。

现代传媒体系获得长足发展。已累计新建、改扩建100瓦以上调频转播台78座，50瓦以上电视转播发射台78座，中波广播发射台27座，卫星地球站1座，村村通广播电视站9371座。2015年，全区有省级广播电台1座5个频率，听众遍及世界50个国家和地区；有省级电视台1座4个频道，藏语卫视已在尼泊尔、印度、不丹等周边国家部分落地，全台节目实现数字化，覆盖全国人口7亿多；有地市级广播电台6座，电视台1座。[①]2015年，全区广播、电视综合覆盖率为94.83%和95.96%[②]，比2010年增加了4个多百分点。90%以上农牧户实现了户户通，寺庙也实现了广播影视全覆盖。通过直播卫星接收设备，农牧区的农牧民能够收听收看到40至70多套数字广播电视节目。互联网普及率由2010年的27.9%[③]增长为70.7%，大大高于全国的50.3%，农牧区移动互联网覆盖率达到65%以上。全区共有566个电影机构，其中478个农村电影放映队全部实现数字化放映。[④]东风工程完成了80%的项目建设任务，实施了报刊社采编、编辑信息化、党报社业务用房建设及设备购置、西藏新华印刷厂进行绿色印刷技术改造升级、县级及边境口岸新华书店发行网点等项目建设，极大地改善了基础设施条件。

（三）文化产品和服务不断增长，群众性文化活动日益丰富

随着从区到乡村（社区）的各级文化服务设施网络体系的初步形成，西藏重点开展文化设施的免费开放、流动文化服务、广场文化服务等三大活动。2014年，全区公共文化设施每年开展免费开放活动近1万场次，受益群众近300万人次。新闻出版系统向社会各界赠送优秀出版物1700余万码洋。全民阅读进农村（牧区）、进社区、进校园、进军营、进企业、进机关、进家庭，并开展读书征文、读书讲演等活动。每个农

---

① 国务院新闻办公室：《民族区域自治制度在西藏的成功实践》白皮书（2015年9月），《光明日报》2015年9月7日。

② 洛桑江村：《西藏自治区人民政府2016年政府工作报告》，《西藏日报》2016年2月6日第3版。

③ 《中国广播电视年鉴2011》，《中国广播电视年鉴社》2011年版，第107页。

④ 国务院新闻办公室：《民族区域自治制度在西藏的成功实践》白皮书（2015年9月），《光明日报》2015年9月7日。

家书屋配送的图书、报刊、音像制品为993种2760册（盘），寺庙书屋配发472种1052册（盘），其中藏文版占80%。山南市超过自治区平均水平，农家书屋1140种、寺庙书屋521种。形成"拉萨雪顿节""珠峰文化旅游节""望果节"等群众性、常态化品牌文化活动90个。农牧区公益放映电影每个行政村平均1.6场。①许多地区广场文化活跃。拉萨市开展"幸福拉萨规范舞"学跳活动9800余场次。林芝开展广场文化活动9000场，参与群众80余万人次。

艺术表演是西藏最具特色最受欢迎的文化形式之一，近年来送戏下乡日益常规化。全区专业文艺团体和县民间艺术团年均推出舞台艺术作品800多个，下乡演出4000多场次，制作优秀剧节目光盘60多万张，均免费发放到基层单位和群众。乡村文艺演出队年均开展文艺演出7000余场。区专业艺术团体不仅把重点剧目和优秀节目及时送到基层群众中，送到高寒边远山区，而且通过开展全区民间艺术团调演、职工文艺调演、"3·28"群众文艺演出，组织民歌大赛、摄影大赛、电视舞蹈大赛、曲艺大赛、藏戏大赛、业余歌手大赛等大型群众文化活动，形成了专业演出队下乡、业余演出队进城的城乡互动局面，并创作了不少优秀节目。由拉萨市群艺馆编排，林周县农牧民群众表演的舞蹈《阿谐》，获第七届全国电视舞蹈大赛群舞组最佳作品奖、编导奖金奖和最佳演员奖。在山东威海举办的第十届中国艺术节上，由娘热民间艺术团表演的传统藏戏片段、当雄县民间艺术团表演的舞蹈《酥油情》获戏剧、舞蹈类"群星奖"。拉萨老年艺术团参加广西第四届全国老年舞蹈大赛获得金奖。区文联组织摄影家免费为农牧民拍全家福，书法家"送书法进万家、进边关"等活动，切实丰富和活跃了群众文化生活。

现代传媒系统供给了较丰富的文化产品。全区广播电视系统开办有新闻、专题、文艺、体育等10多种类型的节目，200多个栏目，比2010年增长近2倍，打造了《圣山吉祥红云》等多部广播剧和《西藏诱惑》等纪录片，摄制了《布达拉宫》等多部影视作品。广播节目译制量

---

① 国务院新闻办公室：《民族区域自治制度在西藏的成功实践》白皮书（2015年9月），《光明日报》2015年9月7日。

达 10200 小时，电影译制量达 80 部，电视剧译制量达 1522 集[①]，比 2010 年分别增长了 3.8%、90%、30%。为满足群众新闻资讯分众化需求，西藏日报社、西藏人民广播电台、西藏电视台等单位作为传统媒体与新兴媒体融合发展试点单位，推动报网、台网融合发展。西藏日报社建设全媒体的集团，共有以《西藏日报》为中心的"九报、一刊、四网、四微、一网群"19 个新闻媒体矩阵。全区 12 家报刊创办了数字报刊或网站、手机报，还推出了面向基层农牧民群众和寺庙僧尼的移动视频客户端和藏语语音手机报。这些活动丰富了西藏各族人民群众的精神文化生活。

（四）壮大基层文化队伍，为公共文化建设提供支撑

2011 年，区党委宣传部等六部门根据中央意见，研究提出《关于加强全区县级和城乡基层宣传文化队伍建设实施意见》，明确要求加强县、乡宣传文化部门组织建设，充实和培训基层宣传文化队伍，为基层专业技术人才、民间文化人才队伍建设与发展提供体制机制保障。2012 年初，西藏自治区颁布的《关于开展乡镇机构改革进一步加强乡镇组织和政权建设的意见》，规定在乡镇事业机构中设立文化服务中心。编办核定县综合文化活动中心、县民间艺术团和乡镇文化站的人员事业编制分别为 3—5、2—4、5 个。为保证迅速发展的公共文化服务需要，在每年举行的人员招考录用中，事业单位先于公务员考试。2014 年，全区县综合文化活动中心专职人员达到 216 名，乡镇文化站人员达到 2608 名。全区现有 10 个专业文艺团体、67 支县民间艺术团、2446 支乡村业余文艺队，共有专职工作人员近 4000 人，兼职队伍人数达到近 5 万，充实了基层文化队伍。

民间艺术团演员的岗位设置各地不一。日喀则市将 18 个县民间艺术团演员纳入了公益性岗位。阿里的札达县实行招聘制，发工资，但原有的农牧民收入仍然保留，解决演员们的后顾之忧，有效稳定了演职员队伍。为提高群众文化服务业的水平，2014 年区内外举办的各类培训班 1430 次，受训人员达到 9.5 万人。[②] 西藏的群众文化队伍发展有了制度保

[①] 孙文娟：《为历史存正气为世人弘美德——党的十八大以来我区文艺工作综述》，《西藏日报》2015 年 2 月 8 日第 3 版。

[②] 文化部：《2015 文化发展统计分析报告》，中国统计出版社 2015 年版，第 270 页。

障、阵地保证和平台展示。

（五）坚持社会主义先进文化方向

西藏地处祖国边陲，又是民族宗教地区。十四世达赖集团和西方敌对势力在这里进行分裂活动，千方百计争夺阵地、争夺人心、争夺群众，使西藏始终处在意识形态斗争的"风口浪尖"①。针对这种特殊的区情，西藏除了一般性的社会主义先进文化宣传，还坚持不懈地在广大干部、群众中开展"揭批达赖、反对分裂、促进团结、维护稳定"教育活动。拍摄《透视十四世达赖》电视片，出版《西藏反分裂斗争简史》和八卷本《西藏通史》。在基层文化建设中也有许多创造，率先将文化、科技、卫生"三下乡"增加政策、法律两个内容，变成"五下乡"。

组织重大政策宣讲、纪念日活动、各种主题活动，集中进行主题鲜明的群众性教育。党的十八大以来，将《习近平总书记系列重要讲话读本》《习近平谈治国理政》翻译为藏文版，供各级干部学习。乡镇宣传委员和宣传干事、驻村工作队员、驻寺干部以及双联户户长和基层党员干部进村入户入寺，宣传总书记系列重要讲话精神，把中央的精神传达给广大群众。《人民日报》《西藏日报》（藏文报）在农家书屋、寺庙书屋免费赠阅全覆盖。创作"中国梦"主题歌曲、小戏小品，举办歌曲展播月、小戏小品展演周、"3·28"演出等"中国梦"主题文艺活动。译制8000套专题片《国魂》光盘下发基层，将四万份《图说我们的价值观》张贴画发放全区，评选出践行社会主义核心价值观"最美人物"。西藏电视台、《西藏日报》每天推出一期《新旧西藏对比》专题节目、专栏文章。组织各种主题展览，爱国主义教育影片、科教片的巡回播放等，推动先进文化进农牧区、进社区、进寺庙。

在建党90周年、新中国成立65周年、西藏和平解放60和65周年、《民族区域自治法》实施30周年、西藏百万农奴解放55周年、川青藏铁路建成通车、中央对口援藏20周年等重要时节组织纪念活动，进行爱国

---

① 陈全国：《以敢于亮剑的精神确保西藏意识形态领域安全——认真学习贯彻习近平总书记在全国宣传思想工作会议上的重要讲话精神》，《求是》2014年第21期，第19页。

主义和"民族团结一家亲"的民族团结宣传教育。法国记者马克西姆·维瓦斯的著作《并非如此禅——达赖喇嘛隐匿的一面》被译制成藏文版，分发给基层干部群众，揭露十四世达赖集团政治上的反动性、宗教上的虚伪性和手法上的欺骗性。

创作一大批贴近实际、贴近生活、贴近群众的优秀新闻出版广播影视产品。出版《美丽西藏》《我的中国梦》等多种藏汉文优秀出版物。围绕区党委、政府办好民生领域的十件实事，组织编写藏汉文《惠在何处 惠从何来——西藏十大惠民举措明白书》《十件实事 实事实办——西藏民生工程·2013》《西藏50年的变化》等发放到基层。在国家出版基金资助下，西藏人民出版社出版《百种藏汉文对照惠民图画书》，全景式、多角度地反映爱国主义、民族团结、法制宣传、青少年思想道德建设、农牧业适用科技、优秀传统文化、卫生保健等方面的内容，向西藏地区的农家书屋和农牧民群众、学校图书馆等举行免费赠送活动，取得了良好的社会效益。

主题创作取得不菲成绩。电影《西藏的天空》，电视剧《西藏秘密》，纪录片《国旗阿妈啦》《第三极》《天河》《西藏》，歌舞《魅力西藏》《太阳的女儿》，话剧《解放！解放》《共同的家园》，藏戏《朵雄的春天》《金色家园》，美术作品《高瞻图》，小说《放生羊》、散文《西藏古风》、报告文学《西藏的孩子》，广播剧《雪域彩虹》等，是富有西藏特色、反映正能量的优秀主题作品。"西藏和平解放60年百幅唐卡"重大创新性主题创作已完成，百幅新唐卡"大美西藏"工程在全面推进。

西藏自治区"一手抓繁荣，一手抓管理"，不仅唱响民族团结的主旋律，在阐释好"中国特色、西藏特点发展路子"方面激发正能量，而且从制度建设和市场监管方面着手，净化文化发展环境。率先建立健全区地县三级网信办，实行网络实名制，对各类有害信息进行及时有效管控；完善法律法规，加强教育，引导公众对大众媒体上的不良信息保持警惕；建立一支政治可靠、善用网言网语、专兼职结合的藏、汉、英多语种网评队伍，引导舆论；通过开展"清源·固边""净网""秋风"等系列专项整治行动，规范行业秩序，防止错误、消极和低俗的文化产品进入市场。2015年依法查缴违禁文化产品24631件（张），查处涉藏非法出版物、反宣品 1000 余件和侵权盗版出版物 3 万余件[①]，有效地保证思想文化领域的安全。

二、现代公共文化服务体系建设的影响因素

"十二五"时期，西藏自治区党委、政府及相关部门共同努力，并在中央和援藏地区及企业的大力支持下，推动公共文化服务体系建设尤其是文化设施建设取得了空前的发展，但由于底子薄、基础差、起步晚、欠账多，目前，公共文化服务体系建设仍然处于初级阶段。要建设现代公共文化服务体系，还需要解决以下几个方面问题：

（一）财政困难，投入不足

"十二五"时期，自治区公共文化建设的经费投入增长很快，但西藏地域辽阔、自然条件艰苦，基础设施建设成本高，公共文化服务半径大、运行成本高，文化事业费仍然捉襟见肘。全区还只有 1 个全国一级馆、3 个二级县文化馆、10 个三级馆。人均购书费由 0.4 元增长为 2014 年的 0.55 元、2015 年的 3.63 元，增速很快，但基础差。县城数字影院只有 7 家，有线电视双向化、高清化还是空白。西藏没有美术馆，社区书屋、军营书屋建设尚处于探索阶段。

西藏财政收入低，公共文化服务体系建设等各项事业费严重依赖中央财政。2011 年以来，区财政收入分别为 64.5 亿、95.6 亿、110.4 亿、164.75 亿元。从 1952 年到 2014 年，中央政府对西藏的各项财政补助占西藏地方公共财政支出的 92.8%。[②] 中央对西藏地市县乡的公共文化服务体系建设实施特殊政策，地方本级财政只负担建设经费的 20%，但仍有一些县乡因财政困难没有配套能力而使项目搁置。寺庙书屋出版物更新补充经费没有列入中央专款和地方配套资金，一些地方就没有及时进行

[①] 张尚华、王菲：《为生活添彩 为幸福加码——2015 年我区文化事业和文化产业发展迈出新步伐》，《西藏日报》2016 年 2 月 2 日第 6 版。

[②] 国务院新闻办公室：《民族区域自治制度在西藏的成功实践》白皮书（2015 年 9 月），《光明日报》2015 年 9 月 7 日。

更新补充。文化资金投入与文化发展需求存在的差距，严重制约着公共文化服务体系建设的发展。

（二）地区、城乡发展不平衡

和全国一样，西藏文化建设城乡差距大。现代化的、标志性的文化设施都在城市，城市居民享有的文化产品相对丰富。县及县以下乡村文化服务设施不足，文化公共服务体系发展滞后，村一级的文化活动场所建设尚待展开，人口较少的民族和高寒、边境地区公共文化服务体系还没有完成覆盖。全区有12.9万户农牧户未通广播电视。农牧区电影仍为露天放映，观影条件差，流动放映车辆老化严重。农牧区居民享有的文化服务与城镇居民相比还存在相当大的差距。

西藏各地的自然条件、人文环境各异，经济发展水平不同，以及地方领导的重视程度不一，各地公共文化服务体系建设实际效果差异大。林芝作为首批国家公共文化服务体系示范区，组织开展了以广场文化为主的文化娱乐工程，以新农村新文化为主的文化育民工程，公共文化服务体系建设方面积极推进，林芝街头已有自动售书亭设备。山南的公共文化设施覆盖率达到100%，农牧民群众每年观看文艺演出3场以上，每个行政村每月观看电影2场以上，人均年增新书0.6册，不少指标已接近自治区规划的2020年的公共文化服务水平。山南加查县于2014年竣工验收的达布文化艺术中心，建筑面积8055.42平方米，内设县民间艺术团排练厅、录音棚、信息资源共享中心、非遗展厅、图书阅览室、数字电影放映厅、健身房等，这些设施在全国都是先进的。而另一些地方纳入年度预算的公共文化事业费却迟迟不能到位。乡镇公共文化服务队伍尚有较大缺口、队伍不稳定。

（三）公共文化产品和服务的有效供给不足

在西藏以藏戏为代表的各级艺术表演，一些较成熟的文化广场活动，在活跃群众文化方面发挥了较好作用，但总体上，文化活动单调、内容单薄，公共文化设施闲置、"空壳化"现象比较普遍，利用率亟待提高。受语言限制，影视品种不够丰富，动漫产品方面只制作了《格萨尔王传奇》《阿古登巴》两部原创动漫样片。各级群艺馆、图书馆、县综合文化活动中心开展了文艺比赛、阅读竞赛、展览展示等活动，但文化活动没有达到常态化、丰富化、便民化程度。78个公共图书馆西藏书量为125万册，人均拥有公共图书册数为0.39册，低于全国的0.55册（国际图联、联合国教科文组织规定的1.5—2.5册），有效借书证1万个、总流通人次17万、书刊外借人次7万、册次9万；图书馆组织各类讲座42次、参加讲座的0.88万人次，举办展览32个、参观者1.44万人次。4个博物馆参观的总人数是38万人次。① 无论是供给量，还是活动参与的人数均严重不足。许多基层综合文化中心门可罗雀，一些文化室免费发放的《人民日报》《西藏日报》没有开捆。信息共享工程因为缺乏宣传和适用的二次开发，大多处于沉睡状况，甚至有电脑装机几年没有被使用过。

（四）政府唱独角戏，社会参与少

政府是西藏公共文化建设的唯一投资者和公共文化产品的生产与服务供给者。在所调研的五个地市，除拉萨、山南等少数地区有少量文化志愿者（山南800余人）参与公共文化服务外，基本上是政府唱独角戏。政府包揽公共文化领域的一切事物。政府既是出资人，又是运作者和监管者，公共部门依靠行政力量、自上而下采用计划配置的方式提供公共文化产品和服务产品。这种政事不分的体制，造成了公共文化供给渠道单一、保障水平不高、项目范围狭窄、享有对象规模有限、供给效率低等问题，也不利于政府职能转变，人民群众主体作用的发挥。"一刀切、一锅煮"的配给方式，没有实现供给与需求有效对接。

三、对策建议

2015年8月24日至25日召开的中央第六次西藏工作座谈会全面规划西藏未来发展的宏伟蓝图，习近平总书记在会上提出了"坚持依法治藏、富民兴藏、长期建藏、凝聚人心、夯实基础，确保国家安全和长治

---

① 国家统计局编：《中国统计年鉴（2015）》，中国统计出版社2015年版，第795—797页。

久安"的重要战略思想。公共文化服务体系既是一项重要的民心工程,也是西藏治理的重要抓手,是"长期建藏、凝聚人心"的基础工作,固本之举,需要把它与西藏发展和建设安全的文化边疆结合起来谋划,借助外力与激发内力相结合,扩大社会主义先进文化的影响力,为西藏的长治久安夯实基础。

(一)积极落实中央相关政策,补齐公共文化服务体系建设的短板

公共文化服务满足的是社会的公共文化需求,是社会普遍受益,西藏自治区尚有较大缺口。2015年1月中办、国办下发的《关于加快构建现代公共文化服务体系的意见》提出:"落实对国家在贫困地区安排的公益性文化建设项目取消县以下(含县)及西部地区集中连片特困地区市地级配套资金的政策。加强边境地区基层公共文化设施建设。"①同年12月中旬,文化部等七部委联合印发《"十三五"时期贫困地区公共文化服务体系建设规划纲要》,提出"十三五"时期贫困地区的基本公共文化服务指标接近全国平均水平,明显改善贫困地区的公共文化服务能力的任务。西藏是边疆民族地区,是全国唯一的省级集中连片的贫困地区,贫困人口达23.7%,属于国家重点扶持对象。"十三五"期间,西藏要借助国家的政策,完成门巴、珞巴等人口较少民族和僜人、夏尔巴人聚集区,青藏、新藏线一带高寒地区和边境县公共文化设施建设、广播电视户户通建设,加强县级有线电视数字化建设、县级城镇数字化影院建设,并通过流动文化服务、数字文化服务和文化志愿服务等方式,定时定点配送等服务手段,建立针对性和区别化的服务供给模式,丰富和满足流动放牧点、偏远居住点群众的精神文化生活,打通公共文化服务"最后一公里",消除"文化孤岛"现象,实现公共文化服务的全覆盖。完成好上述任务,西藏要用好用足国家的特殊优惠扶持政策,保证在公共文化服务体系建设的财政投入与智力支持,尤其需要国家及对口援助单位、地区实现从"援藏"向"长期建藏"思维的转变,加大技术、人才建藏的

---

① 《关于加快构建现代公共文化服务体系的意见》,《光明日报》2015年1月15日第7版。

力度和精准度，对西藏建设紧缺、急需的人才，继续予以积极支援，通过传、帮、带、委托培训等方式，提升西藏从业人员整体素质和业务能力，以破解技术、人才短缺的瓶颈。

（二）要以"五个认同"为核心加强思想建设

构建现代公共文化服务体系，一方面是为了满足人民群众的休闲娱乐需要、获取信息的需要和学习科学文化知识的需要，另一方面更重要的是通过各类公共文化活动，形成公共文化空间和公共文化生活，促进对社会公共价值和核心价值的认同，提升全民族精神文化生活的质量。西藏的特殊区情是达赖集团分裂国家、破坏祖国统一，对其斗争是西藏意识形态领域斗争的焦点。反分裂斗争实际是一项重要的人心工程。"加强中华民族大团结，长远和根本的是增强文化认同，建设各民族共有精神家园，积极培养中华民族共同体意识。"[①] 在中央第六次西藏工作座谈会上，习近平总书记提出了"五个认同"，即"加强民族团结，不断增进各族群众对伟大祖国、中华民族、中华文化、中国共产党、中国特色社会主义的认同"[②]。"五个认同"是民族团结之根、社会和谐之魂，是稳定西藏的基石。正在建设的覆盖城乡的公共文化服务体系，要充分发挥自身在丰富人民群众精神文化生活、密切社会公共交往、促进社会共识、培养现代公民、培育核心价值方面的积极作用，引导群众树立正确的祖国观、历史观和民族观，增进"五个认同"的共识，凝聚意志，以打造成一个各民族群众相互了解、相互帮助、相互尊重、相互欣赏、相互学习的平台。实践证明，比起单向灌输，"有体温的"文化双向互动和交流，更易吸引、影响受众，取得事半功倍的效果。

增强中华文化的认同，要正确认识藏文化与中华文化的关系。中华文化是维系我国各民族共同团结奋斗、共同繁荣发展的强大纽带。藏文化与汉文化相互交流，"你中有我，我中有你"，共同推动了中华文化的

---

① 《筑牢中华民族共同体的思想基础——二论学习贯彻习近平中央民族工作会议重要讲话精神》，《人民日报》2014年10月10日第1版。

② 习近平：《在中央第六次西藏工作座谈会上发表重要讲话》，《人民日报》2015年8月26日第1版。

发展。达赖集团打着"保护藏民族传统文化"的幌子，企图制造民族文化隔离，其根本目的是为其分裂图谋服务，把文化政治化。增强中华文化的认同，既要弘扬藏族优秀传统民族文化，又要坚持中华文化立场，要积极挖掘其富含民族团结和爱国主义精神的历史资源、文化资源和思想资源，摒弃狭隘的民族文化意识和传统文化中落后的成分，移风易俗，实现创新性发展。

公共文化建设要充分重视藏族人民的民族心理、宗教情结，要辩证看待宗教的作用。马克思主义的宗教观认为，宗教本身既有消极因素，又有积极因素。藏传佛教信仰主张修心养性，行善积德，追求自由和谐；在哲学、道德、文学、艺术、科技、民俗和中外文化交流方面，有广泛而深远的影响。我们要弘扬其积极方面，发挥其对人心教化的作用，展示宗教文化的当代价值，挤压宗教极端主义的空间，遏制分裂主义的思想基础。西藏公共文化建设要重视鼓励发掘和弘扬教义教规中有利于国家发展、社会稳定和道德提升的积极因子，支持藏传佛教按照与社会主义社会相适应的要求进行教规教义阐释。遍布1700多个寺庙的大小寺庙书屋，是为满足几万僧众基本文化需求建立的，寺管会可以尝试通过组织读书会及相关活动，丰富广大僧尼的文化生活，切实增强广大僧尼的民族意识、国家意识、法治意识和公民意识。

（三）整合、丰富公共文化资源供给

要解决公共文化设施闲置、服务空转的现象，首要的是丰富文化产品与服务内容，需要从盘活存量、拓展增量两方面入手。基层现有文化共享工程、农村党员干部远程教育网络工程、广播影视村村通工程、农村电影工程、农家书屋工程等，有各自的优势和特色，但分别隶属不同部门，各自为政，各有服务重点，造成资源分散、碎片化，需要进行有效整合和统筹利用，盘活资源，实现互补，为满足服务对象差异性的文化消费需求、消费习惯和消费条件等方面提供可能性。2015年10月，国务院办公厅印发《关于推进基层综合性文化服务中心建设的指导意见》，提出到2020年，全国范围的乡镇（街道）和村（社区）普遍建成集宣传文化、党员教育、科学普及、普法教育、体育健身等功能于一体

的综合文化服务平台，把基层公共文化服务由单一向综合发展提上日程。

公共文化服务是在服务地的文化空间开展，因此，西藏除了国家通用的文化产品，还要加强对广大群众尤其是广大农牧民文化需求的调研分析，加大以藏语言文字为主的舞台艺术、出版物、广播影视节目和数字文化等领域的创作，尤其是涉农涉牧出版物、节目和作品的创作。为优秀的节目、影片、电视剧加上藏语字幕，以方便不懂汉语的藏民群众。

西藏是"重要的中华民族特色文化保护地"，有着丰富多彩的传统文化资源，非物质文化遗产有民间文学、传统音乐、传统舞蹈、传统戏剧、曲艺、传统体育、游艺与杂技、传统美术、传统技艺、藏医药、民俗等，现有各级各类非物质文化遗产项目近1000项、代表性传承人几百名、传习场所113处。①

2012年启动的非物质文化遗产数据库建设，已完成国家级非遗项目数据库，并整理出版了一批藏文出版物和光盘。这些不断整理完成的资源，是西藏传统文化精品，把这些"养在深闺人未识"的非物质文化遗产，善加开发，转化为当地公共文化服务的基础性资源，以充实公共文化内容。西藏在保护民族民间传统文化遗产时，将开发利用与公共文化服务相结合，将发展特色手工艺品、传统文化展示表演和基层公共文化相结合，将文化乐民与文化富民相结合，提高公共文化资源的总量、质量。

"十三五"时期，"互联网+文化"是西藏公共文化重点开拓的领域。互联网技术和新媒体改变了文化形态，一是要充分利用现代数字网络技术，推进数字化公共文化服务网络建设，如数字公共文化服务平台、数字网络化文化信息管理系统、特色资源数据库等，以有效整合各类文化资源，提高公共文化服务的效能。二是网络文化产品广受青睐。西藏如何因地制宜地实施网络产品创作和传播，根据中央"重在建设和发展、管理、引导并重"的方针，鼓励推出优秀网络原创作品，推动包括网络文学、网络音乐、网络剧、微电影、网络演出、网络动漫等新兴文化产

---

① 国务院新闻办公室：《民族区域自治制度在西藏的成功实践》白皮书（2015年9月），《光明日报》2015年9月7日。

品繁荣有序发展，进一步推动传统媒体与网络新媒体的融合，丰富优秀作品传输渠道、展示平台、推送终端，让有筋骨、有道德、有温度的文化作品滋润、影响人们，是"十三五"时期公共文化发展的重头戏。西藏较高的互联网普及率为公共文化数字化提供了良好基础。

（四）转变发展理念，实现政府主导与社会多方参与相结合

现代公共文化服务体系建设在基本文化理念层面，应坚持以人民为中心的工作导向，坚持文化发展为了人民、文化发展依靠人民、文化发展成果由人民共享。尊重人民群众在文化建设中的主体地位，发挥人民群众在文化建设中的主体作用，引导群众在文化建设中自我表现、自我教育、自我服务。这就要求改变传统意义上由于公益性文化事业的公共性，提供公共文化服务被视为以政府为核心的公益性文化单位的专职，政府是公共文化服务的唯一供给主体的观念。现代公共文化服务具有主体开放和多元治理等特性，需要政府、市场、社会共同参与公共文化服务的供给、服务和管理。十八届三中全会《决定》要求："引入竞争机制，推动公共文化服务社会化发展。鼓励社会力量、社会资本参与公共文化服务体系建设，培育文化非营利组织。"[①] 这是满足人民群众日益增长的公共文化服务需求的必然要求，也是构建现代公共文化服务体系的必由之路。

政府负有提供公共文化服务的首要责任，但政府主导并不等于政府包办，包揽一切，政府不可能是全能型的，也难以对群众形形色色、多种多样的公共文化产品和服务一一作出及时反应。因此，要创新公共文化服务的供给方式，实现由依靠政府提供的单一方式向逐步由政府、企业、非营利组织和广大群众共同来提供，实现政府与社会力量的合作共治，以弥补自身功能的不足。政府履行主导责任，主要是做好发展规划，落实财政投入，搞好制度建设，来确保基本公共文化服务效能效果。通过创新基本公共文化服务供给模式，引入竞争机制，积极采取购买服务等方式，形成多元参与、公平竞争的格局，不断提高基本公共服务的质

---

① 《十八大以来重要文献选编》（上），中央文献出版社 2014 年版，第 534—535 页。

量和效率，解决供给不足、水平不均、质量偏低、效率低下等弊端；通过运行机制民主化，强化社会公众对公共文化服务供给及运行的知情权、参与权和监督权，保证公益性；通过"建立群众评价和反馈机制，推动文化惠民项目与群众文化需求有效对接"，保障公共文化服务的高效；同时完善公共文化服务的相关法律法规体系，明确各级政府的公共文化服务责任和各类公共文化服务提供主体的权利、责任，制定相关工作规则、工作程序和行为规范，为公共文化服务体系建设提供法治保障；大力弘扬志愿服务精神，建立文化志愿者的社会机制，鼓励区内外有能力、热心公益的志愿者公共文化服务，缓解基层公共文化服务人才匮乏的困境。政府更多地在导向调控、市场监管、质量监控等方面发挥作用，有利于政府实现由"办文化"向"管文化"的职能转变，实现公共利益的最大化。西藏实现公共文化服务体系建设的当务之急，是在重视政府发挥作用的同时，健全公共文化服务的社会参与机制，创造条件鼓励各类主体参与公共文化服务体系建设，通过建立健全相关法律法规，设定准入门槛、实行监督来保障文化安全，并切实加强基层公共文化服务设施建设和服务能力建设，促进全社会公共文化资源共建共享，加强公共文化管理人员和服务人员的培训提高，全面提高基本公共文化服务的能力和水平，在"十三五"时期建设好结构合理、功能健全、实用高效、惠及全区广大群众的现代公共文化服务体系。

[原载《西藏大学学报（社会科学版）》2016年第3期]

中华文化国际影响力的现状及制约因素

中共十八届三中全会通过的《中共中央关于全面深化改革若干重大问题的决定》(以下简称《决定》)提出，要提高文化开放水平，加强国际传播能力和对外话语体系建设。仅仅一个多月后，中共中央政治局就提高国家文化软实力研究举行第十二次集体学习，习近平总书记在主持时强调，提高国家文化软实力，要努力夯实国家文化软实力的根基，要努力传播当代中国价值观念，要努力展示中华文化独特魅力，要努力提高国际话语权。这反映了新一届领导集体对扩大中华文化国际影响力的高度重视并提出了发展路径。扩大中华文化的国际影响力是提高国家文化软实力、建设社会主义文化强国的重要一环。要实现这一任务，必须了解当前中华文化走向世界的状况，分析中华文化国际影响力的制约因素，才能找到实现任务目标的有效对策。

一、21 世纪以来中华文化走出去的状况

中国在对外交流中对文化的关注度提高，尤其是有目标、有方向、有规划地推动中华文化走出去是近些年的事。1997 年，中共中央领导人江泽民在中共十五大报告提出："开展多种形式的对外文化交流，博采各国文化之长，向世界展示中国文化建设的成就。"[①] 文化交流由原来的主

[①] 《江泽民文选》第 2 卷，人民出版社 2006 年版，第 35 页。

要引进来，转变为加大走出去的步伐，正式提出文化"走出去"战略。2001年，中国加入世贸组织，为中华文化走向世界提供了更加广阔的平台。中共十六届五中全会进一步提出要积极开拓国际文化市场，推动中华文化走向世界。中共十七大报告提出了要加强对外文化交流、吸收各国优秀文明成果、增强中华文化国际影响力的任务。随着中国经济的持续发展、综合国力的大幅攀升，中国进一步明确了文化"走出去"战略的基本思路和框架，2005年和2006年先后出台了关于进一步加强和改进文化产品和服务出口工作的意见与政策。2010年通过的《中共中央关于制定国民经济和社会发展第十二个五年规划的建议》中，要求加强对外宣传和文化交流，创新文化"走出去"模式，增强中华文化国际竞争力和影响力。文化部制定了《促进文化产品和服务"走出去"2011—2015年总体规划》。2011年10月召开的中共十七届六中全会通过的《中共中央关于深化文化体制改革推动社会主义文化大发展大繁荣若干重大问题的决定》，对于"推动中华文化走向世界"战略作了系统而深入的阐述，将实施文化"走出去"战略和提升中华文化国际影响力作为增强国家文化软实力的基本手段。中共十八大报告重申在更加开放的环境中发展中华文化，增强民族文化的认同与自信。

21世纪以来，中国政府与外国政府间建立了文化交流机制与制度，开展各类文化交流。中国已与160多个国家和地区保持着良好的文化交流关系，与149个国家签订了政府间文化合作协定，与97个国家签订了800多个年度文化交流执行计划，与近千个国际文化组织和机构进行文化交往，并在海外82个国家设有96个使领馆文化处（组），已建成巴黎、柏林、东京等中国文化中心。目前，中国采取政府与民间并举、文化交流与文化贸易并重、走出去与请进来并行，形成了全方位、多层次和宽领域的文化交流开放格局，提升了中华文化在国际上的亲和力、竞争力与影响力，取得了丰硕的成果。

（一）丰富了文化交流载体

中外文化交流热不断升温，中国与许多国家相互举办了"国家年""文化年""语言年""旅游年""文化节""艺术节""电影节"等各类大型文化交流活动。从 2003 年中法两国举办"中法文化年"开始，中国与英国、美国、俄罗斯、意大利、印度等国家都成功地举办了"文化年"活动。它涉及文学、艺术、教育、科技、体育、影视、出版、文物、民族、旅游等各个领域，开拓了对外文化交流活动的新途径，加深了各国对中国文化历史与发展成就的了解，增进了中国与世界各国人民的友谊。"相约北京——2008 文化活动"与奥运会紧密配合，引进 80 多个国家和地区的 110 个国际艺术团体，近万名艺术家参与其中，观众规模超过 300 万，是新中国成立以来规模最大的国际文化交流活动，成为"人文奥运"的最佳注脚。通过参加声乐、器乐、舞蹈、戏曲、戏剧、杂技、摄影、美术、影视等国际艺术比赛，扩大了中国艺术的国际影响。如每年境外各种形式的中国电影展（周）约有 50 次，展映中国影片 400 多部次。不少影片在柏林电影节、好莱坞电影节、戛纳电影节等重要的国际电影节上获得奖项。莫言 2012 年获得诺贝尔文学奖，让世界更加关注改革开放之后的当代中国文学。2010 年启动的中美人文交流高层磋商，四年来，中美两国已在教育、科技、文化、体育、妇女和青年六大领域取得 100 余项成果，包括推动 6.8 万名美国学生来华留学，累计派出近万名中国学生赴美攻读或联合培养博士等。[①] 除此之外，中国政府大力建设的文化载体还有孔子学院、中国图书对外推广工程、"欢乐春节"活动等。

中国人民对外友好协会、中国人民外交学会、中华全国妇女联合会、全国青年联合会、各类文化教育机构、文化艺术院团和广大海外侨胞在民间文化交流中发挥着积极作用。各种形式的高峰论坛，使思想文化的对话与交流更加深入，增进了中国同世界人民之间的理解和认同。一些文化精英以自身的形象诠释中华文化，如国际功夫电影巨星成龙所塑造的人物形象也已经成为一种强大的文化符号，展现了华人的智慧、包容和善良，被福布斯杂志评为全球十大慈善名人之一；青年钢琴家郎朗以音乐演绎文化，影响超越了音乐界，被称为"极具特色的中国名片"。[②]

---

① 王传军：《中美人文交流高层磋商成果丰硕》，《光明日报》2013 年 11 月 24 日第 8 版。
② 俞海萍、董城、朗朗：《指尖游走东西方》，《光明日报》2014 年 1 月 24 日第 9 版。

（二）中国媒体的海外发展取得积极进展

《人民日报》和中国中央电视台、中国国际广播电台等国家媒体的节目在海外影响力扩大。世界各国收有《人民日报》（含网络版、纸质版）的图书馆有265家。1985年创刊的《人民日报》海外版风格贴近海外读者群，并且从2007年开始，与当地华文报刊采取合作办周刊、办专版、随报发行等针对性措施，使《人民日报》海外版的发行量迅速增加，已发行到世界80多个国家和地区，2008年在海外的周发行量和日发行量净增30万份。1997年推出的《人民日报》网络版有英文版、日文版等多个外文版，影响力大幅提升。[①] 中央电视台成立后即担负着向世界传播中国文化的使命。21世纪以来，文化传播海外基础工程发展很快。2009年以来，中央电视台基本建成了覆盖全球的新闻报道网络，6个语种频道落地入户，范围达170多个国家和地区，有63个海外记者站、2个分台与5个中心站。中国国际广播电台已经能用64种语言，通过调频广播、卫星电视、互联网、移动终端等新的传播平台向全球传播信息。[②] 中央人民广播电台加强了藏、维、哈语节目制作和在中亚国家的落地。2012年5月28日，CIBN互联网电视正式上线商用，以视听互动、资源共享、媒体融合为特色，由传统媒体向现代综合新型国际传媒转型。这些媒体以开放的姿态、共享的理念介绍中国美食、旅游、文化，也回应国际社会对中国政治、经济、社会等重要领域的关注，主动呈现真实的中国。此外，2011年1月17日，《中国国家形象片——人物篇》在美国纽约时报广场播出。2012年，包括《敦煌》《太极拳》《汉字》《京剧》和《书法》等在内的文化片《文化中国》陆续登上纽约时报广场，并搭载美国有线电视新闻网等国际媒体播放。

（三）对外文化贸易逆差缩小

中国的文化贸易始于1979年的商业性演出，经过30多年的发展，

[①] 何明星：《〈人民日报〉在海外的传播与影响》，《传媒》2013年第5期。
[②] 蔡赴朝：《深入推进广播影视改革发展　为实现中华民族伟大复兴中国梦贡献力量》，《光明日报》2013年12月25日第7版。

文化贸易的形式和种类逐渐多样化。在贸易内容方面,以海外演出、影视、图书、网络游戏、动漫等为主体。中国的杂技、戏曲和功夫经过多年的宣传和推广,已在海外市场赢得广泛赞誉。《大红灯笼高高挂》《霸王别姬》《少林雄风》《云南映象》《天鹅湖》等越来越多的中华文化精品走出国门,成为国际演艺市场的成功案例。据统计,2004年至2010年,中国对外文化集团公司共向全球近80个国家和地区派出演出团组630多个,演出33000多场,观众超过7000万人次,其中商业演出超过60%,实现直接贸易价值5.5亿元。①

中国电影是文化走出去的一个重要方面。从新中国成立到20世纪70年代,中国电影除了少数用于交流外,其他一直囿于国门之内。21世纪后,中国电影实现了发展的转型,不仅扭转了进口大片占据中国电影市场的格局,而且中国大片也进入国际市场。2002年,张艺谋导演的《英雄》以明星阵容、奇幻的武侠表现和唯美的画面与音乐构建的中国大片在全球引发轰动,在美国上映连续两周票房冠军,全球票房1.77亿美元。2004年,他拍摄的《十面埋伏》取得全球票房9300万美元。罗伯·明可夫导演的《功夫之王》和哈罗德·兹瓦特导演的《功夫梦》票房都不错。在中国功夫片的带动下,中国电影海外票房从2002年的5亿元,提高到2010年的35.17亿元。②

电视走出去也有新突破。2008年,全国已有1万多小时电视节目销售到世界100多个国家和地区,出口金额共约5898万美元。至2010年底,中国中央电视台国际频道海外用户超过1.6亿。乘《媳妇的美好时代》在坦桑尼亚热播东风,"中非影视合作工程"与30个非洲国家签订协议,两年内将有5000多个小时的中国影视节目在非洲播出,覆盖非洲5亿观众。③

版权输出结构不断优化。经过10年努力,中国出版物版权贸易逆差

---

① 刘阳:《中国文化迈向复兴之路 文化产业增加值超万亿》,《人民日报》2012年11月7日第8版。
② 周铁东:《让中国电影辉映世界》,《人民日报》2012年10月17日第1版。
③ 蔡赴朝:《深入推进广播影视改革发展 为实现中华民族伟大复兴中国梦贡献力量》,《光明日报》2013年12月25日第7版。

大为改观，2003年至2012年，中国版权输出总量为40498种，输出数量从1427种增加到9365种，版权贸易逆差从15∶1缩小到1.91∶1。[①]但大陆的版权输出地主要集中在我国台港澳地区和东南亚文化圈。版权输出的产品形态从过去单一的图书、期刊版权拓展到报纸、音像电子、数字版权等多种形态。与2002年相比，2012年中国对美、加、英、法、德五个传统发达国家输出图书版权总量增长近122倍，达到2213项。2012年出版物实物出口金额为9400万美元，实现了快速增长。[②]中国印刷服务贸易顺差明显。印刷服务出口企业对外加工贸易达到680.09亿元，珠三角、长三角、环渤海三大印刷产业带已经成为全球重要的印刷加工基地。[③]

中国原创网络游戏是新兴行业，增长较快，近5年来出口规模增长8倍。2010年，中国有34家网络游戏企业自主研发的82款网络游戏进入海外市场，实现销售收入2.3亿美元。而"十一五"初期，中国仅有8家网络游戏企业自主研发的14款网络游戏走出国门，实现销售收入0.2亿美元。[④]2012年增至66家公司，出口额达到5.87亿美元。[⑤]现已产生了一些品牌，如上海今日动画公司出品的《东方小子》风靡欧洲市场。随着中国对外文化贸易的规模不断扩大，逆差逐步减少。据统计，中国核心文化产品出口额由2003年的56亿美元，增至2012年的259亿美元，[⑥]贸易额10年间增长了2.7倍。[⑦]文化出口产品和服务的国际竞争力明显提升。

中国鼓励文化企业对外投资和跨国经营，以独资、合资、控股、参股等形式，在国外创办文化企业，经营演出、会展、销售等文化项目。天创国际演艺制作交流有限公司于2009年12月购买了美国密苏里州布

[①] 周蔚华、钟悠天：《中国出版走出去要有六个转向》，《中国出版》2014年第7期。
[②] 范军：《关注出版走出去进程中的译介工作》，《出版发行研究》2014年第6期。
[③] 张福海：《新闻出版走出去的七个"为什么"》，《中国新闻出版报》2013年6月20日。
[④] 《中国原创网络游戏出口去年实现销售收入2.3亿美元》，央视网，2011年7月27日。
[⑤] 《文化部发布〈2012中国网络游戏市场年度报告〉》，中国政府网，2013年5月3日。
[⑥] 王晓晖：《提高文化开放水平》，《光明日报》2013年11月20日第2版。
[⑦] 《文化传播提升国家形象——提高文化软实力系列述评之六》，《光明日报》2014年1月21日第2版。

兰森白宫剧院,第一个在海外拥有了产权剧场。2010年10月,又与奥地利维也纳控股集团、维也纳城市大厅管理公司签署成立"维也纳—北京天创公司",首次以投资者身份进入国际文化市场。2010年云南文投集团在吴哥窟投资《吴哥的微笑》。10年间,中国新闻出版企业在境外投资或设立分支机构459家。

二、扩大中华文化国际影响力的制约因素和发展路径

中国的发展进步与21世纪实施的文化"走出去"战略,使中华文化的国际影响力不断扩大。美国著名学者约瑟夫·奈认为:"近年来,中国通过广泛传播独特的文化来提高吸引力和影响力,使中国软实力一直处于上升趋势。"[①] 但是,中国文化的国际影响力还不够大,国际话语权也不强。目前,中国已成为世界经济发展的引擎,对国际社会所作的贡献越来越大,但在文化方面却没有受到相应的礼遇,相反负面声音不断,给中国的和平发展和现代化建设造成了极大的困扰。这主要是因为存在着一些制约因素。

(一)资本主义价值观主导当今世界

在目前世界文化的大格局中,资本主义文化是主流文化,西方价值观居于主导地位,并积极向世界拓展,增强控制权。美国总统奥巴马说:"美国的道德榜样必须始终照耀着渴望自由、正义和尊严的所有人。""将通过武力与法治的力量保卫我们的人民、捍卫我们的价值观。"[②] 中西方文化传统差异明显。如西方文化崇尚个人价值的理念,中华文化却推崇"和合"思想,重视求同、中庸、仁义、和谐等整体性诉求,强调个人对整体的义务、责任与担当。中国人的传统政治理念中个人德行重于法律制度;西方则更重法治。自由、民主、人权是人类共同的追求,也是人类在长期奋斗中共同创造的文明成果。不同的国家、不同的文化传统、

---

① 蔡武:《新中国六十年我国对外文化工作发展历程》,《求是》2009年第8期。
② 《奥巴马2011年国情咨文演讲》,《21世纪经济报道》2011年1月26日。

不同的历史发展阶段，对自由、民主、人权的实现形式和途径各不相同。以美国为首的西方国家一方面把西方制度模式说成是"普世价值"，一方面把中国一切不好的东西都归咎于制度和体制，鼓吹中国只有接受"普世价值"才有前途。其实他们所宣扬的"普世价值"根本不是一般意义上的人类共同价值，而是专指西方政治理念和制度模式，[1]推行的是一种文化霸权、思想征服。这反映了文化在本质上是无法摆脱意识形态的。在"冷战"时期形成的传统意识形态观中，在西方的语境里，"共产主义"是恐怖、专制、集权的代名词。由于中国政治制度和文化传统与西方国家不同，"西方媒体至今仍惯用'冷战'思维来看待中国，他们往往从一些政治性文化问题入手，频频发起攻势"。[2]人权、宗教、环境等问题一直是某些西方国家向中国施压的砝码。美国新亚洲政策在政治、军事和文化上对中国的围堵十分明显。西方在传播的体制上、舆论的控制规模上也占有绝对的优势。目前，四大西方主流通讯社——美联社、合众社、路透社和法新社每天发出的新闻信息量占据了整个世界全部发稿量的80%，西方50家媒体跨国公司占领了世界95%的传媒市场，其中美国控制了全球75%的电视节目的生产和制作，第三世界国家的电视节目中有60%—80%的内容来自美国。[3]多年来，好莱坞一直把中国作为荒唐可笑的坏蛋的来源地。近年为在中国这个巨大市场取得更大份额，好莱坞不断地实行"中国定制"，即电影中用中国角色、以中国作为一个背景，修改电影内容来迎合中国人，但强势的好莱坞作品灌输着极强烈、极坚定的美国文化、美国精神。在西方国家舆论占主导地位的情况下，中国的声音被压制，很微弱。目前国际社会使用汉语的人不多，巨大的中西方语言文化差异、几十年"冷战"带来的中西方民众心理上的距离感，以及对中国快速发展带来的不习惯相叠加，均不同程度地影响了西方社会对中国的认知与态度。在西方主导的国际话语体系的片面宣传下，出现各种所谓"中国威胁论"，使得中国的形象被歪曲、被丑化。

---

[1] 秋石：《巩固党和人民团结奋斗的共同思想基础》，《求是》2013年第20期。
[2] 张西平：《掌握思想文化领域国际斗争主动权》，《光明日报》2013年10月23日第2版。
[3] 蒋旭峰：《新媒体时代中国的国际传播能力——写在世界媒体峰会之后》，《对外传播》2009年第12期。

（二）中国有待形成自己的话语体系

鸦片战争中，西方国家用工业革命带来的坚船利炮打开了中国国门，此后，西方文化强势进入。为改变挨打局面，中国开始向西方学习，但一直未处理好中西文化关系。张之洞提出"西学为体，中学为用"；中国最早的启蒙思想家严复批判传统中国文化拖累了中国，主张用西方的"以自由为体，以民主为用"的思想开"民智"。在新文化运动中，鲁迅等人提出"拿来主义"，主张吸收外来优秀文化来改造中国文化。虽然各种社会思潮活跃，但新文化没有建立起来。新中国成立后，毛泽东对百年来的探索进行总结，提出了"洋为中用"的理念，但由于处在"冷战"的国际环境中，没有真正实践的机会。改革开放后，中国开展全方位的对外文化交流，主动融入了西方主导的世界体系之中，学习和引进发达国家的现代观念和文化成果。中国再次大规模学习西方文化，一方面丰富了中华文化的养料，有力地推动了中国当代文化的发展；另一方面，在西方的话语垄断下，中国经典被遮蔽，中华文化被忽视。不少人在学习西方时，迷信"西学"，对中华民族自身的优秀传统文化渐渐生疏，不关照中国的现实。中国当代通行的文化理论大多从西方"拿来"，照搬西方的话语框架和研究方法，缺乏本民族的东西，缺乏文化理论创造的心态。由于生吞活剥，缺乏自主创新，流行用西方的概念和理论解读中国，理不直气不壮，找不到文化自信；更有甚者，一些人"挟洋自重"，将西方的价值观视为决定中华民族前途命运的"治世良方"而大肆渲染。而运用马克思主义的思想、观点和方法又一定程度上存在简单化、概念化和公式化倾向。结果"一是至今尚未更深入有效地利用西方现有的文化价值体系中所包含的合理成分为我所用，展开我们的文化价值解释；二是我们所说的一套文化价值大都仍不被西方接受"。① 因此，与当代中国的快速发展、巨大转型形成鲜明对照的是，中国缺少体现和解释自己的话语体系，文化思想理论十分薄弱，国际话语权偏弱。

---

① 张西平：《掌握思想文化领域国际斗争主动权》，《光明日报》2013年10月23日第2版。

（三）中国现有文化的建设性不够

中国在发展社会主义市场经济时，社会生活出现了一系列的矛盾与问题。如在发展中也出现了普遍重视技术经济而忽略人文精神的现象，生活中神圣的东西被消解。人文关怀的缺失和物质享受欲的泛滥，又进一步衍生出诸多生态环境问题、社会问题，如大众层面的道德滑坡、诚信危机问题，一些领导干部中的享乐主义和奢靡之风等。这些不良现象影响了国家形象。文化传播追求的是一种价值、理念的认同，好的作品应当给人以信仰的力量，目前的中国文化与之还有距离。中国是文学大国，21世纪以来，每年的长篇小说总产量都在4000部以上，但"繁而不荣，多而不精"。在目前多样化的写作中，不仅反映中国社会，尤其是改革开放30多年来巨大而深刻的时代变迁，通过文学叙事建构国家和民族记忆的气势恢宏的史诗般的作品不多见；而且接地气、短小精悍的心性文字，量也不大。几十年西方文学思潮不断发酵，"一种病象是，文学创作似乎更乐于也长于不断解构基本的价值和意义，却拙于或不屑于给出富有文化建设性和确定性的价值"。在市场化、商业化的冲击下，"精神灯塔和火炬、灵魂的工程师、社会的良心，在很多人那里，变成了以自我表达和生计操持为目的的'码字工'"。[1]许多文学作品有故事没有思想，有语言没有精神，自然谈不上什么影响力。"电影是文化传播当中影响力最大的一种文艺样式，高质量、民族风格浓郁的电影作品对增强一个民族在世界舞台上的文化影响力，塑造一个民族在国际社会中的美好形象具有不可替代的重要作用。"[2]中国不少大片在电影美学层面取得了较大进步，但是形式美大过内容美、技术重于人文、道德让位于娱乐，文化内涵稀薄、人文精神和主题价值缺失，并只有功夫片单一文化符号塑造成功，这阻碍了它的进一步成长。近三年中国电影海外票房在下降即是证明。浮躁、急功近利也表现在其他大众文化样式。"娱乐无底线、道德无节操"的节目、剧目充斥屏幕。娱乐至上，闭门造车、简单模仿严重影响了中国大众文化的质量。孔子学院的初衷是

---

[1] 廖文：《文学：呼唤文化建设性》，《光明日报》2013年6月18日第14版。
[2] 黄会元：《中国文化应担当国家形象的使命》，《光明日报》2014年2月10日第14版。

送孔子"走出去",孔子学院要向世界传播的自然是中国文化中区别于其他国家的文化内容,但是对什么样的文化能代表中国的文化精髓、体现中国的核心价值和软实力,不是很清楚。因此,文化传播中如何表现中华文化的人文精神,呈现中华文化的道德品格、精神气节,反映现代化中国应有的文化气质,还有待进一步提升。

(四)对外贸易额小

无所不在的文化产品的影响力是潜移默化的。文化产品与服务具有商业和文化双重属性,表现民族的思想内涵和文化价值。新中国成立时,国家一穷二白,首先需要恢复和发展的是国民经济,没有条件进行大规模文化建设,采取的是国家统包统管文化事业的模式。2000年10月,中共十五届五中全会才提出了"文化产业"的概念。因此,我国的文化产品贸易虽然发展迅速,但由于发展时间短,对外文化贸易是我国对外贸易的一块短板,比重偏低,文化产品出口额仅占货物贸易出口额的1.26%,文化服务出口额占服务贸易出口额的2.55%。[1] 在国际文化市场上,中国仅占1.5%的份额,而美国高达42.6%。电影是中国文化贸易的前锋。以2012年的电影为例,美国电影产量虽然只占全球电影产量的10.1%,本土票房为108亿美元,但其海外票房高达239亿美元;中国电影票房排名世界第二,为27亿美元,但中国票房的51.54%、约14亿美元被充入了美国海外票房纪录。[2] 冠亚军之间差距巨大。其他产品逆差也很大。中国海外商业演出的年收入不到1亿美元,不及国外一个著名马戏团一年的海外演出收入。[3] 美日等国的"洋卡通"长期占据着中国的大部分动漫消费市场。总之,需要大力发展文化贸易,拓展中国文化发展空间。

受以上四大因素的制约,中华文化的传播力与影响力方面与西方发达国家相比,无论是国际话语权、文化符号还是文化产品与服务,都有着很大的差距。

---

[1] 王晓晖:《提高文化开放水平》,《光明日报》2013年11月20日第2版。
[2] 黄式宪:《电影中国梦:让世界目光转向东方》,《光明日报》2013年6月5日第1版。
[3] 蔡武:《我国海外商演年收入不及国外著名马戏团一年海外演出收入》,新华网,2010年4月28日。

在国际文化交往与竞争中,"西方主导、西强我弱"的局面短期内不会改变,但是,现在扩大中华文化的国际影响力较之以往有了更好的条件和基础。一是中国化的马克思主义取得了相当的成功。60多年来中国靠着自己的改革力量,靠着中国人民的智慧和勤劳,走出了一条自己的现代化道路,这在世界历史上是前所未有的奇迹,[①]是中国道路最为"真实的道德价值"。[②]提出"历史终结论"的美国学者福山,"相当重视中国三十年来的发展经验","认为中国模式的特殊性具有重要的研究价值"。[③]2008年以来,西方国家出现的严重金融危机引起了西方学者对西方话语体系的反思。二是中国对人类探索社会发展道路、社会发展理论和社会制度的独创性贡献,为中国话语体系奉献了诸多具有世界意义和独特价值的概念和思想理论。三是随着中国的发展和国际地位的提升,世界关注中国,也需要了解中国。在这种历史契机下,可以逐步把中国的发展优势转化为话语优势,努力扩大中华文化国际影响力,形成与我国经济社会发展水平和国际地位相适应的文化软实力。努力夯实国家文化软实力的根基,建立自身的话语体系提升国际话语权,传播当代文化价值,努力展示中华文化的独特魅力,注重塑造我国的国家形象;加强国际传播能力建设,构建现代传播体系,大力拓宽渠道和途径,重视非专业性的传播媒体、新兴媒体及其他人际传播和跨文化传播渠道,讲好中国故事,传播好中国声音,阐释好中国特色;推动文化和科技的深度融合,打造一批具有自主知识产权和核心竞争力的国际知名文化品牌,以形成文化出口竞争新优势,并改变对外文化交流过度依赖政府的现象,培育多种所有制形式的外向型文化企业,不断扩大中国文化产品和服务的市场份额,在广泛的国际文化交流中,扩大中国与世界各国的相互了解和共识,增进信任和友谊,为中国发展营造有利的国际环境。

[原载《毛泽东邓小平理论研究》2014年第3期]

---

① 张西平:《在比较中增强文化自信——提高文化软实力系列述评之十一》,《光明日报》2014年1月29日第2版。
② 任仲平:《转变:中国道路的历史性跨越》,《人民日报》2012年11月6日第1版。
③ 刘擎:《面对中国模式的历史终结论》,《东方早报》2009年9月20日书评版。

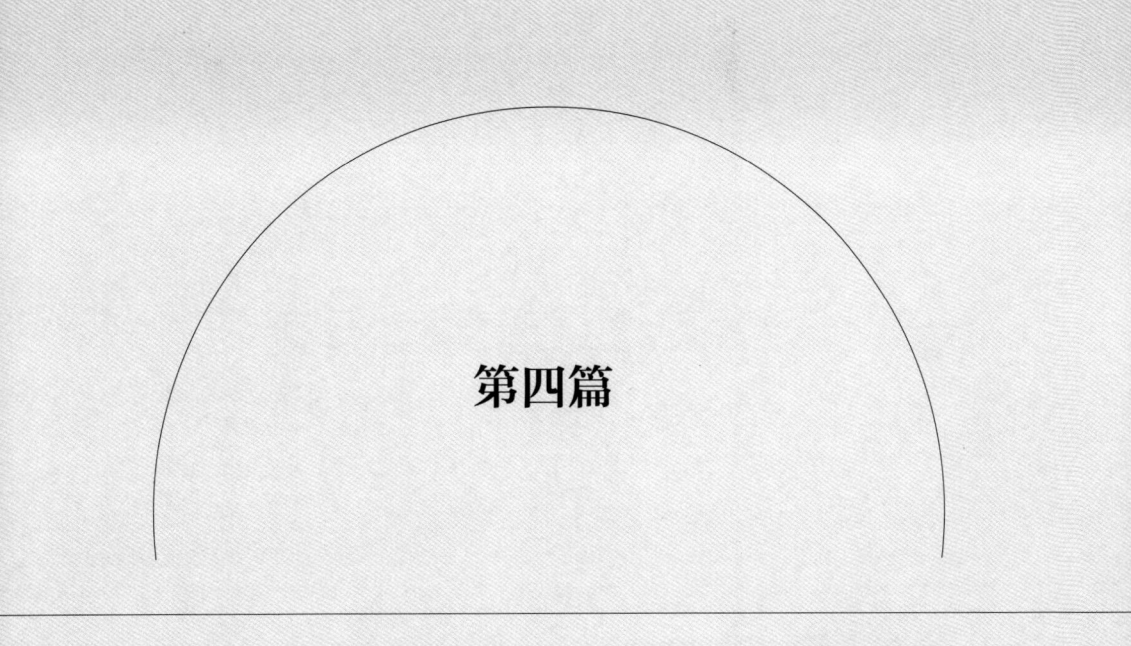

第四篇

刘少奇与中国人民大学的创建

中国人民大学是新中国诞生后中国共产党领导创建的第一所新型的以财经、政法类专业为主的综合性大学,于1950年10月3日正式成立,迄今60余年。中国人民大学是由刘少奇提出并直接领导创建的,得到了斯大林和毛泽东的支持。该校的创办反映了中共第一代领导集体对建立新中国高等教育体系的探索,在新中国成立初期高等教育事业的发展中具有标志性意义。

一

中国人民大学的创办是在刘少奇访苏期间酝酿的。1949年6月下旬,以刘少奇为团长的中共代表团秘密赴苏联进行访问,学习苏联的建国经验,为新中国成立做准备。在访问期间,刘少奇广泛了解了苏联国家机构的组成、经济计划与管理、文化教育状况以及苏共和群众团体的组织,其中,学习苏联的教育模式以培养新中国的建设人才是他重点思考的问题之一。中国经过几十年的战争,可谓百废待举,而中国共产党及其领导的人民军队长期处于战争环境中,党员干部文化水平较低,如果不学习提高,难以胜任繁重的国家管理和经济建设的任务。

借鉴苏联的文化教育建设经验是党的既定方针,早在1945年毛泽东就提出:"苏联所创造的新文化,应当成为我们建设人民文化的范例。"① 苏联是世界上第一个社会主义国家，为创建马列主义指导的新文化、新教育进行了艰苦的努力，积累了大量的经验。1949 年 10 月 5 日，刘少奇在中苏友好协会召开的成立大会上明确表示："我们要建国，同样也必须'以俄为师'，学习苏联人民的建国经验"，"苏联有许多世界上所没有的完全新的科学知识，我们只有从苏联才能学到这些科学知识。例如：经济学、银行学、财政学、商业学、教育学等等"。②

采取什么方式取得苏联的帮助，以培养一大批懂政治、懂技术、懂管理、有文化、能从事实际工作的人才是新中国面临的一个急迫而重大的问题。1949 年 7 月 4 日，刘少奇在给斯大林的报告中写道："我们长期处在乡村的游击战争的环境中，对外面的事情知道的很少，现在要来管理一个如此大的国家及进行经济建设与进行外交活动，我们还需要学习很多东西，在这方面，联共给予我们的指示和帮助，是十分重要的，我们迫切地需要这种指示与帮助，除开苏联派专家去中国帮助我们外，我们还希望派一些教授到中国去讲学，并由中国派一些参观团来苏联参观与学习，派一些学生来苏联学习。"③

经过进一步的思考，刘少奇提出了更系统、具体的设想。7 月 6 日，他在给斯大林的第二份报告中把派人去苏联参观、派教授到中国讲学的方案具体化："我们想派一些各方面负责工作的同志来苏联作学习性质的短期参观，时间三四个月，一方面亲自参观，一方面听一些讲演与谈话。这也是提高我们干部学习管理国家与管理经济的办法之一。再，就是希望苏联能够派各方面的教授到中国去工作，这样可以帮助我们在本国培养各方面管理国家的干部。"④ 更为重要的是，他明确提出了请苏联政府帮助办一所专门学校的建议："想请苏联政府为新中国的建设管理人才办一专门学校，好像过去的中国劳动大学⑤一样。开始收学生一千人以下，内

---

① 《毛泽东选集》第 3 卷，人民出版社 1991 年版，第 1083 页。
② 《建国以来刘少奇文稿》第 1 册，中央文献出版社 2005 年版，第 87 页。
③ 同上书，第 16 页。
④ 同上书，第 26 页。
⑤ 这里指莫斯科中山大学，也称"中国劳动者中山大学"或"孙中山中国劳动者大学"，1925 年 9 月在莫斯科创办。该校的任务是培训中国革命青年，1930 年停办。

分各系，如工业、商业、银行、法律、教育等系，并分速成班学期一年，普通班学期两年，及正式班学期三至四年。这样可以很快的培养人才"。①刘少奇把"办一所专门的学校"放在培养人才的首位，设想通过办学校、去苏联参观学习、请苏联教授来中国等多种方式，多头并举，从根本上解决新中国的人才培养问题，迎接即将到来的国家建设高潮，可谓高屋建瓴。斯大林很快回复说："这是好事，有困难，但可以办。"②

毛泽东也非常赞同。7月25日，他复电刘少奇："同意在莫斯科建立一个中国大学。我们正需要学习苏联在各项工作中的和资产阶级不同的一套学说和制度，设立这样一个大学是很必要的，但经费应讲明由中国负担为适宜。同意在目前就开始派遣各种参观团到苏联去参观和学习各项经验。"③

经过中苏双方的协商，考虑到当时中国的形势已有别于20世纪20年代，革命即将在全国取得胜利，决定由苏联帮助中国建立一所新型正规大学，培养建设人才和管理干部，学校设在中国境内，由苏联提供教授和专家。8月7日，毛泽东复电刘少奇、王稼祥：同意"中国大学不设在阿尔马达而设在北平，由苏联派教授"。这所中国大学就是后来的中国人民大学。

刘少奇秘密访苏可谓满载而归，不仅学习了苏联的经验，回国时还带回了220名苏联专家，"为建立新中国争取了有力的政治支持和经济援助"④，而且由苏联帮助中国建立的中国人民大学、中国空军和海军学校对新中国高等教育的发展及专门人才的培养也具有非同寻常的意义。

二

刘少奇回国后，立即着手中国人民大学的筹建工作，从学校的组成、领导的任命、教育方针的确定、科系的设置、教学计划的制订、聘请苏

---

① 《建国以来刘少奇文稿》第1册，中央文献出版社2005年版，第26页。
② 同上书，第35页。
③ 《毛泽东年谱（1893—1949）》下卷，中央文献出版社2002年版，第538页。
④ 《刘少奇年谱》下卷，中央文献出版社2002年版，第220页。

联专家教员、招生规模、生源落实及经费预算等各项工作都一一过问，亲自处理。

1949年夏秋之际，中央组成了由陆定一、钱俊瑞、吴玉章、成仿吾等10人组成的筹备委员会，着手筹备工作。①筹备委员会聚集了著名的教育家、理论家及相关部委负责人，由此可见中共中央对创立新中国第一所正规大学的重视程度。苏联政府还派遣了费辛科、菲里波夫两位专家来华协助筹建中国人民大学。

筹备委员会和苏联专家经过一个多月的调研商讨，形成了具体计划。1949年11月12日，刘少奇给毛泽东和中共中央政治局写信，报告了筹备创办中国人民大学的情况和建校计划："即以原华北大学、革命大学及王明谢老之政法大学三校合并为基础来成立人民大学。另由人民大学附设一部政治训练班，即保留原革命大学一部分（约收学生三四千人）机构，照过去一样继续招收学生进行四个月的政治教育，以继续改造知识分子"。"人民大学拟由中央人民政府设立，任命中国人作校长，聘苏联同志为顾问。苏联顾问及教授的薪资，拟照苏联专家一样办理。"他建议"政治局即日审查这个计划，并予以批准，然后提交政务院通过施行"。②

12月11日，刘少奇又向正在苏联访问的毛泽东报告关于人民大学成立和聘请苏联教授、教员事宜，并确定了科系的设置及本科的招生名额："第一年招收本科学生一千四百人，训练班学生三千人，其中夜校学生一千人。本科设经济系、计划系、财政信用借贷系、合作社系、贸易系（学制均为三年），法律系、外交系（学制均为四年），工厂管理系（学制为两年）。训练班设经济系、贸易系、合作社系、外交系、财政信用银行系、统计系、法律系、教育系、工厂管理系（学制均为半年）。本科及训练班定于一九五〇年二月一日开学。"③报告提出，为人民大学聘请50位

---

① 陆定一，时任中共中央宣传部部长、政务院文化教育委员会副主任。钱俊瑞，时任中央人民政府教育部副部长。吴玉章，早年任成都高师校长，创办过中法大学，还曾在苏联执教；在延安期间，他是陕甘宁边区政府文化委员会主任，鲁迅艺术学院院长，延安大学校长；在解放战争期间，任华北大学校长。成仿吾，时任华北大学副校长。

② 《建国以来刘少奇文稿》第1册，中央文献出版社2005年版，第154—155页。

③ 同上书，第155—156页。

苏联教授和教员。

12月16日,中央人民政府政务院即根据中共中央政治局的建议,于第11次政务会议通过了《关于成立中国人民大学的决定》。决定指出:"中华人民共和国业已诞生,人民解放战争即将在全国范围内获得全面的彻底的胜利,新中国的伟大建设工作已经开端。为适应国家建设需要,中央人民政府政务院决定设立中国人民大学,接受苏联先进的建设经验,并聘请苏联教授,有计划、有步骤地培养新国家的各种建设干部。"[①]并确立了学校的教育方针是"教学与实际联系,苏联经验与中国情况相结合"。[②]

为了保证中国人民大学招生计划的顺利进行和按时开学,1950年1月23日,刘少奇亲自签发了《中共中央关于成立中国人民大学的决定》。这份发往各大区党委的文件告知了中国人民大学的任务和系科设置,并将其本科各系招生名额的分配为:华北区327名,华东区177名,东北区162名,华中南区139名,西北区77名,总共为882名。[③]决定还指出,"中国人民大学的创办,是一件大事,各地党必须保证该校本科此次招生的完满成功"。刘少奇还特别加上一句话,有关"各项由各中央局、分局令各级党委保证实现"。[④]

1950年2月19日,由中共中央政治局提名,中央人民政府委员会第六次会议通过,任命原华北大学校长吴玉章为中国人民大学校长,胡锡奎、成仿吾为副校长。

关于筹备工作中的其他事务,由筹备委员会中的教育部副部长钱俊瑞负责与刘少奇联系,吴玉章也直接写信报告,如1949年10月14日,吴玉章致信刘少奇,请求帮助解决校舍和经费的预算问题。[⑤]1950年9月8日,吴玉章向刘少奇报告了人民大学新校址修建的筹备情况及请示有

---

① 国务院办公厅大事记编写组:《中华人民共和国中央人民政府大事记(1950)》,第41页。
② 《刘少奇论教育》,教育科学出版社1998年版,第76页。
③ 黄达:《吴玉章与中国人民大学》,山西教育出版社1996年版,第136页。
④ 《建国以来刘少奇文稿》第1册,中央文献出版社2005年版,第156页。
⑤ 黄达:《吴玉章与中国人民大学》,山西教育出版社1996年版,第137—138页。

关问题。①

刘少奇全面指导中国人民大学的筹备工作，但又不拘泥于定见，而是根据实际情况进行调整。如 1950 年 1 月 4 日，吴玉章传达了刘少奇关于招生问题的批示，他说：刘少奇副主席的批示说"招收 4400 名学生是 1950 年全年的任务，因为现在我们的条件有困难，所以现在考虑少招，各系再行安排具体计划。翻译人员训练应着重业务训练"。②1950 年 6 月初，刘少奇对关于专修科招生问题的批示是：外文系、教育系可不招，法律系可多招 300 人。③

尽管日理万机，刘少奇仍是以只争朝夕的精神操办中国人民大学的筹备事宜。成仿吾回忆，"在 1950 年建校过程中，有一重大问题须请刘少奇亲自批示。我们的请示信是在 3 月 26 日送上去的，没想到当天即批示下来"。④可见刘少奇对中国人民大学的筹办倾注了大量心血。

三

经过一年时间的筹备，在基本解决了资金、校舍、干部、教员、生源、教材等一系列问题后，1950 年 10 月 3 日，中国人民大学在北京城内校址铁狮子胡同 1 号举行开学典礼，宣告正式成立。刘少奇、朱德、马叙伦及苏联顾问安德里扬诺夫参加了大会。刘少奇在会上作了重要讲话。

首先，刘少奇全面表达了党中央对中国人民大学的深切期望，明确指出，创办中国人民大学，是要树立新中国高等教育事业的一种新的典范。他开门见山指出：中国人民大学"是我们新中国第一个办起来的新型的大学，中国将来的许多大学都要学习我们中国人民大学的经验，按照中国人民大学的样子来办"。⑤

其次，他阐述了资本主义社会和社会主义社会两种教育制度的根本

---

① 黄达：《吴玉章与中国人民大学》，山西教育出版社 1996 年版，第 143 页。
② 同上书，第 139 页。
③ 同上书，第 141 页。
④ 成仿吾：《回忆刘少奇同志对中国人民大学的关怀》，《科学时报》2007 年 6 月 12 日。
⑤ 《刘少奇论教育》，教育科学出版社 1998 年版，第 90 页。

区别以及创办中国人民大学的目的。刘少奇指出,过去的旧大学"是按照英国、美国、法国和日本这些国家的经验、办法办起来的",虽然"它们在提高中国人民的文化水平、科学水平和认识水平上,是有很多成绩的",但是教育的目的是为劳动人民服务,"人民的国家是以工人阶级为领导、工农联盟为基础而建立起来的,是以为工农服务为目的的",因此"我们的大学要教育出为人民服务的干部"。① 这就明确了中国人民大学的办学方向:培养既有文化科学知识又为人民服务的干部。

关于学科的设置,刘少奇认为,人民大学不办物理、化学、机械、电气等系,因为这些学科其他大学是可以办的,设经济计划、财政信用、工厂管理、合作社、贸易、法律、外交、俄文八个系,是因为旧大学中这些系毕业出来的学生我们很难采用,新中国主要与社会主义国家做生意,这样的分工对国家是有利的。②

刘少奇在讲话中强调了中国人民大学不同于其他学校的特点以及在新中国经济建设中应起的作用。他特别强调了理论联系实际的重要性,批评了旧大学所学非所用的现象,人民大学就是要改变这种情况,学什么将来就做什么。他要求广大师生们恪守自己的工作岗位,完成教学任务和学习任务,要学好外语,提高教学水平,培养翻译和教员,等等。刘少奇热情洋溢的讲话,鼓舞了在场的全体师生。成仿吾后来回忆说:"我体会刘少奇这段话的意思是:当时全国解放不久,我们从旧中国接收过来的高等学校,还未来得及改造和调整,而这是需要一个过程的。在这段时间内,有解放区教育传统的中国人民大学应该起一些示范作用。当时听到这番话后,感到是对中国人民大学的莫大鞭策,同时感到自己责任的重大。"③

四

为了办好中国人民大学,中央从人、财、物等方面全力保障中国人

---

① 《刘少奇论教育》,教育科学出版社 1998 年版,第 92—93 页。
② 同上书,第 94 页。
③ 成仿吾:《回忆刘少奇同志对中国人民大学的关怀》,《科学时报》2007 年 6 月 12 日。

民大学的建设。新中国成立初期，国家财政经济状况虽然十分困难，但还是尽力在经费上保障中国人民大学。1950年，中国人民大学的经费占教育部全部概算的1/5。①

中国人民大学筹备时，刘少奇计划聘请50位苏联教授和教员，1952年5月，中国人民大学已聘有苏联专家47人，到1957年，聘请了苏联专家98人。②1953年10月，中国人民大学成立三周年时，学校已经初具规模，设有9个系、41个教研室、1个编译室，此外还有专修科、预科、马列主义研究班、研究生班、马列主义夜大学、夜校、函授专修班和附设工农速成中学。1951—1953年，有900名校内外研究生毕业，4587名大学生毕业（其中本科学生59人，专修科学生3996人）；在校大学生约5000人，为全国高等学校培养的研究生约2000人，校外函授学生2700人；培养教员约700人，培养俄文翻译152人；翻译教材1300余种，编写教材500多种③。中国人民大学成为当时高校办学规模最大、聘用苏联专家最多、学生人数最多，全国独一无二的崭新的正规大学。

在刘少奇悉心指导下创建的中国人民大学具有以下特点：

（一）成为学习和宣传马克思列宁主义、毛泽东思想的坚强阵地

首先，在苏联专家的帮助下中国人民大学编写了一大批教材。据统计，从1950年到1957年，由苏联专家直接编写的和在苏联专家指导下编写的讲义、教材共达101种，约55.7亿字。④如苏联专家编写的有《辩证唯物主义和历史唯物主义》《马克思列宁主义美学》《俄国哲学史》等讲义，《反杜林论》《唯物主义和经验批判主义》《自然辩证法》等原著介绍，还有政治经济学、马列主义基础等课程的教材，⑤对中国人民大学和全国的政治理论课教学具有很大帮助。

---

① 成仿吾：《战火中的大学》，人民教育出版社1982年版，第158、159页。
② 毛礼锐、沈灌群主编：《中国教育通史》第6卷，山东教育出版社1989年版，第91页。
③ 《吴玉章在中国人民大学建校三周年庆祝大会上的讲话》（1953年10月4日）。
④ 毛礼锐、沈灌群主编：《中国教育通史》第6卷，山东教育出版社1989年版，第91页。
⑤ 同上书，第91—92页。

其次，学校广泛开设马克思主义理论课程，让学生通过系统学习提高理论素养，在各类干部学校中开设政治理论课以提高干部的理论素养是中共的优良传统，如抗战时期，除了马克思主义理论课程之外，各类干部学校中都普遍开设了中国问题和中国革命史等课程，目的是使学员在系统学习马克思主义的同时，能研究并了解中国革命问题，更好地将马克思主义的普遍真理与中国革命的具体实践结合起来，从而进一步增强革命的自觉性和有效性。中国人民大学继承了这一传统，开设了马列主义、政治经济学、国家与法权理论、中国革命史、人民民主原理课，并把这些课程作为各系共同的课程。各系还根据自己专业的培养目标设置专业课程与文化基础课程。学校不仅注重培养德才兼备的学生，而且注意提高教师和行政人员的马克思主义理论水平。为了组织教员和教学行政人员的政治理论学习，从1950年9月，人民大学创办了马列主义夜大和马列主义夜校，夜大学制暂定为两年毕业，夜校为一年毕业，夜校学员经过申请并且考试合格后可升入夜大学习。第一期马列主义夜大和夜校于1950年9月19日开学，这期共招收夜大学员600多人，夜校学员700多人。①

最后，在全国高校的马克思主义的政治理论课程开设过程中，中国人民大学以其在马克思主义理论、毛泽东思想研究方面的独特优势和重要地位发挥了组织领导和教研示范的作用。为确立马克思主义在全国意识形态领域的主导地位，对广大青年学生进行思想政治教育，1950年初，中央政府教育部明确规定，在全国高等院校取消国民党的"党义"等课程，进行马克思列宁主义的思想建设，有步骤地开设新民主主义论、辩证唯物论与历史唯物论、政治经济学三门政治理论课程。为解决缺乏政治理论教师问题，教育部负责筹划，在中国人民大学创设马克思列宁主义研究班，为全国各高等学校培养一部分政治理论师资。1952年，第一期研究生班招收了300人。②学校相关教研室还配合高教部，牵头组织教学研讨会，成立了总教学委员会，制订课程的讲授大纲、教学组织

---

① 黄达：《吴玉章与中国人民大学》，山西教育出版社1996年版，第155页。
② 《中共中央关于培养高等、中等学校马克思列宁主义理论师资的指示》（1952年9月1日）。

和方法原则以及教学进度表，为政治理论课程在全国高校的推广奠定了基础。①

（二）教学中注意理论联系实际，注重学生工作能力的培养

中国人民大学是为适应国家建设需要而设立，学科的设置紧密配合国家的建设需要，主要为财经、政法专业，由优秀教师任教。如来中国人民大学任教的苏联经济学家阿·毕尔曼是世界级的学者，是苏联顾问团中主要的财政专家，他所创作的《苏联国民经济各部门财务》（1953年出版）是苏联教育部审定和推荐的这门学科的第一部教科书。在华期间，他帮助中国建立了苏式财务管理模式，一直到2000年前后，交通产业、物资流通产业的财务运作体制仍然是毕尔曼当年设计的。

学校贯彻理论与实际联系、苏联经验与中国实际相结合的方针，一方面全面系统地学习苏联经验，虚心向苏联专家学习，认真采纳与执行苏联专家的建议，一方面有计划地加强与有关业务部门的联系，派教员到有关部门尤其是厂矿进行一定时期的进修实习，并吸收学生、研究生及教员参加研究生产实习的成果，加强科学研究工作。教员结合国家建设的实际问题加以科学地分析，使教学工作由片段的联系进入系统的、有机的联系。学校除了教务部，还设有研究部，部长由成仿吾副校长兼任。教师们在各教研室领导下，由苏联专家指导，独立进行研究工作。

（三）培养工农出身的新型知识分子

中国是一个贫穷落后的国家，由于受帝国主义、封建主义、官僚资本主义的剥削压迫，广大工农群众根本没有接受教育的机会，所以文化素质较低。工农干部经过多年的培养和教育，具有丰富的实际斗争经验和政策理论水平，还有一定的组织领导能力，也有建设社会主义的满腔热情，但是缺乏文化和业务技术，因此新中国面临着工农干部知识化的重大课题。中国人民大学担负起这个职责，在招生工作中，工农干部和

---

① 刘辉：《中国人民大学与建国初高校"新民主主义论"、"中国革命史"课程的开设》，《教学与研究》2008年第11期。

劳动模范占有一定的比例。根据他们的文化程度，进本科或专修科学习；既不能进本科，又不能进专修科的，先进文化补习班（后改为预科），待文化基础提高以后再转入本科或专修科学习。文化补习班是特别为没有进过正式学校、文化水平低的工农干部和产业工人设计的。如当时中国人民大学外交系的培养目标是我国驻外使馆的参赞或领事馆的领事，招生条件除工作年限之外，还必须是党员和区营级以上干部才能报考。又如工厂管理系各专业，主要招收干部和产业工人中的劳动模范，培养的目标为基层各厂矿的厂矿长或经理，特别是生产管理的厂矿长或经理。

1952年4月，中国人民大学在校本科学生为1412人，专修科为851人，预科为352人。其中干部占总数的72%，产业工人占6%，青年知识分子占22%。1953年，经济系、统计系、工业经济系、贸易系、合作社系毕业的440余名学员中，产业工人占毕业学员总数12%。① 全国著名劳动模范、老红军李凤莲，全国劳动模范、人大代表郝建秀均进入中国人民大学学习。学校积极为这些学员创造了学习环境和生活条件，这符合党提出的教育是大众的、要为广大的人民服务、要在广大人民中培养出大量人才的方针，为新中国培养新型的知识分子作出了贡献。

（四）学制灵活、办学形式多样

在学制上，中国人民大学初创时期采取了本科和专修科并重、正规班次和短训并存的方式，学习的年限也比较灵活，有几个月、一年、二年、三年、四年等几种。这种做法比较适应我国培养各种建设人才的实际需要，也适合工农和干部在职学习的特点。当教学初步走上正轨后，人民大学又酝酿创办函授教育。新中国成立伊始，急需各种专业人才，需要的数量也比较多，仅靠国家办的几所、几十所高等学校来培养人才，满足不了国家大规模经济建设的需要，何况当时正处于抗美援朝战争时期，国家在人力、物力、财力上有许多困难，不可能大批创办高等学校。学校尝试把正规办学与社会办学、校内办学与校外办学、脱产学习和不脱产学习结合起来，便于联系实际，适应建设的需要，可以更多、

---

① 黄达：《吴玉章与中国人民大学》，山西教育出版社1996年版，第162页。

更好、更快地为国家培养人才，于是函授教育便应运而生。1951 年 10 月 12 日，吴玉章校长，胡锡奎、成仿吾副校长为创办函授教育联名致函中央宣传部、中央组织部、教育部陆定一、胡乔木、安子文和钱俊瑞等，提出了有关函授教育的设想和规划，并请他们转呈刘少奇审批。11 月 5 日，刘少奇批示："可根据此办法在平津及其他城市的若干机关先行试办，待有经验后，再发指示。函授部组织亦从缓办，先指定二三人试办。"①根据刘少奇的批示，中国人民大学于 11 月 17 日，成立了以成仿吾为主任的函授教育委员会，下设办事机构，并组成 20 余人的函授教育领导机构。1952 年 1 月初，中国人民大学开始试点函授，在北京、天津、太原三市招收工业经济、工业会计等 10 个专修科学生，共 2700 多人。新中国的成人高等教育事业就此开始。1952 年 12 月，中国人民大学正式成立函授部，1959 年 10 月改为函授学院。由此，函授教育成为高等教育的重要组成部分，成为高等学校重要的办学形式。由于中国人民大学创办函授教育目的明确，专业设置密切结合新中国大规模经济建设的实际，加之办学正规、学习方法灵活，学以致用的效果比较显著，所以从创办一开始，函授教育就深受广大在职干部和各地区各单位的欢迎，发展也很迅速。1955 年 2 月，中国人民大学第一届函授专修班 1600 多人毕业。②

新中国成立后，具有临时宪法作用的《中国人民政治协商会议共同纲领》规定，中华人民共和国的文化教育是"民族的、科学的、大众的文化教育。人民政府的文化教育工作，应以提高人民文化水平、培养国家建设人才、肃清封建的、买办的、法西斯主义的思想、发展为人民服务的思想为主要任务"。③由于旧中国留下的高等教育规模小④，大多为文法类学科，而且许多学科设置脱离实际、院系重复，因此远远不能适应社

---

① 黄达：《吴玉章与中国人民大学》，山西教育出版社 1996 年版，第 168 页。
② 同上书，第 168 页。
③ 《建国以来重要文献选编》第 1 册，中央文献出版社 1992 年版，第 10 页。
④ 1950 年初，教育部部长马叙伦在《关于全国教育工作会议的报告》中说，据不完全统计，全国已解放地区，共有专科以上学校 122 所，学生 7.7 万余人。参见国务院办公厅大事记编写组编《中华人民共和国中央人民政府大事记（1950）》，第 56 页。

会主义建设的任务。刘少奇提出并筹建"教育出为人民服务的干部"的中国人民大学，要求高等教育理论联系实际，开设的课程必须密切配合国家政治、经济和文化建设的需要，在学习系统的理论和知识的基础上，实行适当的专门化，并向工农开门办学，为有计划、有步骤地改革旧的教育制度、教育内容和教学方法提供了范例。这是新中国教育史上一次具有深远意义的尝试，为社会主义教育事业奠定基础，为国家建设准备了大批人才，具有鲜明的时代性，尤其是对新中国高等教育的发展产生了深远的影响。

[原载《当代中国史研究》2011年第3期]

改革开放以来我国少数民族地区教育发展述略

改革开放以来,党和政府把少数民族地区的教育作为提高国民素质,缩小差距,促进当地经济发展和社会进步的基础工程,放在突出的战略地位,并根据少数民族和民族地区的特点与需要,制定了一系列适合于发展民族教育的方针政策和具体措施,推动了民族教育的长足发展,在提高少数民族人口素质,促进少数民族地区的经济社会文化发展发挥了巨大的作用。

一、实现少数民族教育跨越式发展,形成比较完整的少数民族教育体系

由于我国的许多少数民族是从奴隶社会一步跨入社会主义社会,有的还是从结绳记事的原始社会形态直接跨入社会主义社会的,如费孝通先生所说的是"三级两跳",因此,1949 年以前,少数民族地区的教育非常落后,相当多的少数民族地区没有学校教育,更没有现代意义上的学校教育,适龄儿童的入学率极低。如旧西藏的适龄儿童入学率不到 2%,青壮年文盲率高达 95%。[①] 新中国成立以来,民族教育坚持以地方自力更生为主,国家大力扶持,民族现代教育很快从无到有,确立了现代教育

---

① 国务院新闻办公室:《西藏和平解放 60 年》白皮书(2011 年 7 月 11 日)。

体系、现代科学内容进入课程，逐渐形成了中国特色的民族教育体系，培养各级各类少数民族人才。1965年，少数民族小学在校生5219165人，普通中学在校生233910人，农业、职业中学在校生103466人，高等学校少数民族在校生21870人。①

  改革开放以来，中共中央和国务院十分重视少数民族教育，多次召开专门会议，发布专门文件，以指导全国少数民族教育工作。1980年10月中央批转教育部、国家民委《关于加强民族教育工作的意见》和1981年召开的第三次全国民族教育工作会议，提出了调整和发展少数民族教育的方针与任务，强调要提高对发展少数民族教育事业的重要战略意义的认识，并认真总结新中国成立以来发展少数民族教育的经验教训，要求根据现代化建设的需要，切实注意和尊重民族特点、地区特点，注意把社会主义内容同民族形式正确地结合起来，把国家支援同少数民族地区的自力更生正确地结合起来，在人力、财力、物力上国家给予重点扶持，加强各级党委和政府少数民族教育事业的领导。提出了加强政治思想教育、切实抓好中小学教育、调整和办好少数民族的中等专业教育和高等教育、大力扫除文盲、加强师范教育等五项任务。1992年10月21日，颁发的《全国民族教育发展改革指导纲要》，要求确立教育为经济建设服务的思想，以提高劳动素质为根本任务，加强基础教育、职业教育和农民文化技术教育。2000年制定《关于加快少数民族和民族地区职业教育改革和发展的意见》。2002年7月，国务院颁布的《关于深化改革加快发展民族教育的决定》，明确提出了"民族教育跨越式发展"的目标。2005年，党中央、国务院发布《关于进一步加强民族工作加快少数民族和民族地区经济社会发展的决定》，把扶持民族地区发展教育事业、加强民族地区人才资源开发作为促进民族地区经济社会发展的重要手段和途径之一，并进一步阐释了民族教育对于民族地区经济社会发展的基础性、先导性和全局性作用。同年制定的《国家教育事业发展"十一五"规划纲要》把基本普及九年义务教育、基本扫除青壮年文盲的"两基"工作

---

  ① 教育部计划财务司：《中国教育成就（1949—1983）》，人民教育出版社1984年版，第43页。

作为民族教育中的"重中之重",列为攻坚计划。2010年制定的《国家中长期教育改革和发展规划纲要(2010—2020年)》,强调全面提高少数民族和民族地区教育发展水平,公共教育资源要向民族地区倾斜,中央和地方政府要进一步加大对民族教育支持力度。

这一系列政策措施有力地促进和保障了民族教育的发展,我国基本形成了涵盖幼儿教育、小学教育、中学教育、职业教育、高等教育、成人教育、特殊教育等具有地方特色和民族特点的现代教育体系,整个少数民族受教育的人口也大幅度增长。到2012年底,全国各级各类学校中少数民族在校学生总数为2384.48万,占学生总数的9.27%。义务教育学校少数民族在校生数达1515.46万,普通中学少数民族在校生占全国普通中学在校生总数的9.39%,普通小学少数民族在校生占全国普通小学在校生总数的10.7%。①而2010年第六次全国人口普查数据显示,少数民族人口规模为11379万,占总人口的8.49%。少数民族的义务教育阶段的在校生已超过了全国平均水平。

二、坚持民族教育育人为本,促进了人的全面发展

1951年政务院第12次政务会议批准通过的《中央人民政府教育部关于第一次全国民族教育会议的报告》中指出,"少数民族教育必须是新民主主义的内容,并应采取适合于各民族人民发展和进步的民族形式","这种教育必须采取民族形式,照顾民族特点,才能很好地和少数民族的实际情况结合起来"。育人为本,德育为先。教育部、国家民委《关于加强民族教育工作的意见》,要求各级各类学校特别注意坚持四项基本原则、热爱社会主义祖国和各民族团结互助教育,要经常注意科学教育、革命传统、纪律和法制教育。贯彻宗教信仰自由政策,但坚决反对宗教干预学校教育。国务院《关于深化改革加快发展民族教育的决定》根据形势的发展,强调了各级各类学校的民族团结教育,要求把维护发展平等、团结、互助的新型社会主义民族关系的教育作为爱国主义教育、公民道

---

① 国务院新闻办公室:《2012年中国人权事业的进展》白皮书(2013年5月14日)。

德教育和素质教育的重要内容、加强马克思主义民族宗教观和党的民族宗教政策的教育，加强历史教育，进一步增强各族师生"三个离不开"，即"汉族离不开少数民族、少数民族离不开汉族、少数民族之间也互相离不开"的观念，牢固树立自觉维护国家统一、反对民族分裂的思想意识。从1994年开始，国家教委、国家民委陆续在全国中小学开展了民族团结教育活动。这项教育活动对增强中华民族的凝聚力，培养社会主义建设者和接班人，发挥了十分重要的作用。

教育的使命就是有意识、有计划地促进生命健康成长和发展。① 中国特色社会主义的民族教育全面贯彻了党的教育方针，引导少数民族青少年学生树立远大理想，刻苦学习，艰苦奋斗，开拓创新，以高尚的道德情操、过硬的专业素养、健康的身心素质，担负起了崇高的历史使命。

三、实行公共教育资源向民族地区倾斜，有力促进了教育公平

为确保少数民族考生能够接受高等教育，从20世50年代开始，国家实行高等学校招生对少数民族考生的照顾政策，此后又提出按比例录取的优惠政策，并对少数民族考生实行单独命题考试、单画分数线录取等政策，这种照顾一直持续至今。为给少数民族地区学生创造更多的升学机会，普通高等学校少数民族预科班、民族班，本科招生适当降分，择优录取和定向招生、定向培养，预科结束后双向选择专业。培养模式灵活多样，针对不同教育层次和教育对象，采取不同的教育教学方案；毕业时除定向就业外，鼓励学生继续深造考取硕士研究生和博士研究生。在教学中注意因材施教，探索适合民族班的课程安排，针对不同教育层次和教育对象，采取不同的教育教学方案，提升教学效果，突出少数民族学生的个性化培养。

鉴于少数民族在经济社会文化发展等方面与汉族相比有一定差距，为保障我国少数民族人民群众平等接受教育的权利和机会，国家除了正

---

① 李政涛：《中国社会发展的"教育尺度"与教育基础》，《教育研究》2012年第3期。

常教育经费的拨付之外，还实行少数民族教育的资金扶助政策，每年给以特殊的补贴，自 1990 年起，在财政上设立少数民族教育专项补助经费。

随着国家经济的发展，政府加大了对少数民族教育人力、物力、财力的支持。首先是加大财政支持，夯实民族教育事业的物质基础。早在 1980 年 10 月颁发的《关于加强民族教育工作的意见》中，就提出在最困难的民族地区实行免费教育。"九五"期间，中央财政设立"国家贫困地区义务教育工程"专款 39 亿元，其中 22 亿投向了少数民族人口集中的西部 12 个省、自治区。"十五"期间，中央财政安排 50 亿义务教育专款重点投向西部民族地区。近年来，国家继续实施贫困地区义务教育工程，加上新实施的农村中小学危房改造工程和"两免一补"（即免杂费、免费提供教科书、补助寄宿生生活）等工程，中央财政先后投入 290 多亿元，极大地改善了民族地区办学条件。2006 年起，国家率先在西部实施农村义务教育经费保障机制改革，对特别困难的民族和地区，安排专项资金进行补助。如每年安排 1.2 亿元资金，对西藏农牧区中小学实行"三包"（即包吃、包住、包学习费用）。为扶持民族地区发展职业教育，2008 年，中央政府向 5 个自治区投入 8.27 亿元，支持建设了 83 所县级职教中心和示范性中等职业学校，以及 145 个职业学校的实训基地和 10 所国际示范性高等职业学校；下达给 5 个自治区中等职业学校学生的国家助学金达 9.74 亿元，资助 83 万多人，占在校生的 90%。①

其次是实施对口支援工作机制，发动全国支援民族地区教育事业。1992 年国务院提出了东部 13 个经济、教育比较发达的省、直辖市与内蒙古、云南等 9 个省、自治区的 143 个少数民族贫困县（旗）建立帮扶关系，从资金、教学仪器设备、培训管理人员和骨干教师，以及指导教学改革等方面给予援助与支持。2000 年开始实施"东部地区学校对口支援西部贫困地区学校工程"和"西部大中城市对口支援本省（自治区、直辖市）贫困地区学校工程"。从 1992 年至 2001 年，内地对口支援民族

---

① 国务院新闻办公室：《中国的民族政策与各民族共同繁荣发展》白皮书（2009 年 9 月 27 日）。

地区的资金、教学设备及培训费总计1.6亿元；救助失学儿童38000名，培训中小学教师15000名，培训管理干部4898人。^①国家还通过开展对口支援西部高校、与地方合作共建民族地区高校、加强特色学科建设和学位建设、实行定向招生、扩大招生规模等措施，支持民族地区发展高等教育。教育部最先于1980年在部属5所重点院校北京大学、清华大学、北京师范大学、大连工学院（后改为大连理工大学）、陕西师范大学试办少数民族预科班。2006年，教育部推出了《普通高等学校少数民族预科班、民族班管理办法》，一些高等学校、中等专业学校和成人高等学校也相继举办了相当数量的少数民族预科班。截至2009年，举办民族预科班和民族班的高校超过300所，招生人数达到3.1万人。[②]在近些年不断加大东中西部招生协作计划、明显缩小地区高考录取率差距的基础上，教育部为提高中西部农村地区学生高考入学质量，首次实施面向国家连片特困地区定向招生计划，2012年录取1万多名本科生，这些地区上重点大学人数提高10%左右。[③]不少少数民族学生受益。

　　为解决少数民族地区中小学师资队伍数量不足、质量不高的问题，国家加大少数民族教师培训力度，扩大在职教师到内地培训的规模；制定优惠政策，鼓励支持高等学校毕业生到民族地区基层任教。2006年，国家启动了"农村义务教育阶段学校教师特设岗位计划"，中央财政设立专项资金，招募高校毕业生到西部"两基"攻坚县农村学校任教。当年有1.6万余名大学毕业生充实到西部地区260多个县2850所农村中小学校。2007年，全国招聘特岗教师约1.7万人。两年内就招聘特岗教师3.3万名，覆盖了西部地区13个省、395个县4074所农村中小学、民族地区中小学。为共享优质教育资源，在少数民族地区大力发展现代远程教育，重点支持现代远程教育网络建设，建立县级远程教育教学点和乡级电视、数据收视点，有条件的地区和学校启动校园网络或局域网建设，培养培训教师和管理人员。

---

　　① 何东昌：《中华人民共和国教育史》，海南人民出版社2007年版，第989页。
　　② 国务院新闻办公室：《中国的民族政策与各民族共同繁荣发展》白皮书（2009年9月27日）。
　　③ 袁贵仁：《在2013年全国教育工作会议上的讲话》（2013年1月9日）。

这些措施体现了教育的公益性和普惠性，促进公共教育资源配置公平，缩小了少数民族区域与全国平均水平的差距，促进义务教育均衡发展，保障少数民族群众享有良好的受教育机会。到 2010 年，所有的少数民族地区全部实现九年义务教育的基本普及，基本上扫除了青壮年文盲的"两基"目标，这是我国民族教育发展史上的重要里程碑。朝鲜、满、蒙古、哈萨克等 14 个少数民族的受教育年限高于全国平均水平。目前，维吾尔、回、朝鲜、纳西等十几个少数民族每万人平均拥有的大学生人数已超过全国平均水平。少数民族群众的整体文化素质明显提高。

四、保护和发展少数民族语言文字，传承了民族文化

传承文化是教育的一大功能。中国是多民族、多语言、多文种、多方言的国家。民族地区有众多的少数民族语言文字，语言生活丰富多样。保护语言及文化的多样性能促进社会平等和包容发展。新中国成立以来，少数民族语言文字得到了充分的尊重，中国宪法、《中华人民共和国区域自治实施纲要》和《中华人民共和国国家通用语言文字法》，共同确定了各民族语言文字平等共存，禁止任何形式的语言歧视；各民族都有使用和发展自己的语言文字的自由；国家鼓励各民族互相学习语言文字。1950 年政务院就要求用民族语文授课、用民族文字翻译教材。在"文革"期间，双语教育实践及理论研究一度中断。20 世纪 80 年代后，双语教育得到恢复和发展，并要求在语文、历史、地理等教材中都有民族和地区的内容。广西壮族自治区自 1980 年开始在小学恢复使用壮族语文授课。1984 年颁布的《中华人民共和国民族区域自治法》明确规定：招收少数民族学生为主的学校，有条件的应当采用少数民族文字的课本，并用少数民族语言讲课；小学高年级或者中学设汉文课程，推广全国通用的普通话。1986 年颁布的《中华人民共和国义务教育法》和 1995 年颁布的《中华人民共和国教育法》亦做出了相关规定。2002 年，国务院要求成立专门机构，开发少数民族语的数理化课程。内蒙古、新疆、西藏等民族自治区，制定和实施了使用和发展本民族语言文字的有关规定和

实施细则。在普通高等学校招生入学考试中允许使用少数民族语言文字答卷。各地开展民族语文教学或双语教学有不同的特点。新疆维吾尔自治区的各级学校分别用维吾尔、哈萨克、蒙古、柯尔克孜、锡伯、汉6种语言文字授课。内蒙古自治区对蒙古族中小学规定：小学阶段凡懂蒙古语的儿童用蒙古语文授课，加授汉语文；不懂蒙古语的儿童用汉语文授课，加授蒙古语文。广西壮族自治区恢复自治区少数民族语言文字工作委员会和广西壮文学校，并在北部方言和南部方言区各选一个县作为重点恢复推行壮文，用壮文扫盲，在小学开展用壮文教学的试验。西藏自治区规定，小学藏文班从四年级开汉语课，汉文班从四年级开藏文课，学生到高中毕业时兼通藏汉两种文字，都取得了良好效果。中央人民广播电台和地方广播电台每天用21种少数民族语言进行播音。全国共有1万多所学校使用21个民族的29种文字开展双语教学，在校生达600多万人。2011年编译出版的民族语言教材达3665种，总印数达4703万多册。[①]下一步需要加强双语教师培养培训，建立健全双语教材体系，进一步编译开发多媒体教学资源。在少数民族教育中采取双语制教学，是一种适合于各民族人民发展和进步的民族形式。双语教学中大力推广和规范使用国家通用语言文字——普通话和规范汉字，这是增进民族间、地区间的交往，促进经济、文化等各项事业发展的必要条件。同时，多民族多语言和方言也承载着文化丰富多样。坚持国家通用语言文字的主导作用及核心地位，同时切实保障少数民族群众学习使用本民族语言文字的权利，有利于民族团结、政治稳定与社会和谐，有利于保持中华文化的生命力、创造力，以及丰富性、多样性和先进性。《国家人权行动计划（2012—2015年）》提出，国家将进一步依法保障少数民族学习使用和发展本民族语言文字的权利，推进少数民族语言文字的规范化、标准化和信息处理，建设中国少数民族濒危语言数据库。

---

① 国务院新闻办公室：《2012年中国人权事业的进展》白皮书（2013年5月14日）。

五、培养了大批少数民族人才，适应了民族地区经济社会发展的需要

人力资源是推动经济社会发展的战略性资源，民族教育的首要任务就是为推进民族地区的经济社会科学发展提供强大的人才保证和智力支撑。新中国一成立就制定了少数民族人才培养的计划，国家通过专门创办培养少数民族干部的民族院校，开办各种少数民族干部训练班、干部学校，并组织全国教育力量培养民族地区急需、紧缺的人才，在普通高校举办民族班，不断加大少数民族各类人才的培养力度，培养了各级各类人才。1984年第二次西藏工作座谈会上，根据西藏教育相对落后和缺乏人才的状况，决定从1985年起在内地省、市创办西藏（校），利用内地的办学优势，帮助西藏尽快培养大批建设人才。全国各地给予了支持，首先在北京、成都等城市创办有3所西藏学校，在其他省、市开办西藏班。2010年，内地西藏班在校生总数2万余人；在内地12省市42所学校开办中职班。目前，西藏15周岁以上人口人均受教育年限达到7.3年。[1] 2000年开始，在北京等内地12个城市重点高中开办新疆高中班。2005年，教育部、国家发展改革委、财政部又颁发了《关于扩大内地新疆高中班招生规模的意见》，决定从当年起扩大内地新疆高中班招生规模。到2008年，新疆高中班扩大到12个省（直辖市）28个城市的50所学校，累计完成9届2.4万人的招生任务，毕业生中90%以上顺利升入内地高校进行学习，其中85%的毕业生考取重点院校。[2] 因地制宜在民族地区大力发展多层次、多种形式的职业技术教育和成人教育。主要在少数民族较多的县（旗）办好一所中等职业技术学校，同时，重视举办比较切合民族地区经济发展水平的初级职业技术教育；少数民族人口较多的乡（镇）则办农（牧）民文化技术学校，开展短期实用技术培训。为加快培养少数民族高层次骨干人才，2004年教育部、国家发展与改革委

---

[1] 国务院新闻办公室：《西藏和平解放60年》白皮书（2011年7月11日）。
[2] 国务院新闻办公室：《新疆的发展与进步》白皮书（2009年9月29日）。

员会、国家民委、财政部和国家人事部等联合下发了《关于大力培养少数民族高层次骨干人才的意见》，在全国实施少数民族高层次骨干人才培养计划，从 2005 年开始选择部分中央部委所属院校试点招收博士生 500 人，硕士生 2000 人共计 2500 人进行培养。2010 年 7 月，教育部进一步制定了《普通高等学校少数民族预科班、高层次骨干人才硕士研究生基础强化班管理办法》。国家通过实施"新疆少数民族科技人才特培"工程，以及公派少数民族留学生等，对少数民族高层次人才进行培养。1980 年开始试办民族班的大连理工大学，32 年来，为新疆培养了 6000 多名各民族青年学子、在职科技和管理干部，在全国高校中树立了榜样，在新疆地区赢得了赞誉，在少数民族学生和家长中赢得了爱戴。[①]这是国家民族教育政策成功实践的一个缩影。

经过不懈努力，民族教育为民族地区培养了一大批党政领导干部和科技、经济管理人才，大大改变了民族地区干部队伍结构。如西藏自治区全区干部队伍中，藏族及其他少数民族占 70.3%，其中县乡两级主要领导中，藏族和其他少数民族占 81.6%。西藏自治区专业技术人员达到 5.4 万人，少数民族技术人员占 76.8% 左右。[②]在新疆维吾尔自治区，一大批接受过高等教育、有丰富管理经验的少数民族干部成为新疆发展建设的主力军。1955 年，新疆少数民族干部为 4.6 万人，1975 年为 9.3 万人，2008 年增长到 36.3 万人，占全疆干部总数的 51.25%。[③]目前，自治区的政府主席、各自治州的州长、自治县的县长以及相应的人大常委会主任、人民法院院长、人民检察院检察长都由实行民族区域自治的民族的公民担任，绝大多数的地、州、市的专员、州长和市长以及县长、区长由少数民族干部担任。截至 2008 年，全国少数民族干部已达 290 多万人，约占干部总数的 7.4%，比 1978 年增长 3 倍多。全国公务员队伍中，少数民族占 9.6%，其中县处级以上的少数民族干部占同级干部总数的 7.7%。其中有相当数量的少数民族干部在中央和地方的国家权力机关、行政机

---

① 《发展民族教育 增进民族团结》，《光明日报》2012 年 5 月 30 日第 13 版。
② 国务院新闻办公室:《西藏和平解放 60 年》白皮书（2011 年 7 月 11 日）。
③ 国务院新闻办公室:《新疆的发展与进步》白皮书（2009 年 9 月 29 日）。

关、审判机关和检察机关服务。① 这有力地推动了民族地区领导班子建设和干部队伍建设，促进了民族地区经济社会又好又快地发展。2005年至2010年，8个民族省区贫困人口从2338.4万减少到1304.4万，贫困发生率从16.5%下降到7%，比全国同期贫困发生率下降幅度快了近5.5个百分点。②

综上所述，由于国家十分重视民族地区教育事业的发展，遵循教育发展规律，采取各种措施推动了我国民族地区的教育事业快速发展，取得了令人瞩目的巨大成就，以适应少数民族地区经济社会发展的需要。但是中国贫困人口有一半以上在少数民族地区。民族地区落后的原因一是自然环境恶劣、经济不发达；二是人才匮乏，但根本原因还是人才匮乏。因此，民族地区教育事业的发展任重而道远，这需要继续在消除民族成员在知识发展方面的贫困，提高少数民族群众的素质做出更大努力。有研究证明，由于少数民族地区有入学照顾和就业安排中的政策支持，中国经济转型期城镇少数民族教育收益率还略高于汉族。可见，加大政策扶持力度，帮助收入水平较低的少数民族群体提高受教育水平，是缩小收入差距的有效方法。③ 同时，民族教育要注意民族的特殊性和民族地区的特殊性，在推动民族地区的教育现代化时，要重视对民族教育的特色化发展，照顾民族地区实际，使各种民族学校成为多元文化教育的载体，注重对民族文化主体的培植，传承各民族优秀文化遗产，在培养人才中传承丰富的民族文化，利于中华文明传承和发展，也有利于民族团结、社会安定。这就是让民族教育充分承担起培养人才、服务社会和传承民族文化的使命，帮助受教育者做好适应现代生活和现代民族生活的准备。2012年7月发布的《国家基本公共服务体系"十二五"规划》，把民族地区仍然作为公共教育资源重点倾斜的地区之一，要求巩固民族地区义务教育普及成果，推进双语教学，加强双语教师队伍。在保障性工

---

① 国务院新闻办公室：《中国的民族政策与各民族共同繁荣发展》白皮书（2009年9月27日）。
② 国务院新闻办公室：《2012年中国人权事业的进展》白皮书（2013年5月14日）。
③ 孟大虎：《中国经济转型期城镇少数民族教育收益率的实证研究》，《民族研究》2012年第1期。

程项目中,支持民族自治地方贫困县高中阶段学校建设,加强双语教师培训。随着"十二五"规划的实行,相信少数民族地区的教育会发展得更好,为地区的经济社会发展插上腾飞的翅膀!

[原载《西部学刊》2013年第6期]

中国共产党第一代中央领导集体的科技战略思想与新中国的科技进步

旧中国的科技事业非常落后。1949年新中国成立时,偌大的中国,遗留下来的科学研究机构仅有30多个,全国科学技术人员不足5万人,其中专门从事科研工作的研究人员仅600余名,除了地质学、生物学、气象学等地域性调查工作和可以不依靠实验设备而勉强进行的研究工作外,现代科学技术在旧中国几乎一片空白。① 新中国成立后,以毛泽东同志为核心的党的第一代中央领导集体创造性地把马克思主义关于科学技术是生产力的基本原理与中国实际相结合,高度重视科学技术在社会主义现代化建设中的作用。毛泽东明确地指出:"科学技术这一仗,一定要打,而且必须打好。""不搞科学技术,生产力无法提高。"② 周恩来也明确表示:"我们要实现农业现代化、工业现代化、国防现代化和科学技术现代化,把我们祖国建设成为一个社会主义强国,关键在于实现科学技术的现代化。"③ 并提出了一系列指导科技事业发展的战略思想。在中国共产党领导下,中华民族的科学技术事业进入了一个崭新的发展阶段,不仅在较短的时间内,从无到有逐步建立起相对完备的现代科学技术体系,培养了大批优秀人才,为经济发展、社会进步、人民健康和国防建设提供了强有力的科技支撑,而且在一些重要的科技领域大大缩短了与世

---

① 武衡、杨浚主编:《当代中国的科学技术事业》,当代中国出版社1991年版,第4—5页。
② 《毛泽东文集》第8卷,人民出版社1999年版,第351页。
③ 《周恩来选集》下卷,人民出版社1984年版,第412页。

先进水平的差距，不少成果达到或接近世界先进水平，实现了中国科技的跨越式发展，使世界瞩目。

一、确立科学研究为人民服务、与国家建设实际结合的科技发展方针

中国共产党在抗日战争期间就重视科学技术的发展，在延安建立了自然科学院。在延安和各解放区，虽然科技工作者的人数很少、科技工作的规模不大，却在通信、枪械、弹药、医疗和工业、农业生产方面成为人民解放事业的一支生力军。新中国的成立为中华民族科技事业的发展开辟了广阔的前景。新中国一诞生，中共中央和人民政府立即着手发展新中国的科技事业，确立了新中国科学技术的发展要为国家建设服务，为工农业和国防建设服务的科技发展方针，摒弃了旧中国科学工作脱离实际、为研究而研究的弊端，开始探索具有中国特色的科技战略思想。《中国人民政治协商会议共同纲领》第四十三条规定："努力发展自然科学，以服务于工业、农业和国防的建设，奖励科学的发明与发现，普及科学知识。"《中央人民政府组织法》第十八条规定：成立中国科学院。1949年11月1日，在对所接收的原国民党政府中央研究院、北平研究院所属各研究所共22个单位进行改组与整顿的基础上，正式成立中国科学院。1950年6月14日，政务院文化教育委员会发布《关于中国科学院基本任务的指示》。《指示》具体阐述了中国科学院的三项基本任务：（1）确立科学研究的方向。提出科学研究必须为人民服务，要与国家建设的实际结合；要跟踪世界科技发展形势，吸收国外科学进步的成果，赶上国际学术水平。（2）培养与合理地分配科学研究人才。（3）调整与充实科学研究机构。[①] 为了推进科学研究与生产建设实际的结合，1950年政务院先后通过并颁布了《关于奖励生产的发明、技术改进及合理化建议的决定》以及《保障发明权与专利权暂行条例》。1951年3月，政务院进一步发布了要求加强科学院对工业、农业、卫生、教育、国防各部

---

① 《建国以来重要文献选编》第1册，中央文献出版社1992年版，第285页。

门的联系的指示，指示科学院"应注意有系统地调查各生产部门对于科学研究的需要，并力求使自己的和全国的科学研究人员的工作计划适应这些需要"。[①]科研机构的建立和科技方针的确立，标志着新中国科技事业的起步。

中国科学院成立以后，在调整科研机构、发展科研规模、组织科研队伍和科研为生产服务方面做了很多工作。与大规模的经济建设相适应，包括地质、冶金、机械、铁道、交通、燃料、电子、邮电、建筑、纺织、林业等系统在内的政府各部门相继建立了各种专业性的研究机构；各省、市以及许多厂矿也建立了研究试验机构；高等院校随着数量增加，规模扩大，研究水平也有较大的提高，初步形成了由中国科学院、高等院校、产业部门、地方科研机构四路大军组成的科技体系。经中国科学院学部委员讨论，四路大军的科研方向有了基本的分工：中国科学院主要研究基本科学理论，解决对国民经济具有重要意义的关键性科学问题；生产部门的科学研究机构主要解决生产中的实际技术问题；高等院校的研究部门可根据具体条件，研究基础科学理论和解决生产中的科学技术问题。地方科研机构的科技工作则要密切结合本地经济建设需要。

在这个方针的指引下，新中国的科技工作迅速步入为经济社会建设服务的轨道，并出现了良好态势。1955年6月，郭沫若在中国科学院学部成立大会上的报告中曾欣喜地陈述"研究成果在国家建设中已经发生了重要作用"。比如，地质矿产的调查和研究，提高了对铁、铜、锰等重要金属矿藏和煤矿的已知储量，并发现了新的矿苗。冶金的研究对新的钢铁工业提供了设计数据；球墨铸铁和锰钼合金钢的研究对机械工业提供了良好的金属材料。天气预报的研究，提高了预报的准确度，对于国防、交通、农业、水利等有了重要贡献。选育并推广了优良作物品种，找出了对螟虫、蝗虫和几种主要棉虫的防治方法，提高了粮棉的产量。对人民保健事业有重要关系的抗生素的综合研究也取得了重要的成绩。此外，关于土壤、植物、水产等方面的调查研究，华南和黄河的综合考

---

① 《建国以来重要文献选编》第2册，中央文献出版社1992年版，第101页。

察，科学家们都在进行着不懈的努力，同样有着前所未有的成就。①

二、"向科学进军"，实施"重点发展，迎头赶上"的科技赶超战略

经过几年的努力，中国的科学技术事业发展很快。各级科学研究机构已发展到 381 个。通过教育改革和院系调整，初步改造了中国的科技教育体系，培养出大批新生力量，科技研究人员从新中国成立初的 600 余人发展到 19603 人，形成了一支初具规模的研究队伍。广大科技人员积极投身于生产建设和科研工作，为国民经济的恢复和发展，为科学技术的繁荣和进步作出了贡献。但是中国蓬勃发展的社会主义事业需要强大的科学技术来支撑。20 世纪 40 年代以来，以原子能、电子技术、空间技术等为代表的第三次科技革命浪潮兴起，"现代科学技术正在一日千里地突飞猛进"，党的第一代中央领导集体敏锐地洞悉这次科技革命给中国的机遇，决心抓住这次难得的历史机遇，推动中国科技事业实现跨越式发展。1955 年初，毛泽东表示："过去几年，其他事情很多，还来不及抓这件事，这件事总是要抓的。现在到时候了，该抓了。"②1956 年 1 月，党中央在北京召开全国知识分子会议，正式向全党全国人民发出了"向科学进军"的伟大号召。在会议的最后一天，毛泽东到会讲话，指出："现在我们革什么命，革技术的命，革没有文化、愚昧无知的命，所以叫技术革命。"他号召，"要有计划地在科学技术上赶超世界先进水平，先接近，后超过，把中国建设得更好。"③此后，他强调了赶超战略："我们不能走世界各国技术发展的老路，跟在别人后面一步一步地爬行。我们必须打破常规，尽量采用先进技术，在一个不太长的历史时期内，把我国建设成为一个社会主义的现代化强国。"④

鉴于中国科技落后、科技人员匮乏、国力有限，因此科技发展不可

---

① 《建国以来重要文献选编》第 6 册，中央文献出版社 1992 年版，第 270—271 页。
② 薄一波：《若干重大决策与事件的回顾》（上），中共党史出版社 2008 年版，第 352 页。
③ 同上书，第 357 页。
④ 《毛泽东文集》第 8 卷，人民出版社 1999 年版，第 341 页。

能全面铺开，必须有所侧重，集中科技资源解决关键问题，毛泽东提出了"重点发展，迎头赶上"的科技发展方针。周恩来、聂荣臻等主持制定的《1956—1967年全国科学技术发展远景规划》（又叫《十二年科学规划》）正是在这种思想的指导下展开的。规划提出了国家建设所需要的重要科技研究任务共57项，其中又确立了12项重点，它们是：（1）原子能的和平利用；（2）无线电电子学中的新技术（指超高频技术、半导体技术、电子计算机、电子仪器和遥远控制）；（3）喷气技术；（4）生产过程自动化和精密仪器；（5）石油及其他特别缺乏的资源的勘探，矿物原料基地的探寻和确定；（6）结合我国资源情况建立合金系统并寻求新的冶金过程；（7）综合利用燃料，发展重有机合成；（8）新型动力机械和大型机械；（9）黄河、长江综合开发的重大科学技术问题；（10）农业的化学化、机械化、电气化的重大科学问题；（11）危害我国人民健康最大的几种主要疾病的防治和消灭；（12）自然科学中若干重要的基本理论问题。① 这12项重点包含有当时世界前沿科技课题、关系中国重工业建设的重大科技问题、工农业生产和人民生活福祉的重要问题以及带有普遍性意义的重大理论问题。这是新中国科技发展的第一个宏伟蓝图，既立足中国实际，又志存高远，发展新兴学科的同时带动科学发展的全局。

1962年，《十二年科学规划》提前五年基本完成，中共中央在此基础上根据中国社会主义建设的需要，参照世界科学技术进展的情况，又制定了《1963—1972年科学技术发展规划》。在任务的安排上，着重抓两头，打基础。所谓两头，一头是农业和有关解决吃、穿、用问题的科学技术，一头是国防尖端的科学技术。所谓基础，一是基础工业，二是理论基础。总目标是赶上20世纪60年代世界先进水平，并准备向70年代水平过渡。

三、倡导学习外国与自主开发相结合，走中国自己的科技发展之路

中国的科技水平低，学习和利用世界已有的科技成果，大力引进技

---

① 《建国以来重要文献选编》第9册，中央文献出版社1992年版，第504—505页。

术是实现跨越式发展的必由之路。在制定《十二年科学规划》时，周恩来要求"必须按照可能和需要，把世界科学的最先进的成就尽可能迅速地介绍到我国的科学部门、国防部门、生产部门和教育部门中来，把我国科学界所最短缺而又是国家建设所急需的门类，尽可能迅速地补足起来，使十二年后，我国的科学和技术水平可以接近苏联和其他世界大国"。①

学习外国先进的科学技术，首先是向苏联学习。1953年2月7日，毛泽东在全国政协第四次会议上的讲话中明确强调：我们"要认真学习苏联的先进经验"，"把他们所有的长处都学来，不但要学习马克思列宁主义的理论，而且要学习他们先进的科学技术"。②这是中国科技发展的一条"最平直、最接近、最宽阔的大道"。这不仅是因为苏联的科学技术已走在世界前列，"同时也因为在世界上只有苏联和各人民民主国家才能无私地给我们以技术上的帮助"。③因此，需要"全面规划，分清缓急本末，有系统地利用苏联科学的最新成果，尽可能迅速地赶上苏联水平"。④中国积极开展与苏联及东欧各国的科技合作与交流。在1953年2月至6月，钱三强率领的中国科学院代表团访问苏联时，建立了两国科技界之间的对口联系，加强了两国科技领域内的合作。1954年10月，中苏两国政府签订了中苏科学技术合作协定。中苏双方在互相提供科技资料、互相聘请技术专家、互相接受实习生与留学生和互相接待技术专家考察专家等方面进一步发展合作关系。中国还先后同匈牙利、波兰、捷克斯洛伐克等东欧国家签订了类似的科技合作协定。

学习先进科学技术的主要方法，一是派出去，二是请进来，三是多联系，包括交流科研计划和学术观点、交换科技情报和科学著作。据统计，中国先后选派考察专家1000多人、实习生2000多人赴苏联考察、研究与学习。同时，应中国政府的邀请，苏联分期分批派出专家数千人次到中国指导科学技术工作，累计向中国提供科技资料8400多项，援助

---

① 《周恩来选集》下卷，人民出版社1984年版，第184页。
② 《毛泽东文集》第6卷，人民出版社1999年版，第263—264页。
③ 《建国以来重要文献选编》第4册，中央文献出版社1992年版，第179页。
④ 《周恩来选集》下卷，人民出版社1984年版，第183页。

中国重点企业建设 156 项。此外，苏联先后派遣 800 多位专家到中国任教，帮助中国高校开设新专业 150 个，建立实验室 500 多个；1956 年，苏联同中国和其他社会主义国家共同成立了"联合核子研究所"，开展原子物理学的研究。苏联政府和许多科技专家对于处在创业与起步阶段的新中国科技事业，给予了积极的帮助，促进了中国科技工作的开拓与发展。①

中国学习苏联的先进科学技术，但并不排斥向西方国家学习。1953 年 4 月 26 日，中共中央曾专门发出《关于纠正"技术一边倒"提法错误的指示》，指出社会上流行颇广的"技术一边倒"口号"是不恰当的"。因为"技术问题和政治问题不同，并没有阶级和阵营的分别，技术本身是能够同样地为各个阶级和各种制度服务的"。②毛泽东在《论十大关系》中明确提出："我们的方针是，一切民族，一切国家的长处都要学，政治、经济、科学、技术、文学、艺术的一切真正好的东西都要学。但是，必须有分析有批判地学，不能盲目地学，不能一切照抄，机械搬运。""外国资产阶级的一切腐败制度和思想作风，我们要坚决抵制和批判。但是，这并不妨碍我们去学习资本主义国家的先进的科学技术和企业管理方法中合乎科学的方面。"③但当时以美国为首的资本主义阵营对中国进行全面封锁，中国无法与大多数资本主义国家建立正常联系，进行科技交流，这种情况直到 20 世纪 60 年代后期才有所改观。

学习后必须消化吸收，真正的核心技术和关键技术只能靠自己自主创新。毛泽东指出：在技术方面，大部分先要照办，"因为我们现在还没有，还不懂，学了比较有利。但是，已经清楚的那一部分，就不要事事照办了"。④在学习的过程中，中国科技工作者表现出了很强的学习能力。在由苏联援助的 156 项重大项目的建设过程中，中国科学技术工作者初步掌握了现代化工厂、矿山和交通运输工程的设计和施工技术。在尖端武器方面，"苏方对我援助的态度，在签订协定时就是有所保留的，是

---

① 武衡、杨浚主编：《当代中国的科学技术事业》，当代中国出版社 1991 年版，第 9—11 页。
② 《建国以来重要文献选编》第 4 册，中央文献出版社 1992 年版，第 178—179 页。
③ 《建国以来毛泽东文稿》第 6 册，中央文献出版社 1992 年版，第 101—103 页。
④ 同上书，第 103 页。

有限度的"。[①]1956 年 5 月，导弹研究院即国防部第五研究院酝酿成立时，聂荣臻在写给中共中央的报告中提出，中国的导弹研究应采取"自力更生为主，力争外援和利用资本主义国家已有的科学成果"的方针，当即得到毛泽东的肯定，予以批准。[②] 由于中国在开创原子能事业的初期，既不放松对苏联先进的科学技术进行最有效的学习，又不完全依赖苏联专家，而注重自力更生，充分发挥我国科技人员的积极性，培养自己的设计和设备制造能力，因此在 1960 年中苏两党分歧公开化，苏联撕毁同中国签订的技术协定，撤走技术专家时，中共中央毅然决定：自己动手，从头摸起。通过发挥社会主义制度的优越性，协同攻关，集体攻关，中国以较快的速度自主研制成功"两弹一星"。

为鼓励广大科技工作者的创造精神，毛泽东提出了"百家争鸣"的方针。1956 年 4 月，毛泽东在中央政治局扩大会议上提出"在学术上把'百家争鸣'作为我们的科技事业的指导方针"，"科学上不同学派可以自由争论。利用行政力量，强制推行一种风格，一种学派，禁止另一种学派，我们认为会有害于艺术和科学的发展"。科学中的是非问题，应当通过科学界的自由讨论去解决，通过科学的实践去解决，而不应该采取简单的方法去解决。科技界由于正确地执行了"百家争鸣"方针，提倡各种不同学派和不同学术见解的自由探讨、自由辩论、自由竞赛，鼓励科学家加强科学实践，采取尊重事实的科学态度，互相取长补短，推动了中国科学技术事业的繁荣和发展。

四、造就一支"数量足够的、优秀的科学技术专家"队伍

科技人才是发展科技事业的决定性因素。党的第一代领导集体非常重视科技人才，认为革命需要吸收知识分子，建设尤其需要吸收知识分子。在 1956 年召开的关于知识分子问题的会议上，毛泽东强调，搞技术革命，没有科技人员不行，不能光靠我们这些老大粗。这一点要认识清

[①] 周均伦主编：《聂荣臻年谱》，人民出版社 1999 年版，第 742 页。
[②] 马泉山：《新中国工业经济史（1966—1978）》，经济管理出版社 1998 年版，第 307 页。

楚，要向全体党员进行深入的教育。①周恩来指出："在社会主义时代，比以前任何时代都更加需要充分地提高生产技术，更加需要充分地发展科学和利用科学知识。"因此，必须最充分地依靠这些更多地掌握人类智慧以及科学技术知识的知识分子。周恩来提出知识分子是"工人阶级的一部分"的著名论点，并提出了为"最充分动员和发挥知识分子力量"的三项措施：第一，应该改善对于他们的使用和安排，使他们能够发挥他们对于国家有益的专长；第二，应该对于所使用的知识分子有充分的了解，给他们以应得的信任与支持，使他们能够积极地进行工作；第三，应该给知识分子以必要的工作条件和适当的待遇，其中包括改善生活待遇和政治待遇，确定和修改升级制度，拟定关于学位、学衔、发明创造和优秀著作奖励等制度。②

中共中央通过留用与改造旧中国留下来的知识分子、争取和安置归国专家和培养新一代科技人员三条途径，③来弥补中国科技人才匮乏的状况，加强科技人员队伍的建设。

中央政府对旧中国留下来的知识分子实行留用政策，在全面接收旧中国科技机构和教育机构的同时，也把原来在这些机构工作的科技人员全部留下来，采取团结、教育、改造的政策，在思想改造中提高知识分子的政治觉悟。早在抗日战争时期，毛泽东就发出了"大量吸收知识分子"的指示，强调："我们中国是一个半殖民地半封建的国家，文化不发达，所以对于知识分子觉得特别宝贵"，"在长期的和残酷的民族解放战争中，在建立新中国的伟大斗争中，共产党必须善于吸收知识分子"。④1949年夏，由中共中央南方局安排赴美留学的中共党员徐鸣专程回国向中共中央汇报了在美国开展动员在美的中国知识分子工作的情况。周恩来指出，你们的中心任务是动员在美国的中国知识分子，特别是高级技术专家回来建设新中国。国家很快制定了"积极争取华侨高级知识分子回国"的政策。1949年12月6日，中央人民政府政务院成立了办理

---

① 薄一波：《若干重大决策与事件的回顾》（上），中共党史出版社2008年版，第357页。
② 《周恩来选集》下卷，人民出版社1984年版，第159—173页。
③ 武衡、杨浚主编：《当代中国的科学技术事业》，当代中国出版社1991年版，第9页。
④ 《毛泽东选集》第2卷，人民出版社1991年版，第773页。

留学生回国的专门事务委员会。1952年4月，教育部发出了《接济国外留学生回国旅费暂行办法》。截至1956年底，共有1805名侨居海外的科学家陆续回到了祖国，其中包括钱学森、赵忠尧、杨澄中、程开甲、黄昆、邓稼先、傅鹰、唐敖庆、曹天钦、华罗庚、吴文俊、侯祥麟、李四光、叶笃正等。他们大都成了中国尖端科技领域和薄弱空白学科的开拓者，对发展新中国的科学技术事业有着不可磨灭的功绩。

大规模的社会主义建设事业需要一支宏大的科技队伍，大力培养科技人才被提到党和国家的议事日程上，成为文化教育战线头等重要的任务。1950年6月，政务院文教委员会给中国科学院的一大任务就是培养科研人才。1953年11月24日，中共中央在《关于统一调配干部，团结、改造原有技术人员及大量培养、训练干部的决定》中，强调"必须大量培养、训练新的技术工人和新的技术专家"。要求在五年之内，采取一切可能的方法，从工人队伍培育技术工人和技术人员分别约110万、30万人，通过各类学校和选派留学生，培养国家建设的高级领导骨干和大批专家。①1954年3月8日，中共中央在对中国科学院党组的报告所作的长篇批示中，指出科学家是国家和社会的宝贵财富，必须重视和尊敬他们，必须争取和团结一切科学家为人民服务，这是党关于科学工作的重要政策；大力培养新生的科研力量，扩大科研工作队伍，是发展中国科学事业的重要环节。毛泽东敏锐地抓住人才这个关键环节，要求造就一支"数量足够的、优秀的科学技术专家"队伍。1956年9月10日，在中共八大预备会议第二次全体会议上，毛泽东发出号召：我们要造就知识分子。"旧中国留下来的高级知识分子只有十万，我们计划在三个五年计划之内造就一百万到一百五十万高级知识分子（包括大学毕业生和专科毕业生）。"②

中国人才的培养计划除了在国内积极进行外，据统计，自1951年至1960年，中国派往苏联的留学生总数达14000余人。③这批在苏联接受教

---

① 《建国以来重要文献选编》第4册，中央文献出版社1992年版，第570—571页。
② 逄先知、金冲及主编：《毛泽东传（1949—1976）》上卷，中央文献出版社2003年版，第526页。
③ 王鸿生：《中华人民共和国的科学与技术》，当代中国出版社1997年版，第13页。

育的留学生，许多也成了中国一流的科学家。

  1961年，经党中央批准，国家科委和中国科学院共同制定了被誉为是中国"科技宪法"的《关于自然科学研究机构当前工作的14条意见》，提出科研机构的根本任务是出成果、出人才，为社会主义服务。聂荣臻明确了对自然科学工作者"红"的要求，即拥护中国共产党的领导，拥护社会主义，用自己的专门知识为社会主义服务。对"专"的要求，就是"一定要求他们拿出研究成果来"。①《十年科学规划》把建立一支能够独立解决中国建设中科技问题的又红又专的科技队伍列入了规划。1962年2月，在广州召开的全国科技工作会议上，周恩来、陈毅专程赶来，分别就知识分子政策发表讲话。陈毅还专门为知识分子"脱帽加冕"，即脱掉资产阶级知识分子之帽，加上"劳动人民知识分子"之冕。这是旨在改善党与知识分子之间由于反右派斗争和大跃进运动而受到损害的关系，团结知识分子，发挥他们的积极性。1964年3月，中共中央批转了中组部《关于科学技术干部管理条例试行草案的报告》，并决定成立国务院科技干部局，统一负责科技干部的合理配备使用和培养计划。

五、新中国科技发展进步的成果

  第一，科技人才队伍壮大，迅速建立起相对完备的现代科技体系。截至1965年，全国科技人员已达245.8万人，其中有研究生学历的1.6万人，大学毕业学历的113万人。专门科研机构1714家，专门从事科学研究的人员达到12万人，②分布在各行各业、各个门类，完成了科技布局，有力地促进了中国现代化事业的发展。

  第二，科研水平大幅度提升，科技实力显著增强。中国科技工作者瞄准世界科学前沿，相继在多复变函数论、哥德巴赫猜想、反西格玛负超子、陆相成油理论、人工合成牛胰岛素结晶等方面取得了一批重要研究成果，接近或达到了同时代的国际先进水平。

---

① 武衡、杨浚主编：《当代中国的科学技术事业》，当代中国出版社1991年版，第24页。
② 同上书，第37页。

第三，攻克了以"两弹一星"为标志的尖端技术，保证了国家安全，同时还带动了许多新兴的工业部门和新兴学科的建立与发展。"两弹一星"的突破，打破了帝国主义的核垄断，使中国在火箭和核技术、喷气技术等高科技领域处于世界领先地位，一举跨入世界军事科技大国的行列，大大提升了中国的国防实力。通过原子弹、导弹等国防尖端武器的研制，以"任务带学科"，我国的科技人员紧紧跟踪世界第三次科技革命的浪潮，吸收世界最优秀的科技成果，带动了信息工程、系统工程、遥测、遥感、遥控、复合材料、精密加工、自动控制、仿真等高新技术的发展；带动了数学、物理学、化学等基础科学和力学、电子学、光学、声学、空气动力学、水动力学等应用科学的研究和发展，完善了现代科技体系，提升了科技水平。

第四，科技的进步，推动着国民经济的发展。工业方面，中国研制出一批国家发展急需的重大基础工业装备和新型材料，勘探开发了一批大型油田和矿藏，甩掉了贫油、少矿的帽子。当时中国在煤炭、地质、电力、交通、轻纺、通信、机电、冶金、化工等主要基础工业领域，已基本掌握了生产技术和成套设备制造技术，建成了飞机、汽车、重型机器、精密仪器等近600个重要项目。鞍山钢铁公司三大工厂、长春第一汽车制造厂、沈阳机床厂、飞机制造厂等建成投产，石油工业的崛起，为社会主义工业化奠定了初步的基础。农业方面，初步完成了全国耕地的土壤普查。在世界上最早育成矮秆水稻并大面积推广。在品种、灌溉、栽培、肥料等综合的技术措施下，中国粮食作物的复种指数大大提高。中国基本掌握了11种主要病虫害的发生规律，提出了不少有效的控制、防治方法，尤其是深入研究了东亚飞蝗的生活史，为预报虫情进而消灭飞蝗虫害作出了贡献。农药的研究试验、家畜疾病的防治、农业机械的研究试验、林木速生丰产和橡胶种植的研究等，也较快地发展起来。

第五，科技的发展保障人民健康。中国已经基本控制了霍乱、天花、鼠疫等严重危害人民健康的传染病；中国创立的针刺麻醉、显微外科、烧伤技术、血吸虫防治、断肢再造等技术取得了突出成绩；中国已能大量生产青霉素和氯霉素，生产的合成药物达到140多种。

综上所述，党的第一代领导集体对中国的科技发展作出了极其重要的探索。注重现代科技体系的构建,重视科技对现代化建设的支撑作用和科技人才对科技发展与创新的驱动作用,把科技事业与国家建设的任务结合起来,使科技工作获得了前所未有的发展动力,推动了科技事业的快速发展,取得了丰硕的成果,在中国科技发展史上具有里程碑意义,为新中国科技的进一步发展奠定了基础。但是,探索中也存在缺点。比如,在科技与国家建设事业的关系中过于强调实际需要与联系实际,科技工作者的创造性被限定在"任务"的范围内,唯此为大,虽然"反映了发展中的落后国家必须通过国家意志实现资源集中使用的规模效益才能更好地发展科学的现实需要",[①]但表现了科技发展思想中强烈的功利主义色彩,影响了科学研究中的自由探索,不利于科学全面发展。重视科学技术的发展,但忽视了科学技术发展自身规律,急于求成,企图通过群众运动来革新技术,敢想敢干,却忽视了社会整体的科学精神的树立,影响了知识分子问题、群众性科技革命问题等的科学认知,以致一些正确的思想不能坚持,好的政策不能稳定,有的甚至走了弯路。对科技人员限制过多,人才不能合理流动,成果无偿转让,抑制了科技人员的积极性和创造性。这些都影响了中国科技事业的整体发展,值得我们反思。至今,如何淡化科技发展中强烈的功利主义色彩,在全社会树立科学精神,仍然是我们需要努力去做的,也是科学发展观的题中之义。

[原载《毛泽东邓小平理论研究》2012 年第 1 期]

---

① 李正风:《中国科技政策 60 年的回顾与反思》,《民主与科学》2009 年第 5 期。

深化改革开放史研究要坚持正确思维*

习近平指出:"历史是最好的教科书。学习党史、国史,是坚持和发展中国特色社会主义、把党和国家各项事业继续推向前进的必修课。"改革开放史是中国共产党领导全国各族人民开创、坚持和发展中国特色社会主义的伟大历史。当前,改革开放史研究方兴未艾。新时代,全面深化改革,需要深化改革开放史研究,为新时代坚持和发展中国特色社会主义提供历史借鉴。这就要求我们坚持正确思维,不断提高改革开放史研究的科学化水平。

坚持战略思维,深刻揭示中国特色社会主义是改革开放以来党的全部理论和实践的主题。战略思维着眼于事物的全局性、根本性和长远性,对于从宏观上把握历史具有重要意义。改革开放以来,我们党领导人民开辟中国特色社会主义道路、形成中国特色社会主义理论体系、确立中国特色社会主义制度、发展中国特色社会主义文化,深刻改变了中国历史的发展进程。坚持战略思维深化改革开放史研究,需要围绕中国特色社会主义这一主题,从理论与实践、历史与现实的结合上,展示中国特色社会主义在改革开放中开创、发展、壮大的历史进程,彰显改革开放对中华民族发展的历史意义,从而深化对共产党执政规律、社会主义建设规律、人类社会发展规律的认识。

坚持历史思维,深刻揭示改革开放历史进程及其基本经验。坚持历

---

* 本文第二作者为中国社会科学院当代中国研究所第六研究室宋月红研究员。

史思维，就要坚持以唯物史观为指导，以历史视野观察和认识事物，从历史分析中总结历史经验，获得历史智慧与启示，把握历史发展方向与趋势。坚持历史思维要求我们从改革开放不断发展的历史进程中揭示改革开放的历史逻辑，认识和把握改革开放历史进程的主流与本质。坚持历史思维深化改革开放史研究，需要把改革开放开创、展开和全面深化的各个发展阶段联系起来，把改革开放前后两个历史时期统一起来，特别是把改革开放史放在推进社会主义现代化建设、实现中华民族伟大复兴的历史进程中来考察，从中揭示改革开放的历史必然性，探寻改革开放的规律。坚持历史思维，有利于还原历史本貌，澄清历史是非，抵制历史虚无主义。

坚持系统思维，深刻揭示改革开放的大脉络和各领域的关联性。改革开放是一项十分复杂的系统工程，涵盖经济、政治、法治、科技、文化、教育、民生、民族、宗教、社会、生态文明、国家安全、国防和军队、"一国两制"和祖国统一、统一战线、外交、党的建设等各方面各领域。而且，改革开放越深入，各领域的关联性和互动性也就越强。坚持系统思维深化改革开放史研究，既要研究经济体制又要研究政治体制、文化体制、社会体制、生态文明体制及其内在关系，既要研究理论创新、制度创新又要研究科技创新、文化创新以及其他各方面创新，深刻认识改革开放各领域之间的相互作用与影响，深刻认识推进改革开放的动因和合力。这就要求改革开放史研究关注研究对象的系统关联，克服碎片化、孤立化、片面化、静态化倾向，避免被纷杂的现象所迷惑，更好地把握改革开放历史发展的大脉络、大逻辑。

坚持辩证思维，深刻揭示改革开放历史的辩证发展。历史发展是一个错综复杂的矛盾运动过程。改革开放是一场深刻的社会革命，是在党领导人民认识和处理各种矛盾中向前发展的。辩证思维能力就是承认矛盾、分析矛盾、解决矛盾，善于抓住关键、找准重点、洞察事物发展规律的能力。坚持辩证思维深化改革开放史研究，应以改革开放中的矛盾为切入点，研究我们党在推进改革开放中是如何认识和处理这些矛盾的。应围绕改革开放中的重大矛盾关系，深入研究我们党在改革开放中是如何处理坚持改革开放与坚持四项基本原则、物质文明建设与精神文明建设、对内搞活与对外开放、尊重人民首创精神与加强和改善党的领导、改革发展稳定、整体推进与重点突破、顶层设计与摸着石头过河、政府与市场等纷繁复杂的矛盾关系，从而揭示改革开放历史的辩证发展，阐明改革开放的正确道路。

坚持创新思维，深刻揭示改革开放历史的内在机理。改革开放的历史是党紧紧依靠人民书写的创新创造的历史，研究改革开放史也应坚持创新思维。目前，许多改革开放史研究成果仅仅从历史文献出发分析改革开放中有关理论和政策的演变，但对理论和政策产生的背景与条件、实施的过程和效果关注不够，对理论和政策与实践之间的双向互动研究不多，导致一些研究成果变成脱离实践的纯文本研究，缺乏深度，难以深刻揭示改革开放历史的内在机理。进一步深化改革开放史研究，研究者应坚持创新思维，走出书斋，与当事人、知情人对话，做好口述史与田野调查，加强微观研究，丰富历史的血肉，生动展现改革开放是如何一步步向前推进的。讲好中国改革开放的故事，还应加强多学科研究，综合运用历史学、经济学、政治学、社会学、法学等学科知识研究改革开放史，还可以采用信息技术手段对改革开放史进行量化研究。只有推动跨学科研究和协同创新，才能更好揭示宏大事件背后的内在机理，更加深入地揭示改革开放的历史逻辑、理论逻辑和实践逻辑，实现存史、资政、育人、护国的目的。

［原载《人民日报》2018 年 7 月 9 日第 16 版］

推进国史话语体系建设和创新

习近平在哲学社会科学工作座谈会上发表重要讲话,明确指出,要"着力构建中国特色哲学社会科学,在指导思想、学科体系、学术体系、话语体系等方面充分体现中国特色、中国风格、中国气派"①。他同时强调:"发挥我国哲学社会科学作用,要注意加强话语体系建设。"这一要求为我们推进中华人民共和国史(以下简称"国史")研究提供了重要指南。中共十八大以来,习近平多次强调要认真学习党史、国史,知史爱党,知史爱国。这是由国史的内涵、本质、品格所决定的。国史研究的是中华人民共和国成立以来,国家政权机关如何贯彻中国共产党的路线、方针、政策,如何组织国家的经济、政治、文化、社会、外交、国防等各项事业的建设,如何进行机构改革和提高自身效率以及各族人民如何团结友爱、奉献创造的历史。国史的核心内容是我们党治国理政方略的演变历程和党领导全国人民奋斗发展的历史。近年来,国内外敌对势力往往拿中国革命史、新中国历史来做文章,竭尽攻击、丑化、污蔑之能事,根本目的就是要搞乱人心,煽动推翻中国共产党的领导和我国社会主义制度。因此,国史有着特殊的学科属性,既是严谨的历史科学,具有学术性、科学性,又有很强的政治性、意识形态属性,起着存史、资政、育人、护国的作用。2017年初,中共中央办公厅、国务院办公厅印发的《关于实施中华优秀传统文化传承发展工程的意见》里的"重点任

---

① 习近平:《在哲学社会科学工作座谈会上的讲话》,《光明日报》2016年5月19日第1版。

务"的第一项就有"加强党史国史及相关档案编修"的要求。我们要着力构建中国特色、中国风格、中国气派的国史话语体系，用体现中国理论、中国实践的真历史记述当代中国故事，彰显中国精神，传播中国价值，凝聚中国力量。

话语体系构建要从学科建设做起。国史学科是改革开放后兴起的一门相对年轻的学科。1990年成立了专门编撰和研究国史的当代中国研究所。广大国史工作者薪火相传、接力奋斗，坚持以马克思主义唯物史观为指导，坚持为人民服务、为社会主义服务方向，批判历史虚无主义，努力推进国史研究的理论创新和学术创新，推出了以《当代中国丛书》《中华人民共和国史稿》《中华人民共和国史研究丛书》《中华人民共和国史编年》等为代表的一批重要学术成果，使史学科体系、学术体系基本形成。国史工作者通过办杂志、年会、国际论坛、网站以及合作拍摄电视片等形式，积极开拓国史宣传与传播的新形式新途径新方法，较好地发挥了国史传承文明、资政育人的作用，为坚持和发展中国特色社会主义作出了贡献。但同中国共产党创建90多年、新中国成立60多年特别是改革开放30多年来取得的辉煌成就和创造的成功经验相比，国史话语权的构建同国家对我们的要求仍然存在较大差距。法国的米歇尔·福柯认为，"话语是权力，人通过话语赋予自己权力"[①]。话语体系表面上似乎只是一个"说什么、怎么说"的技巧问题，实际上它涉及价值表达、思想影响和文化传播等重大问题。目前国史话语体系建设和创新面临有利时机与发展空间，需要我们进一步增强其在国内外的传播力、引导力、影响力。

第一，中国的理论与实践创新是构建国史话语权的坚实基础。新中国成立以来特别是改革开放以来，中国共产党坚持理论创新，正确回答了什么是社会主义、怎样建设社会主义，建设什么样的党、怎样建设党，实现什么样的发展、怎样发展等重大课题。我们不断根据新的实践推出新的理论。推进国家治理体系和治理能力现代化，发展社会主义市场经

---

① [法] 米歇尔·福柯：《话语的秩序》，肖涛译，载许宝强、震伟选编《语言与翻译的政治》，中央编译出版社2001年版，第21页。

济,发展社会主义民主政治,发展社会主义协商民主,建设中国特色社会主义法治体系,发展社会主义先进文化,培育和践行社会主义核心价值观,建设社会主义和谐社会,建设生态文明,构建开放型经济新体制,实施总体国家安全观,建设人类命运共同体,推进"一带一路"建设,坚持正确义利观,加强党的执政能力建设,坚持走中国特色强军之路、实现党在新形势下的强军目标,等等,都是我们提出的具有原创性、时代性的概念和理论。它们深化了对共产党执政规律、社会主义建设规律、人类社会发展规律的认识,是马克思主义中国化的最新成果。在实践上,经过60多年的努力,中国这个曾经被西方政治家预言"连吃饭问题都难以解决"的东方大国,成了世界第二大经济体,不仅解决了世界五分之一人口的温饱和发展问题,而且成功实现从低收入国家向中等偏上收入国家的跨越,在各领域取得了举世瞩目的成就。这样的发展、这样的巨变在人类发展史上都是罕见的。中国的理论创新与成功实践,是我们构建充满自信的国史话语权的基础。

第二,以科学性、客观性奠定国史话语的公信力。话语的公信力是建立在科学性和客观性基础之上的,增强国史话语的公信力要求我们要做到以下两点:一是用事实说话。新中国的发展是马克思主义中国化的生动教科书,是社会主义在中国发展的鲜活载体,是民族团结、人民创造的奋斗诗篇。中国对世界经济增长贡献率高达30%、对世界减贫贡献率高达70%的一个重要原因,就在于我们建立了适合自身发展的国家治理体系与发展模式。中国特色社会主义的发展是社会主义五百年历史中的靓丽篇章,有力地推动了全球化时代人类文明的多样性发展。中国不仅发展自己,而且积极做全球发展的贡献者。例如,中国提出的"一带一路"倡议,为沿线国家和地区互利合作、共同发展提供了更为广阔的空间,得到全球100多个国家和国际组织的积极支持与参与。这是最能体现原创性、时代性的话语内容。国史研究应该积极反映中国特色社会主义的理论与实践,让世界知道"发展中的中国""开放中的中国""为人类文明作贡献的中国"。二是直面问题,不回避矛盾。新中国社会主义探索史中有巨大的成就,也有挫折;中国特色社会主义制度显示了巨大优越性,但仍需进一步完善。国史研究要以唯物辩证法为指导,坚持正确的历史观、民族观、国家观、文化观，牢牢把握国家历史发展的主题和主线、主流和本质，科学分析党和国家历史的主流与支流、全局与局部、本质与现象、必然与偶然，引导广大干部群众正确认识历史问题，警惕和反对历史虚无主义，同时直面群众关心的问题，进行客观的解读，并积极为解决这些问题建言献策。

第三，建构国史话语体系要有强烈的主体意识。当前，国际中国共产党学成为时代显学，不仅一些国际知名的前政要在深入研究中国和中国共产党，而且海外学界也在持续研究中国的发展经验和中国共产党的建设、理论、制度等各方面内容。这些研究在一定程度上增进了世界对中国的了解，值得我们借鉴。但我们也要清醒地认识到，国史话语体系建设在研究、借鉴国外学术思想和学术方法时，应当"学外国织帽子的方法，要织中国的帽子"，这样才能在合作和交流中实现学术水平的不断进步。为了推动国史研究的海外传播，我们要扩大与海外中国研究机构、著名学者、学术期刊、文化传媒的联系，以开展学术访问、接受访问学者、举办国际论坛等形式，加强与海外相关研究领域的学术交流和对话。值得注意的是，由于中西文化的差异与意识形态的对立，在西方话语体系中一些研究者仍然固守"西方中心主义"的思维定式，习惯用西方价值观和逻辑来评判是非、诠释一切，产生对中国的误读甚至歪曲的认识，而目前我国哲学社会科学在国际上的声音还比较小，还处于有理说不出、说了传不开的境地，这就需要我们进一步增强其国际影响力。

中国的发展已经远远超出了西方话语的诠释能力，以至于有西方学者认为中国"改革令人目眩的步伐导致任何系统的学理考察都很快会落后于时代"，这使一些西方学者对中国的研究存在不少局限性。中国对自己的"文化有自知之明，并对其发展历程和未来有充分的认识"。在解读中国实践、构建中国理论上，我们应该最有发言权。因此，新中国发展史的话语体系建设需要国史研究者树立主体意识，立足中国实际，以为国家写史、为人民立传的立场，用鲜活的中国话语讲述中国故事，用中国理论解释中国实践。此外，要增强话语的吸引力，必须丰富国史话语的内容与形式。目前的国史研究只是形成了构架、骨骼，还需要深度挖掘，加强对文献史料、影像史料、口述史料的搜集、整理、考证和分析，特别要重视档案文献的运用，并提高由此及彼、由表及里、去粗取精、去伪存真的综合思辨能力。为了忠实记述历史、构建信史，各部门、行业、地方省市相关机构等应从各自角度出发，不断总结经验，充实国史研究，使其更加血肉丰满。同时，国史研究不仅要总结中国现代化建设的规律，而且要凸显中国道路、中国经验在解决时代发展和人类社会面临的各种重大问题时的文化意义和普遍价值，积极主动地与他国分享，这样才能打造既具有中国特色又具有世界性的话语体系，从而使国史话语更有感召力，更好地促进中国文化的世界传播。

[原载《中国社会科学报》2017年6月8日评论版]